차례

서문/교회개혁을 위한 열린 마음으로
제목: 교회와 정치가 만났을 때

인류 역사에서 교회와 정치가 만날 때, 어떤 일들이 있었던가?

교회권력도 사람이 행사하는 것이며, 정치권력도 사람이 행사하는 것이다. 그러므로 어떤 권력도 그 권력은 탐욕과 교만으로 타락을 잉태할 뿐이다. 게다가 교회권력이 세속 정치권력까지 차지할 때는 어떤 통제장치나 절제력을 잃을 수밖에 없다. 정치권력도 또한 항상 종교권력에 대한 매력에 관심을 가지고 노리고 있다. 그것은 정치는 세상의 육적 권세를 지배하는 것이라면, 종교는 영혼과 정신을 지배하는 권력이기 때문 이다. 이러한 상호관계 때문에 서로 의지하고 합력하면 하나님도 능가하는 힘을 발할 수 있기에 위험하다. 그 피해는 결국 모든 사람들에게 돌아온다. 인류의 재앙으로 돌아온다. 그런 일들이 바로 200년에 걸친 십자군 전쟁이며, 독일 히틀러의 2차 대전에서 홀로코스트로 600만 명의 유대인을 학살한 것과, 마녀사냥의 인간 대학살이 무자비하게 자행되었으며, 그 외에도 수없이 많고 이루 셀 수 없이 많은 부도덕하고 비윤리적 살인과 폭력이 믿음과 하나님의 나라와 교회의 이름으로 많은 전쟁에서, 식민지에서 자행되었으며 원주민들을 동물보다 더 못하게 취급하였으며, 찬란한 서구 문명의 유물과 유적들은 모두 식민지에서의 노략물품과 노예들의 착취의 작품인 것이다. 성경의 역사는 인류의 역사인데 그 모든 것이 이런 불행의 역사를 갖지 말라는 것이 하나님이 성경에서 처음부터 끝까지 인간을 설득하고 권면하고 명령하고 순종하여 따르고 지킬 것을 믿음이라는 이름으로 설득하고 있는 것이다. 이 세상 끝 날 때까지, 우리 주님 다시 오실 때까지 설득하는 것이 성경이며 믿음이다. '믿음'이라는 헬라어 원어는 '피스티스'인데 이 말의 뜻은 '설득'이라는 의미이다. 하나님의 믿음으로 인간을 설득하는 것이 우리 인간의 믿음으로 변화되게 하는 것이 우리의 믿음이 되는 것이다. 다시 말해 '하나님의 믿음'이라는 뜻은 하나님께서 우리를 믿어 주시는 것이다. 즉 이를 '칭의'라고 하는 것이다. 우리가 하나님을 믿는 것이 아니라, 하나님이 우리를 믿는 것이다. 그래서 예수님은 개인의 각각의 구원을 통한 세상의 구원, 인류의 구원을 통한 하나님 나라, 세상 나라를 신약에서 말씀하고 계신다. 그러나 세상 나라를 구원하려고 한다는 모함으로 세속 정치권력과 기존기득 종교권력으로부터 십자가에 희생 되셨다. 어떤 면에서는 교회라는 집단 단체는 또 하나의 권력집단화 되어 정치 권력화 되는 것이다. 교회가 커지며 큰 집단화 될수록 집단 이기주의에 빠져 인간의 탐욕의 집단으로, 우상화의 집단으로 변할 수밖에 없는 것은 당연하다. 인간은 그 어떤 이념도 철학도 모이면 집단 이기주의에 빠져 탐욕으로 분별력을 잃게 되어 있는 것이 인간의 죄의 본성이다. 이를 부정하는 것이라면 벌써 보수 탐욕에 빠져 있는 증거이다. 그래서 예수님은 무소유, 무권력, 무폭력, 무저항의 삶을 사시고, 본을 받으라고 오셔서, 보여 주시고, 몸소 가르치시고 삶으로 생활로 증명하셨다. 아무리 따르는 사람들이 많아도 모금하지 않으시고 헌금 받지 않으시고 후원 받지 않으셨다. 없으면 없는 대로 사셨다. 가족을 위해, 제자들을 위해서도 어떤 것도 남기지 않으시고 글자 한 자, 물건 하나, 초상화 한 점 남기지 않으시고, 기념이 될 만한 것은 옷 한 가지도 남기지 않으셨다. 흔적도 없는 삶과 생활을 사셨다. 사람은 강이 아니고 그냥 흘러가는 물이다. 강은 그대로 있지만 (강)물은 흔적도 없이 머무르지 않고 그냥 흘러서 사라질 뿐이다. 그러나 그 (강)물은 바다에서 바다를 이루고 지낸다. 더 많은 크고 넓은 바다에서 지낸다. 많은 생명을 낳고 품고 생산하고 정화하고 그리고 반복하며... 다 받아(바다) 드리고...

 작금의 역사에서 이념 사상 전쟁에 교회가 끼어들어 극단적 이념 논쟁에 극좌도 극우도 아니고, 진보도 보수 아닌 교회가 묻혀가서는 안 된다는 것은 역사가 알려 준 바 매우 크다. 어떠한 좋은 종교도 세속 권력을 만날 때 세속권력에 빠져서 분별력을 잃고 오만과 편견, 확신에 빠져서 최악의 유혹에 빠져 타락하게 된다는 사실을 잊어서는 안 된다.
 그러므로 교회는 세속정치에 가깝지 도 않고, 멀지도 않는 관계를 유지하여야 하며, 사랑하지만 가까이 해서는 안 되는 관계이며, 서로 잘 알아도 모르는 체 해야 하는 관계이어야 하며, 서로 깊은 관계를 가져서는 안 되는 관계이며, 서로의 영역에 간섭해서는 안 되는 관계를 가져야 한다. 이는 교회도 정치도 서로에게 좋은 것이다.

1부. 구약성경 속의 정치

1장. 창세기에서의 하나님의 정치(통치)이념

창1:27. 하나님이 자기 형상 곧 하나님의 형상대로 사람을 창조하시되 남자와 여자를 창조하시고
28. 하나님이 그들에게 복을 주시며 하나님이 그들에게 이르시되 생육하고 번성하여 땅에 충만하라, 땅을 정복하라, 바다의 물고기와 하늘의 새와 땅에 움직이는 모든 생물을 다스리라 하시니라

인간의 존엄성과 인간의 권위

하나님께서 인간을 **"자기 형상, 곧 하나님의 형상대로"** 만드셨다 고 하는 것의 의미는 사람이 얼마나 소중하고 존귀한 존재이며 인간이 얼마나 존엄한 존재인가를 단적으로 나타내는 표현일 것이다. 이는 사고와 의미의 비약이 될지 모르지만 인간 즉 사람이 거의 '하나님과 같다'라고 할 수 있는 개념에까지도 다다를 수 있을 것이다. 이러한 표현이 세상 세속에서도 비슷한 표현이 있는데 그것이 세속 정치적 표현으로 '민심이 천심이다'라는 말과도 일맥상통 한다고 할 수 있다. 이 정도로 사람들의 존재 가치가 소중하다는 역설적 표현이라고 할 수 있다.

좀 더 다른 의미로는 이 말씀 즉 "하나님이 자기 형상 곧 하나님의 형상대로 사람을 창조"하셨다는 말씀은 우리 인간이 어떠한 존재이며 어떤 삶을 살아가야 한다는 것을 나타낸다고 할 수 있다. 그러므로 사람이 이 세상에서 살아가는 것은 하나님이 사람에게 허락하신 창조의 본질대로 살아갈 자격과 권리가 천부적으로 부여되었다고 하는 것이다. 그러므로 사람의 인격

의 품위와 고귀성이 모든 인생과 삶에서 나타나고 보존되고 보호받아야 한다는 의미를 품고 있다. 즉 인간 개인 각각은 통치자이면서 정치가이다. 그러므로 그 누구도 개인의 인권을 침해해서는 안 되며 침해받아서도 안 되는 숭고한 존재이다. 이 말씀인 인간이 '하나님의 형상'이라는 개념에는 모든 인간 즉 가난한 사람, 병든 사람, 죄 있는 사람, 전쟁 중인 사람, 거지나 과부, 고아, 등 이 세상에서 소외되고 쓸 모 없는 것 같이 여겨지는 사람, 버려진 사람 등 어떤 여건과 환경에 처한 사람일지라도 인권과 평등과, 사랑을 받을 권리가 있으며, 더욱 더 나아가 매일 먹을 것과 편히 쉬고 잠을 잘 주거와 몸을 감싸고 보호할 입을 옷을 갖는 것과 안전과 건강 등, 즉 의식주(衣食住)에 대한 기본적인 보장이 되어야 할 권리가 있으며, 국가와 사회는 이러한 의식주의 기본 생활 주권이 보장될 수 있도록 하는 것이 하나님의 정치 통치이며, 국가는 그 위정자들에게 하나님이 이러한 책무, 즉 소명과 사명을 부여한 것이므로 백성들 중에서 이러한 스스로 혼자서 해결할 수 없는 사람들에게는 그 책임을 지고 해결해 주어야 하는 최우선 순위의 임무를 담당하는 것이 하나님이 국가라고 하는 세속정치 위정자에게 위임된 위임명령이며 위임사명과 소명임을 알고 최선을 다해야 할 것이다. 즉 **국가는 하나님의 대리권자**이다. 또한 신앙인들은 이러한 일을 교회가 담당해야 하며, 국가와 더불어 이러한 소외된 백성에게 그 통치 정치를 할 수 있도록 기도하며 권면하고, 협력하고 합력하여 그러한 통치 정치가 이루어지도록 하는 사명과 소명이 교회에 부여한 하나님의 명령이며 하나님의 율법인 것이다. 이러한 책무인 소명과 사명을 감당하지 못할 때, 교회는 세속 권위인 국가의 위정자들에게 그 임무를 수행할 수 있도록 기도하고, 강권하고 권면하고 권고해야 할 사명을 갖고 있는 것이다. 교회는 이러한 세상의 모든 정치와 문화 사회 경제 학문 교육 등 모든 분야에 관심을 가지고 올바른 하나님의 공의와 정의와 평화와 평등, 박애의 사랑과 긍휼을 잃지 않도록 그 소금과 빛의 소명과 흙과 물의 사명을 감당하는 것이 하나님이 교회에 맡기신 사명이며 그를 위해 예수님은 이 땅에 오셨다. 예수님은 이 땅에 하나님이신 분이 인간의 모습으로 오셔서 인간들이 어떻게 살아야 할 것인지를 손수 모본을 보이셨으며, 통치자 정치가들에게 이렇게 통치 정치할 것을 본을 보이신 것이다. 그러므로 세상 세속국가와 그 위정자들은 예수 그리스도의 사랑과 긍휼과 청렴과 정직과 올바름의 그 모본대로 정치와 통치를 하여야 할 것을 성경을 통하여 모든 기준과 율법으로 명시하신 것이다. 이러한 통치 정치 중에서도 전쟁과 기근과 전염병, 질병, 등 재난이 없도록 최우선적 준비와 예비와 예방 등 천재지변과 재해에 대한 예방과 그 재난에 대처할 수 있는 안전준비를 철저하게 잘 하는 것이 또한 세상나라의 위정자들에게 맡기신 통치와 정치인 것이다.   그러므로 그리스도인은 항상 국가의 정치 및 통치에 관심을 가져야 하며 국가의 정치 통치가 잘못 되었을 때에 정당하고 올바른 방법, 합법적이며 품위 있는 질서와 체계적 과정을 통하여 세속국가의 정치에 참여하여야 하며 관심과 간섭을 하여야 한다. 그러나 개인적인 방법이나 개인적인 이름으로 참여하는 것은 자유롭고, 합법적으로 하는 것은 좋은 일이며 사명과 소명을 가지고 하나님의 말씀과 율법과 그리스도의 의와 도를 깊이 묵상하여 과연 그 뜻이 매사에서 어떤 길인지를 묻고 또 묻고 기도하여 하나님과 예수 그리스도의 덕과 뜻과 의에 구름이 덮이거나 흠이 되거나 모든 일에 행위와 언행심사에 하나님의 마음을 상하게 하는 일이 없어야 할 것이다.

그러므로 그리스도인의 정치참여에 있어서 교회의 이름으로 하거나, 집단적인 교단이나 총회 등의 대표자의 이름으로 하는 것은 해서는 안 된다는 것은 아니지만 경우에 따라서는 필요할 때가 있을 경우를 제외하고는 삼가는 것이 좋을 것이다. 이는 타 종교와의 갈등이나 종교적 분쟁을 야기할 수도 있으며, 정치가 특정 종교와의 관계성으로 인하여 심각한 국가적 혼란의 이유가 될 수 있으며 나라의 전례와 전통과 관례에 나쁜 선례를 남길 수 있어 후손들에게 좋은 유산을 물려 줄 수 없게 되기 때문이다. 그러나 국가적 특별한 위난의 통치적 위기가 있을 때는 하나님과 예수 그리스도의 이름과 명예를 걸고 담대히 그 소망과 사명의 목소리를 낼 수 있어야 할 것이다. 그야말로 교회와 그리스도는 그 시대적 피난처요, 시대적 요청에 대피처의 사명과 구난처의 역할과 소명을 다해야 할 것이다.

모든 인간은 정치가이며 통치자이다.
통치 위임(정치적 권능과 권위 위임)

하나님께서 사람을 창조하신 목적을 나타내는 말씀이 "땅을 정복하라"와 그리고 "모든 생물을 다스리라"라는 말씀인데 먼저 첫 번째는 "땅을 정복하라"는 말씀이다. 이 '정복'이라는 원어 히브리어는 '카바쉬'인데 '짓밟다'라는 의미이다. 이 의미는 '복종시키다'이다. 이 땅을 '하나님께 복종시키게 하라'는 의미의 말씀이다. 하나님께 순종케 하라는 인간에게 부여한 지상명령이다. 즉 사람에게 부여한 사명이다. 더하여 "복을 주시며'의 '복'은 세상적인 부귀영화 명예권세 등 그런 것의 의미가 아니다. 복이라는 의미의 히브리어 원어는 '바라크'인데 이 의미는 '무릎을 꿇다'이다. 즉 복종하다, 순종하다. 경배하다, 숭경하다, 등의 의미로 사용되었다. 즉 하나님 같은 존재로 창조하시고 하나님 같은 삶을 살기 위해서는 하나님 같은 인격과 품위 품격을 지니고 살아야 한다는 명제를 주신 것이다. 즉 하나님의 뜻과 생각 사고를 가지고, 땅 즉 세상을 지배하고 정복하여 하나님의 뜻을 이 땅에서 이루고 살라는 대 명제와 명령을 하신 하나님의 지상 명령이신 것이다.

그리고 다음 지상명령이 "모든 생물을 다스리라"는 제2 지상명령이시다. 하나님의 통치(정치) 위임 명령이시다.

다스리는데 어떻게 다스릴 것인가에 대한 부수 조항들이 성경 전체에 (율)법으로 주셨다. 그 통치(정치), 경영 경륜이 성경에 법으로 규정하고 철저하고 완전한 그리고 영원한 통치 법전을 인류에게 주신 것이다. 그리고 그 통치 정치이념과 사상을 성경에 담아 영원한 하나님의 법전으로, 이 법대로 하나님의 철저한 법치주의, 율법주의 통치를 할 것을 하나님은 '카바쉬'와 '바라크'라는 말씀을 주셔서 '카바쉬 하라'하셨으며, '바라크'하시며 "다스리라"하셨다. 그런데 또한 '다스리라"의 히브리어 원어는 '라다'라고 하는데 이 의미는 역시 '정복하라'의 '카바쉬'와 같은 뜻으로 '짓밟다'라는 뜻이다. '카바쉬'와 '라다' 두 낱말 모두 '정복하다, 지배하다, 지배권을 가지다, 통치하다, 다스리다'의 뜻이다, 좀 더 강한 표현으로는 '부수러 뜨리다' 등의 의미를 가지고 있다. 그렇다고 어떤 폭력적으로 하라는 뜻으로 착각하거나 오용하지 않아야 할 것이다. 이는 하나님이 자기 뜻인 이념과 사상 철학이 결코 성경 전체를 통하여 전혀 그렇지 않다는 것을 알 수 있을 것이다. 그래서 우리는 성경을 전체적으로 종합적으로 통합적으로 이해하고 그 의미와 개념을 전체를 통 털어 깊이 살펴보아야지 어느 한 문장이나 단락만을 가지고 자의적으로 해석하거나 번역되어서는 안 된다는 것이 역사가 증명하고 있다. 그래서 얼마나 무서운 일이 일어났던가를 제국들의 식민지에서 역사와 성경은 분명하게 말하고 있다.

그러므로 '바라크', '카바쉬', '라다'가 모두 세 단어가 '순종', '복종'이라는 개념의 의미로 일치되고 있다는 것이다. 이는 율법에 대한 순종이며, 하나님과 하나님의 뜻에 대한 순종이며, 현존하는 살아계신 하나님이시며 하나님의 말씀이며, 말씀이 육신이 되어 이 땅에 오신 예수 그리스도이신 하나님의 모습이 인간으로 오셔서 영원한 인류의 십자가의 희생과 구원, 그리고 부활 승리와 재림의 주님에 대한 순종의 심판과 천국 영생이며, 이 순종이 곧 믿음이며, 신앙이며, 순종 없는 신앙과 믿음은 없으며, 아닌 것이다.

그러나 이러한 신앙과 믿음을 자기 확신이며 신념을 가지고 믿음이라 하거나 하나님의 뜻이라고 하면서 그 뜻과 말씀에 순종하는 것이라고 오해하면서 폭정이나 전쟁 또는 폭력을 행사하는 것은 또 다른 별개의 것임을 깊이 성찰하고 기도하고 명심해야 할 것이다. 이러한 오해와 잘못으로 전쟁과 이단과 피의 역사와 무자비한 역사가 너무 많았고, 자기 정의와 공의, 신념과 확신을 하나님의 정의와 공정과 의라는 이름으로 점철된 역사가 인류의 역사가 너무 많았다는 사실을 간과해서는 안 될 것이다.

특히 '바라크' 즉 순종이라고 번역되어야 할 의미를 '복'이라고 번역하는 것은 하나님의 뜻과 정반대로 너무도 먼 세속적이며 세상적인 의미로 오역한 것 이다. 어떻게 '하나님이 그들에게 복을 주시며'라고 번역할 수 있는가? '하나님이 그들에게 순종하게 하시며' 또는 '하나님이 그들에게 순종을 주시며'라고 번역해야 한다. 영어성경의 'blessed'는 복을 주다는 뜻이라기 보다는 '피로 정결케 하시다'라고 해석해야 한다. 영어의 'bless'라는 단어는 '피'라고 하는 'blood, bleed'에서 연관된 단어이다. '피로 정결케 되다', '피로 깨끗하게 하다' 등의 예수 그리스도의 보혈로 정결케 된다는 의미이다. 피로 죄 사함과 죄 용서를 의미하는 것이다. 그러나 한글성경번역이 중국의 한자 '복(福)'으로 번역이 되어 한국교회와 한국 기독교신학이 기복주의 신학과 기복주의 교회가 된 것이다. 한문 '복(福)'은 '배가 부른' 상형문자로 자기 자신만을 위한 탐욕과 교만의 부귀영화, 무병장수, 명예권세, 자손번성 등 오직 자기만을 위한 것이 '복(福)'이다. 속히 이제 한글성경에서 복이라는 단어가 들어간 번역은 개역되어야 하며 교회에서도 복이라는 단어는 사용하지 않아야 한다.

요한복음 3장 16절 "하나님이 세상을 이처럼 사랑하사"하는 하나님의 세상에 대한 구원 즉 하나님의 정치와 통치와 경륜, 섭리 등을 말하려고 하는 것이 즉 하나님이 이 세상을 구원하시려고 하는 것이 개인 구원을 무시하거나 회피한 것이 아니라 오히려 개인 개개인의 구원을 통하여 바로 세상을 구원하는 것이기 때문이다. 그래서 세상 구원과 개인 구원에 대한 이분법적 구원이 되어서는 안 되며, 세상 구원과 개인 구원 이들 두 개가 모두 중요하고 어느 것도 경시되거나 치우쳐서는 안 될 것이다. 이러한 것 때문에 성도와 교회의 현실 세속정치에 대한 참여가 어떻게 어느 정도에서 되어야 할 것인가에 대한 문제도 제기되고 있는 것이다.

하나님은 철저하고 완벽한 법치주의(율법주의)적 하나님이시다. 하나님의 말씀은 오직 율법일 뿐이다. 그러므로 하나님 그 자체가 율법이다. 하나님은 오직 법으로만 말씀하신다.

모세에서부터 사사기와 사무엘까지의 하나님의 대언자, 사사들을 통한 신정정치체제를 이어 갔으나, 백성들이 신정정치를 원하지 않으므로 왕정정치로 변환하셨다.

사무엘상 8장 5절~9절

5. 그에게 이르되 보소서 당신은 늙고 당신의 아들들은 당신의 행위를 따르지 아니하니 모든 나라와 같이 우리에게 왕을 세워 우리를 다스리게 하소서 한지라

6. 우리에게 왕을 주어 우리를 다스리게 하라 했을 때에 사무엘이 그것을 기뻐하지 아니하여 여호와께 기도하매

7. 여호와께서 사무엘에게 이르시되 백성이 네게 한 말을 다 들으라 이는 그들이 너를 버림이 아니요 **나를 버려 자기들의 왕이 되지 못하게 함이니라**

8. 내가 그들을 애굽에서 인도하여 낸 날부터 오늘까지 그들이 모든 행사로 나를 버리고 다른 신들을 섬김 같이 네게도 그리하는도다

9. 그러므로 그들의 말을 듣되 너는 그들에게 엄히 경고하고 그들을 다스릴 왕의 제도를 가르치라

"그들을 다스릴 왕의 제도를 가르치라" 이 말씀은 곱씹어 볼 필요가 많다. 하나님이 왕이시다. 그 왕의 제도를 가르치라는 것이다. 인간 왕을 세우되 하나님의 대리인 왕을 말하는 것이다. 온전히 하나님과 합한 자를 말하신 것이다. 인간 왕으로는 할 수 없지만 그래도 그 뜻에 가장 가까운 왕이 다윗이다.

사람은 하나님의 형상이다. 하나님처럼 살기를 바라신다. 곧 인간에게도 창조와 자유와 평강과 화평하기를 바라시고 하나님의 형상으로 창조하셨다. 이는 인간의 존엄성과 자유와 인권과 평강과 평화를 누릴 권리와 의무를 부여하셨다.

그러므로 사람에게 땅을 정복하고, 모든 것을 다스리라 라는 권세도 부여하셨다. 이는 모든 인간에게 동등하게 부여하셨다. 성경은 처음부터 끝까지 평등과 차별이 없음을 매우 자주 말씀하신다.

창1:2절 하나님의 영이 운행 하시느니라

하나님의 영이 성령이다. 즉 성령이 다스리신다. 하나님의 영은 믿음의 영, 신자인 인간의 영, 마음이다. 그러므로 인간의 마음과 생각이 다스린다. 이는 창조의 영이시다.

"땅을 정복하라":
땅을 소유로 하고 개발하고 발전시키라고 명하셨다. 온 땅을 정복하고 다스림의 통치 위임명령을 주셨다.
이를 오만과 편견으로 생각하여 자기중심적 오만과 편견을 갖게 하는 동기가 되기도 한다. 그러나 그 근본은 능력에 따라 자기의 주신 은혜에 따라 섬기며 서로 사랑하는 기본을 바탕으로 믿음 안에서 정복을 행하는 것이다.
그러나 인간은 무력과 폭력으로 무참하게 살상을 통하여 정복하고 지배하여 탐욕으로 노예화하여 다스리는 제국주의적 폭정으로 지금까지도 일삼고 있는 역사가 계속되고 있다. 인간이 존재하는 한 이러한 인간의 전적 부패성 즉 죄의 본성은 사라지지 않을 것이다. 이는 인간의 죄의 영원한 본성이기 때문이다. 동시에 그래서 인간은 믿을 수 없는 존재이다. 하나님 예수를 믿어도 정도의 차이일 뿐이다.
창1:1. 태초에 하나님이 천지를 창조하시니라
2. 땅이 혼돈하고 공허하며 흑암이 깊음 위에 있고 하나님의 영은 수면 위에 운행하시니라
3. 하나님이 이르시되 빛이 있으라 하시니 빛이 있었고
4. 빛이 하나님이 보시기에 좋았더라 하나님이 빛과 어둠을 나누사
5. 하나님이 빛을 낮이라 부르시고 어둠을 밤이라 부르시니라 저녁이 되고 아침이 되니 이는 첫째 날이니라

하나님의 창조와 통치: 시간(빛)과 질서, 생명, 우주 대자연,

사랑과 심판

빛의 창조는 시간의 창조이며 창조의 가장 중요한 기본 개념은 질서이다. 혼돈에서 질서가 생긴 것이 창조의 첫 번째이다.
고전14:40. 모든 것을 품위 있게 하고 질서 있게 하라

태초에/히브리어는 레쉬트: 시간, 질서의 개념으로 '첫째'는 순서, 순서는 우선순위의 개념이다.

하나님의 영은 운행 하신다: 성령이 통치하신다.
빛/히브리어어는 오르: 시간, 생명, 사랑
밤/히브리어 호셰크: 죽음, 심판, 파멸, 불행, 고통
 위의 창세기 1장 1절부터 5절까지를 통하여 알 수 있는 것은 순서와 질서이다. '태초'라는 단어는 '시작할 때'라는 말이며 '처음으로'라는 뜻이다. 그 다음에 '혼돈과 공허'이다. 이 혼돈과 공허가 하나님의 영 즉 성령께서 '운행 하시느니라'라고 말씀하고 계신다. 즉 성령이 다스리신다. 성령께서 모든 것은 준비하고 계획하고 예비하신다는 것이다. 즉 성령께서 운행하신다는 것은 성령께서 질서를 만드시고 운행하시고 예비하시고 준비하시고 실행하신다는 의미이다. 그리고 이러한 질서와 순서의 모든 준비된 것이 빛이다. 빛은 시간이라 낮과 밤이 되어 나타난다. 그리고 첫째 날이라고 하셨다. 첫째는 순서와 질서의 가장 중요한 시간의 개념이며 의미이다. 우리는 무엇이 첫째인지를 다시 생각해 보아야 한다. 항상 첫째 것을 잊고 살고 있지 않은지 돌아보아야 한다. 가장 중요한 첫째가 무엇인가? 우리의 삶과 믿음에서 다시 잃어버리고 상실된 질서와 순서의 첫째가 어디에 무엇이 어떻게 되는지 회복과 되돌림의 역사가 있어야 할 것이다. 그 답을 세상적이며, 인간적이며, 인문학적

이며 철학적인 접근이 아니라 성경적인 접근 즉 하나님방식의 접근이 절실히 필요한 때가 아닌가 싶다. 그 중에 하나가 오늘 우리 이 시대가 요구하는 시대적 소명과 사명이 무엇인지를 되돌아보는 계기가 성경을 통해서 이루어지기를 간절히 소망한다. 그 시간이며 명제가 이 기독교적 정치에서 이 사회와 우리를 돌아보아야 할 것으로 여겨본다. 우리의 오만과 편견이 지배하는 이 세상에서 말이다.

창1:26. 하나님이 이르시되 우리의 형상을 따라 우리의 모양대로 우리가 사람을 만들고 그들로 바다의 물고기와 하늘의 새와 가축과 온 땅과 땅에 기는 모든 것을 다스리게 하자 하시고

창1:27. 하나님이 자기 형상 곧 하나님의 형상대로 사람을 창조하시되 남자와 여자를 창조하시고

28. 하나님이 그들에게 복을 주시며 하나님이 그들에게 이르시되 생육하고 번성하여 땅에 충만하라, 땅을 정복하라, 바다의 물고기와 하늘의 새와 땅에 움직이는 모든 생물을 다스리라 하시니라

인간(사람, 남자와 여자의 동등성)은 하나님의 형상이며, 인생의 삶은 하나님의 삶의 모습이다.

이웃사랑이 곧 하나님사랑이며, 인간 사랑이 하나님사랑이다. 내 육체가 즉 믿음의 성령을 받은 육신이 곧 성령의 성전이다, 이 세상의 어떤 교회도 성전이 될 수 없다. 교회는 성전이 아니다. 교회(敎會)는 믿음의 모임이다. 성전은 오직 예수 그리스도 한 분 뿐이시다. 이 땅에 성전으로 오신 예수 그리스도만이 이 땅에서의 성전이다. 그리하여 예루살렘 성전은 온전히 훼파(毁破)되었다. 예수 그리스도가 오심으로 건물인 예루살렘 성전은 파괴되고 오직 그리스도만이 열방과 만방에 성전으로 전파되어 우리 모두의 성전이 되신 것이다. 우리도 예수 그리스도의 피로 구원 받은 자는 성전이 되는 은혜가 주어지는 것이다. **우리 믿는 성도가 성전인 것이다.** 사람과 사랑이 성전이며 사람과 사랑이 하나님이시다. 사람과 사랑이 예수님이시며, 성전이시다.

하나님은 인간중심, 사람사랑이 목적이며 하나님의 이념과 사상은 사람사랑, 인간존중, 생명사랑, 인간중심, 만물사랑이 즉 하나님사랑이다. 하나님의 존재이유이며 하나님의 목적이시다.

즉 자유와 민주, 박애, 사람중심, 사랑중심이다. 이것이 신정정치이며 민주정치이며, 자유와 민주정치이념과 사상이다. 사람중심, 사랑중심의 정치가 하나님의 통치이념과 사상이다.

곧 우리 사람이 하나님이시다. 모든 사람, 모든 인생은 하나님이시며, 하나님의 인생이시다. 그러므로 사람에 대한 존중과 사랑은 하나님을 사랑하고 존중하는 것이며 사람을 살생하는 것은 하나님을 살생하는 것이다. 그러므로 호흡하는 모든 사람은 하나님의 생명이며 하나님이시다. 그렇다고 '나는 신인(神人)이다'라는 이단이 있어서는 완전 미친 이단이나 무당이다. 그럴수록 나는 모든 인간은 죄인에 불과하고 그 이하도 이상도 아니다는 생각이 올바른 믿음의 기본자세이며 믿음이 없어도 기본인격인 것이다.

예수님께서는 직접 말씀하셨다. 마태복음16:26(막8:36, 눅9:25)에서 "사람이 만일 온 천하를 얻고도 제 목숨을 잃으면 무엇이 유익하리요 사람이 무엇을 주고 제 목숨을 바꾸겠느냐"라고 하셨다. 얼마나 한 사람의 생명이 소중하고 엄중하고 존귀한 인권인가를 말씀하시고 계신다.

그러므로 국가의 통치자는 백성들의 생명과 안전과 안보와 보건 복지에 최선의 우선순위로 통치와 정치에 중점을 두어야 할 것이다.

다음의 말씀에서 또 한 질서를 보게 된다.

즉 '남자와 여자를 창조하시고'에서 '남자와 여자'를 창조하셨는데 어떻다는 것인가? 남자와 여자를 동등하게 창조하셨다는 것이다. 그런데 동등에서도 질서와 순서 즉 우선순위가 있다는 것이다. 우리는 동등하다거나 같다고 하는 것에 대한 개념이 너무도 단순할 때가 많아서 문제가 되는 경우가 너무 많다. 사회적 갈등과 문제의 야기가 이 동등하다거나 같다고 하는데서 분별력이 상실 될 때가 많다. 그러나 성경은 이런 문제들에 대한 너무도 정확하게 설명하고 너무 많은 개념을 성경 전체에서 많이 나타내고 있다. 조그만 뉴앙스가 달라도 현격하고 격렬한 저항과 증오의 대상이 되는 경우가 있다. 물론 다른 요인들에 의해서도 일어나지만 특히 요즘에 들어서 더욱 그렇다. 그래서 가정과 사회가 무너져가고 있고, 인간의 기초단위가 무너졌는데도 정치가 그 답과 해결을 못하고 있는 것이라고 여겨진다.

왜 정치가 없을까? 정치(政治)가 정치가 아니기 때문이다. 교회는 교회가 아니기 때문이기도 하다. 물론 당연히 정치는 정치가 아니며, 모두 세상의 타락된 것들에 지나지 않는다. 다시 말해 이익집단에 지나지 않기 때문이다. **집단근성과 군집관성**이 자기이익과 탐욕의 집단이며 자기탐욕의 추구 외에는 어떤 것도 없기 때문이기에 당연한 것을 괜히 기대하고 있기 때문에 실망과 좌절이 생기는 것이다.

모든 생명이 있는 것은 병균과 미생물도 바이러스도 코로나도 군서류이며 인간도 군집성 군서류(群棲類)에 불과하다. 아직도 교회가 여자를 비하하고 여자를 무시하는데 교회가 인간의 탐욕과 죄성으로 가득하게 범람하고 넘치고 있다. 이는 탐욕과 교만의 인간의 죄의 본성 때문이다. 죄의 많은 품목들에 의한 죄의 군살과 내성과 관성의 지배에 따라서이다. 또 한편으로 세상 교육과 학문이 가지고 있는 교만이라는 죄의 확신 때문이기도 하다.

인간은 하나님의 형상이다. 이는 인간의 창조원형이다. 그러나 사탄마귀의 죄성이 침입되어 어그러지고 어긋나서, 비틀어지고 굴절된 사탄마귀의 죄의 본성으로 변형되었다. 그러나 최초의 원형은 하나님의 형상이다. 이는 하나님이 우리 인간에게 그 **창조원형을 회복**하시기 원하시기에 하나님을 순종하고 믿기를 원하시어 예수 그리스도와 말씀인 성경을 인간의 모습으로 예수하나님을 보내신 것이다. 이는 인간이 얼마나 존귀한 존재인가를 단적으로 지적한 말씀이다. 그러므로 모든 인간에게는 자유와 존귀가 보존 보전 존중 유지되어야 한다. 즉 어떤 인간이든지 신분과 출신과 어떤 조건에 관계없이 존귀함이 보장되어야 하며 평등하고 차별이 없이 온전한 인격과 인권이 보장되어야 한다는 것이다. 그리고 더욱이 이 세상의 모든 살아 있는 생명을 '다스리라'는 **위임통치(정치) 명령을 받았다**. 인간이 이 세상을 하나님의 마음과 뜻으로 다스릴 것을 위임 받았다. 즉 이 세상을 통치하시는 하나님으로부터 **통치(정치)위임명령**을 받았으므로 우리 인간은 모두 하나님의 통치위임을 받은 **하나님의 대리권자**이기도 하다. 즉 인간은 통치정치적 동물이라고 할 수 있다. **국가와 정부는 하나님통치위임의 대표자이다.**

누군가 '인간은 사회적 동물이다'라고 한 말과도 일맥상통하다. 엄격하게 말하면 동물도 사회적 동물이며 식물도 사회적 식물이다. 살아 있는 것은 모두 사회성을 하나님이 창조에서 부여하셨다. **모든 살아 있는 것들은 서로 자기들끼리 같이 함께 더불어 산다.** 병균들도, 바이러스, 미생물, 식물들도, 어떤 생명체이든지 동물이든지 자기들끼리 집단성과 사회성을 이루며 살아간다. 식물들도 사회성을 이루며 살아간다. 식물도 환경에 맞추어서 적응하기 위해 점점 이동하며 북상하고 있기도 하며 바다의 물고기들도 자기들이 살기에 적당한 곳으로 이동하여 살아가고 있으며 식물들도 자기들이 살기에 적당한 곳으로 북상도 하고 남하도 하며 옮겨 이동하며 살아가고 있다. 모든 생물, 생명체가 있는 것은 곰팡이든 병균이든 자기들의 사회성을 이루며 생존에 적응하며 또한 환경이 알맞은 곳으로 이동하며 또는 자기 자신을 환경에 적용할 수 있도록 체질을 변환하며, 또는 환경을 스스로 개척하며 생존한다. 이동과 이사의 자유가 없는 곳이 이 땅에 아직도 우리 곁에 있다는 것은 불행하다. 특히 교회이동의 자유가 신자에게 없다. 교회 옮기면 큰 일 나는 줄 안다. 목사의 최면에 걸려서 그렇다. **말씀은 진리이며 예수 그리스도이며 하나님이시다.**

요8:32. 진리를 알지니 진리가 너희를 자유롭게 하리라
갈5:1. 그리스도께서 우리를 자유롭게 하려고 자유를 주셨으니

'인간은 정치적 동물이다'라고 하는 의미도 누군가 상대가 있다는 것이다. 정치적 상대와 대상이 있다는 것이다. '사회적'이라는 말의 의미도 상대와 대상이 있다는 것을 전제로 한 말의 의미이다. 인간은 둘 만 있어도 정치가 존재하고 정치가 발휘된다. 하나님이 아담을 창조하시고 하와 여자를 창조하시고도 하와에게 아담를 돕는 직분의 권능을 부여하셨다. 둘 사이에도 직분과 직능을 구분하게 하셨다. 이는 질서를 위함이며 질서는 모든 것의 효능과 능력이며 편안함 즉 자유함과 평안함과 안락이다.

창2:18. 여호와 하나님이 이르시되 사람이 혼자 사는 것이 좋지 아니하니 내가 그를 위하여 돕는 배필을 지으리라 하시니라
창2:23. 아담이 이르되 이는 내 **뼈** 중의 **뼈요** 살 중의 살이라 이것을 남자에게서 취하였은즉 여자라 부르리라 하니라

그러나 하나님은 또한 남녀평등권을 부여하셨다. 즉 한 몸이

되었다는 것은 하나가 되었다는 의미이기도 하지만 결혼이라는 제도를 통하여 남녀 부부가 평등하다는 개념을 나타내고 있다.

창2:24. 이러므로 남자가 부모를 떠나 그의 아내와 합하여 둘이 한 몸을 이룰지로다

위에서 "남자가 부모를 떠나 그의 아내와 합하여"라는 의미는 정혼 즉 결혼이라는 제도를 의미하며, "둘이 한 몸을 이룰지로다"라는 의미는 부부평등과 남녀평등을 의미하고 있다. 부부일심과 부부일체를 나타낸 말이다. 이는 영원한 불변의 하나님의 헌법정신이다. 여기에는 질서가 있다. 기본질서가 있다. 하나님의 창조의 가장 중요한 정신은 질서이다. 이는 헌법의 기본 개념이라고 할 수 있다. **모든 법, 율법은 질서를 위해서 있으며 질서는 품위를 위해서 존재한다.** 하나님과 신자와의 관계에서 부부관계가 가장 적절한 표현이다. 하나님과 아들 관계보다 더 적절한 관계이다.

고전14:40. 모든 것을 품위 있게 하고 질서 있게 하라

질서가 있고 혼란과 혼돈이 없는 곳에서는 이러한 말씀의 필요성을 갖지 못 했을 것인데 혼란과 질서가 없었기 때문에 이러한 말씀을 사도 바울은 고린도교회에 했다.

골2:5. 이는 내가 육신으로는 떠나 있으나 심령으로는 너희와 함께 있어 너희가 질서 있게 행함과 그리스도를 믿는 너희 믿음이 굳건한 것을 기쁘게 봄이라

하나님의 통치 다스림을 위임 받은 우리 인간은 다스리는데 있어 가장 중요한 것은 질서 유지이다. 모든 것을 질서 있고 품위 있게 다스리는 통치자가 되어야 한다. 또한 특히 하나님의 백성들은 무엇에든지 질서와 품위를 떠나서는 존재 이유가 없다. 믿음은 질서와 품위를 위한 도구이다. 믿음과 신앙이 품위와 품격, 인격이 가장 우선이 되고 가장 중요한 덕목이 되어

야 할 것이다. 이런 면에서 한국교회와 성도가 기복적이며 신비적 은사주의에 빠져서 황금만능주의의 복과 치료와 같은 은사주의적 이적 같은 것에 사로잡혀 있는 무속신앙적인 면에 매료되어 있는 것은 성경과 하나님의 말씀이 갖고 있는 율법의 참 진의와 개념을 잃고 있는 현실이 심히 안타깝다. 이제 정치도 질서와 품위가 있어야 정치도 바로 서는 것이다. 질서 없고 품위 없는 한국정치하면 대명사 중에 아예 명찰이 되었다.

잠7:18. 오라 우리가 아침까지 흡족하게 서로 사랑하며 사랑함으로 희락하자

잠15:17. 채소를 먹으며 서로 사랑하는 것이 살진 소를 먹으며 서로 미워하는 것보다 나으니라

인생이란 무엇인가? 라는 원초적 질문에 대한 답이다. 정치도 종교도 신앙도 이 원초적 질문에 답해야 한다. 그러나 세상은 반대이다. 국가와 정부도 반대를 추구한다. 세상 사람이 그러헤 추구하니까 그 요구에 부응하기 위해서이다.

그러나 예수하나님은 인간들 끼리 서로 사랑하기를 자기 자신처럼 사랑하는 것을 제일로 삼으셨다. 사람이 하나님의 자기 자신의 형상대로 지음을 받았기 때문에 사람들끼리 사랑하는 것이 바로 하나님 자신을 사랑하는 것이라는 것이다. 또 다른 측면에서는 사람은 하나님의 자녀들이다.

요1:12 영접하는 자 곧 그 이름을 믿는 자들에게는 하나님의 자녀가 되는 권세를 주셨으니

마22:37~40 예수께서 이르시되 네 마음을 다하고 목숨을 다하고 뜻을 다하여 주 너의 하나님을 사랑하라 하셨으니

38. 이것이 크고 첫째 되는 계명이요

39. 둘째도 그와 같으니 네 이웃을 네 자신 같이 사랑하라 하셨으니

40. 이 두 계명이 온 율법과 선지자의 강령이니라

이런 관점에서 본다면 부모는 자녀들끼리 서로 사랑하는 것이 가장 행복하고 즐거워하는 것과 같은 것이다. 그러므로 인간은 이 세상에서 서로 사랑하는 것보다 더 소중하고 중요한 것은 없다. 세상 세속정치의 목적도 이러한 하나님의 통치목적과 같아야 하는 것이며 같은 목적을 가지고 있다고 할 것이다.

하나님의 정치적 목적
요3:16. ○하나님이 세상을 이처럼 사랑하사 독생자를 주셨으니 이는 그를 믿는 자마다 멸망하지 않고 영생을 얻게 하려 하심이라

이것이 하나님이 이 세상을 다스리시며 사랑하시는 첫 번째 목적이며 하나님의 통치의 가장 중요한 첫 번째 통치이념이다. 하나님의 모든 말씀은 정치, 통치이다. 통치, 정치가 아닌 것은 하나도 없다. 하나님이 우리 인간을 만드시고 통치하기 위한 것이다. 오직 하나님의 다스림만이 있을 뿐이다. 개개인을 통한 직접적인 가르침뿐만 아니라 교회를 통하여 국가를 통하여, 가르치시면 통치하시고 정치하시며, 또한 사회와 정부와 국가를 통하여 정치하시며 통치하신다. 우리 사람은 모두가 통치자이면서 또 한편으로는 서로가 통치의 대상이 되는 것이다. 하나님께서는 성경이라는 법을 통하여 사람에게 통치를 가르치셔서 통치하게 위임하신 것이다. 이 하나님의 가르침은 평등이며 공정이며 화평이며 평화이며 민주와 자유의 기본 개념이 되는 것이다. 모든 인권은 사람이 모두 하나님이 되는 '하나님의 형상'이 되는 것이기 때문이다. 성경은 하나님의 완전한 법전이다.

정치적, 문화적, 사회적 인간 창조
창2:18. ○여호와 하나님이 이르시되 사람이 혼자 사는 것이 좋지

아니하니 내가 그를 위하여 돕는 배필을 지으리라 하시니라

가정 창조/교회 창조,   가정=교회=지상 천국
창2:24. 이러므로 남자가 부모를 떠나 그의 아내와 합하여 둘이 한
몸을 이룰지로다

사람이 생명나무(예수, 말씀, 성경)의 열매를 먹고 (구원)영생
으로 하나님과 같은 선악을 하는 자(지식, 지혜, 명철, 분별력)가 된
다는 것이다.
창3:22. 여호와 하나님이 이르시되 보라 이 사람이 선악을 아는 일
에 우리 중 하나 같이 되었으니 그가 그의 손을 들어 생명 나무 열매
도 따먹고 영생할까 하노라 하시고
선악을 알게 하는 나무 열매(선악과)를 먹고 선과 악을 분별
할 수 있는 능력을 받아 선악에 대한 구별을 할 수 있게 됨으
로 인하여 죄악에 대한 심판을 받게 되는 영적 분별을 갖게 된
것이다. 이로 인하여 하나님의 명령인 율법을 어길 경우 그 죄
에 대한 심판인 벌을 받게 되었다. (창세기3장1~21절)
이렇게 최초의 사람 아담과 하와부터 하나님의 명령인 율법을
불순종하고 어김으로 인하여 벌을 받게 되는 첫 번째 죄와 벌
에서 시작한다. 이 죄와 벌은 다시 가인과 아벨의 형제 살인으
로 이어지는 살생의 죄와 벌로 연결되는 인간의 죄와 벌의 무
서움을 나타내고 있다. 이러한 죄악에도 불구하고 용서하시고
죄를 사면하시고 사랑과 은혜(생명나무)를 더하신다.
이러한 죄들에도 불구하고 생명나무이신 **예수 그리스도를 따**
먹음 되는 은혜를 주심으로 인하여 영생하게 하신다. 이 예수
그리스도를 먹음(믿음)으로 영원한 자유와 해방인 영생을 얻
게 된다.   하나님이 통치하시고 다스리시고 정치, 치리하시는
나라의 백성은 결국은 모든 여러 가지 자유와 해방을 이 땅에

서는 물론이며 영원한 자유와 해방의 삶을 누리도록 하시는 것
이 하나님의 정치이념과 사상이시다. 요한계시록에서의 심판은
구원 받은 하나님의 구원백성에게는 영원하고 완전한 안전과
보호하심과 영생으로의 구원을 말씀하신 것이지 이단들이 말하
는 부분적이거나 한시적, 한도적인 심판이 아닌 것이다. 단지
로마제국이라는 한계선 상에서 쓴 사도 요한이 밧모 섬에서 귀
양 중에서 은유와 비유, 비밀 음어 등 표현의 방법과 수단에서
비롯된 것일 뿐 매우 쉽고 분명한 말씀인 것이다.

천국은 Here and now. 심판은 Already began, but not
yet completed 이다. 이 세상에서의 천국 없이, 저 세상에서
의 천국 영생 없다. 예수 구원 천국, 영원한 천국. No Jesus,
Never Heaven. 예수 믿는 자는 어떠한 경우에도 어떤 심판과
저주는 없다. 예수 믿음은 영원히 죄와 사망의 법에서 자유와
해방 되었다. 그러므로 계시록은 너무 쉽다. 단지 표현이 은어
와 비어로 되어 있을 뿐이다. 사도 요한이 로마의 살인폭정 하
의 유배지 밧모섬에 있을 때 기록하였기 때문이다.

첫 동침으로 임신하여 하나님의 은혜로 득남, 사람이 사람을
낳다. 사람이 **사람을 낳은 것은 하나님이 하나님을 낳은 것과
같은 것이라고 할 수 있다.** 사람이 동침(결혼)하여 하나님의 형
상(사람)인 하나님을 낳은 것과 같은 것이다. 결혼은 인생에서
가장 성공하는 것이며, 자식을 낳는 것은 최고의 인생 성공과
행복이다. 성경은 '낳고, 낳고'가 너무 많다. 그런데 알고 보면
그것보다 더 중요한 것이 없다. 성경은 '낳고, 낳고'의 기록이
다.

창4:1. 아담이 그의 아내 하와와 동침하매 하와가 임신하여 가인을
낳고 이르되 내가 여호와로 말미암아 득남하였다 하니라

하나님의 법(율법: 선악을 알게 하는 나무 열매)과 심판은 죄와 벌에 대한 첫 심판이었다. 법이 없으면 심판도 없다. 종말론은 심판이다. 인간도 하나님도 죄형법정주의이다. 인간 아담과 하와와 뱀에 대한 심판이 시작되었다. 이 심판 또한 시작이자 영원한 심판이다. 그리고 장차 오실 재림으로 최후의 심판이 예정되었다. 이 심판은 예수 믿는 구원 받은 백성은 영원한 생명과 건강 복지 안전을 보장하셨다. 그렇다고 할지라도 하나님의 율법과 이 세상의 율법을 어기는 것 모두에 그 불순종에 대한 죄과에 벌을 받는 것은 당연하다. 이 세상의 세속 율법도 어기는 경우는 벌을 받아야 한다. 이 세상의 율법과 그 통치 정치 치리도 하나님이 간섭하시고 위임하시고 맡기신 것이다.

때때로 가인에 대한 죄와 벌에 대한 질문을 받을 때가 있다. 그 대답은 그 말씀 자체에 있다. 하나님께서 가인의 제사(예배)를 받지 않은 이유에 대한 답은 바로 선(믿음)을 행하지 아니함에 있다는 것이다. 선(믿음)을 행하지 아니한 것은 곧 모두 죄를 범했다는 것이다. 성경에서 선이 아닌 것은 모두 죄이다. 완전한 이분법이다. 더 한 발자국 나아 들어가면 믿음이 아닌 것은 모두 죄이다. 이는 죄와 벌이다. 율법이다. 법이다. 법은 죄에 대한 벌이다. 아담과 하와에 이어 두 번째의 율법의 시작이다. 모세의 십계명 이전까지는 하나님의 불문헌법이다. 불문율법이다. 모세의 십계명 이후는 성문율법, 즉 성문헌법을 적용한다.

창4:7. 네가 선을 행하면 어찌 낯을 들지 못하겠느냐 선을 행하지 아니하면 죄가 문에 엎드려 있느니라 죄가 너를 원하나 너는 죄를 다스릴지니라

죄와 벌

창4:11~13. 땅이 그 입을 벌려 네 손에서부터 네 아우의 피를 받았은즉 네가 땅에서 저주를 받으리니
12. 네가 밭을 갈아도 땅이 다시는 그 효력을 네게 주지 아니할 것이요 너는 땅에서 피하며 유리하는 자가 되리라
13. 가인이 여호와께 아뢰되 내 죄벌이 지기가 너무 무거우니이다

죄와 벌에 대한 심판이다. 요한계시록의 예표이다.

하나님의 법정 재판은 죄에 대한 벌을 내리고 또한 용서하시고 보호하신다. 하나님의 율법은 모든 인간의 죄에 대한 벌은 반드시 시행 하신다. 죄에 대한 벌은 바로 즉각 시행하시기도 하지만 늦게 시행하시는 경우도 있지만 몇 세대 후에 시행하시기도 하신다. 사람에 대한 죄의 응대는 반드시 시행하시고 또한 회개에 대한 용서는 별도로 하신다. 죄를 용서하신다고 죄에 대한 벌을 면하게 하시지는 아니 하신다. 그러나 회개에 대한 정도에 따라서 벌을 감경하게 하시기도 하신다. 인간이 죄를 범하는 것은 벌이 늦게 이루어지기 때문이다. 하나님의 죄에 대한 용서의 개념을 잘못 오해하는 경우가 있는데 죄에 대하여 회개하고 기도하며 용서를 빌면 벌을 내리지 아니하신다고 하는 생각은 잘못 된 생각이며 하나님을 오해하고 있으며, 하나님을 잘못 알고 있는 것이다.

인류 최초의 살인자, 친족 살인의 중죄인 가인이다. 우리 인간은 모두 가인의 후예이다. 이 죄의 본성은 시기 질투이다.

오늘날 한국의 정치는 시기 질투에 근거한 죄의 본성에 의한 분노와 저주의 정치가 만연하다. 거리, 광야의 정치와 극단적 선택의 정치, 벼랑 끝 정치, 시작도 끝도 없는 정치, 전부 아니면 전무의 도박적 정치, 죽기 살기 정치, 나 죽고 너 죽기 정치, 다 된 밥에 침 뱉기 정치, 등 세계 정치사에 볼 수 없는 쇼 정치가 너무 많다. 한편으로는 참 어떤 드라마나 코미디나

쇼보다 재미있고 흥미 있다. 기가 막힌 영화나 드라마 같아 재미있다. 막 말도 세계 문화유산 급이다. 정치의 모든 것, 인류 역사 상 전무후무한 모든 것을 다 보여 준다.

창4:14. 주께서 오늘 이 지면에서 나를 쫓아 내시 온즉 내가 주의 낯을 뵈옵지 못하리니 내가 땅에서 피하며 유리하는 자가 될지라 무릇 나를 만나는 자마다 나를 죽이겠나이다
15. 여호와께서 그에게 이르시되 그렇지 아니하다 가인을 죽이는 자는 벌을 칠 배나 받으리라 하시고 가인에게 표를 주사 그를 만나는 모든 사람에게서 죽임을 면하게 하시니라

최초의 도성, 에녹성
최초의 도성을 쌓다. 전쟁을 위한 침략과 방어를 위한 축성은 도시, 방어, 산업화, 도시화, 침략에 방어, 공격의 진지 등의 목적으로 사용하기 위함이었다.
가인의 분가와 독립
창4:16. 가인이 여호와 앞을 떠나서 에덴 동쪽 놋 땅에 거주하더니
17. 아내와 동침하매 그가 임신하여 에녹을 낳은지라 가인이 성을 쌓고 그의 아들의 이름으로 성을 이름하여 에녹이라 하니라

결혼의 자유/ 하나님이 주신 인간 수명은 120세이다
국가의 복지 의료 보건 정책은 이러한 하나님의 천부적 생명을 기본 의료 복지 정책을 기준으로 삼아야 할 것이다.
창6:2. 하나님의 아들들이 사람의 딸들의 아름다움을 보고 자기들이 좋아하는 모든 여자를 아내로 삼는지라
3. 여호와께서 이르시되 나의 영이 영원히 사람과 함께 하지 아니하리니 이는 그들이 육신이 됨이라 그러나 그들의 날은 백이십 년이 되리라 하시니라

하나님의 첫 언약(통치공약=선거공약, 하나님의 일방적 편무계약)과 준행: 노아

창6:18. 그러나 너와는 내가 내 언약을 세우리니 너는 네 아들들과 네 아내와 네 며느리들과 함께 그 방주로 들어가고

노아가 첫 제단과 제물(예배와 헌물), 신실한 믿음의 모본이다. 노아 같은 성도가 되어야 한다. 닮고 싶은 믿음이다. 신실한 가정 제단이다. 가정교회의 전형이다.

창8:20. 노아가 여호와께 제단을 쌓고 모든 정결한 짐승과 모든 정결한 새 중에서 제물을 취하여 번제로 제단에 드렸더니

언어(방언)와 나라와 민족과 족속의 형성 창조 및 군대조직

창10:5~32

창10:5. 이들로부터 여러 나라 백성으로 나뉘어서 각기 언어와 종족과 나라대로 바닷가의 땅에 머물렀더라

6. 함의 아들은 구스와 미스라임과 붓과 가나안이요

7. 구스의 아들은 스바와 하윌라와 삽다와 라아마와 삽드가요 라아마의 아들은 스바와 드단이며

첫 용사(worrior)는 전쟁을 위한 전사 군인 군대가 생겼다.

창10:8~32

8. 구스가 또 니므롯을 낳았으니 그는 세상에 첫 용사라

9. 그가 여호와 앞에서 용감한 사냥꾼이 되었으므로 속담에 이르기를 아무는 여호와 앞에 니므롯 같이 용감한 사냥꾼이로다 하더라

10. 그의 나라는 시날 땅의 바벨과 에렉과 악갓과 갈레에서 시작되었으며

11. 그가 그 땅에서 앗수르로 나아가 니느웨와 르호보딜과 갈라와

12. 및 니느웨와 갈라 사이의 레센을 건설하였으니 이는 큰 성읍이라

나라와 민족과 언어가 나뉘어지다

18. 아르왓 족속과 스말 족속과 하맛 족속을 낳았더니 이 후로 가나안 자손의 족속이 흩어져 나아갔더라

20. 이들은 함의 자손이라 각기 족속과 언어와 지방과 나라대로였더라

31. 이들은 셈의 자손이니 그 족속과 언어와 지방과 나라대로였더라

32. 이들은 그 백성들의 족보에 따르면 노아 자손의 족속들이요 홍수 후에 이들에게서 그 땅의 백성들이 나뉘었더라

민족주의가 시작되다.

창12:2. 내가 너로 큰 민족을 이루고 네게 복을 주어 네 이름을 창대하게 하리니 너는 복이 될지라

아브람이 75세에 소명을 받고 고향 하란을 떠나 이주하다.

창12:4. 이에 아브람이 여호와의 말씀을 따라갔고 롯도 그와 함께 갔으며 아브람이 하란을 떠날 때에 칠십오 세 였더라

아브람의 첫 제단과 제물과 부름에 순종하다.

창12:7. 여호와께서 아브람에게 나타나 이르시되 내가 이 땅을 네 자손에게 주리라 하신지라 자기에게 나타나신 여호와께 그가 그 곳에서 제단을 쌓고

8. 거기서 벧엘 동쪽 산으로 옮겨 장막을 치니 서쪽은 벧엘이요 동쪽은 아이라 그가 그 곳에서 여호와께 제단을 쌓고 여호와의 이름을 부르더니

창13:18. 이에 아브람이 장막을 옮겨 헤브론에 있는 마므레 상수리 수풀에 이르러 거주하며 거기서 여호와를 위하여 제단을 쌓았더라

2장. 요셉의 정치
사회주의 혁명 좌파인가? 극우 보수 우파인가?
오직 왕권강화만을 위한 사유재산의 국유화.
1.백성을 노예화,
2.모든 백성의 사유재산을 바로 왕 절대군주의 사유화.
3.고율의 소작농화로 농지세 20% 생산량의 5분의 1

창세기 37장/ 요셉에 관한 성장 배경

창37:1절: 장소는 가나안

　　　2절: **십칠 세(17살):** 요셉이 형들의 시기 질투로 애굽으로 팔려 갈 때 그의 나이는 17세 였다. 이는 모든 것을 기억할 수 있는 나이이며 더욱이 특히 총명한 요셉으로서는 보통보다 더 잘 기억하였을 것이다. 그런데 그는 나중에 총리가 되어서도, 그리고 많은 년 수가 지나도록 자기의 부모형제들을 찾지 아니하였다. 그 당시의 애굽은 세계 최대 최고의 제국이며 동서양의 모든 문물의 중심에 있으며, 모든 정보가 다 애굽에 들어오는 여건에서 알려고 하면 언제든지 알 수 있었고, 가려고 하면 언제든지 갈 수 있는 곳인 가나안이 그리 멀지도 않았는데 그는 왜 외면했을까? 부모형제가 양식이 없어 매우 어려워 굶주린 상황에서 찾아올 때까지 모른 척하고 있었을까?

　　　3절: 편애와 편견으로 성장

　　　4절: 미워함, 불편 불만

　　　5~10절: 꿈으로 인해 더욱 미워함

창세기 39장/ 요셉의 성실과 충성, 성결과 정직

창세기 40장/ 요셉의 꿈 해석.

창세기 41장/ 요셉이 바로 왕의 꿈을 해석하여 30세에 총리가 되었다. 이집트어(지금은 사멸된 언어)로 개명하고 이방신의 제 사장의 딸과 결혼하였다.

창세기 41장 34~35절/7년 풍년 동안에 애굽 전체 백성들로부 터 수확의 오분의 일(20%)을 거두어 쌓아 둘 것을 바로 왕께 제안하였다.
34. 바로께서는 또 이같이 행하사 나라 안에 감독관들을 두어 그 일곱 해 풍년에 애굽 땅의 오분의 일을 거두되
35. 그들로 장차 올 풍년의 모든 곡물을 거두고 그 곡물을 바로의 손에 돌려 양식을 위하여 각 성읍에 쌓아 두게 하소서

창세기 42장/ 요셉의 형들이 애굽으로 식량을 구하러 가다. 요 셉은 형들을 알아보았으나 요셉의 형들은 요셉을 알아보지 못 하였다. 처음엔 자기의 동생 된 신분을 밝히지 아니 하였다.
창세기 43장/ 요셉이 친 동생 베냐민을 만났다.
창세기 45장/ 요셉이 형제들에게 자기 신분을 밝혔다.
창세기 46장/ 야곱의 모든 가족이 애굽으로 이민 이주하였다
 고센 땅에서 430년을 노예로 살게 되는 계기와 원인 되다.
창세기 47장 13~26절
13. 기근이 더욱 심하여 사방에 먹을 것이 없고 애굽 땅과 가나안 땅 이 기근으로 황폐하니
14. 요셉이 곡식을 팔아 애굽 땅과 가나안 땅에 있는 돈을 모두 거두 어 들이고 그 돈을 바로의 궁으로 가져가니
15. 애굽 땅과 가나안 땅에 돈이 떨어진지라 애굽 백성이 다 요셉에 게 와서 이르되 돈이 떨어졌사오니 우리에게 먹을 거리를 주소서 어 찌 주 앞에서 죽으리이까
16. 요셉이 이르되 너희의 가축을 내라 돈이 떨어졌은즉 내가 너희의 가축과 바꾸어 주리라

17. 그들이 그들의 가축을 요셉에게 끌어오는지라 요셉이 그 말과 양 떼와 소 떼와 나귀를 받고 그들에게 먹을 것을 주되 곧 그 모든 가축과 바꾸어서 그 해 동안에 먹을 것을 그들에게 주니라
18. 그 해가 다 가고 새 해가 되매 무리가 요셉에게 와서 그에게 말하되 우리가 주께 숨기지 아니하나이다 우리의 돈이 다하였고 우리의 가축 떼가 주께로 돌아갔사오니 주께 낼 것이 아무것도 남지 아니하고 우리의 몸과 토지뿐이라
19. 우리가 어찌 우리의 토지와 함께 주의 목전에 죽으리이까 우리 몸과 우리 토지를 먹을 것을 주고 사소서 우리가 토지와 함께 바로의 종이 되리니 우리에게 종자를 주시면 우리가 살고 죽지 아니하며 토지도 황폐하게 되지 아니하리이다
20. 그러므로 요셉이 애굽의 모든 토지를 다 사서 바로에게 바치니 애굽의 모든 사람들이 기근에 시달려 각기 토지를 팔았음이라 땅이 바로의 소유가 되니라
21. 요셉이 애굽 땅 이 끝에서 저 끝까지의 백성을 성읍들에 옮겼으나
22. 제사장들의 토지는 사지 아니하였으니 제사장들은 바로에게서 녹을 받음이라 바로가 주는 녹을 먹으므로 그들이 토지를 팔지 않음이었더라
23. 요셉이 백성에게 이르되 오늘 내가 바로를 위하여 너희 몸과 너희 토지를 샀노라 여기 종자가 있으니 너희는 그 땅에 뿌리라
24. 추수의 오분의 일을 바로에게 상납하고 오분의 사는 너희가 가져서 토지의 종자로도 삼고 너희의 양식으로도 삼고 너희 가족과 어린 아이의 양식으로도 삼으라
25. 그들이 이르되 주께서 우리를 살리셨사오니 우리가 주께 은혜를 입고 바로의 종이 되겠나이다
26. 요셉이 애굽 토지법을 세우매 그 오분의 일이 바로에게 상납되나 제사장의 토지는 바로의 소유가 되지 아니하여 오늘날까지 이르니라

흉년이라는 천재지변 재앙을 악용하여 백성들의 재산을 착취하여 **빼앗은** 것이다. 백성들의 사유재산인 토지를 식량을 주고 **빼앗아** 국유화한 것이다. 이것뿐 만아니라 가축까지도 식량으로 교환하여 착취함으로서 아예 가축도 기르는 것까지도 할 수 없을 정도로 약탈정책을 시행하였다. 그런 후에도 먹을 것이 없는 모든 백성을 노예로 삼았다. 그리고 국유화한 토지를 빌려 주고 백성들을 소작인으로 만들고 토지대로 소출의 5분의 1을 거두어 드리는 고리대금업자가 되는 국가가 되어 오직 왕만을 위한 정책을 시행하였다.

그러나 애굽의 제사장의 토지는 바로의 소유로 삼지 않는 특혜를 주었다.

이렇게 요셉이 훌륭한 정치가이며 훌륭한 제상으로 나라를 재앙으로부터 구하고 백성들의 생명을 살리고 자기 아버지와 형제들을 구한 매우 훌륭한 인물로 모두 아들의 이름을 '요셉'으로 짖는 크리스천 부모들이 많다. 심지어는 '요셉'이라는 목사님도 많다.

성경에 대한 관점에 따라서 어떻게 해석할 것인가? 물론 자기 부모형제를 재난으로부터 구하고, 백성들을 재난에서 생명을 살린 것은 무엇보다 중요하고 잘 한 것이다. 이 고귀한 생명을 구한 것은 그 어떤 정치나 통치를 떠나서 인간적으로 훌륭하고 잘 했다고 할 수 있다. 기복적 신학과 신앙으로 보면 이런 점은 가장 우선되고 최고의 통치자임에는 틀림없다. 그러나 이는 좀 더 하나님을 믿는 하나님의 자녀라면 그리고 지혜와 총명이 있다는 것은 하나님의 통치 방식인 정의와 공의 사랑과 긍휼 그리고 겸손과 사랑, 섬김과 나눔의 정치, 통치철학이 오직 하나님의 뜻과 의를 잃지 않는 통치 정치이었으면 얼마나 좋았을까? 하는 아쉬움을 금하지 아니할 수 없다.

이는 결국은 자기 부모들의 세대, 그리고 자신의 이후 이스라엘 자기민족이 요셉을 알지 못하는 통치자는 오직 이스라엘 백성과 그 민족뿐만 아니라 애굽에 사는 다른 민족과 백성, 그리고 심지어는 애굽 백성들까지도 노예로 전락되는 불행한 역사를 낳고, 그 후에도 계속해서 역사는 다른 민족과 백성에게도 전파되어 모든 세계가 제국주의 통치가 되는 역사를 만드는 계기가 되었다는 것은 참으로 깊이 깨닫는 교훈을 주는 사건이라고 할 수 있다. 물론 역사와 인생에는 가정법이 없다. 그 모든 것은 하나님의 계획과 예정과 선택과 집중으로 인한 것이다. 하나님의 통치와 경륜과 섭리의 결과이다.

물론 요셉의 장점과 단점, 그리고 역사에는 어두운 점이 있다면 밝은 면도 있다. 빛이 강하면 그림자도 짙을 수 있을 것이다. 그렇다고 할지라도 하여튼 요셉은 바로만을 위한 요샛말로 극우 보수정치를 한 것이라고 할 수 있다. 한편으로는 토지의 국유화와 소출의 5분의 일을 토지이용세로 받는 것을 사회주의로 본다면 공산사회주의 '진보 좌파' '좌빨'이라고도 할 수 있을 것이다.

'보수'니, '진보'니, 또는 '우파'니 '좌파'니 하는 것은 정치가들이 아무 파도 아닌 무파, 대파, 양파, 쪽파들을 자기 편 가르기 두 파로 나누어서 백성들을 우민화하고 다른 생각과 개념을 모르게 하고, 백성들을 가르치지도 않고 무뇌 무개념의 백성들로 만들어 자기 정치세력만 특권층화 하여, 무노동 초 고임금, 초 특권을 누리기 위한 술책인 것이다. 일반 백성들은 아무 파도 아니고 아무 개념도 없으며, 아무 이념도 사상도 없이, 알지도 못하고 이념 사상에는 관심도 없이 공부도 하지 않고 오직 정치인들의 앞잡이, 뒷잡이, 옆잡이, 바람잡이로만 돈 바치고 몸 바치고 머리 바치고 시간 바치고 헛수고만 하고도 열광하는 우민들로만 만든다.

일반서민 백성들이 깨어나야 한다. 하나님과 예수님은 아무 파도 아니다. 진보도 아니고 보수도 아니다. 보수는 일 푼도 받지 않으니까 더욱 아니다. 하나님예수님은 가진 것도 없으니까 보수하고 지킬 것도 없으시니까, 보수할 필요도 없고, 있어도 다 모두 나누어 주시니까. 하나님예수님은 두 발이 있으시니까 진보는 하신다. 그러나 보수는 안 하신다. 왜냐면 가진 것이 없고, 모든 것이 당신 자신의 것이기도 하지만, 모으지도 않으시니까. 예수님이 수천 명 모일 때, 먹이시는데 헌금 받으셨다는 말씀은 없다. 예수님께서 치료하시고도 헌금 연보 선물 받았다는 말씀은 성경에 없다.

마가복음 12장 33절

33. 또 마음을 다하고 지혜를 다하고 힘을 다하여 하나님을 사랑하는 것과 또 이웃을 자기 자신과 같이 사랑하는 것이 전체로 드리는 모든 번제물과 기타 제물보다 나으니이다

우리 그리스도인들이 가장 중요한 것은 예배와 전도의 두 가지 목적으로 우리를 주님께서 구원하셨다. 이 사명에 최우선을 목적을 가지고 살아야 할 것이다. 그리고 이 일을 하기 위한 그리스도인의 생활의 최고의 덕목을 주님은 말씀하고 계신다. 그것은 '이웃을 자기 자신과 같이 사랑하는 것'이라고 설파하시고 계신다. 성경의 전체를 한 마디로 한다면 **"이웃 사랑"**이다. 즉 **박애(博愛)** 이다.

또한 이사야서43장에서 하나님은 이렇게 말씀하신다.

"18. 너희는 이전 일을 기억하지 말며 옛날 일을 생각하지 말라

19. 보라 내가 새 일을 행하리니 이제 나타낼 것이라 너희가 그것을 알지 못하겠느냐 반드시 내가 광야에 길을 사막에 강을 내리니

20. 장차 들짐승 곧 승냥이와 타조도 나를 존경할 것은 내가 광야에 물을, 사막에 강들을 내어 내 백성, 내가 택한 자에게 마시게 할 것임이라

21. 이 백성은 내가 나를 위하여 지었나니 나를 찬송하게 하려 함이니라

우리를 크리스천으로 삼으신 하나님의 뜻과 목적은 '하나님 자기 자신을 위하여' 믿음을 허락하시고 우리를 택하여 믿는 자로 삼으셨다. 믿음은 우리의 믿음이 아니라 하나님의 믿음이다. 하나님의 절대적 주권이 역사하신 것이다.

또한 요한복음 15장에서도

16. 너희가 나를 택한 것이 아니요 내가 너희를 택하여 세웠나니 이는 너희로 가서 열매를 맺게 하고 또 너희 열매가 항상 있게 하여 내 이름으로 아버지께 무엇을 구하든지 다 받게 하려 함이라

17. 내가 이것을 너희에게 명함은 너희로 서로 사랑하게 하려 함이라

하나님께서 우리를 택하신 것(하나님의 절대주권, 전적 은혜, 선택과 유기(폐기))는 서로 사랑하게 하려 하심이다. 그리고 그 택함을 받은 사람이 바라고 원하는 것을 받는 것은 서로 사랑하는 것이라는 말씀이다. 하나님의 믿음이라는 말은 하나님이 자기 자식을 믿는다는 것이다. 우리가 하나님을 믿는 것이 아니라 하나님이 자기 백성을 믿는 것이 하나님의 믿음이다. 그러한 하나님의 믿음을 믿는 우리의 믿음이 구원이며 믿음이다.

이사야서 1장 10~17절

10. 너희 소돔의 관원들아 여호와의 말씀을 들을지어다 너희 고모라의 백성아 우리 하나님의 법에 귀를 기울일지어다

11. 여호와께서 말씀하시되 너희의 무수한 제물이 내게 무엇이 유익하뇨 나는 숫양의 번제와 살진 짐승의 기름에 배불렀고 나는 수송아지나 어린 양이나 숫염소의 피를 기뻐하지 아니하노라

12. 너희가 내 앞에 보이러 오니 이것을 누가 너희에게 요구하였느냐 내 마당만 밟을 뿐이니라
13. 헛된 제물을 다시 가져오지 말라 분향은 내가 가증히 여기는 바요 월삭과 안식일과 대회로 모이는 것도 그러하니 성회와 아울러 악을 행하는 것을 내가 견디지 못하겠노라
14. 내 마음이 너희의 월삭과 정한 절기를 싫어하나니 그것이 내게 무거운 짐이라 내가 지기에 곤비하였느니라
15. 너희가 손을 펼 때에 내가 내 눈을 너희에게서 가리고 너희가 많이 기도할지라도 내가 듣지 아니하리니 이는 너희의 손에 피가 가득함이라
16. 너희는 스스로 씻으며 스스로 깨끗하게 하여 내 목전에서 너희 악한 행실을 버리며 악행을 그치고
17. 선행을 배우며 정의를 구하며 학대 받는 자를 도와 주며 고아를 위하여 신원하며 과부를 위하여 변호하라 하셨느니라

7년 풍년에 준비하여 흉년에 백성들의 재산을 탈취할 준비를 하다.
창41:34. 바로께서는 또 이같이 행하사 나라 안에 감독관들을 두어 그 일곱 해 풍년에 애굽 땅의 오분의 일을 거두되
35. 그들로 장차 올 풍년의 모든 곡물을 거두고 그 곡물을 바로의 손에 돌려 양식을 위하여 각 성읍에 쌓아 두게 하소서

  요셉 당대에는 야곱과 그 형제들이 풍요를 누리지만 훗날 자손들 이스라엘 민족은 요셉이 만든 제도로 430년 동안 노예가 된다.
  물론 노예제도를 시행한 것이 이스라엘 민족 야곱의 족속들에게는 당시에 해당되지 않았지만 이스라엘 백성은 애굽인들에게는 이방인이요, 함께 할 수 없는 민족이요 이방족속이요, 신앙적으로 함께 할 수 없는 족속이라는 것으로 판단되었을 것이

다.

출애굽기 1장/이스라엘 족속들의 노예화
출애굽기 1장 5~14절

5. 야곱의 허리에서 나온 사람이 모두 칠십이요 요셉은 애굽에 있었더라

6. 요셉과 그의 모든 형제와 그 시대의 사람은 다 죽었고

7. 이스라엘 자손은 생육하고 불어나 번성하고 매우 강하여 온 땅에 가득하게 되었더라

8. 요셉을 알지 못하는 새 왕이 일어나 애굽을 다스리더니

9. 그가 그 백성에게 이르되 이 백성 이스라엘 자손이 우리보다 많고 강하도다

10. 자, 우리가 그들에게 대하여 지혜롭게 하자 두렵건대 그들이 더 많게 되면 전쟁이 일어날 때에 우리 대적과 합하여 우리와 싸우고 이 땅에서 나갈까 하노라 하고

11. 감독들을 그들 위에 세우고 그들에게 무거운 짐을 지워 괴롭게 하여 그들에게 바로를 위하여 국고성 비돔과 라암셋을 건축하게 하니라

12. 그러나 학대를 받을수록 더욱 번성하여 퍼져나가니 애굽 사람이 이스라엘 자손으로 말미암아 근심하여

13. 이스라엘 자손에게 일을 엄하게 시켜

14. 어려운 노동으로 그들의 생활을 괴롭게 하니 곧 흙 이기기와 벽돌 굽기와 농사의 여러 가지 일이라 그 시키는 일이 모두 엄하였더라

7년 대 풍년과 7년 대 흉년을 이용한 요셉의 정치
창세기 47장13~26절.

13.기근이 더욱 심하여 사방에 먹을 것이 없고 애굽 땅과 가나안 땅이 기근으로 황폐하니

14. 요셉이 곡식을 팔아 애굽 땅과 가나안 땅에 있는 돈을 모두 거두어 들이고 그 돈을 바로의 궁으로 가져가니
15. 애굽 땅과 가나안 땅에 돈이 떨어진지라 애굽 백성이 다 요셉에게 와서 이르되 돈이 떨어졌사오니 우리에게 먹을 거리를 주소서 어찌 주 앞에서 죽으리이까
16. 요셉이 이르되 너희의 가축을 내라 돈이 떨어졌은즉 내가 너희의 가축과 바꾸어 주리라
17. 그들이 그들의 가축을 요셉에게 끌어오는지라 요셉이 그 말과 양 떼와 소 떼와 나귀를 받고 그들에게 먹을 것을 주되 곧 그 모든 가축과 바꾸어서 그 해 동안에 먹을 것을 그들에게 주니라
18. 그 해가 다 가고 새 해가 되매 무리가 요셉에게 와서 그에게 말하되 우리가 주께 숨기지 아니하나이다 우리의 돈이 다하였고 우리의 가축 떼가 주께로 돌아갔사오니 주께 낼 것이 아무것도 남지 아니하고 우리의 몸과 토지뿐이라
19. 우리가 어찌 우리의 토지와 함께 주의 목전에 죽으리이까 우리 몸과 우리 토지를 먹을 것을 주고 사소서 우리가 토지와 함께 바로의 종이 되리니 우리에게 종자를 주시면 우리가 살고 죽지 아니하며 토지도 황폐하게 되지 아니하리이다

 백성들의 모든 소유, 가축까지도 먹을 것을 주고 몰수하였을 뿐만 아니라 몸과 토지 등 모든 것을 몰수하는 초유의 국유화를 단행하였다.
 20. 그러므로 요셉이 애굽의 모든 토지를 다 사서 바로에게 바치니 애굽의 모든 사람들이 기근에 시달려 각기 토지를 팔았음이라 땅이 바로의 소유가 되니라
 바로에게 지나친 충성으로 모든 백성을 노예로 전락시켰다.
 21. 요셉이 애굽 땅 이 끝에서 저 끝까지의 백성을 성읍들에 옮겼으나

22.   제사장들의 토지는 사지 아니하였으니 제사장들은 바로에게서 녹을 받음이라 바로가 주는 녹을 먹으므로 그들이 토지를 팔지 않음이었더라

제사장, 권력층, 충성자들, 상류층은 그대로 유지되었다. 그들은 모든 것이 풍성하여 저장한 것들이 많으므로 흉년에도 별 영향을 받지 않았다.

모든 백성은 바로의 땅에 바로의 농사를 짓게 되었다.
23.   요셉이 백성에게 이르되 오늘 내가 바로를 위하여 너희 몸과 너희 토지를 샀노라 여기 종자가 있으니 너희는 그 땅에 뿌리라

모든 백성은 소출의 오분의 일(20%)을 토지세로 내었다.
24.   추수의 오분의 일을 바로에게 상납하고 오분의 사는 너희가 가져서 토지의 종자로도 삼고 너희의 양식으로도 삼고 너희 가족과 어린 아이의 양식으로도 삼으라.
25.   그들이 이르되 주께서 우리를 살리셨사오니 우리가 주께 은혜를 입고 바로의 종이 되겠나이다

오죽하면 백성들 스스로가 종(노예)가 되겠다고 하였겠는가?
26.   요셉이 애굽 토지법을 세우매 그 오분의 일이 바로에게 상납되나 제사장의 토지는 바로의 소유가 되지 아니하여 오늘날까지 이르니라

요셉은 나라의 모든 토지와 백성을 국유화, 바로의 사유화의 법을 만들어 영구히 전제군주국으로 왕권을 강화하는 일등공신이 되었다. 오직 자기의 영달과 권력을 얻기 위해서 백성들은 어찌되든지 오직 바로에 대한 충성만이 전부였다. 그 공로로 종신 총리가 되고 그는 죽어서도 애굽에서 대우를 받는 총리가

되었으며, 지금도 이스라엘에 대한 적대적 관계는 그렇게 많지 않으며, 지금도 이스라엘과 아랍과의 관계가 극단적인 관계에 있지만 이집트와 이스라엘의 관계는 중도적인 온건한 관계가 설정되어 있으며 비교적 중동 이슬람 국가들 중에서 대 이스라엘 관계가 가장 원만한 관계가 지속되고 있는 것은 이런 역사적 관계에 기인한다고 할 수도 있을 것이다.

3장. 모세의 정치/노조위원장 모세, 독립국가설립자
백성과 법은 있지만 국토가 없는 미완의 국가

하나님이 이 땅에 세우신 하나님의 직접통치 국가: 이스라엘
초대지도자: 사사 모세, 좌파 노조위원장

모세, 노동총파업협상으로 노예해방과 자유, 자치, 주권의 신정 독립국가

자유/히브리어-호프쉬:(포로,세금,걱정으로부터)면제, 자유하다.
어원/하파쉬:펼치다. (상징적으로)해방하다, 자유롭다
해방/히브리어-하파쉬:펼치다.(상징적으로)해방하다, 자유롭다

모세의 사명과 소명
이스라엘 민족의 고된 노동과 학대로부터의 자유와 해방
출애굽기 2장 23절
23. 여러 해 후에 애굽 왕은 죽었고 이스라엘 자손은 고된 노동으로 말미암아 탄식하며 부르짖으니 그 고된 노동으로 말미암아 부르짖는 소리가 하나님께 상달된지라

하나님의 나라를 위한 모세를 부르심
출애굽기 2장 9~10절
9. 이제 가라 이스라엘 자손의 부르짖음이 내게 달하고 애굽 사람이 그들을 괴롭히는 학대도 내가 보았으니
10. 이제 내가 너를 바로에게 보내어 너에게 내 백성 이스라엘 자손을 애굽에서 인도하여 내게 하리라

모세가 애굽 왕 바로에게 이스라엘 백성의 해방을 위한 노동총파업을 선언하다.

출애굽기 5장1절

1. 그 후에 모세와 아론이 바로에게 가서 이르되 이스라엘의 하나님 여호와께서 이렇게 말씀하시기를 내 백성을 보내라 그러면 그들이 광야에서 내 앞에 절기를 지킬 것이니라 하셨나이다

10차례의 노동총파업 협상 대결

1차 협상 출7:14~25절 나일강 물이 피가 되다

2차 협상 출8:2~15절 나일강에서 개구리가 온 땅을 덮다

3차 협상 출8:16~19절 티끌이 이가 되다

4차 협상 출8:20~32절 파리가 온 애굽에 가득하다.

5차 협상 출9:3~7절 가축의 돌림병으로 애굽인들의 가축들만 몰살하다

6차 협상 출9:9~12절 악성종기가 모든 애굽 사람들에게 생기다.

7차 협상 출9:15~35절 애굽 온 땅에 우박이 내려 애굽의 모든 사람과 짐승, 채소와 나무를 치다. 바로가 뜻을 굽히기 시작하다.

8차 협상 출10:4~20절 메뚜기가 애굽 온 땅을 덮다

9차 협상 출9:21~29절 애굽에 온통 흑암 암흑 천지가 되다

10차 협상 최후의 마지막 카드 출11:5~7절 애굽의 가축 및 사람의 처음 난 것을 죽이리라는 경고 후

바로왕의 항복

출11장 8절

8. 왕의 이 모든 신하가 내게 내려와 내게 절하며 이르기를 너와 너를 따르는 온 백성은 나가라 한 후에야 내가 나가리라 하고 심히 노하여 바로에게서 나오니라

모세 노조위원장의 노동 총파업 협상 타결

노예해방, 민족해방, 민족자주독립

해방(liberation, release), 자유(freedom)

몸과 마음의 속박이나 제한 따위를 풀어서 자유롭게 하는 것을 말한다. 성경에서는 안식년(출 21:2-4)이나 희년(레 25:10, 39-41, 47-54)이 되어 종을 자유롭게 해주는 것을 의미할 때 사용되었다(레 19:20). 율법에는 종을 사면 6년 동안은 부리지만 7년이 되는 해에는 해방시켜 주도록 규정하고 있으며(출 21:2) 종이 자유하기를 거절하면 귀를 뚫어 표를 삼고 영영 종의 신분으로 주인을 섬기게 하였다(출 21:5-6). 바울은 성도는 그리스도의 보혈로 죄에서 해방되어 의의 종이 되었고(롬 6:18, 22), 또한 그리스도 예수 안에 있는 성도는 생명의 성령의 법으로 죄와 사망의 법에서 해방되었다고 말했다(롬 8:2).

독립자금을 준비하다

출11:2 독립자금 준비

2. 백성에게 말하여 사람들에게 각기 이웃들에게 은금 패물을 구하게 하라 하시더니

유월절 10일 독립을 선언하다

독립기념월 독립기념일 국가의 기원일 년호를 정하다.

출12:2~3 년호를 정하다

2. 이 달을 너희에게 달의 시작 곧 해의 첫 달이 되게 하고

3. 너희는 이스라엘 온 회중에게 말하여 이르라 이 달 열흘에 너희 각자가 어린 양을 잡을지니 각 가족대로 그 식구를 위하여 어린 양을 취하되

출애굽 탈출기 크라이막스

홍해를 건너다. 노예해방과 민족해방 독립의 시작의 마침표를 찍다.

출14장:1~31절 전체

애굽의 군대와 무기가 모두 홍해에 수장되고 이스라엘 민족은 홍해를 무사히 건너 새 땅에 들어가다. 자유와 해방의 고난이 시작되다.

모세의 리더쉽은 하나님께 순종이 리더쉽 이었다.

1. 결단력/죄 우상숭배 탐욕에 대한 과감한 징벌을 단행했다.

하루 동족 3,000명을 죽이다. 우상숭배의 철저한 근절을 위한 위대한 결단력을 내렸다.

출32:28. 레위 자손이 모세의 말대로 행하매 이 날에 백성 중에 삼천 명 가량이 죽임을 당하니라

2.모세의 겸손과 소통

출18:24~26절

24. 이에 모세가 자기 장인의 말을 듣고 그 모든 말대로 하여

25. 모세가 이스라엘 무리 중에서 능력 있는 사람들을 택하여 그들을 백성의 우두머리 곧 천부장과 백부장과 오십부장과 십부장을 삼으매

26. 그들이 때를 따라 백성을 재판하되 어려운 일은 모세에게 가져오고 모든 작은 일은 스스로 재판하더라

장인 이드로의 충고를 받아들이고 능력있는 자를 기용하는 분권과 역할 분담과 조직의 장악과 통솔력이 뛰어났다.

대의 정치, 공정한 재판, 분권 정치, 문제해결방법 등 능력 있는 자에 대한 기준이 무엇인가?

오늘 한국 사회에 말하다. 정직과 공정, 청렴이 능력이다

3. 공정, 공의, 불편부당, 공평, 평등

신5:32

신5:32. 그런즉 너희 하나님 여호와께서 너희에게 명령하신 대로 너희는 삼가 행하여 좌로나 우로나 치우치지 말고

판결, 재판의 공정성이 통치의 최후 그리고 최초의 통치이다. 모든 통치는 재판으로 말하고 예시하고 교훈한다. 오늘날 우리나라의 재판은 공정하고 공평하고 정의와 공의로 재판하고 있는가? 아직도 유전무죄 무전유죄, 유권무죄 무권유죄는 아닌지?

신17:11

11. 곧 그들이 네게 가르치는 율법의 뜻대로, 그들이 네게 말하는 판결대로 행할 것이요 그들이 네게 보이는 판결을 어겨 좌로나 우로나 치우치지 말 것이니라

4. 분권 지방자치, 자율권 부여, 지파별 독립 연방제, 외국인 무차별 동등권 부여

신명기1:12~18절

12. 그런즉 나 홀로 어찌 능히 너희의 괴로운 일과 너희의 힘겨운 일과 너희의 다투는 일을 담당할 수 있으랴

13. 너희의 각 지파에서 지혜와 지식이 있는 인정받는 자들을 택하라 내가 그들을 세워 너희 수령을 삼으리라 한즉

14. 너희가 내게 대답하여 이르기를 당신의 말씀대로 하는 것이 좋다 하기에

15. 내가 너희 지파의 수령으로 지혜가 있고 인정받는 자들을 취하여 너희의 수령을 삼되 곧 각 지파를 따라 천부장과 백부장과 오십부장과 십부장과 조장을 삼고

16. 내가 그 때에 너희의 재판장들에게 명하여 이르기를 너희가 너희의 형제 중에서 송사를 들을 때에 쌍방 간에 공정히 판결할 것이며 그들 중에 있는 타국인에게도 그리 할 것이라

17. 재판은 하나님께 속한 것인즉 너희는 재판할 때에 외모를 보지

말고 귀천을 차별 없이 듣고 사람의 낯을 두려워하지 말 것이며 스스로 결단하기 어려운 일이 있거든 내게로 돌리라 내가 들으리라 하였고

18. 내가 너희의 행할 모든 일을 그 때에 너희에게 다 명령하였느니라

출28:21절/열두 지파 법으로 12 지방자치법 제정 시행

21. 이 보석들은 이스라엘 아들들의 이름대로 열둘이라 보석마다 열두 지파의 한 이름씩 도장을 새기는 법으로 새기고

정치적인 하나님

하나님의 정치 통치 이념은 성결과 정직이시다. 그리고 하나님의 뜻을 순종하고 이웃을 사랑하는 것이다. 출애굽기는 여호와 하나님의 노예해방을 위한 **노동총파업**과 대의제 공화정 장로제와 족장제와 대의제 공화정과 10차례 재앙을 통한 협상 결렬 최후의 결단 총파업과 독립자금 확보를 극적 장면을 연출하고 있다.

유월절: 연호와 독립기념일을 정하여 절기로 지키다.

출12:22. 이 달을 너희에게 달의 시작 곧 해의 첫 달이 되게 하고

여호와 하나님께서 모세를 통하여 대리자로 삼고 대의제 신정공화정 통치를 하시다.

출19:24

24. 여호와께서 그에게 이르시되 가라 너는 내려가서 아론과 함께 올라오고 제사장들과 백성에게는 경계를 넘어 나 여호와에게로 올라오지 못하게 하라 내가 그들을 칠까 하노라

하나님의 제사장나라 언약으로 통치선언을 하시다.

출19:5~6

5. 세계가 다 내게 속하였나니 너희가 내 말을 잘 듣고 내 언약을 지키면 너희는 모든 민족 중에서 내 소유가 되겠고

6. 너희가 내게 대하여 제사장 나라가 되며 거룩한 백성이 되리라 너는 이 말을 이스라엘 자손에게 전할 지니라

출12:48~49

48. 너희와 함께 거류하는 타국인이 여호와의 유월절을 지키고자 하거든 그 모든 남자는 할례를 받은 후에야 가까이 하여 지킬지니 곧 그는 본토인과 같이 될 것이나 할례 받지 못한 자는 먹지 못할 것이니라

49. 본토인에게나 너희 중에 거류하는 이방인에게 이 법이 동일하니라 하셨으므로

모세의 겸손, 장인 이드로의 충고를 받아들이고 그대로 시행함. 대의 정치, 공정한 재판, 분권 정치, 문제해결방법, 능력 있는 자에 대한 기준이 무엇인가? 오늘 한국 사회에 말하고 있다. 정직과 공정, 청렴이 능력이다

출18:19~26

19. 이제 내 말을 들으라 내가 네게 방침을 가르치리니 하나님이 너와 함께 계실지로다 너는 하나님 앞에서 그 백성을 위하여 그 사건들을 하나님께 가져오며

20. 그들에게 율례와 법도를 가르쳐서 마땅히 갈 길과 할 일을 그들에게 보이고

21. 너는 또 온 백성 가운데서 능력 있는 사람들 곧 하나님을 두려워하며 진실하며 불의한 이익을 미워하는 자를 살펴서 백성 위에 세워 천부장과 백부장과 오십부장과 십부장을 삼아

22. 그들이 때를 따라 백성을 재판하게 하라 큰 일은 모두 네게 가

져갈 것이요 작은 일은 모두 그들이 스스로 재판할 것이니 그리하면 그들이 너와 함께 담당할 것인즉 일이 네게 쉬우리라

23.　네가 만일 이 일을 하고 하나님께서도 네게 허락하시면 네가 이 일을 감당하고 이 모든 백성도 자기 곳으로 평안히 가리라

24.　이에 모세가 자기 장인의 말을 듣고 그 모든 말대로 하여

25.　모세가 이스라엘 무리 중에서 능력 있는 사람들을 택하여 그들을 백성의 우두머리 곧 천부장과 백부장과 오십부장과 십부장을 삼으매

26.　그들이 때를 따라 백성을 재판하되 어려운 일은 모세에게 가져오고 모든 작은 일은 스스로 재판하더라

십계명은 하나님나라 신정민주공화국 대헌법

출20:3~17

3.　**1**너는 나 외에는 다른 신들을 네게 두지 말라

4.　**2**너를 위하여 새긴 우상을 만들지 말고 또 위로 하늘에 있는 것이나 아래로 땅에 있는 것이나 땅 아래 물 속에 있는 것의 어떤 형상도 만들지 말며

5.　그것들에게 절하지 말며 그것들을 섬기지 말라 나 네 하나님 여호와는 질투하는 하나님인즉 나를 미워하는 자의 죄를 갚되 아버지로부터 아들에게로 삼사 대까지 이르게 하거니와

6.　나를 사랑하고 내 계명을 지키는 자에게는 천 대까지 은혜를 베푸느니라

7.　**3**너는 네 하나님 여호와의 이름을 망령되게 부르지 말라 여호와는 그의 이름을 망령되게 부르는 자를 죄 없다 하지 아니하리라

8.　**4**안식일을 기억하여 거룩하게 지키라

9.　엿새 동안은 힘써 네 모든 일을 행할 것이나

10.　일곱째 날은 네 하나님 여호와의 안식일인즉 너나 네 아들이나 네 딸이나 네 남종이나 네 여종이나 네 가축이나 네 문안에 머무는 객이라도 아무 일도 하지 말라

11.　이는 엿새 동안에 나 여호와가 하늘과 땅과 바다와 그 가운데

모든 것을 만들고 일곱째 날에 쉬었음이라 그러므로 나 여호와가 안식일을 복되게 하여 그 날을 거룩하게 하였느니라

12. 5네 부모를 공경하라 그리하면 네 하나님 여호와가 네게 준 땅에서 네 생명이 길리라

13. 6살인하지 말라

14. 7간음하지 말라

15. 8도둑질하지 말라

16. 9네 이웃에 대하여 거짓 증거하지 말라

17. 10네 이웃의 집을 탐내지 말라 네 이웃의 아내나 그의 남종이나 그의 여종이나 그의 소나 그의 나귀나 무릇 네 이웃의 소유를 탐내지 말라

법률제정

출20:22~22:19절

시행령

출22:20~33절

조례

출25:1~31:18

출29장1절,9절 제사장직분 위임

1. 네가 그들에게 나를 섬길 제사장 직분을 위임하여

9. 아론과 그의 아들들에게 띠를 띠우며 관을 씌워 그들에게 제사장의 직분을 맡겨 영원한 규례가 되게 하라 너는 이같이 아론과 그의 아들들에게 위임하여 거룩하게 할지니라

레위기법: 의례의전, 제사법(예배법)과 민법 제정

민수기: 전쟁을 위한 준비로 인구조사와 통계

군 편성 조직법, 병역법, 국토방위법, 전쟁에 관한 법, 족속, 족장별로 민병대, 군대를 편성하다. 하나님의 백성들의 하나님 나라 군대를 조직하다.

하나님은 사랑과 은혜의 율법주의자이시다. 사랑과 은혜도 율법을 통하여 말씀하신다. 성경은 하나님의 사랑이면서 율법을 주셔서 율법에 순종하는 은혜 또한 믿음을 주신다. 예수님도 또한 사랑과 은혜의 말씀 즉 율법인 말씀으로 오셔서, 인간의 모습인 사랑과 은혜의 말씀이 되신 인간이시다. 말씀은 하나님이시며 율법이다. 우리는 율법주의를 나쁘다고 비판할 수 없다. 율법은 우리의 거울이기 때문이다. 우리는 율법이라는 거울이 없이는 우리가 자기 얼굴을 볼 수가 없기 때문이다. 율법이 우리의 마음을 보여주며 율법이 우리의 사랑과 죄와 행위와 영혼도 보여주시는 지혜와 명철의 거울이 되기 때문이다. 이 율법은 하나님의 형상이며 하나님의 질서와 품위이다. 이 율법이 없이는 이 세상을 살아갈 수 없다. 이 세상은 율법이 없다면 모든 인간은 존재할 수 없다. 신호등을 잘 지켜야 한다. 이제 우리는 '법과 양삼에 따라'보다는 새 시대적 율법과 규정에 따라 재판해야 한다. 모두의 자유와 질서와 평화를 위해서, 그리고 서로 모두를 위해서이다. 가장 편리하고 쉽다. 성경을 읽으면 율법주의가 되고 세상을 살면 살수록 율법이 없으면 살수 없다고 생각되어진다. 그래서 나이가 먹고 늙으면 보수주의 율법주의자가 될 수밖에 없나 보다. 젊은이는 율법을 싫어하고 자유를 좋아한다. 자유는 창조이다. 그러나 무한자유는 무책임하며, 의무와 책임을 무시하는 것이 젊음의 생리이다. 그래도 젊음의 자유를 존중해야 한다. 이는 하나님이 젊음에 부여하신 은혜이다.

모든 법질서를 만들고 법치국가를 이루다.

신정정치의 기틀을 만들다. 하나님나라의 백성들을 위한 3대 사상 민주주의 자유주의 민족주의를 이루다.

4장. 하나님의 대헌법, 십계명/성문헌법

영원한 율법, 만인을 위한 헌법, 십계명

하나님은 철저한 법치주의, 율법주의자

십계명/제헌 헌법을 선포하다

하나님은 철저한 율법주의자, 법치주의자이시다. 하나님은 오직 법으로만 말씀하시다. 이 법은 진리이다. 하나님은 우선순위가 사랑보다 법을 더 중시하신 법치주의 통치자이시다. **믿음도 사랑도 법 안에 있다. 법을 벗어난 믿음, 법을 벗어난 사랑은 죄이다. 법에 불순종은 죄이다. 죄는 벌을 낳는다.** 하나님의 율법, 성경을 벗어난 것은 모두 죄이다. 법을 어긴 자기 백성은 반드시 벌하시되 정도에 따라서는 엄중한 벌을 내리시며 또한 죄를 고백하고 회개하며 뉘우치는 자는 구원하시며 확실히 용서하시며 꼭 끝까지 책임지시고 영원히 완전 보호 보존하신다. 영생 건강 사랑 보존하신다.

성경은 하나님나라의 하나님백성을 위한 법전이다. 성경은 십계명인 헌법을 근본으로 한 성문법전이다. 그러므로 성경 전체는 십계명에 대한 해석이며 풀어 설명한 대법전이다. 이 성경 대법전은 이 세상에서의 법도 되지만 하나님나라의 백성들을 위한 법이기도 하다. 이 법전 성경은 이 시대를 위한 만인을 위한 법일 뿐만 아니라 앞으로 올 세상에서의 영원한 법이기도 하며 영원히 만인을 위한 건강 영생법이기도 하다. 온 우주의 법이다. 즉 시공을 초월한 대법전이기도 하다. 당연히 하나님은 통치자 즉 정치가이시다. 정치 통치전문가이시다. 가장 탁월한 통치 정치가이시다. 이보다 더 탁월한 통치 정치가는 없다. 이보다 더 탁월하고 위대한 정치가는 과거에도 없었고 앞으로도 영원히 이보다 더 탁월한 통치 정치가는 없을 것이다.

십계명/출20장 3~17절
자유, 평등, 공정, 인권, 기본권을 위한 법조항
제1계명/ 하나님이 가장 싫어하시는 우상숭배
너는 나 외에는 다른 신들을 네게 두지 말라
왕(정)이나 독재정권을 금하신 것이다. 이는 인간 우상화이다.
1계명의 다른 신들을 두지 말라/ 어떤 피조물, 우상, 미신, 인간 숭배, 성자, 마술, 점치는 것 등 어떤 무속이나 기타 어떤 것들에도 믿음을 갖지 말고 숭배하지 말라는 것이다. 하나님만 온전히 100% 순종하라는 것이다. 오직 하나님이신 예수 성자, 성령 삼위일체 하나님께만 예배해야 한다는 의미이다. 하나님의 신비를 빙자한 은사주의는 우상적 이단성이 강하다.
출32:28. 레위 자손이 모세의 말대로 행하매 이 날에 백성 중에 삼천 명 가량이 죽임을 당하니라
모세가 금송아지 우상 숭배한 백성들을 한꺼번에 3천여 명을 죽였다. 그 만큼 우상숭배를 가장 금송아지를 숭배한 우상숭배를 엄하게 다스림이다. 다른 신들을 두지 말라는 것은 우리의 신앙에서 신령한 양심의 자유와 해방을 의미한다. 오직 하나님의 성결한 마음만을 간직하라는 것으로 나쁜 양심을 갖지 말라는 명령이다. 불결한 마음, 즉 욕심 탐욕 위선 거짓 시기 질투 교만 오만 미움 증오 등 나쁜 마음을 두지 말라는 것이다. 이는 인간의 마음의 자유와 평강과 평화를 위한 것이다. 가장 기본 인권을 두는 것이다. 인간이 스스로 우상화 되거나 인간을 우상처럼 숭배의 대상이 되는 것을 가장 싫어하신다는 것이다. **사람은 하나님의 형상을 따라 창조되었기 때문에 함의적으로 사람이 하나님이라는 의미**이기도 하다. 사람은 하나님 같은 존재라는 의미가 포함된다. 사람은 그 어떤 존재보다 지혜와 총명과 지식과 예지와 영감과 계시와 영성과 능력과 권능을 하나님께로부터 천부적으로 받았으므로 어떠한 우상도 사람의 마음에 두어서는 안 된다. 이는 인간 스스로의 존귀함으로 사람에게 어떤 것도 마음에 부담을 주어서는 안 되는 완전한 마음의 자유와 평강 평화 화평 즉 사람에게 완전한 양심의 자유, 생각과 사고의 자유, 육신의 자유, 몸과 맘의 자유를 보장하는 하나님 같은 존재이다.

사람은 하나님 외에 어떤 것도 믿거나 의지하거나 섬겨서는 안 된다. 이는 인간의 천부 인권이며 천부적 완전 자유와 평등 인권이다. 사람이 하나님이 되는 권리이며 의무이다. 사람은 모두 평등한 관계를 갖는다는 것이 십계명 제일 계명의 의미이다. 이는 '대한민국은 민주 공화국이다'라는 의미와 같은 맥락이다.

하나님은 질투하시는 하나님이다.

출20:5 그것들에게 절하지 말며 그것들을 섬기지 말라 나 네 하나님 여호와는 질투하는 하나님인즉 나를 미워하는 자의 죄를 갚되 아버지로부터 아들에게로 삼사 대까지 이르게 하거니와

어떤 것도 하나님 이외의 것을 사랑하시는 것은 허용하시지 않으신다는 의미이다. 하나님은 부모처럼 자식의 형제자매들끼리 서로 사랑하시는 것을 가장 좋아하시는 부모의 심정이다.

창15:9 여호와께서 그에게 이르시되 나를 위하여 삼 년 된 암소와 삼 년 된 암염소와 삼 년 된 숫양과 산비둘기와 집비둘기 새끼를 가져올지니라

하나님께서 자기 자신을 위하여 자기 자신과 언약을 맺기 위하여 아브라함에게 제물을 원하신다. 언약을 위한 계약을 맺기 위해 스스로 준비해야 할 것과 언약을 스스로 하나님께서 이행하시기 위한 모든 절차과 방법을 행하시고 아브라함을 통하여 자기 백성과 민족을 만드시기 위한 것이다.

창22:8 아브라함이 이르되 내 아들아 번제할 어린 양은 하나님이 자기를 위하여 친히 준비하시리라 하고 두 사람이 함께 나아가서

하나님께서 자기 백성에게서 예배를 받으시기 위하여서는 어떤 희생도 마다하지 않는 철저한 순종의 백성을 만들기 위해 자기 독자까지도 하나님께 드리는 그런 믿음의 순종을 원하신다. 즉 하나님의 법을 온전히 순종하여 지키는 백성을 삼으시기 위함이다.

삼상16:3. 이새를 제사에 청하라 내가 네게 행할 일을 가르치리니 내가 네게 알게 하는 자에게 나를 위하여 기름을 부을지니라

자기 백성을 위한 훌륭한 지도자를 세우셔서 자기 백성을 잘 다스리게 할 지도자를 세우는 것은 결국은 하나님 자기 자신을 위하는 일 이다는 것이다.

시4:3. 여호와께서 자기를 위하여 경건한 자를 택하신 줄 너희가 알지어다 내가 그를 부를 때에 여호와께서 들으시리로다

시98:1. 새 노래로 여호와께 찬송하라 그는 기이한 일을 행하사 그의 오른손과 거룩한 팔로 자기를 위하여 구원을 베푸셨음이로다

시135:4. 여호와께서 자기를 위하여 야곱 곧 이스라엘을 자기의 특별한 소유로 택하셨음이로다

사43:21. 이 백성은 내가 나를 위하여 지었나니 나를 찬송하게 하려 함이니라

사43:25. 나 곧 나는 나를 위하여 네 허물을 도말하는 자니 네 죄를 기억하지 아니하리라

11. 나는 나를 위하며 나를 위하여 이를 이룰 것이라 어찌 내 이름을 욕되게 하리요 내 영광을 다른 자에게 주지 아니하리라

호2:23. 내가 나를 위하여 그를 이 땅에 심고 긍휼히 여김을 받지 못하였던 자를 긍휼히 여기며 내 백성 아니었던 자에게 향하여 이르기를 너는 내 백성이라 하리니 그들은 이르기를 주는 내 하나님이시라 하리라 하시니라

하나님은 모든 죄인들을 자기 백성 만들기 위하여 어떠한 죄도 깨끗하게 사하시고 면제하시고 기억조차 하지 않으신다. 경배와 예배를 받으시기 위한 사랑이다.

하나님께서 자기 백성이 많아지게 하시기 위해 만인을 사랑하신다. 그리고 영원히 책임을 지시고 온전한 사랑을 베푸시며 영원히 영생하게 하신다. 영원히 자유와 생명과 평강을 주신다.

제2계명/제1계명에 대한 시행령, 행위법

너를 위하여 새긴 우상을 만들지 말고 또 위로 하늘에 있는 것이나 아래로 땅에 있는 것이나 땅 아래 물속에 있는 것의 어떤 형상도 만들지 말며 그것들에게 절하지 말며 그것들을 섬기지 말라

2계명의 어떤 형상도 우상화 하지 말라, 십자가도 우상이나 하나님을 믿는 형상이나 표상이 될 수 있다. 믿는 자들은 어떤 위대한 인간이라도 동상을 만들어서는 안 된다. 예배할 때 자기 멋대로 아무거나 바치거나 드리는 예배도 안 되며, 예배할 때 설교도 성경에 근거해서 말씀을 전해야 하고, 기도할 때도 성경 말씀에 근거해서 올바른 예배와 기도, 찬양을 드려야 한다. 아무 음악이나 찬양이라고 불러서는 안 된다. 하나님이 기뻐하지 아니하는 것은 어떤 숭배나 기념의 대상이 되어서는 안 된다. 오직 하나님만을 기념하여야 하고 하나님이나 예수의 어떤 표상이나 형상화를 해서는 안 된다. 예수님의 아름다운 얼굴그림이나 사진이나 글이라고 하는 것도 조심해야 한다. 인간

적으로 아름답고 좋은 예술작품이라도 잘 가려서 하나님을 표현해야 한다. 예수님은 살아계실 때 어떤 그림도 사진도 글씨도 남기지 않으셨다. 흔적도 남기지 않으셨다. 사용하던 물건 등 유물도 남기지 않으셨다. 어떤 성자나 제자들의 유물이라고 하는 것도 남기고 기념하고 숭배하거나 그것을 만지면 영험이 있어 복을 받는다거나 어떤 일이나 기도가 이루어진다고 하는 것들은 모두 우상숭배이며 미신이다. 복이라는 것은 무당(셔먼) 신학이다. 그냥 마음 믿음 속으로만 말씀을 믿고 순종해야 한다. '절하지 말라'를 어른들에게 절하는 것을 하지 말라는 것이 아니다. 예의는 잘 지켜야 한다. 어른들에게 절하지 않는 것은 무례하고 예의 없는 행위이다. 교만이며 오만불손이다. 그것들 (우상, 형상, 자연물)에게 절하지 말고 섬기지 말라는 것이다.

제3계명/제1계명에 대한 말과 글과 표현에 관한 법
너는 네 하나님 여호와의 이름을 망령되게 부르지 말라

3계명의 하나님의 이름을 망령되게 부르지 말라는 하나님을 농담으로, 희롱하는 이름으로, 오락이나 장난거리로 섬거나 기롱하거나 무시하거나 업신여기거나 훼방하는 존재로 여기지 말라는 의미이다. 어떤 맹세나 약속을 하나님의 이름을 걸고 한다든지, 예수님의 이름을 걸고 한다든지 하는 것을 하지 말아야 한다. 어떤 사건의 증인이 될 때도 공적이거나 사적인 자백이나 고백할 때도 하나님의 이름이나 예수님의 이름을 걸고 증인이 되지 말아야 한다. 다툼이나 싸울 때에도 또는 계약이나 사업 거래에서도 하나님이나 예수님을 이름하거나 계약에 표시해서는 안 된다. 나라와 나라의 조약이나 회담에서도 하나님의 이름이나 예수님의 이름으로 해서는 안 된다. 어떤 제도나 규칙, 법을 만들 때에도 하나님과 예수님의 이름을 넣고 만들어도 안 된다.

제4계명/노동법, 평화법, 환경법, 차별방지법
안식일을 기억하여 거룩하게 지키라

4계명의 안식일, 예배일, 주일을 거룩하게 여기고 지키고 행하라. 주제는 '거룩'이다. 어떤 가축이나 손님이나, 친척이나 형제에게도 쉬게 해야 한다. 거룩하고 정결하고 즐겁고 기쁜 날로 하나님과 이웃 사랑의 날로 삼으라.

안식일이 아닌 평인 6일 동안도 거룩하게 지키라 이다. 그리고 6일 동안 열심히 일하라는 것이다. 하루 안식일에 충분한 하나님의 뜻을 새겨서 6일 동안도 안식일처럼 거룩하게 지내라는 것이며 이는 안식일은 6일을 위한 훈련과 함께 하나님을 증거 하는 6일이 되게 하기 위함이다. 그러므로 6일 동안 최선을 다해서 열심히 일하고 하나님께 일상의 생활의 예배가 되고 일상의 생활로 증거의 사랑의 화목제물이 되라는 것이다.

모든 생명과 함께 하라. 모든 환경과 경관을 아름답게 하고 깨끗하게 하고 청결하게 하며 모든 생명과 자연 환경을 보호하고 가꾸고 아름답게 하라. 다 같이 공유하고 공용하라

안식일은 회복일이다. 용서일이다. 모든 원수 된 자들을 용서하고 처음으로 돌아가는 것이며 관계의 회복이다. 안식은 정결을 의미한다. 정결은 더럽고 죄 된 마음과 상처받은 마음과 흠 많은 마음을 예수 그리스도의 십자가의 피로 인하여 죄 사함으로 모든 추악한 것들과 미움과 증오와 다툼과 분쟁을 용서로 깨끗케 하며 정결케 하는 것으로 화평과 평화와 화합과 화해와 이해과 용서로 처음으로 되돌아가는 것이다. 모든 죄를 용서하고 다시 자유와 해방으로 창조 형상으로 되돌아가는 것이다. 그러므로 종 된 자들, 갖힌 자들, 억압된 자들도 자유하며 해

방되며 묶인 것들이 모두 풀리는 것을 선포하고 선언되는 날이다. 이는 사람 뿐 만 아니라 물질도 땅도 동물도 모든 자연 환경도 세상의 모든 것이 메임과 속박에서 풀리는 것이다.

레25:10. 너희는 오십 년째 해를 거룩하게 하여 그 땅에 있는 모든 주민을 위하여 자유를 공포하라 이 해는 너희에게 희년이 니 너희는 각각 자기의 소유지로 돌아가며 각각 자기의 가족에 게로 돌아갈지며

제5계명/도덕윤리법, 질서유지법, 행정정치관련법

네 부모를 공경하라.

이 시대는 아버지 상실의 시대이다. 인간 관계, 이 세상 관계의 근본 질서이다. 하나님의 형상을 따라 사람을 창조하신 하나님이시다. 그런데 하나님께서 창조하신 사람 중에서도 가장 하나님의 성품과 인격을 동일하게 창조하신 사람이 바로 부모님이시다. 부모님은 하나님의 모든 기능과 능력과 권능과 성품과 인격을 갖추신 분이시다 라는 것이 성경의 십계명에 제5계명으로 인간관계, 세상관계의 계명 중에서 으뜸으로 삼으신 것이다.

5계명의 네 부모를 공경하라는 모든 어른을 너 부모 같이 공경하며 곧 나라와 민족의 다스리는 자와 가르치는 자 즉 선배와 윗사람, 치료하는 의사, 목회자, 종교 지도자, 등 나라의 어른이나 권위자 등을 부모로 여기고 공경해야 한다. 특히 자신을 낳고 기르신 부모를 공경하는 것은 하나님을 공경하는 것이나 다름없다. 이 계명은 심각한 위기의 시대에 봉착했다. 아버지가 사라진 세상이 되었다. 모든 사회에 아버지가 없다. 아저씨만 있다. 아버지는 아저씨가 되었다. 사회에 도덕성이 무너지고 없다. 특히 교회에서 더욱 심각하다. 목사님은 있어도 아버지는 없다. 교회에 충성은 있어도 부모에게 효도는 없다. 교회 성도 신자들에게는 목사님은 있어도 아버지는 없다.

교회들은 십계명을 하지 않는다. 아예 잃어버렸다. 잊어버렸다. 두루마리 책이 없어진지 오래 되었다. 성경 66권은 십계명을 풀어쓴 것이다. 십계명 중에 가장 가운데 있다. 모든 인간관계와 하나님과의 관계와 세상의 이치가 여기에서 출발하고 종결된다. 부모님을 공경하고 효도하고 순종하는 자는 말씀을 거의 이룬 자이며 다른 율법에도 성실하며 하나님께도 신실한 자이며 충성스러운 자가 됨이다. 모든 것의 사랑이 가정에서 부모에게서 나오고 배우고 행동한다.

제6계명/인권법, 형사법,
살인하지 말라

6계명의 살인하지 말라는 물론 인간의 생명은 절대 존중하고 어떤 경우와 여건에서도 인간을 생명을 건드리는 것은 철저하게 하나님은 불허하신다. 인간의 생명은 오직 하나님에게만 맡겨진 책임이며 권능이다. 뿐만 아니라 모든 생명은 우리와 나의 이웃이다. 하나님이 허락하시고 보호하시고 지키시는 생명이다. 생명을 죽이는 것은 하나님을 경멸하고 멸시하는 것이다. 모든 생명은 하나님의 소유이다. 모든 생명에 평안을 주지 못하는 것은, 위협하는 것은 생명을 죽이는 살인행위이다. 다른 생명 없이 인간의 생명도 위험하다. 모든 생물은 인간을 위하여 하나님이 부여하신 은혜의 선물이다. 요즈음 너무 음식의 낭비와 함께 비만으로 건강을 해치는 것은 자기 생명을 경시하는 것이며 자기 살생이 되는 중요한 생명 범죄라고 할 수 있다. 더욱이 술을 과음하거나 알콜중독되는 것이나 담배는 자기 살생이며 마약이나 그 외에 많은 음식들로 인하여 생명에 나쁜 영향을 주는 것들은 살인이 되는 것이다. 약물이나 약품에 대한 오남용도 생명에 나쁜 영향을 주는 것이며, 여러 제품들에서 나오는 오염물질, 화학물질, 전자파 또는 각종 인체 유해한 것들은 간접살인이다.

제7계명/종교법, 행정법, 남녀관계법, 결혼혼인법, 가족법, 동물보호법, 미신방지철폐법, 성결법, 성도덕윤리법, 약자보호법, 여성인권법

간음하지 말라

제7계명의 간음하지 말라는 하나님 이외 어떤 것도 믿음은 간음이요 타락이며 음란이다. 순결하다는 것은 어떤 신도, 우상도, 믿음도 하나님 이외는 믿지 말아야 한다. 더욱이 세상적인 어떤 쾌락이나 불결한 것 음란한 것들, 성적 타락은 안 된다. 간음에 대한 영어는 adult(어른)이라는 명사에서 나왔다. 이 명사에 대한 파생어가 adultery 음란이라는 단어이다.

히브리어로는 간음이 '나아프' 이다. 이 뜻은 간음을 범하다, 또는 배교하다 즉 배신하다, 신앙을 배신하다, 또는 혼인이 파기된 여자 즉 이혼한 여자를 뜻한다. 이혼해서는 안 된다는 것이다. 이혼하는 것은 남녀를 막론하고 간음이다. 하나님과 결혼을 배신하는 것이다. 하나님과 이혼하는 것이다. 간음하지 말라는 하나님 이외에 다른 것을 생각하거나 믿지 말라는 것이다. 예수 그리스도 신랑 예수님과 이혼하지 말고 신랑 예수 하나님 모시고 평생 기쁘게 살라는 것이다. 요즈음 결혼하지 않는 것도 또한 하나의 일종의 간음이다. 하나님의 뜻대로 남녀가 결혼하여 자손을 잇대어 살아야 하는데 그렇지 않고 혼자서 일생을 독신 생하는 것은 하나님에 대한 도전이며 간음인 것이다. 그리고 동성애, 동성혼, 또는 인간 사람이 싫어 동물과 함께 사는 일종의 동물 애호도 일종의 간음 현상이다. 사람과의 사랑에 탈피하고 도피하는 것으로 동물을 애호하는 것은 심각한 문제이다. 이는 동물을 동물로 자라게 하고 동물도 번성해야 하는데 인간의 애호물이 되는 것은 동물을 사랑하는 것이 아니라 동물의 동물성을 인정하지 않고 동물성을 인성화하는 것이다. 동물은 자연환경 가운데에서 야성을 가지고 번성하도록 인간이 동물을 보호번성하게 하는 것이 하나님이 인간에게 부여하신 책임과 의무이다. 동물사랑은 동물을 생태계로 보내주는 것이다. 동물을 애완용으로 하는 것은 생태자연환경파괴행위이며 결국은 인간에게 그 악영향이 되돌아온다. 이제 동물이 자연생태계에서 사라지는 것은 인간이 동물을 사랑한다고 하여 애완용으로 삼거나 인간 친화적으로 하는 것 자체가 자연생태파괴화이다. 동물사랑은 참 좋은 생각이다. 그러나 장차 이 동물사랑이 동물의 인간화와 함께 인간의 동물화로 경계가 허물어질 수 있다. 이로 인한 심각한 감염병의 시대가 올 수 있다. 인간의 질병이 동물과 공유하게 되고 동물의 감염병이 인간과 동유하게 되는 매우 심각한 변종 바이러스들이 많아지게 될 수 있으며, DNA의 변종과 인간과 동물의 유사DNA가 변종화 될 때, 매우 위험한 변종질병들이 생겨 인류의 멸망을 가져올 수도 있을 위험이 있다. 전염병의 대재앙이 올 수도 있다. 심각한 문제의식을 가져야 한다. 결혼하지 않는 것과 동성애 등은 인간파괴와 인류종말의 현상이다. 식물도 마찬가지이다.

어떠한 정치체제도 사람의 생명을 귀하게 여기지 않는 정치제도는 존재해서는 안 되는 것이 하나님의 법이다. 그러므로 사형제도는 폐지되어야 하며 사형법은 존재해서도 안 된다. 이 법은 하나님사형법이다. 수많은 사람을 죽인 자가 영웅으로 살고 있는 경우가 더 많을지도 모른다. 우리 인간의 잔악한 죄의 본성이 모두 누구에게나 있기 때문이다.

제8계명/민법, 경제법, 개인자산보호법, 자본주의법, 자유시장경제법, 지적재산보호법, 소비자보호법, 공공윤리질서법, 복지법

도둑질하지 말라

8계명의 도둑질하지 말라는 남의 것을 탐내지 말라, 공공의 소유, 공동의 소유 등은 아끼고 보살펴야 한다. 모든 천지산천 초목, 동물과 식물 등 자연환경은 더욱 더 잘 살펴야 한다. 이것은 사유화 하듯 하는 것은 안 된다. 특히 공직자는 나라의 모든 물건과 일에 공과 사를 철저하게 분별하고 구별하여야 하며, 정직하고 청렴해야 한다. 일에 있어 무사공평하며 항상 공의과 공정, 정의롭게 하여야 한다. 더욱이는 모든 탐심탐욕은 도둑질 하는 것이다. 교만과 오만은 심한 도둑질이다. 남의 마음을 뺏는 도둑질이며 남을 억압하려는 것이며 이는 양심의 도둑질이며 영혼을 파괴하고 빼앗는 영혼의 강도도둑질이다. 다른 사람에게 스트레스를 주는 것은 다른 사람을 생명을 파괴하고 도둑질하는 것이다.

물질을 탐하는 것은 우상숭배이다. 사탄마귀를 섬기는 것이며 사탄 마귀의 종이다. 공공의 시설이나 공공의 물건은 서로 모두 아끼고 보호하며 자연경관과 환경을 잘못 대하는 태도 또한 도둑질하는 것이다. 남의 소유물을 훔치는 것도 물론 도둑질하는 것이지만 공공의 물건과 시설과 환경과 경관을 보호하지 않고 오염시키는 것도 도둑질하는 것이며 쓰레기를 아무데나 버리는 것이나 교통신호를 지키지 않는 것도 또한 도둑질하는 것이며 율법을 어기는 것이며 수돗물이나 전기를 낭비하는 것도 도둑질하는 것이다. 특히 전기나 수돗물로 많은 비용을 정부가 받는 것도 국민들로부터 도둑질하는 것이다. 물은 하나님의 천부적 재물이며 전기도 또한 하나님의 천부적 재물인 것이다. 공기와 햇빛도 잘못 이용 관리하는 것도 하나님의 것을 도둑질하는 것이다.

더욱이는 마음을 **빼앗는** 일도 더 나쁜 도둑질이다. 즉 마음을 **빼앗는다**는 것은 양심의 자유를 침해해서는 안 된다는 것이다. 어떤 경우에도 양심의 자유는 특권 중에 특권이 되어야 한다. 이는 다시 신앙의 자유를 포함한다. 신앙의 자유는 양심의 자유이며 이 양심의 자유는 어떤 경우에도 마음의 평강과 평화가 보장 되어야 한다는 것이다. 불안을 조성하거나 염려 걱정을 조성하거나 염려 불안의 상태가 유지되게 하는 것은 국가로서의 자격이 없는 것이다.

한편으로 도둑질하지 말라는 의미는 **소유의 자유와 보장이다. 어떤 사유 재산도 완전 보장되어야 한다. 이는 자본주의의 근본사상이며 개념이다.** 또한 공동체적 국가적인 자산과 그 유지 활용이 백성들을 위한 것이며 사사로이 권력이나 개인의 편익이나 편파적인 정책이나 정치는 있어서는 안 된다는 것이다.

제9계명/언론관계법, 표현의 자유보호법, 민형사소송법, 증인증거채택법, 양심의 자유보호법, 인터넷 인권보호와 댓글법, 명예훼손법
네 이웃에 대하여 거짓 증거하지 말라

제9계명의 '네 이웃에 거짓 증거하지 말라'는 네 이웃에게 하나님을 생활과 삶으로 나타내 보이라는 것이다. 일상생활로 하나님을 나타나게 하라는 것이다. 모든 일상생활에서 말로 글로 표정으로 마음으로 행실로, 먹을거리로, 마실거리로 쓸거리로 나타나게 하고 드러나게 하라. 일부러라도 어색하드라도 좀 촌 드러워도 유치하드라도 하나님의 성품과 인격으로 나타내라는 것이다.

재판에서 특히 증인이나 증거를 공정하게 하여야 하며 다른 사람을 위해서 또는 자기를 위해서 증인이나 증거를 위증하거나 거짓으로 하는 것을 철저히 엄격하게 방지되어야 한다. 그래야 공정하고 공의로운 재판과 공정하고 평등한 공동체가 될 수 있기 때문이다. 재판은 모든 판단의 최종 결과인데 이것이 거짓이 스며든다면 어떤 것도 세상에서 사실과 진실의 판단 기준을 삼을 수 없는 극단적인 결과와 과정을 가지게 된다면 공동체는 무너지고 신뢰할 수 없게 되는 것이다.

약자보호법, 경제질서법, 경제형사법, 자본주의법. 소유권보호법, 복지법 등 거의 모든 헌법의 하위 법률과 절차법 시행령과 조례 등이 해당 된다.

제10계명/공동체협력법, 인간관계법, 모든 민법, 형법
네 이웃의 집을 탐내지 말라

10계명은 네 이웃의 집을 탐내지 말라는 이웃의 모든 것들을 탐내지 말고 같이 좋아하고 같이 즐거워하며 같이 기뻐하고 어렵고 슬플 때, 같이 함께 더불어 슬퍼하고 같이 고통하며, 같이 위로하고 함께 더불어 나누며 모든 것에 시기 질투하지 아니하며 서로 사랑하고 서로 위로하고 서로 칭찬하며 이웃사촌이 되며 형제가 되는 것이다.

이웃은 참으로 소중한 관계의 우선이다. 이웃을 사랑하라는 말씀에 그 사랑에 너 몸과 같이 사랑하라는 의미의 깊이와 넓이와 높이를 갈음할 수 있다. 얼마나 중요하길래 너 자신 같이 사랑하라 하셨을까를 알 수 있다. 네 이웃은 모두가 우리의 이웃이다. 심지어는 아내도 자식도 부모도 이웃이다. 가장 가까운 이웃에서 떨어진 이웃, 나라도 이웃이며 공무원도 이웃이며 동물도 자연환경도 모든 살아 있는 것과 모든 물건도 이웃이다. 이웃은 모든 관계를 총괄적으로 총체적으로 말하는 개념이다. 인간의 가장 근본적인 죄성이 탐욕이다. 형제끼리 부모와 자식 간에도 탐욕의 죄성은 빠질 수 없다. 권력 명예 부귀영화 건강 물질, 사고의 탐욕, 지식의 탐욕, 등 끝이 없다. 아담과 하와, 아벨과 가인도 탐욕의 시작이며 탐욕은 거짓을 낳고 죄의 최정점에 있다. 탐욕 탐심 욕심은 죄의 최고의 근본 본성이다. 이를 거역할 동물도 인간도 식물도 어떤 생명체도 없다.

 마태복음 22장 37~40절

37. 예수께서 이르시되 네 마음을 다하고 목숨을 다하고 뜻을 다하여 주 너의 하나님을 사랑하라 하셨으니

38. 이것이 크고 첫째 되는 계명이요

39. 둘째도 그와 같으니 네 이웃을 네 자신 같이 사랑하라 하셨으니

40. 이 두 계명이 온 율법과 선지자의 강령이니라

 인류 역사상 가장 훌륭한 헌법이다. 이 이상의 헌법은 없다. 모든 이념과 사상 철학을 뛰어 넘는, 모든 사상과 이념과 철학을 다 포함한 헌법정신을 담았다. 이 헌법에 위배되는 모든 법은 위헌심판의 대상이다. 이 세상의 세속법도 이 헌법에 근거한 법이 제정되어야 한다.

법률제정

출20:22~23:19절

시행령

출23:20~33절

조례
출25:1~31:18

출29장1절,9절 제사장직분 위임/ 공직자윤리법 시행령

1. 네가 그들에게 나를 섬길 제사장 직분을 위임하여
9. 아론과 그의 아들들에게 띠를 띠우며 관을 씌워 그들에게 제사장의 직분을 맡겨 영원한 규례가 되게 하라 너는 이같이 아론과 그의 아들들에게 위임하여 거룩하게 할지니라

 십계명은 하나님의 선거 공약/ 하나님의 통치 집권공약이다. 하나님은 성경 신구약 전체를 통하여 잊어버릴 만하면 언약 즉 집권공약, 통치철학을 발표 선언하신다. 성경은 하나님의 집권통치백서이다. 그래도 인간은 죄의 본성인 탐욕과 교만과 거짓과 위선과 아집과 우상숭배로 또는 자신이 우상이 되려고 하는 타락의 길로 간다.
 하나님께서는 스스로 통치자가 되시어 인간들이 하나님 자신을 믿도록 하기 위하여 선심공약을 주신 것인데 믿음이란 자기 백성들이 하나님을 믿는다기보다는 '하나님이 자기 백성을 믿는 것이다. 이 말을 한 마디로 하나님의 믿음'이라도 한다. 그래서 성경에서 믿음이란 말의 헬라어 원어는 믿음을 '피스티스' '설득'이라고 한다. 즉 하나님이 자기 백성 삼기 위해 끝까지 설득하는 것이며 죽을 때까지 설득하는 설득의 과정이 믿음이다. 믿음을 칭의라고 하는데 헬라어로는 칭의를 '로기조마이 디카이오쉬네'인데 이는 믿음을 '의로 여기다'이다. 즉 믿음을 의롭다로 여긴다는 것은 의롭지 않지만 그렇게 여겨주는 것이다.
 하나님의 언약은 하나님의 백성들에게 일방적인 편무계약이며

선심공약이며, 하나님이 인간들을 자기 백성 만들기 위한, 하나님이 자기 자신을 위한 하나님 이기적인 선심성 공약이며 하나님의 자기 백성을 삼기 위한 선거공약이다. 하나님도 자기 백성이 있어야 하나님이 되어서 경배와 예배를 받으시기 위하여 하나님을 사람들이 선택할 수 있도록 선거공약을 정하셨는데 그것이 바로 언약 즉 통치공약이다. 일종의 선거공약이다. 즉 하나님이 자기 자신을 위하여 하신 자기 나라의 통치 정치공약이다.

하나님의 통치공약(=언약)들, 성경전체가 통치공약백서이다.

출34:10. 여호와께서 이르시되 보라 내가 언약을 세우나니

창15:18. 그 날에 여호와께서 아브람과 더불어 언약을 세워 이르시되 내가 이 땅을 애굽 강에서부터 그 큰 강 유브라데까지 네 자손에게 주노니

창17:2. 내가 내 언약을 나와 너 사이에 두어 너를 크게 번성하게 하리라 하시니

창17:7. 내가 내 언약을 나와 너 및 네 대대 후손 사이에 세워서 영원한 언약을 삼고 너와 네 후손의 하나님이 되리라

누구도 하나님께 언약(공약, 약속)을 먼저 요청하거나 요구하지 않았다. 하나님께서 일방적인 선거공약을 발표하신 것이다. 그리고 계약하자고 하신 것이다. 사람은 어떤 손해도 볼 것이 없는 것인 편무계약이다. 하나님만이 계약의무가 있으신 것이다.

레위기: 제사법(예배법)과 생활규범법, 윤리도덕법, 행정법, 절차법

레위기19:18. 원수를 갚지 말며 동포를 원망하지 말며 네 이웃 사랑하기를 네 자신과 같이 사랑하라 나는 여호와이니라

예수님 말씀

마22:37~40절 하나님 사랑과 이웃 사랑

민수기: 군대조직 편성법
전쟁을 위한 준비로 인구조사와 통계
군대를 조직하다. 12지파 족속, 족장별로 군대를 편성하다.
하나님의 백성들의 하나님 나라 군대

평등법/차별 금지법, 약자보호법
외국인 차별금지법, 다문화정책, 탈민족주의
출12:38 수많은 잡족과 양과 소와 심히 많은 가축이 그들과 함께
하였으며
출12:48~49 너희와 함께 거류하는 타국인이 여호와의 유월절을 지
키고자 하거든 그 모든 남자는 할례를 받은 후에야 가까이 하여 지
킬지니 곧 그는 본토인과 같이 될 것이나 할례 받지 못한 자는 먹지
못할 것이니라
49. 본토인에게나 너희 중에 거류하는 이방인에게 이 법이 동일하
니라 하셨으므로
레19:33~34 거류민이 너희의 땅에 거류하여 함께 있거든 너희는 그
를 학대하지 말고
34. 너희와 함께 있는 거류민을 너희 중에서 낳은 자 같이 여기며
자기 같이 사랑하라 너희도 애굽 땅에서 거류민이 되었었느니라 나는
너희의 하나님 여호와이니라
레19:9~10 너희가 너희의 땅에서 곡식을 거둘 때에 너는 밭 모퉁이
까지 다 거두지 말고 네 떨어진 이삭도 줍지 말며
10. 네 포도원의 열매를 다 따지 말며 네 포도원에 떨어진 열매도
줍지 말고 가난한 사람과 거류민을 위하여 버려두라 나는 너희의 하
나님 여호와이니라

 토지공개념, 주택, 부동산법/자본주의, 사회주의, 공산주

의 정책 혼합된 다양한 이념의 진보된 개혁적 법체계

레25:23~34 토지를 영구히 팔지 말 것은 토지는 다 내 것임이니라 너희는 거류민이요 동거하는 자로서 나와 함께 있느니라

24. 너희 기업의 온 땅에서 그 토지 무르기를 허락할지니

25. 만일 네 형제가 가난하여 그의 기업 중에서 얼마를 팔았으면 그에게 가까운 기업 무를 자가 와서 그의 형제가 판 것을 무를 것이요

26. 만일 그것을 무를 사람이 없고 자기가 부유하게 되어 무를 힘이 있으면

27. 그 판 해를 계수하여 그 남은 값을 산 자에게 주고 자기의 소유지로 돌릴 것이니라

28. 그러나 자기가 무를 힘이 없으면 그 판 것이 희년에 이르기까지 산 자의 손에 있다가 희년에 이르러 돌아올지니 그것이 곧 그의 기업으로 돌아갈 것이니라

29. 성벽 있는 성 내의 가옥을 팔았으면 판 지 만 일 년 안에는 무를 수 있나니 곧 그 기한 안에 무르려니와

30. 일 년 안에 무르지 못하면 그 성 안의 가옥은 산 자의 소유로 확정되어 대대로 영구히 그에게 속하고 희년에라도 돌려보내지 아니할 것이니라

31. 그러나 성벽이 둘리지 아니한 촌락의 가옥은 나라의 전토와 같이 물러 주기도 할 것이요 희년에 돌려보내기도 할 것이니라

32. 레위 족속의 성읍 곧 그들의 소유의 성읍의 가옥은 레위 사람이 언제든지 무를 수 있으나

33. 만일 레위 사람이 무르지 아니하면 그의 소유 성읍의 판 가옥은 희년에 돌려 보낼지니 이는 레위 사람의 성읍의 가옥은 이스라엘 자손 중에서 받은 그들의 기업이 됨이니라

34. 그러나 그들의 성읍 주위에 있는 들판은 그들의 영원한 소유지이니 팔지 못할지니라

5장. 사사기의 민주화

자유와 자율 자주로 통치하시고자 하시는 하나님의 목적이다. 재판이 얼마나 통치에 중요한 것인가? 이 시대에 우리나라에 하시는 시대정신이다. 사법재판개혁이 통치의 핵심이다. 잘못된 재판에 국민들의 강력한 저항이 필요한 시대이다.

재판은 공의와 정의와 공정의 시작이며 완성이며 끝이다. 재판에 통치의 모든 것이 담겨 있다. 그리고 통치는 재판으로 말한다. 나라의 재판이 바로 서지 못 한다면 그 국가는 죽은 국가이다. 이런 관점에서 이 시대의 이 나라는 재판의 암흑기이다. 그 이유는 재판이 물질의 노예가 되었기 때문이다. 이는 재판에 대한 매우 발달된 보이지 않는 뛰어난 첨단 로비기술이 발달되었기 때문이다. 재판을 굽게 하는 판사들의 재판기술과 변호사들을 통한 로비가 고도로 개발되었다. 변호사는 재판에서 이기기 위해 거짓을 얼마나 교묘하게 잘 꾸미느냐와 법관과의 로비기술에 달려 있다. 또 다른 한편에서는 하나님이 재판을 통하여 심판하신다. 그 하나님의 백성들이 심판할 때가 온다.

암흑기는 광명으로 인도 된다. 어두운 터널을 지나면 밝은 광명의 세상이 도래된다. 신정국가에서 자주자유민주국가로 전환된다. 절대왕국에서 공화국으로 전환되는 계기가 되었다.

제사장들의 부정부패로 신정국가에서 민주왕정국가로의 통치체제가 개혁되었다. 2천년 교회사와 작금의 교회의 부패 타락과 흡사한 시대 상황이기도 하다.

사사(士師)는 히브리어 샤파트/심판자, 판결자, 재판자, 해결자 하나님의 대언자, 전달자, 사사(Judge) 이다. 모세부터 사무엘까지는 모두 사사이며 사울과 다윗부터 왕정이다.

 사사란 무엇이며 누구인가? 모세도 사사의 한 사람이며, 그 후계자 여호수아도 사사의 한 사람이다. 하나님의 신정통치라고 하여 아무런 지도자가 없이 하나님과 백성들 모두 각각을 직접 한 사람, 한 사람 통치하는 것은 아니다. 직접민주정치라고 해서 나라의 지도자가 백성 한 사람, 한 사람을 직접 다스리는 것이 아닌 것과 같다. 신정정치의 개념은 하나님이 직접 불러 지명한 자를 세워서 그 지도자를 통하여 그 지도자에게 위임과 위탁하는 형식으로 하나님의 뜻과 말씀대로 하나님으로부터 직접 말씀을 받고 직접 계시와 영감을 받아 다스리고 통치하는 것의 의미와 내용을 말하는 것이다. 이로 미루어 본다면 한 나라를 통치하는데 사법적 기능과 역할이 얼마나 나라의 통치에 중요한 것인가를 나타내고 있다.

민수기 27장 16~20절
 16. 여호와, 모든 육체의 생명의 하나님이시여 원하건대 한 사람을 이 회중 위에 세워서
17. 그로 그들 앞에 출입하며 그들을 인도하여 출입하게 하사 여호와의 회중이 목자 없는 양과 같이 되지 않게 하옵소서
18. 여호와께서 모세에게 이르시되 눈의 아들 여호수아는 그 안에 영이 머무는 자니 너는 데려다가 그에게 안수하고
19. 그를 제사장 엘르아살과 온 회중 앞에 세우고 그들의 목전에서 그에게 위탁하여
20. 네 존귀를 그에게 돌려 이스라엘 자손의 온 회중을 그에게 **복종하게 하라**

 가나안 땅에 들어가서부터 왕이 세워지기 전까지 이스라엘 백성들을 지도했던 정치, 사법, 군사적 지도자를 말한다. 사사라고 번역된 히브리어 '쇼페트'(shophet)는 '재판한다', '다스린

다', '구원 한다'는 의미이다. 평상시에는 재판을 하며(삿 4:5), 백성들을 정치적으로 다스렸고, 비상시에는 군사적인 지도자로 활동했다. 이스라엘이 주변의 나라들로부터 공격받을 때마다 하나님께서는 이들을 구원하시기 위해 사사를 세워주셨다. 사사들의 직업과 신분은 아주 다양했으며 임무가 끝나면 대부분 제자리로 돌아갔다. 사사는 이스라엘 전체를 다스리기보다 지역적으로 다스렸으며 세습되지 않았다. 사사기에 기록된 사사로는 옷니엘(삿 3:7-11), 에훗(삿 3:12-30), 삼갈(삿 3:31 이하), 드보라(삿 4-5장), 기드온(삿 6:1-8:32), 돌라(삿 10:1-2), 야일(삿 10:3-5), 입다(삿 10:6-12:7), 입산(삿 12:8-10), 엘론(삿 12:11-12), 압돈(삿 12:13-15), 삼손(삿 13-16장) 등이 있다. 사사기에 기록되지는 않았으나 마지막 사사로 간주되는 사무엘(삼상 7:15), 칭호 상 사사로 불렸던 사무엘의 두 아들 요엘과 아비야(삼상 8:1-2)도 있었다. 그러나 모세도 사사라고 할 수 있다. 그러니까 모세부터 사사 사무엘까지의 이스라엘의 통치를 사사통치라고 할 수 있다. 그 다음부터는 왕정으로, 왕정 사울 왕 이전을 사사 통치 시대, 신정통치라고 할 수 있으며, 사울 왕 이후 다윗부터는 왕정이 전개되었다. 사울은 하나님의 실패한 왕정이며 다윗은 성공한 왕정이다. 왕은 오직 하나님만이 왕이시다. 하나님은 만왕의 왕이신데 세상의 왕은 우상이기에 하나님은 왕정을 원하지 않으셨다. 사사통치를 신정정치라고 할 수 있고, 왕정을 세속정치라고 할 수 있지만 단지 통치체제 형식, 프레임과 시스템만 바뀌었을 뿐 하나님의 통치라고 하는 컨텐츠에는 변화가 없다. 누구를 통하여 하나님의 백성을 다스리느냐의 형식논리이지 언제나 모든 우주와 세상은 결국은 하나님이 통치하시는 우주이며 세상인 것이다. 이 세상에서의 사회주의, 민주주의, 자본주의, 공산주의, 자유주의, 기독교, 이슬람교, 불교, 등등 모두 하나님의 통치 아래 있는 것이다.

사사기 17장 5~6절
5. 그 사람 미가에게 신당이 있으므로 그가 에봇과 드라빔을 만들고 한 아들을 세워 그의 제사장으로 삼았더라
6. 그 때에는 이스라엘에 왕이 없었으므로 사람마다 자기 소견에 옳은 대로 행하였더라

재물이 있는 자들이 자기 가족을 제사장으로 삼는 것 같이 아무나 제사장이 되는 것은 오늘날의 신학의 타락을 말하고 있다. 즉 자기 소견대로 하였다는 것은 물질이 있는 자는 누구든지 제사장과 제단을 세울 수 있기에 이러한 물질적 능력으로 제사장을 개인이 자기의 사적 개인적 제사장으로 삼은 일이었다. 즉 영적 지도자들의 타락이었다. 즉 사회 지도자, 부유층의 타락이다. 재물을 가진 자들이 권력으로 영적 지도자까지도 타락시키는 사회적 현상을 나타내고 있는 것이다.

삿21:25 그 때에 이스라엘에 왕이 없으므로 사람이 각기 자기의 소견에 옳은 대로 행하였더라
위의 말씀은 베냐민 지파의 타락과 함께 이스라엘 다른 지파 모든 백성들이 타락을 나타내고 있다. 즉 이스라엘 백성들이 지도자 제사장 등이 타락하였고 각 지파마다에 사사 선지자 예언자, 말씀이 없었으며, 하나님을 경외하는 백성들이 없었으므로 백성들이 각기 자기의 소견에 옳은 대로 하였다는 것이다. 이는 하나님의 말씀을 잃어버리고, 하나님을 잊어버렸다는 것이며 그 결과로 지도자도 제사장도 백성들도 모두 타락하였다는 것이다. 즉 하나님의 말씀대로 순종하지 않았던 백성들에 대한 질책이며 책망이시다. 그러나 한편으로는 사사와 제사장 등 사회의 지도층의 도덕적 문란이 문제였다는 의미가 더 하

다.

　하나님이 왕정을 원하시지 않으시는 근본적인 뜻은 '왕은 우상이다'는 것이다. 왜냐하면 하나님께서 가장 싫어하시는 것은 우상숭배이다. 모든 인간은 언제나, 항상, 틈만 나면, 기회만 생기면, 어떻게든지 기회를 만들어, 특히 지도자, 제사장 등 하나님의 기업이라 할지라도 모든 인간은 스스로 우상이 되지 못하여 죽을 지경이다. 목사들도 설교를 통하여 자화자찬, 자기 능력 있음을 나타내고 자기의 우상화를 위해 무지 애쓰는 것이 역력해 보인다. 기회만 있으면 안수하여 능력과 권위를 나타내려고 허세를 부린다. 연예인이 되지 못해 안달이다. 인기를 모으고, 인기를 받으려고 온 힘을 다한다. 목사는 그냥 굶어 죽어도 좋다. 목사가 박사 되려고 난리다. 그런데 목사가 가난하면 믿음이 없는 것이며, 기도가 부족하고 영성이 없고, 능력이 부족하고 은사가 없어서, 죄가 많아 못 사는 것이라는 것이 요즘의 기복신학, 은사신학이다. 그래서 어떻게든지 돈을 많이 벌어야 하고 헌금을 많이 받아야 하고, 교회를 크게 지어야 하고, 사례비를 최대한 많이 받아야 하고, 퇴직금도 최대한 많이 받아야 하고, 은퇴 후에도 계속해서 매월 사례비를 계속 죽을 때까지 받아야 한다는 것이다. 오직 목적은 돈이다. 돈이 능력이다. 돈이 있으면 능력이며, 돈이 있으면 믿음이 좋으며, 돈이 많으면 하나님의 축복이라는 것이다, 궤변이다. 타락이다.

백성들의 민심과 여론을 따르신 하나님

백성이 왕을 요구하여, 하나님이 통치체제를 변경하시다. 대의민주주의를 채택하다.

사무엘상 8장1~22절
　1. 사무엘이 늙으매 그의 아들들을 이스라엘 사사로 삼으니

2. 장자의 이름은 요엘이요 차자의 이름은 아비야라 그들이 브엘세바에서 사사가 되니라

3. 그의 아들들이 자기 아버지의 행위를 따르지 아니하고 이익을 따라 뇌물을 받고 판결을 굽게 하니라

4. 이스라엘 모든 장로가 모여 라마에 있는 사무엘에게 나아가서

5. 그에게 이르되 보소서 당신은 늙고 당신의 아들들은 당신의 행위를 따르지 아니하니 모든 나라와 같이 우리에게 왕을 세워 우리를 다스리게 하소서 한지라

6. 우리에게 왕을 주어 우리를 다스리게 하라 했을 때에 사무엘이 그것을 기뻐하지 아니하여 여호와께 기도하매

7. 여호와께서 사무엘에게 이르시되 백성이 네게 한 말을 다 들으라 이는 그들이 너를 버림이 아니요 나를 버려 자기들의 왕이 되지 못하게 함이니라

8. 내가 그들을 애굽에서 인도하여 낸 날부터 오늘까지 그들이 모든 행사로 나를 버리고 다른 신들을 섬김 같이 네게도 그리하는도다

9. 그러므로 그들의 말을 듣되 너는 그들에게 엄히 경고하고 그들을 다스릴 왕의 제도를 가르치라

10. 사무엘이 왕을 요구하는 백성에게 여호와의 모든 말씀을 말하여

11. 이르되 너희를 다스릴 왕의 제도는 이러하니라 그가 너희 아들들을 데려다가 그의 병거와 말을 어거하게 하리니 그들이 그 병거 앞에서 달릴 것이며

12. 그가 또 너희의 아들들을 천부장과 오십부장을 삼을 것이며 자기 밭을 갈게 하고 자기 추수를 하게 할 것이며 자기 무기와 병거의 장비도 만들게 할 것이며

13. 그가 또 너희의 딸들을 데려다가 향료 만드는 자와 요리하는 자와 떡 굽는 자로 삼을 것이며

14. 그가 또 너희의 밭과 포도원과 감람원에서 제일 좋은 것을 가져다가 자기의 신하들에게 줄 것이며

15. 그가 또 너희의 곡식과 포도원 소산의 십일조를 거두어 자기의

관리와 신하에게 줄 것이며

16. 그가 또 너희의 노비와 가장 아름다운 소년과 나귀들을 끌어다가 자기 일을 시킬 것이며

17. 너희의 양 떼의 십분의 일을 거두어 가리니 너희가 그의 종이 될 것이라

18. 그 날에 너희는 너희가 택한 왕으로 말미암아 부르짖되 그 날에 여호와께서 너희에게 응답하지 아니하시리라 하니

19. 백성이 사무엘의 말 듣기를 거절하여 이르되 아니로소이다 우리도 우리 왕이 있어야 하리니

20. 우리도 다른 나라들 같이 되어 우리의 왕이 우리를 다스리며 우리 앞에 나가서 우리의 싸움을 싸워야 할 것이니이다 하는지라

21. 사무엘이 백성의 말을 다 듣고 여호와께 아뢰매

22. 여호와께서 사무엘에게 이르시되 그들의 말을 들어 왕을 세우라 하시니 사무엘이 이스라엘 사람들에게 이르되 너희는 각기 성읍으로 돌아가라 하니라

왕을 세우면 왕이 백성을 압제하고 십일조 세금을 거두어서 자기 배만 불리고 스스로 우상이 되는 것이라는 것이 하나님의 설명이다. 그러나 하나님은 왕정을 요구하는 백성들의 뜻대로 초대 왕 사울을 세우셨다. 그러나 민심에 따른 사울 왕의 통치권이 흔들렸다. 백성들에게 인기 없는 지도자는 아무것도 할 수 없는 무능한 권력이 된다. 국민여론조사에서 지지하는 백성이 없었다. 민심에 따라 통치권과 리더쉽이 결정되었다.

"사울은 천천이요, 다윗은 만만이로다." 민심이 다윗에게로 다가왔다. 민심의 지지에 따라 왕권이 강화되었다. 실패한 첫째 왕 사울은 리더쉽 부재와 외모로 뽑은 하나님의 실수로 사울 왕은 스스로 몰락하고 말았다. 하나님의 뜻과 자유민주주의에 따라 왕권이 교체 되었다.

하나님이 최초의 민주선거를 실시하여 왕을 세우다

직접민주적 선거(추첨, 제비뽑기)를 통한 왕을 뽑다(히:라카드
/추첨, 선택)

삼상10:17~27절

17. 사무엘이 백성을 미스바로 불러 여호와 앞에 모으고
18. 이스라엘 자손에게 이르되 이스라엘 하나님 여호와께서 이같이 말
씀하시기를 내가 이스라엘을 애굽에서 인도하여 내고 너희를 애굽인
의 손과 너희를 압제하는 모든 나라의 손에서 건져내었느니라 하셨
거늘
19. 너희는 너희를 모든 재난과 고통 중에서 친히 구원하여 내신 너
희의 하나님을 오늘 버리고 이르기를 우리 위에 왕을 세우라 하는도
다 그런즉 이제 너희의 지파대로 천 명씩 여호와 앞에 나아오라 하고
20. 사무엘이 이에 이스라엘 모든 지파를 가까이 오게 하였더니 베냐
민 지파가 뽑혔고
21. 베냐민 지파를 그들의 가족별로 가까이 오게 하였더니 마드리의
가족이 뽑혔고 그 중에서 기스의 아들 사울이 뽑혔으나 그를 찾아도
찾지 못한지라
22. 그러므로 그들이 또 여호와께 묻되 그 사람이 여기 왔나이까 여
호와께서 대답하시되 그가 짐보따리들 사이에 숨었느니라 하셨더라
23. 그들이 달려 가서 거기서 그를 데려오매 그가 백성 중에 서니
다른 사람보다 어깨 위만큼 컸더라
24. 사무엘이 모든 백성에게 이르되 너희는 여호와께서 택하신 자를
보느냐 모든 백성 중에 짝할 이가 없느니라 하니 모든 백성이 왕의
만세를 외쳐 부르니라
25. 사무엘이 나라의 제도를 백성에게 말하고 책에 기록하여 여호와
앞에 두고 모든 백성을 각기 집으로 보내매
26. 사울도 기브아 자기 집으로 갈 때에 마음이 하나님께 감동된 유
력한 자들과 함께 갔느니라

27. 어떤 불량배는 이르되 이 사람이 어떻게 우리를 구원하겠느냐 하고 멸시하며 예물을 바치지 아니하였으나 그는 잠잠하였더라

하나님이 원하시는 통치체제인 사사통치체제의 모형과 하나님께서는 원하지 아니하시지만 백성들이 원하므로 마지못해 왕정통치체제를 허락하신 하나님에 대한 사무엘의 연설
삼상12:1~25절

사사기의 통치형태에 대한 이해와 의미

사사시대에 이스라엘 내에 명백한 지도자가 없었다는 것을 어떻게 평가해야 할 것인가? 아니면 사사 그 자체를 지도자로 볼 것인가?

어떤 면에서는 긍정적 평가를 할 수도 있지만, 한편 다른 면에서는 부정적 평가를 할 수도 있을 것이다.

또 다른 면에서는 부정적 평가를 하지만 결과적으로는 더욱더 발전된 전화위복의 반전을 기하는 계기가 되었다고 한다면 결국은 좋은 결과를 하나님께서 인도하시기 위한 과정이라고 할 수 있을 것이다.

긍정적 평가로 생각해 볼 때, 인간 지도자가 필요 없고 하나님의 직접 통치가 있어 중간에 대리통치나 간접통치의 방법이 아니라 모든 인간들에게 직접 하나님과 대면하는 모양의 새 시대적 하나님의 통치시대가 되었다고 할 수 있는 하나님의 직접 대면통치의 시대가 도래했다고 할 수 있을 것이다.

이는 교회에서는 일종의 회중정치, 회중교회제의 신앙형태를 말할 수 있을 것이다. 지금의 교회형태가 바로 하나님과의 직접대면의 회중교회와 회중통치, 회중정치, 직접민주주의의 최초의 시작이라고 할 수 있다. 처음부터 하나님은 자기 백성들

과 직접 대면 통치를 원하셨다. 그러나 백성들이 죄가 많아 하나님에 대한 죄로 인한 두려움으로 모세를 전달자로 삼아 말씀을 전달 받기를 백성들이 원하였기 때문에 간접 대리자를 세우신 것이다. 이는 죄 많은 백성들이 하나님이 부담스러워 멀리하고 싶은 죄의 본성 때문이다.

그러나 위기 때에는 항상 사사가 회중 즉 백성을 위기에서 구원하는 역할을 담당하게 하신다는 것에서는 모세나 여호수아 등을 통하여 하나님나라의 백성들을 통치하시는 방법과 큰 차이가 없다고 할 수 있다. 즉 비교하자면 상시 지도자, 상임 지도자와 잠시 임시 지도자 역할 같은 것이라고 할 수 있을 것이다.

그러나 다른 면에서 볼 때, 중앙집권적 통치가 아니고, 지방분권적 통치에서도 좀 벗어나서, 지파 중심의 자율적 족장 지도체제적인 분권적 통치 정치체제를 이루고 있던 시대라고도 할 수 있다. 즉 요즘으로 말하면 분권적 자율 지방자치제를 시실하고 있던 시대라고 할 수 있다. 이는 하나님이 자기 백성들의 인격과 능력을 믿고 시험 삼아 맡기신 통치시대가 아닌가 싶기도 하다. 한 마디로 사사시대는 민주적 지파 자율지방정치 시대라고 할 수 있다. 물론 결과적으로는 '자기소견대로 하였다'고 하여 타락한 시대, 믿음의 암흑시대로 평가하고 있기는 하지만 그것은 학자의 소견인 것이다. 관점에 따라서는 이 사사시대가 가장 민주적이며 인간의 하나님시대, 하나님의 인간시대라고 할 수 있다. 이는 하나님의 교회의 한 모델이 된 것이다. 교회도 이러한 모델의 하나님백성들의 자주와 자율과 자치의 교회가 되어야 할 것이다. 이것이 하나님이 바라고 기뻐하시는 통치이며 교회정치라고 할 수 있을 것이며 하나님께서 기뻐하시는 정치이며, 하나님의 통치가 아닌가 싶다. 그러나 인간의 탐욕과 인간의 정치, 인간의 죄성과 위선과 인간적 제도가 오늘날의 교회와 오늘날의 정치제도가 된 것이라고 할 수 있다. 하나님이 원하시고 바라시는 하나님의 통치제도, 신정정치의 모습은 바로 사사시대의 분권적, 12지파 자율적, 민주적 지방자치 제도라고 할 수 있다. 구약에서 보았듯이 '하나님의 형상'인 인간은 하나님이 이시기 때문이다. 사람은 모두 통치자 하나님이시며, 또한 인간 모두는 통치 받는 피통치자이기도 하다. 그러므로 자율과 민주가 지배하는 나라가 하나님나라이며, 하나님께서 이 땅에 하나님나라를 구현하고 싶은 것이 하나님의 통치정치 소망일 것이다. 그래서 하나님의 백성들이 왕권을 바라고 원했지만 반대하셨고 왕들이 백성을 압제하고 핍박하고 억압하고 노동시키고 착취하기 때문에 반대하셨지만 그래도 백성들이 원하고 고집하기 때문에 백성들의 요구를 들어 허락하신 것이다. 하나님은 자기백성들, 즉 자기자녀들을 이기지 못하셨다. 부모가 자식을 이기지 못 하듯이 항상 그랬다. 이스라엘이라는 이름의 야곱이 그 성품이다. 그 백성이 이스라엘 즉 야곱이다. 얍복강에서의 씨름으로 하나님을 이기고 이스라엘이라는 이름의 뜻이 '하나님과 및 사람과 겨루어 이겼다'는 의미의 이름이 이스라엘이다. 우리말에도 '자식을 이기는 아버지는 없다'는 말이 있다. 즉 하나님께서 바라시고 원하시고 이상적인 하나님의 통치체제와 정치구조 시스템은 사사시대 정치 통치제도와 체제 시스템이라는 것은 확실하다. 하나님께서도 자녀들을 가르쳐서 독립시키시는 것을 좋아 하신다. 인간도 자녀들을 가르쳐서 결혼하여 가정으로 독립시키는 것이 목표이며 즐거움이다. 자녀들 낳는 것은 인간의 최고의 성공이며 기쁨이다. 또한 이는 하나님의 최고의 성공이요 기쁨이다. 교회들도 가르쳐서 모두 독립시켜야 한다. 이제 교회들도 가르쳐서 모두 독립된 새 교회로 독립 시켜야 한다. 성경은 전체적으로 낳고 낳고의 연속으로 되어 있다.

즉 이는 오늘날 우리들이 이 시대에 바라고 소망하는 정치체제제도도 분권화된 지방 자율 자치 직접민주주의가 가장 좋은 정치제도라고 할 수 있을 것이다. 세속정치 뿐만 아니라 교회도 마찬가지이다. 이는 정치제도 뿐 아니라 재판제도도 가장 이상적인 재판 사법제도도 대중 회중이 시대정신을 반영한 백성들 모두의 마음과 생각과 뜻을 반영한 국민참여배심원제판이 되어야 할 것이며 이러한 재판제도는 이미 기원전 4~3세기 도시국가 그리스 헬라시대에 실시되었던 제도이다. 그리스 헬라시대에는 배심원의 수가 수백 명에서 수천 명에 이르렀다고 하는 역사연구가 있다. 배심원의 수가 형편이 된다면 많을수록 좋을 수 있다. 정부차원에서 시도만 한다면 아주 쉽고 경제적으로 비용도 들지 않고 인터넷 sns 등 첨단통신시설과 기능과 아이디어로 모든 선거와 재판 등을 과학적으로 정확하게 매우 우수한 전문가집단을 이용하여 실시할 수 있다. 요즈음은 법률전문가들, 특히 분야별 전문법률가들이 아주 많다. 오히려 요즘 판사 검사가 만능이 아니다. 검사, 판사, 변호사들이 전문분야에 아주 뒤떨어진 면이 많다. 그러므로 전문분야에 재판은 정확하게 이루어질 수 없다.

본론으로 돌아와서, 하나님의 이상적 통치체제는 역시 사사정치, 사사통치체제이다. 하나님도 왕권정치 제도를 아쉬워하고 후회하고 계셨던 것이다.

결국은 사무엘이 사사를 마지막으로 하고 그 후 첫 왕 사울은 실패하고 두 번째 왕 다윗은 하나님의 믿음을 가진 왕이었지만 다윗도 얼마나 많은 피를 흘리게 하고, 칼에 얼마나 많은 피를 묻혔는가? 그러나 이후의 솔로몬 왕은 지혜의 왕이 아니라 지금까지도 이스라엘 역사상 가장 저주의 왕이 되었다. 한 때는 이스라엘 역사상 가장 강력한 제국을 이루었지만 잠시 뿐이었다. 수많은 각국의 공주들을 첩과 후궁으로 1천 명을 정략결혼으로 그들의 문화를 받아 들였으며 그들의 문화는 우상숭배 문화로 수많은 잡신들의 우상들로 왕궁과 특히 솔로몬의 영광을 나타내는 성전을 우상 잡신들의 창고로 만들어 버릴 만큼 타락한 문화는 하나님께서 용서하지 못할 죄를 범하였던 것이다.

이렇듯 왕정정치체제는 하나님께서 원하지 않으셨던 그 하나님의 예상대로 백성들에게 많은 피와 고통을 안겨 주었을 뿐만 아니라 계속해서 이스라엘 민족이 세계 방방곡곡으로 흩어지는 디아스포라민족으로 전락하여 오늘날까지 이르고 있는 것이다. 이스라엘 민족의 수는 지금의 이스라엘 국가의 인구 정도가 출애굽 당시의 백성들의 숫자 정도 밖에 되지 않는다.

이스라엘 백성이 출애굽 당시에 민수기에서 20세 이상 전쟁할 수 있는 숫자만 60만 명 이상이었는데 그 당시의 산아제한이 없는 시대에 적어도 남자 한 가족의 자녀가 4명을 기준으로 한다면 6명의 가족으로 할 때 그리고 여자 어린아이, 노인 등을 감안 한다면 거의 4백만 명의 백성이 될 것이다.

그래서 당시 애굽도 이스라엘민족의 인구증가가 가히 기하급수적으로 늘어 난데다가 애굽 백성들을 위협할 정도의 위기감을 가졌기 때문에 핍박이 가해 졌으며, 그 노동력의 총파업을 견딜 수가 없었던 것이다.

어찌하였든 본론으로 돌아와서 하나님의 원하시고 바라시는 통치체제는 사사들의 시대에서 사사들을 통하여 하나님의 백성들을 다스리시기를 원하셨던 것이다. 그러나 또한 하나님의 백성들의 기도를 들으시는 하나님이시다 라는 것을 잊어서는 안 될 것이다. 그렇기에 하나님의 자녀들의 기도는 하나님이 기뻐하시는 것이며, 하나님의 백성들의 기도와 소원을 들어주시는 하나님이시며, 하나님은 백성들의 원하심과 소원과 기도와 간구를 들어 응답하시는 하나님이다. 그래서 하나님의 말씀은 항상 진리이시다. 하나님의 백성들은 그래서 항상 성경말씀을 깊이 알고 그 말씀을 잘 듣고 많이 읽어서 그 말씀의 뜻과 의미가 무엇인지 알아 그 말씀과 하나님의 뜻과 의대로 구하고 기도하는 것이 중요하다. 하나님의 의와 뜻과 말씀이 무엇을 원하시는지 알지 못하고 자기 뜻과 자기 욕심대로 구하는 것은 올바른 신앙인이 아니며 하나님의 백성과 자녀의 도리가 되지 못한다.

우리는 이 시대에 있어서 특히 그리스도인들은 사사기의 중요성과 사사기가 가지고 있는 의미를 깨달아 다시 한 번 사사기에서 하나님이 바라시고 원하시는 하나님의 통치를 가꾸어 나가는 그리스도인의 시대적 소명을 가져야 할 것이다. 그러므로 사사기의 현실 정치, 세속정치에 적용될 수 있기를 소망하고 소원하며, 사사기의 통치를 비록 그때는 어리석은 백성들이 하나님의 뜻과 의를 배척했지만 그것은 이방문화의 영향을 받아서 이방나라들처럼 강력한 왕권국가를 원하였기 때문인 것인데 이방문화는 하나님께서 본받지 말라며 그렇게 경고하시고 원하시지 않았던 문화인 우상과 탐욕과 부패와 부정과 타락의 문화와 정치를 백성들이 고집하여 이루어진 통치 정치체제를 다시 하나님이 원하시고 바라시는 통치체제로 되돌리는 역사가 있어야 할 것이다. 그러나 작금의 교회들은 세상의 정치보다 더 탐욕과 타락과 부패로 변절 되어 썩어 버린 과일이 되어 버린 사탄마귀보다 더 타락한 교회의 모습이 되었다는 슬프고 괴로운 하나님의 모습을 볼 수밖에 없다. 세상에는 요즘 심지어는 한구교회 망해야 산다 라는 말까지 회자될 정도이다.

세속적인 신학은 세속학문과 더불어 사사기시대를 가장 타락하고 부패한 시대, 가장 하나님을 모르는 암흑의 시대로 명명하고 규정한다. 물론 하나님의 뜻을 이루지 못한 그 후의 시대는 오히려 사사시대보다 더 나은 시대는 결코 아니었다. 얼마나 많은 피와 생명을 빼앗긴 시대였던가를 기억해야 할 것이다. 더욱이 그래도 사사시대는 솔로몬시대 이후보다 훨씬 더 낫다. 솔로몬의 시대 이후에 이스라엘 민족은 세상의 권력인 제국들에 짓밟혀 포로로 끌려가서 나라 없는 곳에서 언어도 잃고, 부모친척도 잃고, 고향산천도, 나라도 없이 노예로 떠돌아다니는 떨어진 낙엽 같은 인생으로 세상 이곳저곳을 유랑하는 민족으로 지금까지도 얼마나 많은 세월을 핍박과 고난 속에서 살아왔던가를 알아야 할 것이다.

그들의 사사시대는 이스라엘 역사 가운데에서 가장 평온한 시대, 가장 평화로운 시대였다고 할 수 있다. 우리는 위대한 지도자 한 사람만 있으면 되는 것 같은 착각을 한다. 그러나 하나님은 위대한 지도자를 원하시지 않는다. 그것은 세상 믿지 않는 백성들이 그들의 우상으로 만드는 것이기 때문에 하나님은 인간우상을 가장 싫어하시기 때문에 어떤 큰 인물 자체가 백성들에게는 우상이 된다면 그 시대와 그 정치 통치는 하나님의 저주의 통치, 저주의 정치가 되는 것이다. 인간들의 죄의 본성과 탐욕, 부패와 타락, 거짓, 위선 등이 만들어 낸 타락과 탐욕의 정치 즉 우매하고 우상숭배하기를 즐기는 이방백성들의 생각과 이념이며, 우상숭배사상의 백성들의 습관이며 문화인 것이다. 정상적인 하나님나라에서는 그래서 왕정은 우상숭배 정치이며 우상숭배 통치가 되는 것이다. 강력한 권력정치일수록 우상숭배적 정치인 것이며 대부분 우상숭배적 사상과 이념은 강력한 통치권을 바라는 것이다. 그래서 하나님은 왕정은 우상숭배정치, 우상통치가 되는 악마사탄의 정치통치인 것이다. 우리 인간의 악한 마음에는 항상 국가적 국민적 영웅이 있어야 하는 마음이 자리 잡고 있다. 그래서 항상 어떤 우상이 있어야 하고 우상이 없으면 이 시대를 사는 것 같지 않고 그들이 우리를 기쁘게 하고 우리를 즐겁게 하는 것으로 안위와 위안을 받고 세상을 기쁘고 즐겁게 복 되게 사는 것 같은 착각과 환상 속에 살게 되는 것이 우상숭배사상이며 사탄마귀의 사상이다. 이러한 것은 교회가 더 부추기고 설교에서도 세상적 영웅들과 가수 인기인 연예인 스포츠스타, 드라마, 영화의 인기인 등을 추켜세우고 즐거워하고 환호하고 그들이 부와 명예를 모두 다 쓸어 가는데도 열광한다. 미친 교회, 미친 성도들이 아닐 수 없다. 또 목사들도 자기 스스로가 영웅이 되고 인기인이 되고 모든 것의 능력과 권능을 갖기를 간절히 기도하고 그리고 교회의 모든 재물과 재정을 다 소유하고 자손에게 세습하여 물려주어서 자기가 대대로 영원한 영웅으로 남고 기록되어 그것이 영광이요 하나님을 증거 하는 것이라고 착각하고 탐욕과 거짓과 부정과 부패를 서슴치 않고 자행한다. 결국 부와 권력과 명예를 잡으면 승리하여 찬양을 드릴 수 있다는 것이며, 나라의 최고 권력자보다도 더 큰 명예와 영광을 가졌다는 것인데 총칼 대포를 다 갖는 것보다 낫다는 것으로 삼는다. 아연실색, 놀랍다. 이단들의 대부분은 자기 스스로가 우상이 되고자 하는 탐욕과 타락의 모습인 것이다. 그러므로 자기 스스로 우상이 되고자 하는 것은 모두 이단인 것이다. 이단은 사교집단인 것이다. 교리가 아무리 옳아도 사적인 유익을 탐닉하는 자는 모두 이단인 것이다. 자기 스스로가 하나님이 되고자 하는 자는 모두 이단인 것이다. 한국 대형교회의 모습은 어느 정도는 이단적이라고 할 수 있다. 저들은 이미 바벨탑을 쌓고 계속해서 바벨탑을 쌓고 있으며, 교회들이 바벨탑을 쌓고 싶어하는 것이 참으로 많다. 이는 인간의 어쩔 수 없는 죄의 본성에서 벗어날 수 없기 때문이며, 칼뱅 선생이 말하고 성경에서 말씀하신 전적 인간의 타락과 전적 인간의 부패성 때문이기에 우리는 절제와 자제와 겸손과 나눔의 믿음의 덕목에 깊이 들어가야 할 것이다. 부서짐과 쪼개짐과 내려놓음과 버림과 낮아짐과 흩어짐과 허물어짐과 뭉개짐, 찌들어짐 등 부족함에 스스로는 흘려보냄이 있어야 그런 탐욕과 부패와 타락의 죄의 본성에서 벗어날 수 있는 은혜가 있을 것이다.

오! 주여 어디로 가시나이까. 쿼바디스 노미네, 비아 돌로로사!

다시 사사기로 돌아가자~!

가만히 있으라! 우리는 믿음 안에서 가만히 있어야 한다. 무엇인가 해야지, 아무 것도 하지 않으면 못 견디는 성품을 버려야 한다. 하나님께서는 '너희는 가만히 있으라'고 하셨다.

출애굽기14장 13~14절

13. 모세가 백성에게 이르되 너희는 두려워하지 말고 가만히 서서 여호와께서 오늘 너희를 위하여 행하시는 구원을 보라 너희가 오늘 본 애굽 사람을 영원히 다시 보지 아니하리라

14. 여호와께서 너희를 위하여 싸우시리니 너희는 가만히 있을지니라

사무엘상12:16

16. 너희는 이제 가만히 서서 여호와께서 너희 목전에서 행하시는 이 큰 일을 보라

시46편 10절

10. 이르시기를 너희는 가만히 있어 내가 하나님 됨을 알지어다 내가 뭇 나라 중에서 높임을 받으리라 내가 세계 중에서 높임을 받으리라 하시도다

교회의 정치 즉 교회의 모델은 더욱 민주적인 것이 하나님의 통치적인 모습인 것이다. 즉 어떤 총칼이나 싸움이나 다툼으로 하는 권력투쟁적 모습이 아니며, 항상 겸손과 사랑의 모습으로 세워나가는 교회의 모습이 사사기의 하나님나라의 모형이다. 그러므로 교회도 신약교회의 사도적 교회가 진정한 하나님나라의 통치모형이라고 할 수 있다.

그러므로 교회는 모든 성도는 서로 서로 하나님의 동역자이며, 모든 구원 받은 신자는 왕 같은 제사장이며, 하나님의 일꾼인 것이다. 그런데 교회에 계급주의적이며 권위적인 교회의 모습은 왕정을 꿈꾸며 왕정정치 교황목회를 하려고 하는 세속 정치체제를 하려고 하는 목회자들과 그를 추종하는 장로 등 직분자들이 세상에서의 권력, 주식회사 지분권 주주권 같은 것을 누리려고 하는 모습이 나타나는 경우가 매우 많다.

그러나 신명기 17장 14절을 통하여 미리 사사기에서 있을 일을 예정하고 예언하사 사사기시대의 대안으로 미리 왕정을 세울 경우를 대비하여 대안으로 하나님의 방법을 말씀하고 계신다. 이를 하나님이 왕정을 허락하신 것이며 하나님의 통치, 하나님의 정치권력구조로 좋다 라고 하는 것은 본래의 하나님의 의와 뜻을 왜곡하는 것이라고 할 수 있을 것이다.

아래에서 신명기 17장 14절부터20절까지에서 보듯이 왕정시대 뿐만 아니라 왕정 그 이후의 시대까지 모두 사사기 시대의 사사통치 정치체제를 이어가지 못하고 왕정으로 인하여 일어난 결과를 역사를 통하여 보게 되었다. 즉 이스라엘 백성들과 그 왕들은 바로 즉각 다윗의 다음 솔로몬에서부터 그 징후들이 바로 나타나서 결국은 타락으로 인한 멸망의 왕정으로 민족의 비참한 고통과 노예와 민족도 나라도 없는 민족으로 세계역사에서 사라지게 된다. 하나님의 기우가 그대로 나타나는 결과를 낳았다는 것은 '모든 민족들 같이 우리 위에 왕을 세워야겠다는 생각이 나거든'이 라는 하나님의 가정이 현실이 되어 멸망으로 끝이 나고 만다. 그래도 왕정이 잘 되었다고 할 수 있는 것인가?

그 이후 교회는 현재까지 왕정정치보다 더한 교황정치가 되었으며, 개신교는 목사황제가 되었다는 것을 믿고 싶지 않고 강하게 부정할 현실이 되었다. 목사제왕이 교회의 모습이며 '하나님의 형상'이 되었다. 절대적 제왕이신 만왕의 왕이신 예수 그리스도의 형상이 목사의 형상으로 나타나고 말았다. 그래서 교회는 세속적 왕정정치가 교회가 물려받아 교회 스스로가 왕정정치제도의 모형이 되었다. 세상 세속정치는 사사기 시대의 민주적 정치 통치제도가 되어 가는 데 오히려 역설적으로 교회는 세상보다 못한 왕정과 교황정치체제가 합하여진 절대권력으로 변하고 말았다. 어떠한 권고나 권면에도 끄덕 않고 오직 탐욕에 어두워 무서움도 모르고 두려움도 없이 담대한 기독교 황제권을 모든 교회는 매일반으로 갖추게 되었다. 자본주의 황금만능주의가 위세를 떨칠수록 더욱 그 황금만능주의에 심취해 벗어날 수 없는 지경에 이른 것이다. 이미 너무 많은 황금을 쌓아 두었기에 그 황금이 황금성을 쌓고 바벨탑을 황금으로 쌓았으니 무너질 수도 없고 무너뜨릴 수도 없는 황금의 십자가 탑을 쌓아 하늘에 닿았다. 하늘을 점령한 십자가 황금탑을 쌓았다.

세상 세속정치 권력에 무너져 실패한 예수 그리스도의 현실 세계에서의 실패와 정치적 희생물이 된 것은 하나님의 사사시대의 모형이다. 즉 사사시대 같은 **예수 그리스도의 사사 역할**은 뜻을 이루지 못하는 예수그리스도의 시대와 사사시대와 같은 의미와 뜻을 상징하고 나타내고 있다고 할 수 있을 것이다.

오늘날 한국교회는 성경에 나타난 모든 부분을 미학적이고 예술적 좋은 것만 말하고 있다. 성경과 하나님의 뜻은 모든 인생은 부패하고 인간의 철저한 죄성을 나타내 보이려고 하는 것인데 인간의 세속교회는 좋은 것만으로 포장해서 나타내고 기복신앙을 조장하고 있다. 오직 기복적인 면과 은사주의적인 것만 본받으려고 의도적으로 신학적으로 그렇게만 촛점과 포커스를 맞추고 있는 신학이 되었다. 그래서 성경 속에 나오는 모든 인물을 영웅으로 형상화해서 영웅으로 만들려고 하는 것은 성경의 인물의 하나님 대신에 우상으로 만들려고 하는 것과 같다. 성경의 인물을 영웅 우상으로 만드는 것은 결국은 사탄의 신학이며 사탄 마귀의 신앙이다. 이단이다. 성경의 어떤 인물도 영웅화하거나 우상화되어서는 안 되며 오직 모든 인간은 죄인이며 철저하게 부패하고 타락한 인간이다. 요셉을 부정적인 인물로 본다고 해서 반성경적인 신학이라거나 비성경적 이단적으로 보는 것은 더 큰 오해이며 그릇된 신학이다. 이제 가감 없이 하나님의 눈과 하나님의 생각과 관점에서 보는 신학이 필요하다. 성경에 누구누구는 믿음이 좋아서 복을 받아 성공하고 출세하고 영광을 하나님께 돌렸다고 하면서 그렇게 믿음이 좋아야 복을 받고 성공한다고 하는 기복신학과 은사신학은 이제 끝장나야 하며 그런 신학과 교회는 이제 망해야 한다.

아래 신명기 17장 14~20절에서 내용을 자세히 보면 14절에서 하나님은 가정법을 써서 말씀하고 계신다. 어떤 명령이나 율법이나 규례를 지켜 행하라는 말씀이 아니라 만일이라는 가정법으로 사용하신 것은 바라고 원하는 하나님의 뜻이 아니고, 지켜야 할 규례가 아니라는 것을 말씀하고 계신 것이다. '만일 생각 나거든'이라는 것은 그래도 하나님의 뜻대로 하지 못할 경우, 하나님의 뜻을 어길 경우에 최선을 다하지 못 할 경우, 차선책으로 그렇게라도 하라는 것이다. 이 말씀은 사사기 시대처럼 사사들이 다스리고 통치하는 것을 원하시는데 할 수만 있다면 그렇게 하라는 말씀이 하나님의 속 뜻 인 것이다.

대의제, 집단사사제, 하나님의 전달자. 메신저 70장로제
민수기 11장 16~17절
16. 여호와께서 모세에게 이르시되 이스라엘 노인 중에 네가 알기로 백성의 장로와 지도자가 될 만한 자 칠십 명을 모아 내게 데리고 와 회막에 이르러 거기서 너와 함께 서게 하라
17. 내가 강림하여 거기서 너와 말하고 네게 임한 영을 그들에게도 임하게 하리니 그들이 너와 함께 백성의 짐을 담당하고 너 혼자 담당하지 아니하리라

이스라엘의 왕
신명기17장 14~20절
14. 네가 네 하나님 여호와께서 네게 주시는 땅에 이르러 그 땅을 차지하고 거주할 때에 만일 우리도 우리 주위의 모든 민족들 같이 우리 위에 왕을 세워야겠다는 생각이 나거든
15. 반드시 네 하나님 여호와께서 택하신 자를 네 위에 왕으로 세울 것이며 네 위에 왕을 세우려면 네 형제 중에서 한 사람을 할 것이요 네 형제 아닌 타국인을 네 위에 세우지 말 것이며
16. 그는 병마를 많이 두지 말 것이요 병마를 많이 얻으려고 그 백성을 애굽으로 돌아가게 하지 말 것이니 이는 여호와께서 너희에게 이르시기를 너희가 이 후에는 그 길로 다시 돌아가지 말 것이라 하셨음이며
17. 그에게 아내를 많이 두어 그의 마음이 미혹되게 하지 말 것이며 자기를 위하여 은금을 많이 쌓지 말 것이니라
18. 그가 왕위에 오르거든 이 율법서의 등사본을 레위 사람 제사장

앞에서 책에 기록하여

19. 평생에 자기 옆에 두고 읽어 그의 하나님 여호와 경외하기를 배우며 이 율법의 모든 말과 이 규례를 지켜 행할 것이라

20. 그리하면 그의 마음이 그의 형제 위에 교만하지 아니하고 이 명령에서 떠나 좌로나 우로나 치우치지 아니하리니 이스라엘 중에서 그와 그의 자손이 왕위에 있는 날이 장구하리라

신명기 17장의 말씀이 사무엘상 8장에서 현실이 되어 나타났다. 사무엘의 시대를 거처 다윗을 통하여 여호와께서 택하신 하나님과 합한 자인 다윗을 세웠으나 17절에 해당한 인물 솔로몬이 되었으며, 18절을 어떤 왕도 다 잊고 버리어 요시아왕 때에야 성전 대청소를 하다가 우연히 먼지 속에 묻혀 있는 하나님의 두루마리를 발견하여 잠간 말씀을 회복하는듯하다가 그 후로 말라기 시대까지 하나님을 모르고 지내는 이스라엘 백성이 된다.

사무엘상 제8장에서 하나님께서 백성들에게 사무엘을 통하여 매우 자세하게 왕정을 거부하는 설명을 하였지만 백성들은 고집을 부려서 백성들의 요구를 마지못해 허락하신다.

하나님께서 백성들이 왕을 요구하시는 것을 자세하게 여러 가지 이유를 들어 설명하시고 원하지 않으시는 궁극적 목적과 이유는 바로 다름 아닌 왕은 우상이 되는 것이기 때문이다. 왕들은 세상의 우상이다. 왕정은 우상정치이다. 우상통치이다. 하나님께서 가장 싫어하시고 증오하시는 것은 우상이다. 세상의 모든 제국들은 왕정이다. 즉 왕 스스로는 우상이 되려고 하며 반드시 우상이 되고야 만다. 왕이 우상이 아닌 왕은 거의 없다. 쉽게 말하자면 탐욕과 교만이 우상을 만드는 것이며, 왕은 탐욕과 교만의 우상이다. 모든 불순종은 탐욕과 교만의 원인이다. 그러므로 하나님의 뜻과 의는 우상인 왕의 제도를 원하시지 않으셨던 것이다. 그러나 그래도 끝까지 고집하는 백성들의

요구를 들어 주신다. 이는 다시 역사를 통하여 증명된다. 열왕기를 통하여, 역대기를 통하여 이스라엘 유다 모든 왕들은 교만과 탐욕으로 하나님의 말씀을 잃어버리고, 잊어버리고 타락함으로 민족과 백성을 고난의 질곡으로 빠뜨리고 패망과 민족의 멸절의 위기를 맞이하게 되어 열방으로, 나라 없는 백성으로 노예가 되어 흩어지게 되는 결과를 가져온다. 이는 모든 인생과 국가에 동시에 하나님이 보여 주시기 위한 예와 보기일 뿐이다. 지금도 장래에도 이런 역사는 주님 오실 그날까지 계속 되리라. 이는 야곱이 얍복강에서 '이스라엘'이 되는 상황이 재현되는 모습이다. 이는 제2의 이스라엘이 되는 상황이다. 야곱이 이스라엘이 되는 상황은 개인 야곱의 경우가 되며, 이스라엘 백성이 왕을 요구하는 것은 또 다른 집단야곱이 또 다른 이스라엘이 되는 상황이 되는 것과 같다고 할 수 있다. 교회도 집단야곱의 한 예일 수 있다.

사실 백성들이 왕을 요구하는 현실적 첫째 원인과 목적은 삼상8:20절에서 전쟁을 잘 하는 왕을 세워 전쟁에서 이기기를 원하는 목적에서 이다. 그래서 사울 왕을 세우고 다윗 왕을 세운다. 그리고 둘째 원인과 목적은 삼상8:3절에서 사사들의 타락과 부정부패이다. 사무엘의 아들들이 뇌물을 받고 판결을 굽게 하기 때문이었다. 오늘날 사법부 재판은 올바르게 바로 세우는 방법은 강력한 왕이 있어야 한다고 하는 논리와 같을 것이다.

삼상8:1~22절 백성이 왕을 요구하다
1. 사무엘이 늙으매 그의 아들들을 이스라엘 사사로 삼으니
2. 장자의 이름은 요엘이요 차자의 이름은 아비야라 그들이 브엘세바에서 사사가 되니라
3. 그의 아들들이 자기 아버지의 행위를 따르지 아니하고 이익을 따라 뇌물을 받고 판결을 굽게 하니라

4. 이스라엘 모든 장로가 모여 라마에 있는 사무엘에게 나아가서

5. 그에게 이르되 보소서 당신은 늙고 당신의 아들들은 당신의 행위를 따르지 아니하니 모든 나라와 같이 우리에게 왕을 세워 우리를 다스리게 하소서 한지라

6. 우리에게 왕을 주어 우리를 다스리게 하라 했을 때에 사무엘이 그것을 기뻐하지 아니하여 여호와께 기도하매

7. 여호와께서 사무엘에게 이르시되 백성이 네게 한 말을 다 들으라 이는 그들이 너를 버림이 아니요 나를 버려 자기들의 왕이 되지 못하게 함이니라

8. 내가 그들을 애굽에서 인도하여 낸 날부터 오늘까지 그들이 모든 행사로 나를 버리고 다른 신들을 섬김 같이 네게도 그리하는도다

9. 그러므로 그들의 말을 듣되 너는 그들에게 엄히 경고하고 그들을 다스릴 왕의 제도를 가르치라

10. 사무엘이 왕을 요구하는 백성에게 여호와의 모든 말씀을 말하여

11. 이르되 너희를 다스릴 왕의 제도는 이러하니라 그가 너희 아들들을 데려다가 그의 병거와 말을 어거하게 하리니 그들이 그 병거 앞에서 달릴 것이며

12. 그가 또 너희의 아들들을 천부장과 오십부장을 삼을 것이며 자기 밭을 갈게 하고 자기 추수를 하게 할 것이며 자기 무기와 병거의 장비도 만들게 할 것이며

13. 그가 또 너희의 딸들을 데려다가 향료 만드는 자와 요리하는 자와 떡 굽는 자로 삼을 것이며

14. 그가 또 너희의 밭과 포도원과 감람원에서 제일 좋은 것을 가져다가 자기의 신하들에게 줄 것이며

15. 그가 또 너희의 곡식과 포도원 소산의 십일조를 거두어 자기의 관리와 신하에게 줄 것이며

16. 그가 또 너희의 노비와 가장 아름다운 소년과 나귀들을 끌어다가 자기 일을 시킬 것이며

17. 너희의 양 떼의 십분의 일을 거두어 가리니 너희가 그의 종이

될 것이라

18. 그 날에 너희는 너희가 택한 왕으로 말미암아 부르짖되 그 날에
여호와께서 너희에게 응답하지 아니하시리라 하니

19. 백성이 사무엘의 말 듣기를 거절하여 이르되 아니로소이다 우리
도 우리 왕이 있어야 하리니

20. 우리도 다른 나라들 같이 되어 우리의 왕이 우리를
다스리며 우리 앞에 나가서 우리의 싸움을 싸워야 할 것
이니이다 하는지라

21. 사무엘이 백성의 말을 다 듣고 여호와께 아뢰매

22. 여호와께서 사무엘에게 이르시되 그들의 말을 들어 왕을 세우라
하시니 사무엘이 이스라엘 사람들에게 이르되 너희는 각기 성읍으로
돌아가라 하니라

여호와께서 사무엘에게 말씀하여 사울을 왕으로 세우시다
사무엘상 9장 15~17절

15. 사울이 오기 전날에 여호와께서 사무엘에게 알게 하여 이르시되

16. 내일 이맘 때에 내가 베냐민 땅에서 한 사람을 네게로 보내리니
너는 그에게 기름을 부어 내 백성 이스라엘의 지도자로 삼으라 그가
내 백성을 블레셋 사람들의 손에서 구원하리라 내 백성의 부르짖음이
내게 상달되었으므로 내가 그들을 돌보았노라 하셨더니

17. 사무엘이 사울을 볼 때에 여호와께서 그에게 이르시되 보라 이는
내가 네게 말한 사람이니 이가 내 백성을 다스리리라 하시니라

하나님은 사무엘에게 지시하여 사울을 왕으로 세우셨다. 이는
백성들의 요구를 들어 주셨다. 하나님은 백성들의 요청을 들어
주시는 하나님이시다. 그러나 분명한 것은 왕정도 사사정도 모
두 하나님이 허락하신 정치통치제도인 것이다.

오늘날 각 나라마다 통치제도가 모두 각각 다르다. 이는 그

세상나라 각각 마다 그 백성들의 뜻에 따라 통치제도를 하나님이 받아 주셔서 시행되고 있는 것이다. 그러므로 어떤 나라의 통치제도가 좋다 나쁘다고 할 수 없는 것이다. 사회주의 공산주의가 나쁘고 자유 민주주의만 좋은 제도이다 고 하는 것도 꼭 올바른 제도라고 할 수 없다. 왕정이 나쁘고 또는 왕정이 좋은 제도라고 할 수 없다. 물론 제도가 중요하지만 어떤 통치인가의 어떻게 통치하는가가 더욱 중요하다. 모두 민주국가라고 하면서도 전혀 아닌 독재파쇼 같은 북한 같은 나라가 있는 것이다. 그런 정치제도에서 사는 백성들은 불행하고 민주주의 국가에서 사는 백성들은 행복하다 라고도 단정 지울 수는 없다. 불교국가에서 살면서도 독재국가가 있고 불교국가인데 정치제도는 자유민주주의적 나라가 있으며, 기독교국가인데 독재 파시즘나라가 있으며, 회교 국가인데 자유민주국가가 있으며, 나라와 백성들에 따라서 각양각색의 정치 통치제도가 다르게 나타나고 있으며, 그러한 통치제도는 또 때에 따라서 변화되고 개혁되는 징검다리가 되며 또는 반대로 불교국가가 되었다가 기독교국가가 되기도 하며, 이슬람교국가가 되었다가 기독교국가가 되기도 하는 것이 하나님의 역사이다.

이스라엘민족은 수많은 제국들에게 지배를 받기도 하며, 또 수많은 이방나라에 끌려가 이방인으로 살기도 하며, 수많은 통치제도의 국가에서 다양한 국가에서 이방인 디아스포라로 그 통치체제에서 살아왔던 민족이며 그 안에서 하나님을 믿고 그 민족의 아이던터티를 지키며 살고 있다. 모든 인간들은 결국은 하나님의 손에 달려 있을 뿐이다. 우리가 선택할 수 있는 것은 한계에 있다. 자기 그리고 자기백성들이 원하고 바라지만 하나님께서 들어주시기도 하지만, 그러나 결국은 잠간 들어주시는 것 같지만 결국은 하나님의 전적이며 절대적 권능 안에 있는 인간일 뿐인 것이다. 하나님의 절대적인 선택과 유기의 권한에 주어진 것이 인간의 세상사이며 인류의 역사가 하나님의 장중에서 이어져 왔을 뿐이다. 그러므로 우리가 어떤 것도 답을 알 수 없으며, 답을 낼 수도 없으며, 오직 하나님의 절대적인 권능과 그 뜻 안에서 순종하며 사는 것이 도리이며 하나님을 아는 것이 우선인 것이다.

사울도 하나님이 세우셨지만 신실한 믿음이 없어 하나님의 뜻대로 백성들을 통치하지 못하였으며, 다윗은 하나님에 대한 믿음이 신실한 왕이었지만 그도 또한 인간적인 죄악에서 벗어날 수 없었다. 지혜와 명철의 왕이라고 하는 솔로몬 왕도 참으로 많은 우상숭배의 첩과 후궁을 이방 여러 나라에서 정략결혼으로 천 명의 후궁과 첩를 두고 각종 우상숭배와 잡신들의 소굴로 여호와하나님의 성전을 창고로 사용하는 결과를 가져왔다는 것은 영원히 씻을 수 없는 이스라엘 민족에게 저주의 사슬에 묶이게 한 왕이 되었다. 그 후로 이스라엘은 퇴락과 멸망의 길로 접어 들었다.

어떤 결과를 가져왔던 간에 하나님이 원하시고 바라시는 통치제도는 사사통치제도를 내심 원하시고 바라시는 통치, 정치제도이라는 것은 확실하다.

그러나 사사기에서의 우리에게 주는 교훈은 하나님과 백성들의 직접적인 통치, 직접민주주의, 또는 간접민주주의 즉 하나님이 하나님의 형상들에 대한 가장 하나님스럽게 인간들에게 자치권을 부여하셨다는 것이다. 즉 백성들이 하나님이시며, 백성들을 위한 통치, 백성들에 의한 통치는 이는 하나님을 위한 하나님의 통치인 것이다. 이가 바로 사사기의 시대의 자기 옳은 소견대로의 통치제도인 것이다.

사사통치제도는 하나님의 최상의 통치제도이며 인간에게 꼭 필요한 통치제도이다. 그러나 인간들의 죄의 본성 때문에 이루기 어려운 통치제도이다. 그러나 그 차선으로 백성들의 고집을 들어 주어서 그 백성들이 요구한 통치제도가 또한 잘 되도록 인도하시고 계신다는 믿음을 가져야 할 것이다. 즉 '하나님의 형상'인 인간들의 지혜와 명철대로 가장 좋은 정치제도를 스스로 선택하여 이루어지는 진보를 더욱 기뻐하실 것이다.

구약성경에서의 이스라엘민족에게 있어서의 정치는 모세로부터 시작해서 사무엘까지는 사사정치를 통한 신정정치에서 사사기를 마지막으로 이웃나라들처럼 왕정정치 즉 세속정치로 전환되었다. 세속 왕정정치이지만 이 세속 왕정정치 또한 사울을 비롯하여 다윗으로 이어지는 정치 또한 하나님이 세우시고 허락하신 정치 통치체제이다. 신정정치인 모세로부터 사무엘까지의 정치, 하나님의 친정 신정정치 통치이었다면 왕정정치는 백성들의 주권에 의한 백성들이 세운 왕정이었지만 한편으로는 백성들의 주권을 바탕으로 한 민주 공화정의 형태를 취하고 있었다.

이러한 왕정은 옳지 않고 신정은 옳다고 하는 관점은 바르지 않다. 신정에서의 인간의 부패성도 마찬가지이며 왕정에서도 인간의 부패성 또한 마찬가지이다. 다만 하나님의 사역자들이 얼마나 올바르게 그 사역을 소명과 사명을 가지고 성결하고 신실한 하나님의 뜻대로 사역하느냐에 달려 있지 단지 친 신정체제가 옳다? 왕정체제가 옳지 않다? 라는 문제는 아니다. 왜냐하면 성경의 전체적 개념은 모든 인간은 모두 부패하고 악하며 탐욕과 교만과 죄악으로 가득한 것을 증거하고 나타내 보이고 있는 것이다. 우리는 아브라함, 이삭, 야곱, 요셉, 모세, 사무엘, 사울, 다윗, 솔로몬, 등을 이어 오면서 어떤 인물도 흠이 없는 인물은 없었다. 이러한 계보를 예수그리스도의 계보니까 정당한 것이며, 올바른 것이며, 하나님의 계보로 흠이 없다 라고 하는 것은 큰 오류의 신학이다. 이는 칼빈신학을 부정하는 것이다. 인간의 전적 타락을 부정하는 것이다. 구약이나 신약 성경이나 모두 인간의 전적 타락을 뜻하는 의인을 하나도 없다는 말씀이 증거가 된다. 성경의 인물들 모두 흠이 많고 죄가 많지만 예수님의 계보들이다. 창세기 6장 9절에 노아(벌거벗은)는 의인이요 당대에 완전한 자라라고 하고 있으며, 전도서 7장 20절은 선을 행하고 전혀 죄를 범하지 아니하는 의인은 세상에 없기 때문이다 라고 하고 있으며, 로마서 3:10절은 의인의 없나니 하나도 없으며 라고 하고 있다. 모든 죄악과 허물로 가득한 인간들이었다. 성경의 인물들을 너무 지나치게 미화하거나 과장하거나 은폐하여 복을 받았다고 하는 기복적 신학에서 벗어나야 한다. 성경의 본질을 외면한 신학, 자기 부정 신학, 은폐 미화 신학, 유대주의 신학 등에서 벗어나야 한다. 예수 그리스도의 계보를 잇는 인물들에 대한 부정적 해석은 예수 그리스도를 부정하고 의롭게 보지 못하게 하는 원인이 되기 때문에 옳지 않다라고 하는 것에 예수 그리스도를 오히려 인간으로 오신 주님에 대한 신성을 드러나게 하는 것이라고 보는 것이 옳다고 생각하는 것이다. 올바른 신학은 모든 성경의 역사적 사실들을 인정하고 긍정함으로써 그리스도의 진리성을 높이고 확립하는 좋은 증거라는 것을 간과해서는 안 될 것이다. 이러한 주장에 대하야 부정적 신학이라든가, 사탄의 신학이라든가, 교회를 무너뜨리는 사이비 신학이라고 하는 굴레로 자기 부정을 못하는 것에 대한 합리화에 더하여 보수적이며 자기 이기주의적 집단적이며 현재의 대부분의 교회의 세력들이 모두 공격할 때는 참으로 난감할 수도 있다. 이러한 신학을 외눈박이로 몰아 부칠 때는 어쩔 도리가 없을 것이다. 역사는 항상

힘이 진리 같이 여겨져 왔으니까. 이러한 현재의 한국의 기복
주의 신학과 은사주의 신학이 자기 성찰이 없이 계속 보수 기
득권으로 방어한다면 망하지 않고 얼마나 갈 수 있을까 궁금하
다.

왕정을 통하여 하나님께서 말씀하시고자 하는 것은 인간의 절
대 부패성과, 탐욕성을 끊임없이 제기하고 보여주고, 인간의
왕권을 하나님의 의와 뜻을 증거로 예를 들어 실패한 세속적
나라의 예를 들어 나타내 보이시고 증거로 삼으신 하나님의 표
현이며 뜻을 이루는 과정의 하나이다.

그러므로 어떤 왕권도, 어떤 정치도, 어떤 이념의 정치도, 어
떤 사상과 철학의 정치도 실패할 수밖에 없으며, 완전할 수 없
으며, 부족하고 타락할 수밖에 없는 세속정치인 것이다.

이러한 정치에 교회가 유혹에 넘어가서 기웃거리고 미소 짓
고, 유혹하거나, 선악을 알게 하는 나무 열매를 따먹으면, 결국
은 타락하고 말 것이다. 권력과 탐욕의 마귀사탄의 유혹에 빠
지면, 교회도 더욱 세속화 되어 하나님의 심판에 더욱 큰 고통
을 받을 수밖에 없을 것이다.

한편으로는 이러한 반 기복적이며, 반 은사주의적 성경론을
이념적 신학, 신자유주의 신학, 진보주의 신학, 또는 좌파 신
학, 사상과 이념 논리로 치부하는 것이 이 나라에 팽배해 있다
는 것이 참으로 안타깝다. 정치적 편향성으로 모든 가치를 양
분하거나 편파적 구분으로 구별한다면 참으로 안 되는 것이다.

이 나라 뿐만 아니라 미국을 비롯하여 정치가 완전 극단적 이
념 논쟁에서 벗어나지 못하고 오히려 냉전 시대보다 더한 극우
아니면 극좌로 양분되어 있다. 극우나 극좌는 서로 끝에서 맞
닿아 있다. 극우 우파 일본의 아베나, 러시아의 극좌 푸틴은
서로 같은 모양이며, 극우 히틀러나 극좌 스탈린도 같으며, 극

우 사우디 왕이나, 극좌 북한 정권이나 같은 맥락이다. 서로 그들 세력만 있고 다른 존재와 가치는 모두 악으로 멸절시키는 정치와 이념이다. 예를 들어 이슬람은 이슬람의 가치만을 인정하거나, 기독교는 기독교의 가치만을 인정하고 보수한다면 모든 보수주의는 같은 것이며, 개혁은 이단이며 멸절의 대상일 뿐이다. 자유는 칼의 논리에 자유라면 무력의 힘이 진리라는 것이며, 진보도 민주라고 하는 수의 힘이라면 집단폭력이 진리가 될 수 있다. 오늘날 정치가 자유와 민주의 가치를 아전인수로 왜곡시키고 있는데도 계속해서 자유를 외치고 있고 민주를 외치고 있는 것은 서로가 코뿔소처럼 죽을 때까지 부딪치고 맞부딪치고 있다. 지금 한국 세속정치와 대형교회의 모습이다. 수가 많으면 진리가 된다. 너무 위험하다. 수가 많으면 권력과 돈이 많으면 하나님을 모르고 두려움도 없다. 돈이 있고, 권력이 있으면 천국 같이 살다가 천국 간다고 믿으니까, 교회가 그것을 증거하고 있으니까. 교회가 기복주의로 가르치고 은사주의로 증거하고 있으니까.

사사시대의 첫 상태를 하나의 이상적인 시대라 기 보다는 지도자 공백기라고 할 수 있고 다윗 왕권을 세우시고 예수그리스도의 나라의 목표에로 나아가는 이행과정의 일부였다고 생각할 수 있겠다.
인간의 왕권은 하나님의 예를 들어 실패한 세속적 나라의 예를 들어 나타내신 하나님의 뜻이다.

현재의 이슬람 국가의 예를 들어 이란의 통치 정치체제는 신정국가의 체제가 되어 있다. 즉 종교최고지도자가 국가의 정치 및 모든 통치의 실제적 최고지도자가 되어서 통치하고 있다.

그러니까 종교지도자가 세속 정치지도자의 역할까지 모두 다하고 있는 경우이며, 이는 이슬람 시아파이다. 한편 수니파인 이슬람교 원리주의 국가인 사우디아라비아는 그야말로 나라 이름도 사우디아라비아왕국이다. 이는 왕이 종교 최고지도자의 위에 있는 형식으로 왕권이 모든 종교통치권까지 행사하고 있는 경우이다. 기독교도 역사적으로 이러한 두 가지의 통치 형태에서 왔다 갔다 한 경우가 많았다. 모세에서부터 사무엘 사사기까지는 신정정치 형태이었다면 사울에서부터 다윗에 이어지면서 말기까지는 왕정통치 시대가 되었다. 그러나 예수님이 오시면서 모든 인간 통치형태는 성전 장막을 훼파하신 것을 표징으로 세속정치, 교회정치도 훼파하신 것이다. 예수님은 세속정치와 교회정치의 야합과 모함의 희생물이 되신 것이다. 지금도 돌아가신 예수님을 다시 죽이려는 교회정치와 세속정치가 광장에서 만나 야합이 이루어지고 있는 슬픈 현실이 세상 곳곳에서 자행되고 있다. 이러한 교회는 없어져야 한다. 이러한 정치는 없어져야 한다.

여호수아와 예수
후계자를 지명하거나 양육하지 아니하심은 무슨 의미가 있을까?
하나님은 항상 위탁 위임통치를 하신다. 신정정치라고 하는 것도 위임 위탁통치이다. 하나님의 통치는 언제나 위임 위탁통치이시다. 영원한 목자장 예수그리스도 그리고 그를 믿는 자들은 목자들이다.
민수기27:16~20절
16. 여호와, 모든 육체의 생명의 하나님이시여 원하건대 한 사람을 이 회중 위에 세워서

17. 그로 그들 앞에 출입하며 그들을 인도하여 출입하게 하사 여호와의 회중이 목자 없는 양과 같이 되지 않게 하옵소서

18. 여호와께서 모세에게 이르시되 눈의 아들 여호수아는 그 안에 영이 머무는 자니 너는 데려다가 그에게 안수하고

19. 그를 제사장 엘르아살과 온 회중 앞에 세우고 그들의 목전에서 그에게 위탁하여

20. 네 존귀를 그에게 돌려 이스라엘 자손의 온 회중을 그에게 복종하게 하라

지도자 목자는 있어야 하되 어떤 지도자 목자가 되어야 할 것인가를 말씀하고 계신다. 성경은 하나님이 지도자를 세우시지만 인간의 지도자는 모두 하나님의 뜻과 의를 따라서 목자의 사명과 소명을 지킬 때도 있지만 탐욕과 교만으로 결국은 타락하고야 만다는 교훈을 성경은 처음부터 끝까지 예를 들어 말씀하고 계신다. 이스라엘 백성을 택하여 자기 백성으로 삼으신 것도 이스라엘을 하나의 본보기 예의 증거로 삼으신 것뿐이다. 이스라엘만을 특별히 사랑하신 것이 아니라 하나의 예를 들어 보이시고 설명하시는 것이 성경이다.

그러므로 유대주의에 집착해서는 안 된다는 것이다. 유대인들은 자기들이 자기들만이 선택된 백성이라는 오만과 교만과 편견에 아직도 빠져있다.

다음은 에스겔 선지자가 미리 보는 한국 교회를 설명하고 있다. 이는 교회 지도자만을 예를 들어 말하는 것이 아니며 나라의 지도자뿐만 아니라 모든 조직과 삶의 모든 현장에서의 리더와 지도자를 말하는 것이다.

에스겔이 한국 교회의 현실을 보고 있다. 그러나 한편으로는 모든 지도자, 리더는 하나님이 지명하시고 위임하시고 위탁하신 선지자와 왕과 사사들도 결국은 타락으로 마친다는 사실이

다. 인간의 한계성이다. 그러므로 인간에게는 항상 어떤 경우에도 하나님의 말씀이 필요한 것이다. 주님이 다시 오실 그 때까지는. 그 누구도 예수 그리스도 하나님을 대신할 수 있는 지도자 목자는 없다.

에스겔 34:2~16절

자기만 먹는 이스라엘 목자들

1. 여호와의 말씀이 내게 임하여 이르시되
2. 인자야 너는 이스라엘 목자들에게 예언하라 그들 곧 목자들에게 예언하여 이르기를 주 여호와께서 이같이 말씀하시되 자기만 먹는 이스라엘 목자들은 화 있을진저 목자들이 양 떼를 먹이는 것이 마땅하지 아니하냐
3. 너희가 살진 양을 잡아 그 기름을 먹으며 그 털을 입되 양 떼는 먹이지 아니하는도다
4. 너희가 그 연약한 자를 강하게 아니하며 병든 자를 고치지 아니하며 상한 자를 싸매 주지 아니하며 쫓기는 자를 돌아오게 하지 아니하며 잃어버린 자를 찾지 아니하고 다만 포악으로 그것들을 다스렸도다
5. 목자가 없으므로 그것들이 흩어지고 흩어져서 모든 들짐승의 밥이 되었도다
6. 내 양 떼가 모든 산과 높은 멧부리에마다 유리되었고 내 양 떼가 온 지면에 흩어졌으되 찾고 찾는 자가 없었도다

여호와(예수님)께서 양 떼를 구원하시리라. 대한민국의 양들을! 신실한 성도들이여! 현재의 고난을 감사함으로 때를 기다리라!

7. 그러므로 목자들아 여호와의 말씀을 들을지어다
8. 주 여호와의 말씀에 내가 나의 삶을 두고 맹세하노라 내 양 떼가 노략 거리가 되고 모든 들짐승의 밥이 된 것은 목자가 없기 때문이라 내 목자들이 내 양을 찾지 아니하고 자기만 먹이고 내 양 떼를 먹이

지 아니하였도다

9. 그러므로 너희 목자들아 여호와의 말씀을 들을지어다

10. 주 여호와께서 이같이 말씀하시되 내가 목자들을 대적하여 내 양 떼를 그들의 손에서 찾으리니 목자들이 양을 먹이지 못할 뿐 아니라 그들이 다시는 자기도 먹이지 못할지라 내가 내 양을 그들의 입에서 건져내어서 다시는 그 먹이가 되지 아니하게 하리라

11. 주 여호와께서 이같이 말씀하셨느니라 나 곧 내가 내 양을 찾고 찾되

12. 목자가 양 가운데에 있는 날에 양이 흩어졌으면 그 떼를 찾는 것 같이 내가 내 양을 찾아서 흐리고 캄캄한 날에 그 흩어진 모든 곳에서 그것들을 건져낼지라

13. 내가 그것들을 만민 가운데에서 끌어내며 여러 백성 가운데에서 모아 그 본토로 데리고 가서 이스라엘 산 위에와 시냇가에와 그 땅 모든 거주지에서 먹이되

14. 좋은 꼴을 먹이고 그 우리를 이스라엘 높은 산에 두리니 그것들이 그 곳에 있는 좋은 우리에 누워 있으며 이스라엘 산에서 살진 꼴을 먹으리라

15. 내가 친히 내 양의 목자가 되어 그것들을 누워 있게 할지라 주 여호와의 말씀이니라

16. 그 잃어버린 자를 내가 찾으며 쫓기는 자를 내가 돌아오게 하며 상한 자를 내가 싸매 주며 병든 자를 내가 강하게 하려니와 살진 자와 강한 자는 내가 없애고 정의대로 그것들을 먹이리라

  예수님께서도 당시의 이스라엘을 보고 마치 목자 없는 양과 같다. 지도자 없는 양과 같다고 하셨다. 말하자면 지도자 없는 교회가 바람직하지 않다고 하는 것을 분명히 말씀하셨다.

  마태복음9:36.

  무리를 보시고 불쌍히 여기시니 이는 그들이 목자 없는 양과 같이 고생하며 기진함이라

  마가복음6:34

예수께서 나오사 큰 무리를 보시고 그 목자 없는 양 같음으로 인하

여 불쌍히 여기사 이에 여러 가지로 가르치시더라

성경은 어느 곳이나, 어느 때나 사람이 사는 곳에는, 아니 모든 동물들의 세계에서도 지도자, 리더를 필요하게 창조하셨다. 그의 가장 기초가 가정에서부터 지도자와 리더를 세우시고 또한 모든 동식물의 세계에서도 질서를 통한 생존을 창조하셨으며 리더쉽과 멤버쉽을 동시에 중요시 하셨다. 멤버쉽 없는 리더쉽을 허락하시지 않으신다.

위아래의 상하수직관계와 함께 옆으로의 좌우평형관계를 갖추지 못한 지도자나 구성원은 마땅하지 않다는 것이 하나님의 질서의 창조이시다. 하나님께서 그런 지도자들을 통해서 그의 나라와 민족과 교회를 다스리신다. 그리고 그 모임에 따라서 그 직분과 직무와 소명과 사명을 담당케 하신다. 그러나 사사기 그 자체만으로 볼 때, 그 시대적 하나님의 뜻과 의는 분명히 왕정통치를 원하시지 않는다는 것을 구체적이며 자상한 이유를 설명하고 계신다는 것은 하나님의 뜻을 백성들이 거역함으로 인하여 백성들의 뜻과 요구와 생각을 들어주시는 아버지의 의중이었다는 것은 분명하다.

이러한 하나님아버지의 자기백성, 자녀들, 그리고 더 나아가서 인간의 모든 것을, 더욱이는 우주까지도 주관하시고 간섭하시며, 섭리와 경륜의 하나님께서는 인간을 '하나님 자신의 형상'으로 만드셨기에 '인간이 하나님'이라는 근본사상에서도 인간중심, 사람중심은 바로 '자유(自由)와 민주(民主) 그리고 박애(博愛)'라는 근본사상과 이념이며 그런 관점에서 사사기의 사사시대에 있었던 사사와 그리고 백성들에 대한 통치를 하나님이 가장 기뻐하시고 바라시고 원하셨던 통치체제였다는 것은 역사는 아무쪼록 하나님이 바라시고 원하시는 방향으로 진보해 왔고 앞으로도 더욱 하나님이 기뻐하시고 원하시는 통치가 모든 열방과 이방 그리고 온 세계에 전파되고 확장 되는 것은 분명 하나님의 이 땅에서의 소망을 이루기 위한 과정이라고 할 수 있다. 이 땅에서의 인간의 삶을 하나님나라를 이루는 것이 하나님의 목표이며 하나님의 목적인 것이며, 이 땅에 사는 모든 인간을 이 땅에서의 삶을 하나님 나라, 천국에서 사는 그 모습이 될 것이며, 이 땅에서의 삶을 천국처럼 사는 것이 바로 이 세상을 마치고 또 다른 천국과 연장 연속되는 삶을 사는 것이다. 그러므로 그리스도인들은 이 땅에서 천국 같은 삶을 살아야 하며, 천국의 백성의 모습으로 사는 것이 믿음이며 그 믿음의 생활인 것이 분명하다. 즉 이 땅이 천국이다. 자유와 민주, 박애가 충만한 세상이 천국의 모형이다. 자유와 민주, 박애가 정치적 주제이지만 이는 신앙의 덕목으로 하면 평강과 화평, 평화와 평안, 안식과 강건, 사랑과 겸손, 섬김과 나눔과 봉사 등이 바로 자유와 민주, 박애라는 정치적 이념이라고 할 수 있을 것이다. 자유와 민주, 박애는 정치적 이념 용어라기보다는 기독교 윤리와 하나님의 사상과 이념인 것이다. 그러므로 세계는 계속해서 더욱 자유와 민주, 박애가 확장되고 진보되며 발전할 수밖에 없으며, 이를 거역하거나 거부하는 민족과 백성은 결단코 심판을 받을 것임을 확신한다. 그런 의미에서 진보와 보수라고 하는 개념도 자유와 민주, 사랑에 대한 개념과 사상에서 벗어난 탐욕과 거짓, 교만에 따라 타락할 때는 하나님의 심판을 그 누구도 벗어날 수 없을 것은 하나님의 섭리이며 하나님의 경륜이며 하나님의 믿음이며 확신일 것이다.

 지도자 리더를 세우시는 데 하나님께서는 꼭 그리스도인만을 위탁 위임하시어 세워 사용하시는 것이 아니며 그 때 그 시대의 상황과 처지와 경우를 따라서 역리는 순리로 쓰시기도 하시며 순리를 역리로 쓰시기도 하신다. 그 뜻과 그 방법과 과정과 순서는 오직 하나님만이 아신다. 그것이 하나님의 섭리이며 이 세상과 온 우주를 섭리하시는 하나님의 통치 경륜이시다.

설교자는 하나님의 말씀의 전달자이지 창조자가 아니며, 성경 해석이란 하나님의 말씀을 잘 들을 수 있도록 "모든 골짜기가 메워지고 모든 산과 작은 산이 낮아지고 굽은 것이 곧아지고 험한 길이 평탄"케 되도록 만드는 정지작업으로서, 하나님의 말씀이 막히지 않고 힘차게 전파되도록 섬기는 보조적 사역이다.

적용
성경은 살아 움직이는 신비한 책이어서 스스로 말씀하신다. 적용이란 우리 해석자나 설교자가 적용시킬 수는 없다. 하나님은 전체 말씀으로 항상 말씀하시는 것이 아니라, 어떤 경우, 어떤 때에 그 경우와 때에 합당한 성경으로 말씀하시는데, 그것을 적용이라고 한다. 적용(適用)이란 "적절한 사용"이라는 뜻으로 이 말에는 부적절한 사용도 있다는 전제가 함축되어 있으며, applicatio는 단순히 "연결"시키는 작업을 의미하지만 올바른 연결이 전제된다. 생명을 살리기 위해 피를 수혈할 때 같은 유형의 피를 수혈을 해야 생명을 구할 수 있는데 다른 맞지 않는 피를 수혈을 할 때는 오히려 생명을 죽이는 결과를 가져오는 것처럼 잘못된 말씀의 적용은 생명을 죽이는 수혈이 되는 것이다. 만일 어떤 설교자가 예수님에 대한 말씀을 자기 말처럼 교회의 머리와 주인 행세를 하려고 든다면, 그는 하나님의 말씀을 가로막고 성경을 빙자하여 자기의 말을 하는 것은 자기우상화이다.

엄격히 말해서 정확히 동일한 상황이란 거의 없기 때문에 적용 가능한 상황은 유사한 상황이라고 할 수 있다. 하나님은 과거 성경시대와 유사한 상황이 발생할 때, 성령의 조명(照明, illuminatio)을 통하여 유사한 삶의 정황과 상황에 유사한 말씀을 하신다. 성경을 살아있는 말씀으로 믿는 그리스도인들에게 있어서는 그들에게 당면한 상황과 유사한 정황에 하나님께서 말씀하신 성경본문을 찾아 말씀하시는 하나님의 음성을 영혼의 귀를 기울여 들으려 하는 것은 당연하다. 그리고 그 말씀 앞에서 하나님의 음성을 기다려야 한다. 다음은, 구속사적 관점에서 적용해야 한다. 성경은 단순한 역사기록이나 문학작품이 아니라 영원 전에 계획되어 영원까지 구원의 역사가 반영된 거룩한 말씀이다. 모든 성경이 예수 그리스도를 중심으로 하는 구속사적 관점에서 볼 때 일관성 있고 심오한 의미가 드러난다. 구속사에는 예언과 성취, 예표와 실체 등 다양한 구도를 사용하고 있으므로, 특히 구약의 적용에는 이러한 구속사적 구도로 신구약성경 전체를 통한 개념해석을 하여야 한다. 또한 성령의 새 창조에 대한 믿음을 적용해야 한다. 성령께서는 그의 영감으로 기록된 성경을 항상 시대적 형편과 상황에 따라 각각 다르게 새롭게 조명하신다.

결론적으로 사사기는 신약의 예수 그리스도를 예표하고 있으며, 사사는 예수 그리스도의 각각의 다른 모습들이며, 또한 부활하신 예수 그리스도의 예표이며 다시 오실 재림 심판의 예수 그리스도를 예표하고 있다. 따라서 예수 그리스도 또한 심판자, 재판자, 사사이시다. 사사의 히브리어 '샤퍄트'의 원어적 의미는 '심판자', '심판하다'라는 뜻이다.

또 하나의 결론은 사사기 시대의 백성은 구원 받은 하나님의 백성을 나타내며 그러나 구원 받은 백성이 이 세속 세상에 살아가는 모습이다. 이 세상은 헷 족속, 기르가스 족속, 아모리 족속, 가나나안 족속, 브리스 족속, 히위 족속 ,여부스 족속 등 가나안 7족 족속 등 아직 정복 되지 못한 족속인데 이 족속은 아직 믿음의 구원 받은 성도들에게 끝임 없이 도전하고 도전 받고 있는 세상 삶에서의 여러 가지 환난과 시험과 시련이며 이를 극복하고 성화되어 가는 과정을 나타내고 있다.

또한 구원 받은 믿음의 성도들에게 아직 더 필요한 믿음의 덕목들이다. 여러 가지 믿음의 성령의 열매과 불손종의 결실들이다. 즉 사랑하지 못함, 인내하지 못하고, 기다리지 못하고, 순종하지 못하며, 교만하고, 탐욕하며, 위선과 시기 질투와 거짓과 폭력, 근심, 걱정, 불안 등 온갖 정복되지 못한 이 세상 것들의 죄의 본성들이다.

이들 가나안 7족속은 왕정국가들이다. 구원의 성도들이 극복하고 도전하고 정복해야 할 믿음의 도성들이다. 또한 이 세상에서의 삶과 생활 가운데에서 이루어야 한 믿음의 성도의 품성과 인격이며 넘어야 할 정복의 신앙의 덕목이며 한편으로는 이 땅에서는 이룰 수 없는 영원한 믿음의 도성이지만 이룰 수 없는 죄의 본성이기도 하다. 믿음의 성도 모두에게는 하나님이 성도에게 남겨 주신 정복의 영원한 도성이 있는데 그 도성인 가나안 7 족속의 도성이다. 7의 숫자의 의미는 완전한 하나님의 나라 도성이며 성도의 품성이며, 영원한 천국의 도성이기도 하다. 이 도성의 영원한 왕은 만왕의 왕이신 예수 그리스도이시며 여호와하나님아버지이시다.

사사기는 예수 그리스도를 통하여 성취될 구원사역의 예표적 성격을 갖는다. 모세의 영도아래 출애굽한 이스라엘은 구원받은 성도와 그 민족을 상징하며, 40년 광야생활을 청산하고, 새로운 영도력 아래 출애굽의 목표였던 가나안 진입과 정복을 통하여 긴 피난과 여정을 마치고 천국안식을 얻게 된다. 여호수아서가 안식을 주제로 한 가나안 정착과정을 서술하고 있다면, 사사기는 이스라엘의 가나안 정복이 다시 도전을 받는 과정을 상징하며. 하나님의 백성 이스라엘은 신약시대의 영적 이스라엘인 교회를 예표하며, 가나안은 교회에 대항하는 세상세력을 예시한다. 사사의 수가 12명이라는 것도 신약교회의 사도 수가 12명이라는 것과 마주한다. 그러므로 사사기의 신약적 적용이 취해야 할 기본구도는 세상에 대한 교회의 복음화과정으로서, 이는 구약의 출애굽과 가나안 정복사의 구속사적 성취로 이해되어야 한다. 따라서 사사기는 하나님나라 제사장나라를 이루는 전략을 가르쳐 주고 있다.

사사기는 구약에서 성령의 사역이 두드러진 보인다. 사사의 출현과 사역은 "여호와의 신"이고 표현하고 있다(3.10, 6.34, 9.23, 11.29, 13.25, 14.6,19, 15.14,19). 출애굽을 인도한 모세는 하나님 성부와 직접 대면하고, 가나안 입성을 실현한 여호수아가 예수의 히브리어 이름 일뿐 아니라 기능적인 예수와의 유사성을 가진다면, 사사시대는 "여호수아가 죽은 후에"(1.1) 계속된 가나안 정복과정으로서 예수 그리스도의 부활로 인한 사도들의 복귀로 교회를 이루는 교회시대와 승천 후에 성령께서 강림하여 열방전도와 만민에게 전하는 시대, 즉 부활과 성령강림부터 그리스도의 재림 사이의 예수시대에 상응하는 예표이다. 이러한 삼위론적 구도는 사사기가 특히 예수시대에 적용성이 있음을 보여준다.

가나안의 완전한 정복은 다윗시대에서야 이루어지지만, 가나안 정복을 서술하는 대표적인 문헌은 여호수아서와 사사기라고 할 수 있다. 그런데, 여호수아서가 전반적으로 가나안의 성공적인 정복(conquest)과 정착의 안식을 묘사한 성공적 정복사라면, 사사기는 가나안 정복에 대한 현지인들의 끊임없는 도전과 역정복(counter-conquest)의 과정을 서술한 부정적 정복사라고 할 수 있다. 사사기 문제의 본질은 예수시대를 나타내고 있지만 왜 이러한 실패가 발생하였으며 반복되었는가 하는데 있다. 한편, 역정복의 실패에 직면했을 때 이스라엘은 하나님의 은혜를 간구하였으며, 하나님은 그때마다 사사를 일으켜 역정복의 문제를 해결해주고 다시 안식과 평화를 회복시켜 주었다. 그러므로, 현대에 적용될 수 있는 상황은 동일한 문제를 교회가 직면한 상황이라고 할 수 있다. 정복이 복음화에 상응한다면, 역정복은 세속화라고 볼 수 있다. 세속화에 직면한 교회는 사사기에서 하나님의 음성을 들어야 한다.

사사기는 사사시대의 기록이지만, 그를 해석하고 기술한 기자는 후대인이다. 본서는, 비록 바벨론포로 이후에 기록된 듯한 구절이 한곳(18.30)에서 발견되지만, 전반적으로 보아 사울왕의 통치기간에 기록된 듯하다. 왜냐하면 "여부스 사람을 쫓아내지 못하였으므로" 그들이 "오늘날까지 예루살렘에 거"한다(1.21)는 기록은 다윗시대(삼하 5.6-7) 이전임을 반증하고, 여러 곳에서 "그때에 이스라엘이 왕이 없었다"(17.6, 18.1, 19.1, 21.25)는 기록은 기록당시에는 왕이 있었다는 사실을 암시하고 있으므로, 사울왕의 시대, 특히 악정을 펼치던 후기에 기록되었다고 생각할 수 있다. 전반적으로 사사기는 왕 제도에 대해서 비판적인 반면에 사사제도는 하나님의 뜻임을 분명히 함으로서, 왕과 사사를 비교하고 기록 당시에 왕제도의 폐해가 심각했음을 반영한다고 볼 수 있다. 가장 대표적인 구절은 8장과 9장에 있다. 8장에서는 미디안의 두 왕을 처형하고 13만 5천명의 미디안군을 살육한 사사 기드온에게 이스라엘 국민들이 대대로 통치자가 되어 달라고 간청하였을 때, 그에 대한 기드온의 응답에서 나타난다. 기드온은 이러한 요청을 단호히 거절하면서

말 한다: "여호와께서 너희를 다스리시리라."(8.23) 이 말은 기자의 의도를 강력히 드러내는 듯 하며, 뒤에 이스라엘인들이 왕을 요구했을 때 사무엘에게 주신 하나님의 대답을 반영한다고 보여진다: "그들이 너를 버림이 아니요, 나를 버려 자기들의 왕이 되지 못하게 함이니라."(삼상 8.7) 9장에서는 형제를 살육하고 스스로 왕이 된 아비멜렉에 대한 요담의 비유적 비판과 하나님의 징벌에서 왕 제도에 대한 강력한 거부가 표명된다.

삿9:7. 사람들이 요담에게 그 일을 알리매 요담이 그리심 산 꼭대기로 가서 서서 그의 목소리를 높여 그들에게 외쳐 이르되 세겜 사람들아 내 말을 들으라 그리하여야 하나님이 너희의 말을 들으시리라

8. 하루는 나무들이 나가서 기름을 부어 자신들 위에 왕으로 삼으려 하여 감람나무에게 이르되 너는 우리 위에 왕이 되라 하매

9. 감람 나무가 그들에게 이르되 내게 있는 나의 기름은 하나님과 사람을 영화롭게 하나니 내가 어찌 그것을 버리고 가서 나무들 위에 우쭐대리요 한지라

10. 나무들이 또 무화과나무에게 이르되 너는 와서 우리 위에 왕이 되라 하매

11. 무화과 나무가 그들에게 이르되 나의 단 것과 나의 아름다운 열매를 내가 어찌 버리고 가서 나무들 위에 우쭐대리요 한지라

12. 나무들이 또 포도나무에게 이르되 너는 와서 우리 위에 왕이 되라 하매

13. 포도나무가 그들에게 이르되 하나님과 사람을 기쁘게 하는 내 포도주를 내가 어찌 버리고 가서 나무들 위에 우쭐대리요 한지라

14. 이에 모든 나무가 가시나무에게 이르되 너는 와서 우리 위에 왕이 되라 하매

15. 가시 나무가 나무들에게 이르되 만일 너희가 참으로 내게 기름을 부어 너희 위에 왕으로 삼겠거든 와서 내 그늘에 피하라 그리하지 아니하면 불이 가시나무에서 나와서 레바논의 백향목을 사를 것이니

라 하였느니라

16. 이제 너희가 아비멜렉을 세워 왕으로 삼았으니 너희가 행한 것이 과연 진실하고 의로우냐 이것이 여룹바알과 그의 집을 선대함이냐 이것이 그의 손이 행한 대로 그에게 보답함이냐

17. 우리 아버지가 전에 죽음을 무릅쓰고 너희를 위하여 싸워 미디안의 손에서 너희를 건져냈거늘

18. 너희가 오늘 일어나 우리 아버지의 집을 쳐서 그의 아들 칠십 명을 한 바위 위에서 죽이고 그의 여종의 아들 아비멜렉이 너희 형제가 된다고 그를 세워 세겜 사람들 위에 왕으로 삼았도다

19. 만일 너희가 오늘 여룹바알과 그의 집을 대접한 것이 진실하고 의로운 일이면 너희가 아비멜렉으로 말미암아 기뻐할 것이요 아비멜렉도 너희로 말미암아 기뻐하려니와

20. 그렇지 아니하면 아비멜렉에게서 불이 나와서 세겜 사람들과 밀로의 집을 사를 것이요 세겜 사람들과 밀로의 집에서도 불이 나와 아비멜렉을 사를 것이니라 하고

21. 요담이 그의 형제 아비멜렉 앞에서 도망하여 피해서 브엘로 가서 거기에 거주하니라

비록 사사기 기자의 시대에는 이미 돌이킬 수 없는 왕의 통치가 시작되었으나, 회고적으로 그 문제점을 지적하고 있다. 예수님의 도래와 하나님의 나라 선포는 하나님의 통치를 거부하는 모든 인간의 나라와 통치를 비판하며 심판한다. 사사는 성령의 세우심에 따라 부여된 임무를 완수하고 죽으며, 결코 세습화되거나 인간 위에 군림하지 않는다. 요담이 표현한대로, "하나님과 사람을 영화롭게"(9.9) 하며 "하나님과 사람을 기쁘게"(9.13) 하는 사사가 충성된 섬김의 종들이라면, 왕은 인간 "위에 압제"하며 군림하는 "가시나무"에 비유된다.

사사기 적용
교회는 마케도니아인의 부름 이후 힘찬 복음화의 길을 걸어왔

으며, 이미 천여 년 전에 거의 완전 복음화를 이룩하였다. 이는 가나안의 완전 정복에 비유될 수 있다.

그러나 19세기말부터 갑작스러운 세속화로 인하여 교회는 급격히 몰락하고 비기독교화(de-christianization)와 재이교화(이단화(re-paganization) 현상이 일어났다.

이는 사사기적 상황의 발생을 의미한다. 교회의 세속화는 사사기에서 하나님의 음성을 들음으로서 그 원인과 처방이 될 것이다. 가나안 7족을 완전히 쫓아내지 못하고 공존하면서 그들의 종교와 문명과 문화로부터 영향을 받아 역정복의 고통을 당했던 사사기적 상황의 존재를 교회가 자인하는 것이다.

현재 한국교회의 상황도 사사기와 흡사한 상황이 일어나고 있다. 가나안과 같은 한국에 복음이 들어온 이후 한국교회는 급성장하였으며, 힘찬 복음화를 이룩하여 하나님나라와 같은 감탄과 경이의 대상이 되고 전 국민의 20%가 넘는 기독신자를 이룩하였다. 그러나 90년대에 접어들면서 성장은 둔화되고 정체되는 위기에 직면하였으며, 내적인 이단화, 무당신학으로 세속화와 이단의 부흥으로 한국교회는 사사기적 상황과 유사하다. 이런 시점에서 사사기는 한국교회에게 하나님의 음성을 들려줄 수 있는 말씀이 있다. 한국교회가 왜 이런 위기에 직면하게 되었는가? 여호와의 사자가 나타나 전해 준 슬픈 소식은 어쩌면 오늘날 한국교회에 주시는 하나님의 말씀인지 모른다. "너희는 이 땅 거민과 언약을 세우지 말며 그들의 단을 헐라 하였거늘, 너희가 내 목소리를 청종치 아니하였도다. 그리함은 어찜이뇨! 그러므로 내가 말하기를, 내가 그들을 너희 앞에서 쫓아내지 아니하리니, 그들이 너희 옆구리에 가시가 될 것이며, 그들의 신들이 너희에게 올무가 되리라."(2.2-3) 교회가 이런 상황에 직면하면 어느 때나 사사기에 귀를 기울이고 하나님의 음성을 들어야 한다. 그러면, 한국교회가 당면한 문제의 본질은 무엇인가?

(1) 세상과 타협하는 세속화(secularization)의 문제이다. 하나님은 그의 백성들에게 결코 현지인과 평화언약을 도모하지 말고, 상호관계나 혼인을 하지 말도록 금지시켰다. 그러나 이러한 대치관계가 가져오는 현실적인 어려움 때문에 그들은 하나님의 명령보다 세상과의 타협을 선택하였다. 한국교회는 부분적인 실패에도 불구하고 60년대 초까지는 세상과의 구별을 통한 성별성의 유지를 중시하였다. 그러나 그 후 한국교회와 기독교인들은 물질의 복을 신앙의 최우선으로 추구하기 시작했고, 이는 세상과의 대립보다는 타협을 수용했음을 의미한다. 기복신앙이 교회의 주류를 이루게 되고, 교회들은 대형화와 기업화를 추구하면서 개교회의 건물과 부를 자랑스럽게 생각했다. 개교회 성장주의라는 집단적 이기주의에 기초한 교회성장은 한 때 급성장을 이루었다, 그 결실의 달콤함과 유혹과 타락에 빠져 그 과거의 기복주의 은사주의의 과실을 계속 먹고 있으므로 인하여 그러한 기복적 셔먼신학에 빠져서 헤어나지 못하고 있는 한국 신학과 교회의 현실이다. 60년대 독재와 함께 시작된 경제열풍은 교회를 대형기업화 시켰고 모든 믿음은 기복적이며 세속적인 무당신학 같은 치유와 복사상에 관성화 되어 있다, 이는 다시 교만과 탐욕에서 더욱 더 깊은 수렁에 빠져 있다. 모세 시대부터 이스라엘 민족은 끝까지 계속해서 우상숭배, 물질숭배에서 벗어나지 못 했다. 이스라엘인들의 실패와 매우 유사한 상황이 아닐 수 없다. 그들은 가나안인들의 유연한 접근에 넘어가 타협적 자세를 취하게 되었으며, 그들의 물질문명과 문화를 수용하고 그들과 결혼하며 하나가 되어갔다. 하나님은 기드온을 통하여 물량주의를 반대하고 가나안정

복에는 세속화된 다수가 아니라 신앙적 정예가 필요함을 가르쳐 주시며, 지역주의와 인맥을 내세우며 왕이 된 아비멜렉의 응징을 통하여 일부 정치인들의 지역주의 논리에 희생된 교회지도자들의 파벌싸움을 책망하신다. 19-21장의 미스바 집회는 이스라엘의 회복을 위해서는 윤리적 타락을 회개하고 그들 중에서 악을 제거하는 일이 선행되어야 함을 가르치며, 또한 미스바의 연합에 참여하지 않은 야베스 길르앗의 전멸은 분파주의가 관용될 수 없음을 웅변적으로 보여준다.

(2) 이방종교를 관용하거나 추종하는 혼합주의(syncretism)의 문제이다. 하나님은 그의 백성들에게 가나안의 모든 재래종교들을 철저히 부정하고 단을 헐라고 명령하였으나, 그들은 바알, 바알브릿, 아세라, 아스다롯 등 가나안의 신들과 "아람의 신들과 시돈의 신들과 모압의 신들과 암몬자손의 신들과 블레셋사람의 신들"을 섬기며 하나님과 그들 사이를 오락가락하는 종교적 타락을 범하였다. 한국교회는 초기에 한국 재래종교에 대한 엄격한 배척과 정죄의 절대 비타협적 입장을 취하였으나, 신비주의를 수용하면서 점차 혼합주의 양상을 보이기 시작했다. 정치적인 압력에 굴복한 신사참배나 오늘날 정부주도의 종교평화운동에의 참여도 교회의 입장을 약화시키는데 일조했다. 한편 최근에 일어난 과정신학과 종교다원주의는 이러한 타협과 타락을 부추기고 있다. 그러나 가장 교회의 종교적 혼합을 유발시킨 것은 역시 기복주의라는 이기적 종교추구에 있다고 보아야 할 것이다. 기도의 대상은 우상에서 하나님으로 바뀌었어도, 그 내용은 거의 동일한 이기적 기복일 뿐이다. 신유나 이적이 있다고 하면 무조건 몰려가는 교인들이 적지 않으며, 이러한 영적 무분별성은 자연히 말세에 기사와 이적으로 성도를 미혹한다는 주님의 경고도 아랑곳하지 않는 안타까운 현실

의 결과 이다. 실로 우리는 사사기 여기저기에서 가나안종교의 영향으로 혼합된 신앙행태들을 발견할 수 있다. 한편, 현지종교의 위력에 위압되어 두려움을 가지게 되었던 사사기적 상황이 현대 한국교회에도 그대로 있으며 오히려 그러한 사사기적 상황이 갈수록 성행하며 부흥이라는 기복적이며 은사주의가 신비주의와 함께 맘몬우상을 섬기는 행태로 변호하였다. 거의 모든 기복(祈福)교회의 우상맘몬물질숭배종교, 암몬 자손의 왕이 입다에게 이스라엘이 정복한 땅을 (삿11:12~15절) **"평화롭게 돌려달라"는 요구에 대한 사사 입다의 삿11: 29. 이에 여호와의 영이 입다에게 임하시니 입다가 길르앗과 므낫세를 지나서 길르앗의 미스베에 이르고 길르앗의 미스베에서부터 암몬 자손에게로 나아갈 때에 30. 그가 여호와께 서원하여 이르되 주께서 과연 암몬 자손을 내 손에 넘겨 주시면**
31. 내가 암몬 자손에게서 평안히 돌아올 때에 누구든지 내 집 문에서 나와서 나를 영접하는 그는 여호와께 돌릴 것이니 내가 그를 번제물로 드리겠나이다 하니라.

사사들의 전투는 계시록의 종말론적 영적 전쟁의 예표가 되고 있다.

(3) 마지막으로, 사사기의 반복적인 상황에서 하나님의 은혜에 대한 신앙과 소망을 강화시켜야 할 것이다. 반복적, 계속적으로 하나님의 백성은 범죄하여 이방민족에게 고통을 당하지만, 회개하고 구원을 간구할 때 하나님은 긍휼히 여겨 사사를 세워 자기 백성에게 자유와 평화를 되찾아 주신다. 그리하여 사사기는 여러 개의 반복적인 패턴(cycle)으로 구성되어 있다. 10장에서 우리는 하나님의 고심을 본다. 반복적인 타락에 "내가 다시는 너희를 구원치 않으시리라"(13)고 선언하지만, 그의 백성이 회개하고 기도와 간구로 다시 구원을 호소할 때 "여호와께서 이스라엘의 곤고를 인하여 마음에 근심"(16)하시고, 결국

사사 입다를 일으켜 구원하시는 것을 본다. 하나님의 은혜로 일제의 압박에서 해방된 한국교회는 여러 번 하나님의 긍휼을 인하여 여러 문제를 해결하고 한국복음화의 길을 걸어왔다. 현재 한국교회는 위기상황에 직면하였으나, 우리 가운데서 죄악을 제하고 하나님께 간구할 때 사사기적인 은총이 우리에게 임할 것이며, 타협하지 않는 담대한 결단의 믿음이 있어야 할 것이다.

가나안에 들어간 이스라엘 민족 12지파는 시내산 언약율법에 근거해서 가나안에 하나님국가를 만들었다. 하나님국가의 특징은 무엇일까?

①땅의 토지 분배법: 맨먼저 토지개혁을 단행했다. 성경적 토지개혁이다. 토지는 백성들의 기업이며 생명 근원이다. 노예를 방지하는 것이 토지이다 지파, 가문, 가족별로 공평하고 공정하게 영원히 소유권을 약정했다. 우리나라도 언젠가는 토지를 재분배해야 한다. 그 시기는 통일 이후 이다. 북쪽은 토지는 국가 소유로 영원히 남겨 두어야 한다. 분배되어서는 안 된다. 공중(하늘)과 지하땅 소유권이 없는 것과 같이 분배되어서는 안 된다.

②하나님중심의 믿음공동체, 각 지파 족속 공동체, 계약 언약 공동체이다. 정치체제 통치제도는 순수하게 신앙 믿음을 바탕으로 한 믿음공동체이다. 열두지파 공동체가 있었으며 하나님국가는 12지파동맹체였다, 연방국가제 형식이다. 남북통일도 연방국가제가 되어야 한다. 서로 간섭하지 않으며 비판하지 않으며 합력하는 민족국가연방제를 확립해야 한다. 즉 이는 서로 간섭하지 않으며 철저한 하나님과의 직접 계약을 맺은 각각의 지방자치제 연방공동체였다.

③중앙정부가 없는 계약공동체로서 중앙정부가 없으며 권력을

가진 지배자가 없고 절대적 권력을 가진 자가 없었다. 권력자가 없으므로 모두 평등하며 모든 재산, 부의 축적도 없으며 억압하는 자도 없었다. 단지 중립적 섬김과 봉사의 레위 지파 족속은 희생 봉사 섬김의 지파 족속이었다.

④세금을 징수하는 자도 없으며 세금을 내야할 것도 없었다. 군대가 없어서 징병 모병제가 없으며 병역의무도 없으며 전쟁도 할 이유가 없었다. 국가의 노역이 없으며 큰 성을 쌓거나 침략에 대비한 전쟁 준비도 할 필요가 없었다. 평화 그 자체였다. 계급이 필요 없는 사회국가가 되었다. 침략이 있을 때만 스스로 전심으로 합력하여 하나님의 말씀에 순종하여 전쟁을 하였다. 오늘날의 스위스 민병제와 비슷하다. 평화를 위한 영세중립국제 이었다고 할 수 있다.

⑤온전한 십계명 중심이다. 이 세상에서의 인간 하나님은 육신의 아버지가 가정을 중심으로 한 가장중심, 가족중심, 생활이었다. 이는 확대되어 족속 지파 공동체 중심 생활이다.

⑥오직 레위지파만이 믿음과 교육을 전문적으로 모든 지파를 위해 가르쳤다. 레위 지파는 각 지파에 나뉘어서 48개 지역으로 나누어 나가서 믿음 연구와 교육 연구 학문에 힘썼다. 공무원과 같은 신분, 직분이었다. 철저한 지방자치였다.

⑦신분, 지위, 빈부 경제적 차별 등 모든 부분에 차별이 없었다. 진정한 공정사회, 공정국가이었다. 가장 성경적 하나님의 국가체제이었다. 그야말로 젖과 꿀이 넘치는 나라란 이를 두고 하는 것이다. 물질이 풍부해서 젖과 꿀이 흐르는 것이 아니라 차별이 없는 공정 공평과 평화와 화평과 사랑이 넘치는 나라가 하나님의 이상향 가나안 복지국가이다.

그러나 가나안에 먼저 도시국가, 성을 이루며 정착한 정착 주민들은 문명과 문화를 이루며 살고 있었기 때문에 문화와 문명의 충돌이 없을 수 없으며 이로 인한 싸움과 전쟁에서 패배하고 멸망할 수밖에 없는 현실에서 좌절을 맞이할 수밖에 없었다. 예수 그리스도의 고난의 기쁨과 즐거움을 맞이한 후에 오는 평화의 기쁨과 안식을 위해 싸워야 할 대상에게 인간적인 염려와 걱정 그리고 고난과 고통에서 번민하고 고통하는 이스라엘 민족은 하나님께 저항하지 아니할 수 없었다. 현실 세속 세상 속에서 살아가는 모든 인간들의 현실에서 어찌할 수 밖에 없는 인생이다.

이로 인하여 하나님께 왕을 구하게 되었다. 다른 타 민족 백성들과 같은 문화 문명을 이루어 전쟁에서 이기는 강력한 군주 왕정국가체제로 강력한 국가가 되기를 바랐다. 그래서 하나님께 왕을 달라고 요구하였다. 그러나 거절하셨다. 왕은 하나님 오직 한 분뿐이시기 때문이다. 왕은 우상이다. 왕정에 대안으로 진보한 하나님의 대안이 자유민주주주의 공화정이다.

6장. 솔로몬의 정치, 제국의 멸망, 그 원인과 결과

사사기에서 말씀하신대로 왕은 우상이 되고 타락하여 이스라엘 민족이 영원한 디아스포라가 되었다.

우상숭배와 잘못된 권력의 세습이 얼마나 불행한 종말을 가져오는가를 극명하게 증거한 역사의 권력세습이 다윗을 세습한 솔로몬이다.

사라진 지혜와 능력

저주 받은 능력, 영광이 저주가 되다.

잘못된 선택, 인간적 선택, 하나님이 택하시지 아니하고 인간적인 선택이며, 정략적 선택이다. 탄생도 잘못된 탄생이었으며, 간음으로 탄생된 인생이었으며 끝까지 형제들을 죽이고 탄생한 정권이다. 다윗은 심히 늙어 분별력이 전혀 없는 상태에서 후계자를 선택했다. 18절은 다윗의 분별력을 극단적으로 나타내고 있다.

열왕기상 1장 15~18절

15. 밧세바가 이에 침실에 들어가 왕에게 이르니 왕이 심히 늙었으므로 수넴 여자 아비삭이 시중들었더라
16. 밧세바가 몸을 굽혀 왕께 절하니 왕이 이르되 어찌 됨이냐
17. 그가 왕께 대답하되 내 주여 왕이 전에 왕의 하나님 여호와를 가리켜 여종에게 맹세하시기를 네 아들 솔로몬이 반드시 나를 이어 왕이 되어 내 왕위에 앉으리라 하셨거늘
18. 이제 아도니야가 왕이 되었어도 내 주 왕은 알지 못하시나이다

밧세바가 낳은 아들로 다윗의 열 번째 아들이다(삼하 3:2-5; 5:14). 이름의 뜻은 '평화' 혹은 '평화스러운'이라는 의미이다. 그의 또 다른 이름은 '여디디야(여호와께 사랑받는 자)'인데 이것은 하나님께서 나단을 통해 주신 이름이다(삼하12:24~25).

왕위계승 서열로는 왕이 될 수 없는 위치이지만 정욕과 타락, 전장에서 싸우고 있는 자기 부하 장수의 아내를 빼앗은 아내 밧세바와의 잘못된 약속으로 다윗이 솔로몬을 후계자로 지명하여 왕이 되었다(왕상1:17, 33~35).

솔로몬의 지혜와 명성은 인근 나라에까지 퍼져 스바 여왕이 솔로몬을 방문하기도 했다(왕상 10:1-13).

솔로몬은 왕위를 노린 아도니야를 죽이고 제사장 아비아달을 파면하고(왕상 2:25-27) 다윗의 유언에 따라 요압과 시므이를 처형했다(왕상 2:34, 46). 또 7년 만에 성전을 건축하였고(왕상 6:37-38) 13년 간 자신의 왕궁도 건축하였다(왕상 7:1). 외교와 무역에도 주력하였고 주변 국가들로부터 조공을 받을 만큼 국력을 신장시켰다(왕상 4:20-21, 24-25). 정치적인 목적으로 이방 여인과 결혼하여 그들이 섬기던 이방신을 용납하였고 이방 신전을 세우고 이방신을 섬기는 타락한 모습을 보였다. 우상숭배와 불순종으로 인해 그의 아들 때에 이스라엘이 분열되는 징계를 받았다(왕상 11:1-13). 그는 40년 동안 통치하다가 다윗 성에 장사되었다(왕상 11:42-43).

솔로몬의 간절한 중보기도의 응답 중 하나가 바로 스바 여왕의 방문이었다(왕상 10:1-13). 스바 여왕은 솔로몬왕국의 번영을 들었고 자기의 눈으로 직접 확인하길 원하였다. 솔로몬의 지혜와 업적을 들은 스바 여왕은 이스라엘의 하나님을 찬양했다(왕상 10:9). 다른 나라의 많은 사람들도 하나님께서 주신 솔로몬의 지혜를 들으러 예루살렘에 모여들었다(왕상 4:29-34; 10:23-25).

솔로몬의 기도 내용 다윗 왕실에 대한 기도 : "다윗에게 약속하신 대로 다윗 왕국을 영원케 하옵소서"(왕상 8:22-26).

왕과 백성을 위한 기도 : "성전을 향하여 기도할 때 들어주소서"(왕상 8:27-30).

맹세에 대한 기도 : "악한 자와 의로운 자의 행위를 갚아 주
소서"(왕상 8:31-32).

전쟁에 패할 때를 위한 기도 : "백성의 죄를 사하시고 이 땅
으로 돌아오게 하소서"(왕상 8:33-34).

죄로 인해 비가 오지 않을 때를 위한 기도 : "선한 길을 가르
쳐 주시며 비를 내려주옵소서"(왕상 8:35-36).

기근, 온역에 대한 기도 : "재앙을 깨닫고 기도할 때 들어주
소서"(왕상 8:37-40).

이방인을 위한 기도 : "만민이 하나님을 알고 경외하게 하옵
소서"(왕상 8:41-43).

출전을 위한 기도 : "전쟁에서 이기도록 도와 주소서"(왕상
8:44-45).

포로를 위한 기도 : "포로지에서 은혜를 입게 하소서"(왕상
8:46-51).

솔로몬의 업적들 정치 : 20년 간 성전과 자신의 궁전, 성읍
20개를 재건축했다(대하 8:1-2). 주변 국가들을 공격했고 국고
성과 군사 요충지들을 재건했다(대하 8:3-6). 왕비의 거처를 시
온 산에 있는 다윗의 옛 궁전에서 새로 지은 궁전으로 옮겼다
(왕상 7:8; 9:24). 그 이유는 옛 성이 하나님의 언약궤와 관련
된 성스러운 곳이었기 때문에 이방 여인이 거하면 성스러운 곳
이 더럽혀진다고 생각했기 때문이었던 것 같다.

경제 : 바로의 도움으로 해상무역을 해서 큰 번영을 누렸다.
스바 여왕은 우호의 표시로 향료와 보석과 금 120달란트를 가
져왔다(대하 9:9-12). 솔로몬의 연간 수입은 세금과 대상들에
게 받는 통행세를 제외하고도 금 666달란트(대하 9:13)나 되었
다. 그의 왕좌는 상아와 금으로 장식했으며 3년마다 상선을 보

내 금, 은, 상아, 원숭이, 공작 등을 외국에서 수입했다. 솔로몬은 그 당시 가장 부강한 제국의 군주였다(대하 9:17-24).

종교 : 솔로몬은 많은 제물을 드려서 하나님께 예배하며 헌신했다(대하 7:5). 모세의 제사 규례대로 제사를 드렸으며(대하 8:12-13) 다윗이 제정한 제사장과 레위인의 반열을 그대로 따랐다(대하 8:14-15). 그가 이룬 최고의 업적은 성전을 건축한 일이었다.

성경에 나오는 솔로몬에 대한 평가들 : 솔로몬은 지혜로운 임금의 대명사이다(대하 9:2-8). 또 인생에서 솔로몬만큼 부귀와 영화를 누린 사람은 드물었을 것이다(대하 8:13-28). 그렇지만 그는 자기의 인생을 100% 만족스럽게 생각하지는 않았던 것 같다(전 1:11). 이러한 솔로몬에 대해 성경에 나오는 평가도 다양하였다.

느헤미야 : 느헤미야는 바벨론 포로지에서 돌아온 이스라엘 지도자였다. 그는 솔로몬이 이방 여인과 결혼함으로써 우상을 섬기게 되어 하나님 앞에서 범죄하게 된 것을 말하였다(느 13:26-27). 느헤미야는 하나님께서 솔로몬의 죄로 인해 그 나라를 심판하셨던 것처럼 백성들이 다시 솔로몬과 같은 죄를 짓는다면 또 심판하실 것임을 경고하였다.

예수님 : 예수님은 솔로몬이 누렸던 영광을 예로 드시면서 물질적인 필요나 일상의 문제들보다는 하나님을 섬기고 사랑하는 것에 집중해야 한다고 말씀하셨다(마 6:28-34). 또한 예수님은 자신을 대적하는 사람들에게 스바 여왕이 솔로몬의 지혜를 배우기 위해 찾아왔던 것을 말씀하시며 예수님은 지혜로운 솔로몬보다 더 큰 사람이심을 알려주셨다.

스데반 : 설교 중에 하나님의 집을 지었던 솔로몬을 언급하였다(행 7:45-48).

바울 : 초대 교회의 지도자였던 그는 위대한 이스라엘 지도자로 사무엘을 비롯한 사사들, 사울, 다윗을 말했지만 솔로몬은 언급하지 않았다(행 13:20-22).

히브리서 기자 : 믿음의 모델로 여러 사람을 말하면서도 솔로몬은 포함시키지 않았다(히 11장). 솔로몬이 우상을 섬기게 된 이유 솔로몬은 정책적으로 바로의 딸 외에도 모압, 암몬, 에돔, 시돈, 헷의 많은 여인들(후궁 700명, 첩 300명 등)을 아내로 삼았다(왕상 11:1-2). 그들은 시집올 때 자기들이 섬기던 신들도 가져왔다. 시돈의 아스다롯, 암몬의 국가 신인 밀곰, 그모스 등이었다. 솔로몬은 이러한 이방신들을 섬기도록 허용했을 뿐 아니라 자신도 이방신을 섬겼다(왕상11:3-6). 이 때문에 하나님께서는 솔로몬에게 주셨던 나라를 빼앗겠다고 선포하셨다(왕상 11:11).

타락된 정략결혼
열상3:1. 솔로몬이 애굽의 왕 바로와 더불어 혼인 관계를 맺어 그의 딸을 맞이하고 다윗 성에 데려다가 두고 자기의 왕궁과 여호와의 성전과 예루살렘 주위의 성의 공사가 끝나기를 기다리니라

신앙도 혼합된 우상, 미신 산당제사(예배)
열상3:3 솔로몬이 애굽의 왕 바로와 더불어 혼인 관계를 맺어 그의 딸을 맞이하고 다윗 성에 데려다가 두고 자기의 왕궁과 여호와의 성전과 예루살렘 주위의 성의 공사가 끝나기를 기다리니라

정략결혼과 우상숭배 타락
열상11:1~8. 1. 솔로몬 왕이 바로의 딸 외에 이방의 많은 여인을 사랑하였으니 곧 모압과 암몬과 에돔과 시돈과 헷 여인이라

2. 여호와께서 일찍이 이 여러 백성에 대하여 이스라엘 자손에게 말씀하시기를 너희는 그들과 서로 통혼하지 말며 그들도 너희와 서로 통혼하게 하지 말라 그들이 반드시 너희의 마음을 돌려 그들의 신들을 따르게 하리라 하셨으나 솔로몬이 그들을 사랑하였더라
3. 왕은 후궁이 칠백 명이요 첩이 삼백 명이라 그의 여인들이 왕의 마음을 돌아서게 하였더라
4. 솔로몬의 나이가 많을 때에 그의 여인들이 그의 마음을 돌려 다른 신들을 따르게 하였으므로 왕의 마음이 그의 아버지 다윗의 마음과 같지 아니하여 그의 하나님 여호와 앞에 온전하지 못하였으니
5. 이는 시돈 사람의 여신 아스다롯을 따르고 암몬 사람의 가증한 밀곰을 따름이라
6. 솔로몬이 여호와의 눈앞에서 악을 행하여 그의 아버지 다윗이 여호와를 온전히 따름 같이 따르지 아니하고
7. 모압의 가증한 그모스를 위하여 예루살렘 앞 산에 산당을 지었고 또 암몬 자손의 가증한 몰록을 위하여 그와 같이 하였으며
8. 그가 또 그의 이방 여인들을 위하여 다 그와 같이 한지라 그들이 자기의 신들에게 분향하며 제사하였더라

살생부를 유언으로 물려받다.
  열상2:5~6
  열상2:5. 스루야의 아들 요압이 내게 행한 일 곧 이스라엘 군대의 두 사령관 넬의 아들 아브넬과 예델의 아들 아마사에게 행한 일을 네가 알거니와 그가 그들을 죽여 태평 시대에 전쟁의 피를 흘리고 전쟁의 피를 자기의 허리에 띤 띠와 발에 신은 신에 묻혔으니
6. 네 지혜대로 행하여 그의 백발이 평안히 스올에 내려가지 못하게 하라
  열상2:8~9
  열상2:8. 바후림 베냐민 사람 게라의 아들 시므이가 너와 함께 있나니 그는 내가 마하나임으로 갈 때에 악독한 말로 나를 저주하였느니라 그러나 그가 요단에 내려와서 나를 영접하므로 내가 여호와를 두

고 맹세하여 이르기를 내가 칼로 너를 죽이지 아니하리라 하였노라
9. 그러나 그를 무죄한 자로 여기지 말지어다 너는 지혜 있는 사람이
므로 그에게 행할 일을 알지니 그의 백발이 피 가운데 스올에 내려가
게 하라

형제를 죽이다.
25. 여호야다의 아들 브나야를 보내매 그가 아도니야를 쳐서 죽였더
라

아비아달의 추방과 요압의 처형
열상2:26~35
34. 여호야다의 아들 브나야가 곧 올라가서 그를 쳐죽이매 그가 광
야에 있는 자기의 집에 매장되니라
35. 왕이 이에 여호야다의 아들 브나야를 요압을 대신하여 군사령관
으로 삼고 또 제사장 사독으로 아비아달을 대신하게 하니라

시므이가 처형되다
열상2:36~46
46. 여호야다의 아들 브나야에게 명령하매 그가 나가서 시므이를 치
니 그가 죽은지라 이에 나라가 솔로몬의 손에 견고하여지니라

2부 신약성경 속의 정치

교회와 정치가 만났을 때
1장. 예수 그리스도의 이념과 사상

1 첫째는 사랑(박애)과 용서 이다. 온전한 사랑을 실천하셨다.

마태복음22:37. 예수께서 이르시되 네 마음을 다하고 목숨을 다하고 뜻을 다하여 주 너의 하나님을 사랑하라 하셨으니
38. 이것이 크고 첫째 되는 계명이요
39. 둘째도 그와 같으니 네 이웃을 네 자신 같이 사랑하라 하셨으니
40. 이 두 계명이 온 율법과 선지자의 강령이니라

레19:18. 원수를 갚지 말며 동포를 원망하지 말며 네 이웃 사랑하기를 네 자신과 같이 사랑하라 나는 여호와이니라

마태복음5:44. 나는 너희에게 이르노니 너희 원수를 사랑하며 너희를 박해하는 자를 위하여 기도하라

마태복음18:21. 그 때에 베드로가 나아와 이르되 주여 형제가 내게 죄를 범하면 몇 번이나 용서하여 주리이까 일곱 번까지 하오리이까
22. 예수께서 이르시되 네게 이르노니 일곱 번뿐 아니라 일곱 번을 일흔 번까지라도 할지니라

2. 둘째는 무소유, 무자식, 무재산, 무유산 이다. 온전한 비움을 통하여 온 인류를 위한 채움과 온전한 은혜를 이루셨다.

예수께서는 어떠한 재산도 소유도 없었다. 한 명의 자식도 없었다. 어떤 유산도 남기지도 않았다. 부모나 형제들, 그리고 사도들과 제자들에게도 어떤 것도 소유하게 하지 않으셨다.

마8:20 예수께서 이르시되 여우도 굴이 있고 공중의 새도 거처가 있으되 인자는 머리 둘 곳이 없다 하시더라

누가복음 18장

18:23. 예수께서 제자들에게 이르시되 내가 진실로 너희에게 이르노니 부자는 천국에 들어가기가 어려우니라

24. 다시 너희에게 말하노니 낙타가 바늘귀로 들어가는 것이 부자가 하나님의 나라에 들어가는 것보다 쉬우니라 하시니

29. 또 내 이름을 위하여 집이나 형제나 자매나 부모나 자식이나 전토를 버린 자마다 여러 배를 받고 또 영생을 상속하리라

예수님은 그 당시의 재물을 소유하거나 누리지 않으셨다. 단한 명의 자식도 낳지 않으셨다. 예수님은 마구간의 말구유에서 태어나셨고, 돌아가실 때도 십자가 위에서 돌아가셨다. 주님이 가지셨던 물질과 육신과 능력도 피 한 방울도, 땀 한 방울도 오직 사람들을 위해 다 내어 주셨다. 사람들을 불쌍히 여기셔서, 사람들의 죄를 대속해 주시려고 다 내어주고 나누어 주신 예수님이셨기에 그분은 진정한 무소유의 삶을 사신 것입니다. 가족과 인류를 향한 책무를 '주심과 나누심'을 통해 다 완수하신 예수님이셨다.

예수님은 부귀영화뿐만 아니라 명예권세, 자녀를 낳지 않으셨을 뿐만 아니라 가족도 돌보지 않으셨다. 요즘으로 말하면 무책임한 한심한 사람이었다. 예수님의 생애는 33세가 전부이셨다. 예수님은 인기와 명예까지도 소유하지 않으셨다.

3. 셋째는 무저항, 비폭력 이다. 온전한 평화와 화평 평강을 완성하셨다.

세상의 정치권력에 대해서 저항하지 않았다. 순종하셨다. 세상의 권력에 복종하셨다. 전쟁을 그치게 하고 분쟁과 보복을 끊는 용서와 사랑의 방법을 선포하셨다. 자신을 희생하여 평화와 화평을 이루는 유일한 방법을 선언하셨다.

국가 관계에서도, 민족 간에도, 개인 관계에서도 동일한 방법이다. 통치와 정치 외교 관계도 동일한 방법이다. 모든 관계성의 원리이다. 즉 용서와 사랑이다. 원수까지도 적도 사랑하셨다.

마5:44. 나는 너희에게 이르노니 너희 원수를 사랑하며 너희를 박해하는 자를 위하여 기도하라

눅6:27. 그러나 너희 듣는 자에게 내가 이르노니 너희 원수를 사랑하며 너희를 미워하는 자를 선대하며

28. 너희를 저주하는 자를 위하여 축복하며 너희를 모욕하는 자를 위하여 기도하라

29. 너의 이 뺨을 치는 자에게 저 뺨도 돌려대며 네 겉옷을 빼앗는 자에게 속옷도 거절하지 말라

눅6:37. 비판하지 말라 그리하면 너희가 비판을 받지 않을 것이요 정죄하지 말라 그리하면 너희가 정죄를 받지 않을 것이요 용서하라 그리하면 너희가 용서를 받을 것이요

38. 주라 그리하면 너희에게 줄 것이니 곧 후히 되어 누르고 흔들어 넘치도록 하여 너희에게 안겨 주리라 너희가 헤아리는 그 헤아림으로 너희도 헤아림을 도로 받을 것이니라

42. 너는 네 눈 속에 있는 들보를 보지 못하면서 어찌하여 형제에게 말하기를 형제여 나로 네 눈 속에 있는 티를 빼게 하라 할 수 있느냐 외식하는 자여 먼저 네 눈 속에서 들보를 빼라 그 후에야 네가 밝히 보고 형제의 눈 속에 있는 티를 빼리라

누가복음 22장

49. 그의 주위 사람들이 그 된 일을 보고 여짜오되 주여 우리가 칼로 치리이까 하고

50. 그 중의 한 사람이 대제사장의 종을 쳐 그 오른쪽 귀를 떨어뜨린 지라

51. 예수께서 일러 이르시되 이것까지 참으라 하시고 그 귀를 만져 낫게 하시더라

어떤 폭력도 허락하지 않으셨다. 오직 평화와 화평이었다.

예수님의 정치 통치는 오직 사랑이었다. 박애, 용서, 관용, 자유와 인권의 정치 통치일 뿐이셨다.

4. 넷째는 무 유물, 무 교회 이다. 유형과 무형을 막론하고 유물을 남기지 않으셨다.

요2:21. 그러나 예수는 성전된 자기 육체를 가리켜 말씀하신 것이라

어떠한 유물도 남기지 않으셨다. 어떤 자신의 표시를 남기지 않으셨다. 글도 그림도 사물도, 집도, 가구도 작은 소품도 옷가지 하나 남기지 않으셨다. 다른 사람들이 초상화도 그리지 않았다.

수많은 군중이 모였을 때도, 어떤 헌금과 헌물도 거두지 않으시고 바라지 않으셨다. 교회 건축도 하지 않으셨다.

수천 명을 먹이시면서도 자기 먹을 것을 가져와서 먹으라고 하지 않으셨으며, 돈을 거두어서 먹을 것을 사오라고 하지 않으셨으며, 다음에 먹을 것을 위해 헌금을 걷으시지도 않으셨으며, 자기를 따르는 제자들이나 사도들을 위해 헌금을 받아 나누어 주시지도 않으셨다. 많은 사람들이 모여 예배할 처소나 건물을 짓기 위해 건축헌금을 작정하게 하지도 않으셨으며, 수많은 사람들의 불치병을 치료하시면서도 사례비나 헌금을 받지도 않으셨으며, 오히려 다른 사람에게 알리지 말 것을 경고까지 하셨다.

마태복음 14장

14. 예수께서 나오사 큰 무리를 보시고 불쌍히 여기사 그 중에 있는 병자를 고쳐 주시니라

15. 저녁이 되매 제자들이 나아와 이르되 이 곳은 빈 들이요 때도 이미 저물었으니 무리를 보내어 마을에 들어가 먹을 것을 사 먹게 하소서

16. 예수께서 이르시되 갈 것 없다 너희가 먹을 것을 주라

17. 제자들이 이르되 여기 우리에게 있는 것은 떡 다섯 개와 물고기 두 마리 뿐 이니이다

18. 이르시되 그것을 내게 가져오라 하시고

19. 무리를 명하여 잔디 위에 앉히시고 떡 다섯 개와 물고기 두 마리를 가지사 하늘을 우러러 축사하시고 떡을 떼어 제자들에게 주시매 제자들이 무리에게 주니

20. 다 배불리 먹고 남은 조각을 열두 바구니에 차게 거두었으며

21. 먹은 사람은 여자와 어린이 외에 오천 명이나 되었더라

　예수 그리스도! 그 이름은 탄생 이전부터 이미 동방박사들이 하나님의 계시를 받고 찾아오면서부터 이미 현실 세속 정치로부터의 핍박과 고난을 안고 태어나셨다. 그래서 태어나자마자 애굽으로 망명 아닌 망명을 가야 했다. 그로부터 십자가에 돌아가시기까지 정치적 핍박과 고난을 받고 세상 정치의 희생양으로 돌아가셨다. 그리고 그 세속 정치권력들로부터 살아서 고난과 핍박으로 십자가에 피 흘려 돌아가신 후에 그 제자들과 추종자들뿐만 아니라 그를 믿는 모든 신자들에게도 로마 제국은 피의 죽음과 숙청과 핍박을 끊이지 않고 계속하였다. 지금도 계속되고 있다. 이는 예수 그리스도의 하나님 나라를 두려워하였기 때문이다. 즉 예수 그리스도의 하나님 나라와 세상 나라는 항상 서로 갈등 관계의 연속이었고 그 세상 권세의 통치자들은 그들의 탐욕과 거짓과 위선과 불의가 두렵고 무서워

서 무력의 총칼로 말살하고 멸절하려고 하였던 이유인 것이다. 그러므로 기독교의 역사는 피의 역사이며 죽음의 역사이다. 세상 권력과 정치권력의 탄압의 대상 즉 멸절의 대상이 되었으며 이는 인류 역사가 전 역사를 통하여 대류의 동일한 흐름이었다. 구약에서도 마찬가지의 세상 정치권력과 하나님 권력과의 다툼이었다고 할 수 있다.

2장. 신약성경 안에서의 교회와 세속정치

1. 자유와 인권을 위한 예수님
누가복음 4장 18절
가난한 자에게 복음을 전하게 하시려고 내게 기름을 부으시고 나를 보내사 포로 된 자에게 자유를, 눈 먼 자에게 다시 보게 함을 전파하며 눌린 자를 자유롭게 하고
요한복음 8장 32절
32. 진리를 알지니 진리가 너희를 자유롭게 하리라

예수님의 통치 철학/법치주의(율법주의)
2. 사랑(박애)의 율법에 순종하라
마태복음 22장 37~40절
37. 예수께서 이르시되 네 마음을 다하고 목숨을 다하고 뜻을 다하여 주 너의 하나님을 사랑하라 하셨으니
38. 이것이 크고 첫째 되는 계명이요
39. 둘째도 그와 같으니 네 이웃을 네 자신 같이 사랑하라 하셨으니
40. 이 두 계명이 온 율법과 선지자의 강령이니라
 계명이라 단어는 헬라어로는 '앤톨레'인데 이 의미는 명령, 규정, 계율이라는 뜻이다.
 율법이라는 헬라어의 단어는 '노모스'인데 이 의미는 기본 어원이 nemo에서 온 '분배하다'의 의미에서 유래하였으며 짐승 가축에게 먹이를 주다의 의미이며 방목하다에서 유래했다. 이 의미는 방목이라는 단어가 '자유'와 '먹이'라는 합쳐진 의미라면 자유를 보장하며 함께 먹이를 보장하는 하나님의 은혜의 말

씀이다. 즉 하나님의 율법인 말씀을 우리에게 자유(음식) 안에서 마음껏 자유(음식)를 향유하며 먹을 것을 충분이 먹는 것인데 이 먹이(음식)는 말씀인 율법이다. 즉 성경 말씀을 자유롭게 먹고 지키는 것을 의미한다. 우리가 먹는 먹이 즉 양식은 말씀이라는 율법이다. 즉 매일 먹는 일용한 양식인 것이다. 율법이 일용한 양식이라는 것이다. 하나님은 우리 인간에게 생명에 있어서 가장 중요하고 최우선인 음식을 보장하신다는 것이다. 인간의 의식주 즉 사람에게 있어야 할 꼭 필요한 필수 3요소의 식(食)을 보장하셨으며 인간의 가장 기본 인권 중에 인권이다. 이 단어는 발전하여 율법, 법규, 원리의 뜻으로 발전되었다.

위에서 언급한 인권(人權)이란 무엇인가? 이는 인간의 권리인데 가장 기본이 되고 기초가 되는 생활의 기본 권리인데 이는 천부적인 인권으로 하나님이 어떠한 경우에도 보장되어야 할 권리인 것이다. 비록 사형의 죄를 범하였을 지라도 그 사람에게 살아 생명이 있는 한은 먹을 음식을 보장해야 할 권리이다. 더하여 이 음식을 먹을 자유와 평화와 평강을 보장해 주는 것이 또한 자유의 권리인 것이다. 이러한 근거로 모든 세속나라에서도 가장 우선하는 인권으로 그 나라 백성에게 정부와 국가는 그 나라 백성뿐만 아니라 그 나라에 거류하거나 임시도 일시적으로 소재하는 모든 인간에게 먹을거리와 함께 옷과 누울 곳의 휴식을 제공하고 자유롭게 먹을 환경과 여건을 보장해 주어야 하며, 어느 나라, 어떤 사람이든지 자유롭고 평화롭게 의.식.주(衣.食.住) 권리가 있는 것이다. 이런 한 점에서 음식을 먹을 권리는 하나님이 인간에게 부여하신 가장 첫째가 되는 기본 인권인 것이다. 그러므로 정부와 국가 또는 국가의 위정자들은 어떠한 차별이나 조건이 없이 의식주(衣食住) 의무를 다해야 할 것이며 이를 위반하거나 소홀이 하는 것은 기본인권을 보호하거나 보장하는 나라가 되지 못하는 것이라고 할 수 있다. 국가의 예산의 우선순위와 경중은 이점에 선택 집중되어야 훌륭한 재정지출이라고 할 수 있다.

이는 하나님과 예수님의 가장 기본이 되는 율법인 것이다.

하나님과 예수님은 오직 율법으로만 모든 것을 말씀하고 계신다. 삼위일체 하나님과 예수님과 성령께서는 오직 엄격하고 엄중한 율법주의자이시다. 하나님과 예수님 그리고 성령의 모든 말씀과 생각과 마음과 성경은 철저한 율법주의이시다.

예수님께서 말씀하셨다.

마5:18. 진실로 너희에게 이르노니 천지가 없어지기 전에는 율법의 일점일획도 결코 없어지지 아니하고 다 이루리라.

3. 철저한 법치주의(율법주의) 통치

우리는 율법주의를 비판하는 경향이 있는데 이는 율법주의가 좋지 않다 하는 논리가 있는데 이 율법주의는 신앙인이라면 당연히 율법주의자가 되어야 하며 조금도 나쁜 의미로 쓰이거나 사용해서는 안 된다. 율법주의자라는 말은 자랑스럽고 명예스러운 말이 되어야 할 것이다. 그러나 율법이 될 만한 것이 안 되거나 율법이라고 할 수 없는 것을 율법이라고 지키는 것이 문제인 것이다. 문제는 당연히 기본적인 율법도 지키지 못하는 것이 문제이다. 지켜야 할 율법은 안 지키거나 못 지키면서 별로 중요하지 않거나 지나간 시대의 유물인 율법을 고집하는 낡은 폐기된 율법이나 표현적 기법의 율법이 문제인 것이다. 특히 율법을 지키지 않는 자들은 대부분 권력자들이나 부자들이나 종교 지도자들이 대부분이었다. 일반 서민이나 평범한 신자들은 율법을 위반 할 때는 매우 가혹했다. 지금도 마찬가지이며 앞으로도 언제나 그럴 것이다.

또한 강령이라는 단어는 헬라어로 '크레만뉘미'로 메 달다, 메 달리다의 의미로 형벌을 의미하고 있다. 즉 십자가에 메 달다와 같은 의미이다. 그러므로 철저히 지켜서 이행해야 할 것이라는 의미이다. 강제규정이다. 그냥 해도 되고, 하지 않아도 되는 자율규정이 아니다. 그래서 구약성경의 모든 율법은 그 표현이 매우 과장적이고 무서우리만큼 그 표현이 무자비한 표현으로 되어 있는데 이는 율법을 어기면 얼마나 무서운가를 나타내는 강조표현이다.

인간은 하나님의 형상이다. 이는 인간이 얼마나 존귀한 존재인가를 단적으로 지적한 말씀이다. 그러므로 모든 인간에게는 자유와 존귀가 존중되어야 한다. 즉 어떤 인간이든지 신분과 출신과 직업, 직책, 지역, 족속, 빈부, 남녀, 노소, 건강 등의 어떤 조건에 관계없이 존귀함이 보장되어야 하며 평등하고 차별이 없이 온전한 인격과 인권이 보장되어야 한다는 것이다. 내 자신이 누려야 하는 것은 당연히 다른 사람도 누려야 할 하나님의 인권인 것이다. 사람이 하나님인 것이다. 마태복음 22장 39절 '네 이웃을 너 자신같이 사랑하라'는 말씀이다.
그리고 더욱이 이 세상의 모든 살아 있는 생명을 '다스리라'는 위임 통치(정치) 명령을 받았다. 인간이 이 세상을 하나님의 마음과 뜻으로 다스릴 것을 위임 받았다. 즉 이 세상을 통치하시는 하나님으로부터 통치(정치) 위임 명령을 받았으므로 우리 인간은 모두 하나님의 통치 위임을 받은 하나님의 대리권자이기도 하다. 특히 **국가와 정부는 하나님의 대리권자**이다. 즉 인간은 통치적, 정치적 동물이라고 할 수 있다.
누군가 '인간은 사회적 동물이다'라고 한 말과도 일맥상통한다. 엄격하게 말하면 동물도 사회적 동물이며 식물도 사회적 식물이다. 미생물도 병원균도 박테리아도 살아 있는 것은 모두 사회성을 하나님이 창조에서 부여하셨다. 모든 살아 있는 것들은 서로 자기들끼리 같이 함께 더불어 산다. 병균들도, 식물들도, 어떤 동물이든지 자기들끼리 사회성을 이루며 살아간다. 식물들도 사회성을 이루며 살아간다. 바다의 물고기들도 자기들이 살기에 적당한 곳으로 이동하여 살아가고 있으며, 식물들도 자기들이 살기에 적당한 곳으로 북상도 하고 남하도 하며 옮겨 이동하며 살아가고 있다. 모든 생물, 생명체가 있는 것은 곰팡이든 병균이든 자기들의 사회성을 이루며 생존에 적응하며 또한 환경이 알맞은 곳으로 이동하며 또는 환경을 스스로 개척하며 생존한다.

하물며 인간이야 말할 것도 없이 당연하다.
'인간은 정치적 동물이다'라고 하는 의미도 누군가 상대가 있다는 것이다. 정치적 상대와 대상이 있다는 것이다. '사회적'이라는 말의 의미도 상대와 대상이 있다는 것을 전제로 한 말의 의미이다.

인간은 둘 만 있어도 정치가 존재하고 정치가 발휘된다. 하나님이 아담을 창조하시고 하와 여자를 창조하시고도 하와에게 아담을 돕는 직분의 권능을 부여하셨다. 둘 사이에도 직분과 직능을 구분하게 하셨다. 이는 질서를 위함이며 질서는 모든 것의 효능과 능력이며 편안함 즉 자유와 화평과 안락이다

4. 나라의 법과 통치자들에게 복종하라

디도서3:1. 너는 그들로 하여금 통치자들과 권세 잡은 자들에게 복종하며 순종하며 모든 선한 일 행하기를 준비하게 하며
상기 디도서 3장 1절의 핵심 의미는 '모든 선한 일 행하기를 준비하게 하며'이다. **통치자들과 권세 잡은 자들이 선한 일을**

할 수 있도록 준비하게 하여 주는 그리스도인이 되는 것이다. 여기서 '준비하게'의 헬라어는 형용사로 '헤토이모스' 즉 '적절한, 적합한 즉 준비된, 준비시키는'의 뜻이다. 이는 그리스도인은 통치자과 권세 잡은자, 위정자들을 위하여 기도하고 그들이 올바른 정의와 공의를 위하여 국가와 백성들을 위하여 일할 수 있도록 적합하고 적절한 기도하고 준비하게 하는 일을 하는 것이다. 또한 '선한 일'에서의 '선한'이라는 말의 뜻은 헬라어 '아가도스'인데 이는 '육체적(행위적)으로, 도덕적(양심적으로, 영적)으로 선한' 즉 악에 반대한 일을 의미한다. 곧 정의롭고 공의로우며, 공평하고 공정한 위정을 하는 것을 말한다. 그런 일을 하도록 준비하게 하는 것의 사명과 소명이 그리스도인에게 맡겨진 일이며 그 위정자, 통치자, 권세 잡은 자들에게 복종하며 순종하는 이유가 되는 것이다. 그러므로 그리스도인의 일이 얼마나 막중한 믿음이 아닐 수 없는 것이다. 이는 함께 하는 동역자이며 동료이며 동참자이며 동행자인 것이다. 리더쉽과 멤버쉽이 함께 하는 것이다. 멤버쉽membership 없는 자는 리더쉽leadership이 없다.

그리스도인과 세상 권세
오늘 세상을 사는 그리스도인에게 매우 중요한 말씀
롬13:1~7

1. 각 사람은 위에 있는 권세들에게 복종하라 권세는 하나님으로부터 나지 않음이 없나니 모든 권세는 다 하나님께서 정하신 바라
2. 그러므로 권세를 거스르는 자는 하나님의 명을 거스름이니 거스르는 자들은 심판을 자취하리라
3. 다스리는 자들은 선한 일에 대하여 두려움이 되지 않고 악한 일에 대하여 되나니 네가 권세를 두려워하지 아니 하려느냐 선을 행하라

그리하면 그에게 칭찬을 받으리라

4. 그는 하나님의 사역자가 되어 네게 선을 베푸는 자니라 그러나 네가 악을 행하거든 두려워하라 그가 공연히 칼을 가지지 아니하였으니 곧 하나님의 사역자가 되어 악을 행하는 자에게 진노하심을 따라 보응하는 자니라

5. 그러므로 복종하지 아니할 수 없으니 진노 때문에 할 것이 아니라 양심을 따라 할 것이라

6. 너희가 조세를 바치는 것도 이로 말미암음이라 그들이 하나님의 일꾼이 되어 바로 이 일에 항상 힘쓰느니라

7. 모든 자에게 줄 것을 주되 조세를 받을 자에게 조세를 바치고 관세를 받을 자에게 관세를 바치고 두려워할 자를 두려워하며 존경할 자를 존경하라

위의 로마서 13장 1절에서 사도 바울은 '위에 있는 권세들에게 복종하라'는 명령, 또는 권면의 말씀에 대한 그 이유를 바로 이어서 설명하고 계신다. 즉 "권세는 하나님으로부터 나지 않음이 없나니 모든 권세는 다 하나님께서 정하신 바라"라고 말씀하신 것은 즉 이는 복종하는 것은 하나님께 복종하는 것과 같은 것이라는 의미이며 그 이유이다. 2절에 이어서 더욱 구체적이고 확정적으로 이어서 말씀하신다. "권세를 거스르는 자는 하나님의 명을 거스르는 자니 심판을 자취하리라"라고 강력하게 말씀하신다. "하나님의 명을 거스르는 자"라고 엄중하게 지적하고 있다. 그리고 '명령'이라고 하면서 "심판을 자취하리라"라고 하신 것은 불복종에 대한 그 댓가를 치르게 할 것이라고 경고하고 계신다. 그러므로 세속 세상 국가의 모든 법은 그 나라 백성들이 지켜야 한다. 심지어는 '악법도 법이다'라는 명제 앞에 법을 지켜 한다는 명제를 담고 있다. 악법도 일단은 법을 지키고, 그리고 그 불합리하고, 정의롭지 못하고 불공정한 법을 위에 있는 권세들에게 수정하거나 개정하도록 정당하고 적

적한 방법으로 요구하고 요청하며 기도하고 실행하도록 해야 할 것이다. 이러한 부당하고 불공정한 법은 다른 많은 사람들에게 피해를 주고 억압을 주고 고통과 고난을 주기 때문에 평화롭고 질서 있게, 순리적 방법과 과정으로 요구하고 지혜롭고 명철하게 요청하여야 하는 것이 그리스도인의 사명이요 또한 소명인 것이다. 때로는 거부하는 몸짓과 부정의 침묵과 소리 없는 저항과 품위 있는 설득으로 권면하며 기도하며 찬양하는 품격 있는 소명과 사명을 다할 때 하나님의 믿음은 그 뜻을 이루실 것이다. 이는 하나님은 공의롭고 정의로우며, 공정하시며 불편, 부당하시며 모든 것에 의로우시며 올바른 분이시기에 하나님과 예수 그리스도와 성령의 뜻과 의를 구현하고 사랑하는 것이 되는 것이기 때문이다. 이러한 것을 요청하고 구할 때, 고난과 핍박이 일순 있다할 지라도 그것은 하나님이 기뻐하시는 고난이요 핍박이 되는 것이다.

5. 나라의 세금과 공과금을 성실하고 정직하게 납부하라

신자들은 2중 납세를 한다. 나라에 세금을 내고 또 교회에 십일조 등 각종 헌금을 내는 2중 납세를 하는 것이나 다름 아니다.

롬13:6~7 너희가 조세를 바치는 것도 이로 말미암음이라 그들이 하나님의 일꾼이 되어 바로 이 일에 항상 힘쓰느니라
7. 모든 자에게 줄 것을 주되 조세를 받을 자에게 조세를 바치고 관세를 받을 자에게 관세를 바치고 두려워할 자를 두려워하며 존경할 자를 존경하라

성전세를 내시다
마태복음 17장 24~27절

24. 가버나움에 이르니 반 세겔 받는 자들이 베드로에게 나아와 이르되 너의 선생은 반 세겔을 내지 아니하느냐

25. 이르되 내신다 하고 집에 들어가니 예수께서 먼저 이르시되 시몬아 네 생각은 어떠하냐 세상 임금들이 누구에게 관세와 국세를 받느냐 자기 아들에게냐 타인에게냐

26. 베드로가 이르되 타인에게니이다 예수께서 이르시되 그렇다면 아들들은 세를 면하리라

27. 그러나 우리가 그들이 실족하지 않게 하기 위하여 네가 바다에 가서 낚시를 던져 먼저 오르는 고기를 가져 입을 열면 돈 한 세겔을 얻을 것이니 가져다가 나와 너를 위하여 주라 하시니라

세속임금(세상 나라, 세속 국가, 정부)는 백성들로부터 세금을 받아야 국가를 유지하고 백성들을 돌보고 치리하고 있다. 그래서 예수님께서 '나와 너를 위하여 주라"라고 말씀하셨다.

그러나 '아들들은 세를 면 하리라'에서 아들은 누구인가? 하나님을 믿는 신자 성도들은 하나님의 아들들이므로 하나님께 세금을 내지 아니하셔도 되지만 세상 믿지 않는 자들이 넘어지게 될 것을 염려하여 인두세인 반 세겔을 내라고 하셨다. 그리고 하나님의 자녀들은 하나님의 나라에서 하나님의 아들이므로 성전세를 내지 않아도 된다는 말씀이다. 그러나 다른 믿지 아니한 자들에게 본이 되지 않기 때문에(세상 사람들이 실족하지 않게 하도록) 내게 되는 것이다. 그러므로 원칙적으로는 내지 않아도 된다는 의미의 말씀이시다.

6. 외모로 취하지 말라/평등, 공정, 공평

요7:24. 외모로 판단하지 말고 공의롭게 판단하라 하시니라

골3:25. 불의를 행하는 자는 불의의 보응을 받으리니 주는 사람을 외모로 취하심이 없느니라

롬2:11. 이는 하나님께서 외모로 사람을 취하지 아니하심이라

구약과 신약 전체 성경을 통하여 하나님과 예수님은 외모로 판단하지 않으시고 외모로 취하지 않으신다는 개념의 말씀이다.

평등하고 공정하며 공평한 하나님나라는 어떤 차별이나 불평등이 있어서는 안 된다는 성경의 강력한 말씀이다. 즉 가난한 자나, 병든 자나, 노약자나, 거지나, 여자나, 어린 아이나, 장애인이나, 부자나, 왕이나, 장군이나, 재판장이나, 어느 누구든지 그 사람의 신분이나, 권력이나, 재물이나 건강이나, 명예나, 학문이나, 그 어떤 경우에도 구별하여 차별해서는 안 되는 것이 바로 차별이 없고 공평하고 공정한 사회의 공의이며 공정이며 정의인 것이다.

외모라는 히브리어 '파님'의 뜻은 얼굴이다. 그리고 헬라어로는 '프로스폰'으로 앞면, 모양, 외모, 겉면 등의 뜻이다.

이는 정치 통치체제가 어떤 체제 시스템이 되느냐가 중요하기보다는 컨텐츠가 중요한 것이 정치이며 통치이다 는 것을 단적으로 나타내고 있다. 우리는 통치체제를 모두 민주공화정이니, 인민을 위한다고 선전하는 통치체제라고 하는 등, 또는 오직 백성을 위한 다고 하면서, 독재, 파쇼, 극우, 극좌, 또는 종신, 세습, 왕정, 특정세력만이 계속 권력을 이어가는 것은 모두가 이러한 공정과 공의 정의에 거리가 먼 정치체제이며 인민과 국민백성을 위한 통치이다 고 하는 것은 구두선이며, 거짓위선이며 오직 권력을 강화하고 권력을 사유화하여 우상화하기 위한 거짓이며 술책인 것이다. 성경과 예수님은 이 모든 것이 우상이며 정치도 영웅이 되어 우상이 되고자 하는 술책일 뿐이다.

그러므로 아무리 정치를 잘하고 국민들의 뜻에 따른다고 하는 권력집단 즉 어떤 당이나 일정 세력이 계속해서 권력을 유지해 나가는 것은 비록 그 집단세력이 최고최선을 다하고 있다고 할지라도 바뀌어야 하고 변화되어야 하며, 개혁은 항상 끊임없이 이루어지지 않으면 썩고 병들고 부패하기 마련인 것이다. 인간의 죄의 본성은 어쩔 수 없고, 거스를 수 없는 결과물이다. 인간을 믿는 것은 하나님을 믿지 않는 우상숭배이며 불신이다.

 정치원리와 경제원리, 자유, 민주, 이념, 철학, 종교집단 등의 집단원리이며 자기이기주의이다. 하나님중심이 아닌 인간중심의 모든 것은 우상숭배 이다. 상품도 그 상품이 싸고 품질이 좋다고 그 상품만 계속해서 구매하고 독점이 된다면 결국은 다른 회사제품은 팔리지 않아 다른 회사는 존재하지 않고 없어진다면 나중에는 한 제품의 회사가 마음대로 가격과 품질을 향상하지 못한다 할지라도 대안이 없어 국가경제뿐만 아니라 소비자인 국민들도 통제 되지 않는 기업에 의해 가격이나 품질 또는 전체적인 국가경제뿐만 아니라 상품에 대한 가격과 품질에서 손해를 보게 되는 결과를 가져 올 수밖에 없을 것이다. 또한 이러한 자유시장경제체제가 좋은 점이 많고 장점이 많다고 해서 통제되지 않은 자유시장경제체제는 기업의 힘에 의해서 자유시장경제체제가 유지 되지 않고 있는 현실이다. 자본주의의 개념에서도 자본이 중심이고 제일이라는 것은 결국은 돈의 힘이 모든 것을 집어 삼키는 매우 위험한 돈의 힘에 의해 지배되는 매우 왜곡되고 잘못된 사회와 국가가 될 것이다. 자본주의 종말도 없다고 할 수 없다. 어쩌면 곧 올 수도 있다. 이념에 집착해서는 안 된다. 여러 이론 중에 하나일 뿐이다. 모든 도덕도 윤리도 공정과 공의와 정의도 돈의 힘의 지배되는 세상에서는 어떤 것도 바르고 옳다고 할 수 없을 것이다. 이런 사회가 지금의 오늘의 현실이다. 쉽게 말해서 국회의원 300명이면 1억씩 300억 원이면 국회의원들을 고용할 수 있을 것이다. 기업이 300억 원 이상을 벌려고 한다든지, 300억 원 이상이 손해나는 일이 있을 때, 국회의원을 300억 원에 고용하면 될 수 있을 것이다. 아니 150억 원으로도 할 수 있을 것이다.

신명기 1:16~17

16. 내가 그 때에 너희의 재판장들에게 명하여 이르기를 너희가 너희의 형제 중에서 송사를 들을 때에 쌍방간에 공정히 판결할 것이며 그들 중에 있는 타국인에게도 그리 할 것이라

17. 재판은 하나님께 속한 것인즉 너희는 재판할 때에 외모를 보지 말고 귀천을 차별 없이 듣고 사람의 낯을 두려워하지 말 것이며 스스로 결단하기 어려운 일이 있거든 내게로 돌리라 내가 들으리라 하였고,

신명기 10:17~18

17. 너희의 하나님 여호와는 신 가운데 신이시며 주 가운데 주시요 크고 능하시며 두려우신 하나님이시라 사람을 외모로 보지 아니하시며 뇌물을 받지 아니하시고

18. 고아와 과부를 위하여 정의를 행하시며 나그네를 사랑하여 그에게 떡과 옷을 주시나니

7. 지방분권과 지방자치제 그리고 공의와 공정한 재판 신명기16:18~20

18. 네 하나님 여호와께서 네게 주시는 **각 성에서 네 지파를 따라 재판장들과 지도자들을 둘 것이요** 그들은 공의로 백성을 재판할 것이니라

19. 너는 재판을 굽게 하지 말며 사람을 외모로 보지 말며 또 뇌물을 받지 말라 뇌물은 지혜자의 눈을 어둡게 하고 의인의 말을 굽게 하느니라

20. 너는 마땅히 공의만을 따르라 그리하면 네가 살겠고 네 하나님 여호와께서 네게 주시는 땅을 차지하리라

사무엘상 16:7

여호와께서 사무엘에게 이르시되 그의 용모와 키를 보지 말라 내가 이미 그를 버렸노라 내가 보는 것은 사람과 같지 아니하니 사람은

외모를 보거니와 나 여호와는 중심을 보느니라 하시더라

외모를 보지 말고, 외모로 취하지 말라는 말씀들의 개념

공정과 공의로운 세상, 불편부당함이 없는 나라, 차별이 없는 나라, 공평한 나라, 남자 여자 성별의 차별, 나이 연녕 노소의 차별, 지역 차별, 건강 장애의 차별, 학력의 차별, 빈부 재산의 차별, 결혼 독신의 차별, 부모 가족 관계의 차별, 출신 성분의 차별, 사상과 이념의 차별이 없는 세상 나라, 하나님 나라. 선입견, 편견이 없는 나라. 이념과 사상, 양심의 자유에 파벌이 없는 나라.

외모/히브리어/파님 얼굴, 겉모양

외모/헬라어/엑소덴/외부적, 밖으로, 외적으로,

다른 헬라어 표현/프로소폰/앞면,편파심, 얼굴 모양, 외모, 겉면

외모/영어/partiality, favoritism, unfair partiality 편애, 편파, 불공평, 불공정

신명기1:17, 신명기10:17, 신명기16:19, 사무엘상16:7, 욥기34:19, 마태복음22:16, 마가복음12:14, 누가복음20:21 요한복음7:24, 사도행전10:34, 로마서2:11, 고후5:12, 고후10:7 갈2:6, 엡6:9, 골3:25, 벧전1:17, 벧전3:3

8. 세금과 제물에 관한 말씀들

구약에서의 십일조는 세금과 같은 성격으로 공동체를 위한 공금이며 특히 레위인에게 지급되는 것인데 레위인은 열두 지파 중에서 아무 토지나 기업을 배당 받지 아니하였기 때문에 그 토지나 기업이 없는 대신 십일조나 제단 제물을 받아서 생활에 사용하였다. 레위인들은 12 지파 중에서 한 지파가 되므로 12

분의 1을 차지한다고 보아야 할 것이다. 11지파가 십일조와 각종 헌물을 레위 지파에게 하나님께 드리는 헌물(헌금)을 드리면 레위 지파가 관리하며, 한편으로는 그 헌물로 모든 레위인의 생활과 이스라엘 모든 지파의 공적 사무와 공사, 공무에 사용 되었다. 레위 지파의 모든 사람은 자기 기업이 없는 공무자들 이다. 요즘으로 하면 공무원인 것이다. 그 모든 공무원들의 급여에서 십일조를 내어 제사장의 몫으로 지급하였다. 지금 시대에 그리스도인은 국가에 각종 세금을 부담하면서 또한 교회에서 각종 헌금을 부담하는 것은 이중부담을 하는 셈이다. 유럽에서의 종교세의 경우도 생각해 볼 필요도 있다.

다음은 레위기에서 레위지파의 레위인과 제사장에 대한 직무와 직분과 급여에 대한 규정을 본다.

레위기 18:1~7
제사장과 레위인의 직무
3. 레위인은 네 직무와 장막의 모든 직무를 지키려니와 성소의 기구와 제단에는 가까이 하지 못하리니 두렵건대 그들과 너희가 죽을까 하노라
4. 레위인은 너와 합동하여 장막의 모든 일과 회막의 직무를 다할 것이요 다른 사람은 너희에게 가까이 하지 못할 것이니라
5. 이와 같이 너희는 성소의 직무와 제단의 직무를 다하라 그리하면 여호와의 진노가 다시는 이스라엘 자손에게 미치지 아니하리라
6. 보라 내가 이스라엘 자손 중에서 너희의 형제 레위인을 택하여 내게 돌리고 너희에게 선물로 주어 회막의 일을 하게 하였나니
7. 너와 네 아들들은 제단과 휘장 안의 모든 일에 대하여 제사장의 직분을 지켜 섬기라 내가 제사장의 직분을 너희에게 선물로 주었은즉 거기 가까이 하는 외인은 죽임을 당할지니라

제사장의 몫/헌물, 제물

레18:8. 여호와께서 또 아론에게 이르시되 보라 내가 내 거제물 곧 이스라엘 자손이 거룩하게 한 모든 헌물을 네가 주관하게 하고 네가 기름 부음을 받았음으로 말미암아 그것을 너와 네 아들들에게 영구한 몫의 음식으로 주노라

9. 지성물 중에 불사르지 아니한 것은 네 것이라 그들이 내게 드리는 모든 헌물의 모든 소제와 속죄제와 속건제물은 다 지극히 거룩한즉 너와 네 아들들에게 돌리리니

10. 지극히 거룩하게 여김으로 먹으라 이는 네게 성물인즉 남자들이 다 먹을지니라

11. 네게 돌릴 것은 이것이니 곧 이스라엘 자손이 드리는 거제물과 모든 요제물이라 내가 그것을 너와 네 자녀에게 영구한 몫의 음식으로 주었은즉 네 집의 정결한 자마다 먹을 것이니라

12. 그들이 여호와께 드리는 첫 소산 곧 제일 좋은 기름과 제일 좋은 포도주와 곡식을 네게 주었은즉

13. 그들이 여호와께 드리는 그 땅의 처음 익은 모든 열매는 네 것이니 네 집에서 정결한 자마다 먹을 것이라

14. 이스라엘 중에서 특별히 드린 모든 것은 네 것이 되리라

15. 여호와께 드리는 모든 생물의 처음 나는 것은 사람이나 짐승이나 다 네 것이로되 처음 태어난 사람은 반드시 대속할 것이요 처음 태어난 부정한 짐승도 대속할 것이며

16. 그 사람을 대속할 때에는 난 지 한 달 이후에 네가 정한 대로 성소의 세겔을 따라 은 다섯 세겔로 대속하라 한 세겔은 이십 게라이니라

17. 오직 처음 태어난 소나 처음 태어난 양이나 처음 태어난 염소는 대속하지 말지니 그것들은 거룩한즉 그 피는 제단에 뿌리고 그 기름은 불살라 여호와께 향기로운 화제로 드릴 것이며

18. 그 고기는 네게 돌릴지니 흔든 가슴과 오른쪽 넓적다리 같이 네게 돌릴 것이니라

19. 이스라엘 자손이 여호와께 거제로 드리는 모든 성물은 내가 영구한 몫의 음식으로 너와 네 자녀에게 주노니 이는 여호와 앞에 너와

네 후손에게 영원한 소금 언약이니라

20. 여호와께서 또 아론에게 이르시되 너는 이스라엘 자손의 땅에 기업도 없겠고 그들 중에 아무 분깃도 없을 것이나 내가 이스라엘 자손 중에 네 분깃이요 네 기업이니라

레위인의 몫

레18:21. 내가 이스라엘의 십일조를 레위 자손에게 기업으로 다 주어서 그들이 하는 일 곧 회막에서 하는 일을 갚나니

22. 이 후로는 이스라엘 자손이 회막에 가까이 하지 말 것이라 죄값으로 죽을까 하노라

23. 그러나 레위인은 회막에서 봉사하며 자기들의 죄를 담당할 것이요 이스라엘 자손 중에는 기업이 없을 것이니 이는 너희 대대에 영원한 율례라

24. 이스라엘 자손이 여호와께 거제로 드리는 십일조를 레위인에게 기업으로 주었으므로 내가 그들에 대하여 말하기를 이스라엘 자손 중에 기업이 없을 것이라 하였노라

레위인의 십일조

레18:25. 여호와께서 모세에게 말씀하여 이르시되

26. 너는 레위인에게 말하여 그에게 이르라 내가 이스라엘 자손에게 받아 너희에게 기업으로 준 십일조를 너희가 그들에게서 받을 때에 그 십일조의 십일조를 거제로 여호와께 드릴 것이라

27. 내가 너희의 거제물을 타작 마당에서 드리는 곡물과 포도즙 틀에서 드리는 즙 같이 여기리니

28. 너희는 이스라엘 자손에게서 받는 모든 것의 십일조 중에서 여호와께 거제로 드리고 여호와께 드린 그 거제물은 제사장 아론에게로 돌리되

29. 너희가 받은 모든 헌물 중에서 너희는 그 아름다운 것 곧 거룩하게 한 부분을 가져다가 여호와께 거제로 드릴지니라

30. 이러므로 너는 그들에게 이르라 너희가 그 중에서 아름다운 것

을 가져다가 드리고 남은 것은 너희 레위인에게는 타작 마당의 소출과 포도즙 틀의 소출 같이 되리니

31. 너희와 너희의 권속이 어디서든지 이것을 먹을 수 있음은 이는 회막에서 일한 너희의 보수임이니라

32. 너희가 그 중 아름다운 것을 받들어 드린즉 이로 말미암아 죄를 담당하지 아니할 것이라 너희는 이스라엘 자손의 성물을 더럽히지 말라 그리하여야 죽지 아니하리라

느헤미야5:4
가난한 백성이 부르짖다

1. 그 때에 백성들이 그들의 아내와 함께 크게 부르짖어 그들의 형제인 유다 사람들을 원망하는데

2. 어떤 사람은 말하기를 우리와 우리 자녀가 많으니 양식을 얻어 먹고 살아야 하겠다 하고

3. 어떤 사람은 말하기를 우리가 밭과 포도원과 집이라도 저당 잡히고 이 흉년에 곡식을 얻자 하고

4. 어떤 사람은 말하기를 우리는 밭과 포도원으로 돈을 빚내서 왕에게 세금을 바쳤도다

5. 우리 육체도 우리 형제의 육체와 같고 우리 자녀도 그들의 자녀와 같거늘 이제 우리 자녀를 종으로 파는도다 우리 딸 중에 벌써 종된 자가 있고 우리의 밭과 포도원이 이미 남의 것이 되었으나 우리에게는 아무런 힘이 없도다 하더라

위의 느헤미야시대와 마태복음, 마가복음에서의 '가이사에게 세금을 바치는 문제'에 대한 말씀과 시대적 상황이 비슷하다. 나라를 잃고 식민지생활에서의 백성들의 어려움에 대한 가난하고 고달픈 이스라엘백성들의 삶에서의 세금문제이다.

세금은 강제적으로 내야 하는 것이다. 그러므로 신앙의 문제와 결부해서 누구나 그 세속 세상나라에 사는 사람은 어렵고 가난해도 내야 하는 재물이다.

예수님을 시험하려고 하는 바리새인과 헤롯당 사람들을 보내어 예수님에 대한 체제부정과 그리고 당시 유대교 율법주의에 대한 반응을 보고 예수님을 죽이기 위한 계책의 일환으로 생긴 일이다. 그래서 예수님도 그들의 음모를 아시고 확실하고 정확한 직설적인 말씀보다는 비유와 비교를 통하여 말씀하신 것이다. 그 비유를 지금의 우리가 자유와 민주적 시대에 살고 있는 상황에서 그 시대적 상황을 잘 이해한다고 할지라도 직접 그 시대에 살고 있지는 않기 때문에 정확한 분위기와 현실을 잘 알기에는 부족하지만 여러 시대적 상황과 여건을 볼 때, 심각한 상황인 것 같아 보인다. 예수님과 그 제자들의 입장에서는 위험이 급박하게 돌아가는 느낌을 받았을 것이다.

즉 헤롯당에서는 로마의 체제를 인정하고 복종하는가의 문제와 바리새인의 입장에서는 유대교의 율법과 그 신앙을 인정하고 있는 것인지 아니면 새로운 이단인지의 여부일 것이다. 유대교 율법주의자인 바리새인들은 로마의 식민지배 체제에서 자기들의 신앙을 인정받고, 그 대가로 로마 식민지배 체제를 인정하고 공생의 관계를 유지하고 있는 상황에서 자기들의 보수적인 기득권에 대한 새로운 도전적인 이단적인 종교가 있어서는 안 되는 공통적 이해관계가 설정된 상황에서 어떤 구체적 문제를 삼아 처벌하고 그 시대에는 이단적인 유대 신앙의 종파인 예수 그리스도를 처벌하려고 하는 의도로 세금의 문제를 제기한 것이라고 할 수 있다.

그러나 예수님은 비유로 이 문제를 세상적인 체제인 로마의 체제를 인정하면서도 '하나님의 나라'에 대한 신앙의 문제를 구별하고 구분하여 말씀을 하신다. 즉 나라의 세금문제는 나라의 세금으로, 하나님께 바치는 헌금은 하나님에 대한 믿음의 문제'로 구별한 말씀으로 형식적 대답을 하신 것으로 보아야 할 것이다. 즉 주목할 부분은 '데나리온에 새겨진 형상과 글'을 지적하신 것이다. 이 '돈에 새겨진 형상과 글'로 판단하신 것은 판단과 분별력에 결정적 이유와 원인이 있다는 것이다.

지금 현 시대를 사는 우리는 이것을 기준으로 어떤 주제 의식을 가져야 하는가? 아니 문제의식을 가질만한 어떤 주제가 있는 것인가? 있다면 무엇인가? 세금에 대한 문제인가? 아니면 헌금에 대한 문제인가? 아니면 둘 다 세금과 헌금에 대한 복합적 문제인가?

지금 이 시대를 사는 우리는 아무런 문제의식 없이 당연히 세금도 내고 헌금도 내고 있다. 그러나 세금도 내고, 헌금도 내는 일이 아무런 문제가 없는가?

앞에 느헤미야 5장 4절에서도 세금문제가 제기 되었다. 시대적 상황은 포로기 시대에 어려운 백성들의 이야기를 닮고 있다. 세금을 거부할 수 없다. 성전을 재건하는 시대적 아픔을 살고 있으면서 민족과 신앙을 생각할 때, 거스를 수 없는 현실적 절박함에서도 세금도 내야하고 성전 재건과 성벽 재건 보수 복원에 대한 재정도 없는 나라에서의 생활상은 비슷하다고 할 수 있다.

우리는 일제강점기에 나라를 빼앗기고 온갖 것들을 다 빼앗기고 세금도 내고 또 신사참배도 강요당하면서도 또한 신앙을 지키며 살아가려고 애쓴 신앙의 민중들의 삶을 생각해 비교해 볼 수도 있을 것이다.

일반 성도들은 각종 세금과 생활에 필요가 수없이 많은 시대에서 돈이 부족해서는 살아가기 힘든 시대의 물질만능의 시대에 살고 있는데 이 문제는 상당한 도전을 말하고 있는 것이다. 물론 물질에 여유가 많은 사람들에게는 별 문제가 되지 않지만 그래도 일반대중 서민들에게는 생각해 볼 문제인 것이다.

이 문제에 대한 문제제기를 해 볼 필요도 있다. 물론 이는 성경 전체에서 어떻게 말하고 해석해야 할 것인가의 문제이다. 구약에서의 헌금은 어떻게 하였는가? 어떤 개념이었는지에 대한 해석이다. 구약에서의 헌금은 세금의 성격은 없었는지 보아야 할 것이다. 그리고 신약에서의 헌금은 세금의 문제와 어떤 관계성을 가지고 있었는지에 대한 고찰이 있어야 할 것이다.

즉 느헤미야 시대의 헌금과 세금문제와 예수님 시대의 헌금문제와 세금문제가 어떠했는지 돌아보아야 할 것이다. 예수님이 말씀하신 '가이사의 것을 가이사에게, 하나님의 것은 하나님께 바치라'는 대답은 구체적으로 무엇인가? 아니면 예수님은 바리새인과 헤롯당에게 빌미 즉 책잡히지 않으시기 위하여 하신 명분적인 말씀으로 하신 것인가?

창세기14장17~24절까지의 내용을 십일조의 근거로 삼는데 있는 거의 모든 신학해석에서 오해의 소지가 많다. 왜냐하면 실제로 아브함은 멜기세덱에게 십일조를 받쳤지만 받지 않았다. 20절에 "아브람이 그 얻은 것에서 십분의 일을 멜기세덱에게 주었더라"라고 하였지만 21절에서는 "소돔 왕이 아브람에게 이르되 사람은 내게 보내고 물품은 네가 가지라"라고 한 것은 십일조의 물품을 받지 않았다는 것을 나타내고 있다. 그리고 23절에서 그 받지 않은 이유를 설명하고 있다. 23절 "네 말이 내가 아브람으로 치부하게 하였다 할까 하여 네게 속한 것은 실 한 오라기나 들메끈 한 가닥도 내가 가지지 아니하리라"라고 받지 않은 이유를 설명하고 있다.

이 멜기세덱의 제사장 계열이 아론의 계열보다 탁월하다고 히브리서 기자는 밝힌다(히 7:4-10). 그러므로 그는 구약시대에 나타난 예수 그리스도로 해석된다(히 7:1-3). 십일조는 인간 제사장에게 바친 것으로 되나 영적인 면에서 하나님께 바치는 것으로 밝혀진다. 족장시대에 있어 십일조에 대한 또 하나의 언급은 이스라엘의 건국의 아버지라고 할 수 있는 야곱이 장자의 축복을 받고 형 에서를 피하여 하란으로 도피할 때에 광야에서 하나님으로부터 다시 "너 누운 땅을 내가 너와 네 자손에게 주리니 네 자손이 땅에 티끌같이 되어서 동서남북에 편만 할지며 땅의 모든 족속이 너와 네 자손을 인하여 복을 얻으리라"고 축복하시자 그가 "하나님께서 내게 주신 모든 것에서 십분 일을 내가 반드시 하나님께 드리겠나이다"라고 서원한 것이다(창 28:10-22). 이같이 족장시대의 십일조는 의무가 아니라 축복과 은혜에 감사하는 자원하는 차원의 시행이었다.

십일조, 조세 즉 하나님의 공동체를 위한 공세의 형식으로의 세금으로 레위인은 행정 관료적 기능과 직분 직능의 역할로 헌금관리직분 이었다.

십일조가 제도화되고, 의무화된 것은 출애굽 이후 모세가 율법을 하나님께로부터 받음으로써 시작되었다. 땅과 곡식과 과실과 우양 등의 십분지 일을 "여호와의 성물"로 성별하고 의무적으로 헌물 하도록 계명으로 규정하였다(레 27:30-33). 이와 같은 십일조를 이스라엘 백성은 레위인에게 바쳐야 하고, 또한 레위인은 십일조의 십분지 일을 제사장에게 바치도록 규정하였다(민 28:21-32).

가나안 입국 이후 레위인에게는 육신의 기업을 분배해주지 않고 종교적인 회막의 일만 하도록 요구하였다. 따라서 십일조가 그들의 생활비가 되었다(민 28:24). 제사장 역시 레위인이 바치는 "십일조의 십일조"로 생활하도록 규정하였다(민 28:26,28). 이밖에도 매 삼년 마다 구제를 목적으로 십일조를 시행토록 요구하였다(신 14:28-29). 분깃이나 기업이 없는 레위인은 물론 특히 "객"과 "고아"와 "과부"들을 십일조로 구제하는 것은 십일조의 사용규범을 확실하게 해주었다. 물론 그 우선순위는 구제에 있다고 할 수 없다.

구약시대의 십일조와 지금의 교회의 십일조와는 많이 다르다. 구약시대의 십일조는 이스라엘 12지파 전 이스라엘 민족들 중에서 레위지파에게 바치는 일종의 세금 형식이었다. 이스라엘 공동체 전체를 위해 공동으로 소요되는 경비 및 비용과 함께 12지파 중에서 1지파이므로 결국은 레위인은 전체 이스라엘 백성들의 수에는 12분의 1정도에 해당되는 백성들을 모든 생계비와 함께 공동체의 소요 비용과 모든 경비로 사용되는 것이며 특히 제사장들에게는 레위인들 전체에게서 나오는 십일조로 드리는 것이다. 그러니까 제사장의 소득은 레위인들이 받는 십일조 중에서 십일조를 받아 드리는 것이었다.
그러므로 오늘날의 교회에서 성도들이 내는 십일조는 국가에 세금을 내면서 또 교회에 십일조를 내는 것은 이중으로 세금을 내는 것이나 마찬가지이다.

사사시대 말기에 이스라엘 백성들이 중앙집권적인 왕정을 당시의 종교와 정치의 지도자였던 사무엘에게 요구하였다. 이때에 사무엘은 백성들에게 "그가(왕) 또 너희 곡식과 포도원 소산의 십일조를 취하여 자기 관리와 신하에게 줄 것이며... 너희 양떼의 십분 일을 취하리니"라고 순수한 종교적 목적이 아닌 또 하나의 십일조가 부담을 줄 것이라고 경고하였다(삼상 8:10-18).

이스라엘이 왕정시대로 들어가면서 왕들의 통치하에서 십일조는 더욱 강조되었을 것이고 따라서 십일조의 정신은 시들어지면서 형식화되었던 것으로 추측할 수 있다. 이미 왕정시대 초기에 사울왕은 아말렉과의 전쟁에서 얻은 모든 것을 진멸하라는 여호와의 명령을 어기고 번제와 제사의 명목으로 양과 소를 취하여 왔을 때에 사무엘이 "순종이 제사보다 낫고 듣는 것이 수양의 기름보다 낫다"(삼상 15:22)고 책망했던 사실은 내용보다 형식에 흘렀던 그 시대 십일조정신을 보여준다고 할 수 있을 것이다. 십일조가 감사가 원인이 되어 자원하는 형태로 시행되지 않으면 십일조의 근본정신이 타락하고 마는 사실을 주지해야 할 것이다.

십일조가 제도화되면서 "모든 것은 십일조를 많이 가져왔"(대하 31:5)기에 히스기야 왕은 "여호와의 전 안에 방"(창고)을 예비하게 하고 십일조 헌물을 보관하게 하였다(대하 31:6-19).

왕정시대의 십일조뿐만 아니라, 모든 것의 부패와 타락은 유대와 이스라엘의 멸망으로 이어진다. 바벨론 포로 이후에는 십일조의 시행이 잘 되지 않았던 것으로 판단된다. 마지막 선지자였던 말라기 선지자는 오늘의 본문 말씀에서 "사람이 어찌 하나님의 것을 도적질하겠느냐... 이는 곧 십일조와 헌물이라 너희 곧 온 나라가 나의 것을 도적질하였으므로 너희가 저주를 받았느니라"(말 3:8-9)고 책망하였다.

더욱이 "너희의 온전한 십일조를 창고에 들여 나의 집에 양식이 있게 하고 그것으로 나를 시험하여 내가 하늘 문을 열고 너희에게 복을 쌓을 곳이 없도록 붓지 아니하나 보라"(말 3:10)고 신앙적 원리와 규범으로 되돌아가도록 요청하고 있다. 그러므로 십일조 제도는 구약시대에 나타난 일시적인 관습이 아니라 영속적인 신앙적 규범으로 구약시대 전체에 맥락을 가지고 있음을 볼 수 있었다.

신약시대의 십일조

구약의 십일조가 신약시대에도 계속하는 것인가? 혹자들은 구약시대에 시행되었으나 신약시대에 중지된 제사제도와 같이 십일조 제도 역시 중지되었다고 주장한다. 그러므로 신약성경에서 그 실체를 규정할 필요가 있다.

바리새인들의 십일조

복음서에서 십일조가 처음 언급된 것은 바리새인의 십일조 관습이었다. 그들은 철저하게 십일조를 시행하였다. 그러나 십일조의 근본정신이 약화되었음을 예수님께서 지적하시고 책망하셨다. 그들은 "소득의 십일조"(눅 18:12)는 물론이고, 심지어 채전에 조금씩 심는 "박하와 운향과 모든 채소의 십일조"(눅 11:42)까지 바쳤다고 했다. 그러나 그들은 "공의와 하나님께 대한 사랑은 버리는도다"고 책망 받았다(눅 11:42). 바로 이 점이 율법적 형식주의에 매여서 십일조의 형식은 취하되 그 근본적인 내용인 "공의와 사랑"의 정신은 망각하고 있음을 지적하는 것이다.

복음서 저자 마태는 십일조의 정신을 "의와 인과 신"이라고 언급하였다(마 23:23). 더욱이 중요한 사실은 예수님께서 "그러나 이것도 행하고 저것도 버리지 아니하여야 할지니라"(눅 11:42)고 말씀하심으로써 형식의 십일조와 내용의 십일조를 다 같이 공존시켜야 할 것을 교훈 하신 것이다. 혹자는 이 사건은 예수님의 십자가 이전의 것이기 때문에 율법을 완성하신 십자가 사건 이후에는 십일조의 시행이 불필요하다고 주장한다. 그러나 "이것도"란 말씀이 분명히 제도적인 십일조를 뜻함이 분명하기 때문에 십일조의 중지란 예수님의 의도와는 전혀 다르다고 할 수밖에 없다. 문제가 되는 "율법의 마침(완성)"이란 로마서 10장 4절의 말씀을 바로 해석하는 것은 신약의 십일조에 대한 분명한 규범을 확정할 수 있을 것이다.

신약의 십일조 개념

로마서 10장 4절에 "그리스도는 모든 믿는 자에게 의를 이루기 위하여 율법의 마침이 되시니라"고 하였다. 여기에 채용된 "율법의 마침"이란 말은 헬라어로 "텔로스 노무우"인데, "마침"에 해당하는 "텔로스"는 삼중적 의미를 지니고 있는 말이다. 그 의미는 "마침(Termination)", "목표(Aim)", 그리고 가장 근본적인 의미로서 "성취(Fulfillment)"란 뜻이다. 혹자들은 율법의 마침으로 율법의 5대 제사가 마침이 되었듯이 십일조도 마침이 되었다고 해석한다. 이렇게 주장하는 해석가들은 한결같이 율법을 제사법, 의식법, 시민법, 또는 도덕법 등 율법의 어떤 구분과 종류를 반드시 언급한다. 왜냐하면 율법이 마침이 되었다고 주장하면 모든 율법이 다 폐지되어야 할 것인데 대부분의 율법들이 아직도 여전히 준행되고 있기 때문이다.

그래서 제사법만 폐지되었다고 주장하는 어떤 근거를 마련하고 있다. 그러면 율법의 복수의 개념이 가능한가? 신약의 그 어느 곳에서도 율법을 "노모스"라고 단수로 채용하지 "노모이"라고 복수개념으로 쓴 곳은 단 한 번도 없다. 오히려 성경은 율법의 전체성을 강조한다. 그러므로 율법의 조문을 구별하여 이해할 수 있지만, 율법의 어떤 종류를 구별할 수는 없다. 야고보서 2장 10절에 보면 "누구든지 온 율법을 지키다가 그 하나에(한 조문에) 거치면 모두 범한 자가 되나니"라고 밝힘으로써 간음하지 않았어도 살인하였다면 율법을 범한 자가 된다고 하였다(야고보서 2:11). 이는 율법이 본질상 하나임을 보여준다.

예수님께서도 "진실로 너희에게 이르노니 천지가 없어지기 전에는 율법의 일점일획이라도 반드시 없어지지 아니하고 다 이루리라"(마 5:8)고 그 전체성을 분명히 교훈 하셨다. 이와 같은 면에서 고려한다면 "율법의 마침"이란 번역보다 "율법의 성취"라는 이해가 올바르다고 할 수 있다. 특히 구약의 5대 제사에 관하여 자세히 기록하고 있는 레위기 등 소위 "제사법"으로 구성되어 있는 성경들은 폐지되고 그 유효기간이 지난 것이 아니라 오늘날도 영감 된 하나님의 말씀으로 살아있고 유효한 것임을 분명히 해야만 한다.

다만 예수 그리스도의 십자가 이후에 동물의 피 제사를 드리지 않는 것은 예수님께서 대속의 어린 양으로 단번에 완전하게 피 제사를 드렸기 때문이다. 이는 율법의 한 성취(Fulfillment of the Law)일 뿐이다. 율법의 최종적 완성(Consummation of the Law)은 과거에 진행되어 왔고, 지금도 진행되고 있고, 장차 주의 재림과 더불어 이루어진다. 그러므로 십자가 이후 십일조를 규정한 율법이 죽었다는 것은 잘못된 해석임에 틀림이 없다. 그렇다고 해서 왕정시대 이후에 나타난 형식주의, 초대교회의 바리새인들과 같은 의식주의나 외식주의, 타성에 젖어서도 안 된다.

그러므로 결론적으로 신약성경에서는 끊임없이 연보에 대하여 가르친다. 억지로 하지 말고 즐거움으로 하라고 했다(고후 9:5-7). 또한 후한 연보를 하되 "이를 얻은 데로" 하라고 했다 (고후 9;13, 고전 16:2). 그리고 하나님의 영광을 위하여 하라고 했다(고전 10:31). 이러한 가르침을 받아 예루살렘 초대교회에서는 유무상통의 헌신생활을 한 적도 있다(행 2:44-45). 바나바뿐만 아니라 많은 신자들이 밭과 집을 팔아 각 사람의 필요를 충당하였다(행 4:34-36).

이런 면에서 볼 수 있는 것은 형식주의적 십일조에 메여있는 것이 아니라 "공의와 하나님께 대한 사랑"(눅 11:42), 그리고 "의와 인과 신"(마 23:23)에 원리에서 재물을 관리하고 사용하는 청지기 정신이 강조되어야 할 것이다. 십분의 일만 하나님의 것이고 나머지는 내 맘대로 남용할 수 있는 것은 아니다. 교회의 필요에 따라서 십의 이나 삼을 해야 할 때도 있을 것이다. 다만 원리는 적어도 십의 일은 하나님의 영광을 위하여 사용해야 할 것이다. 이는 비단 물질뿐만 아니라, 우리의 삶의 전 영역에 해당되어야 할 것이다

오늘날 한국교회에서의 필요를 따라 자원하면서 자율적 자유함의 믿음 안에서 헌금과 연보를 하는 것을 과연 기쁘게 즐거움으로 하나님을 사랑하고 이웃을 사랑하는 진정한 성령의 인도하심으로 성경적 예수님의 말씀에 근거하여 하는 연보 헌금이라고 할 수 있을까? 라는 의문을 제기한다면 교회들은 아니라고 손사래와 고개를 좌우로 흔들 것이다. 이에 대한 언급 자체를 이단적 비성경적인 해석으로 몰아 부칠 것이다. 이 헌금과 십일조의 자원성과 자율성의 한계와 경계는 주장하기에 애매모호하기 때문이다. 교회라는 체제 내 속한 사람들은 자기 부정을 할 수 없기 때문이다. 이는 타성과 관성이 지배하기 때문이다. 전통적 교회나 종교집단은 그래서 보수적이면서도 기득권적일 수밖에 없는 생리가 되는 것이다. 그래서 예수님도 기존체제와 기득권적 보수세력으로부터 이단이라는 굴레를 씌워서 십자가에 처형한 것은 정치세력과 기존 유대인의 유대교 체제가 합작하여 십자가에 매달아 죽이게 된 것이다. 즉 정치적 세력과 종교세력의 합력과 협력으로 서로 책임을 전가하면서도 결국은 자기들의 이익을 위한 희생물이 되신 것이다.

구약시대에서의 세금은 십일조와 각종 헌물 즉 각종 제물이

되었으며, 레위인은 공직자 즉 공무원의 역할을 담당했다.

그러므로 세금은 없었으며 십일조 등 헌물이 공동체의 공공의 자산과 재산으로 요즘의 국가의 세금의 역할을 했다. 이 십일 조로 레위인의 소득의 일부로 지급 되었으며, 레위인의 소득의 십일조로 제사장의 소득으로 지급 되었다. 신약에서는 로마제 국에 세금을 내야 했으며, 또한 유대인들은 성전세를 내야 했으며, 각종 헌물을 내고 제사를 지내야 했다. 그러므로 세금은 로마 제국에, 성전세는 바리세인들의 제사장에게 내야 했다.

교회와 세금/종교인과세

롬13:6~7

6. 너희가 조세를 바치는 것도 이로 말미암음이라 그들이 하나님의 일꾼이 되어 바로 이 일에 항상 힘쓰느니라

7. 모든 자에게 줄 것을 주되 조세를 받을 자에게 조세를 바치고 관세를 받을 자에게 관세를 바치고 두려워할 자를 두려워하며 존경할 자를 존경하라

1)사회법적 관점

조세의 본질에 대해 역사적으로 국가와 국민간의 계약에 의한 국민의 부담이라고 보는 국가계약설(國家契約說), 조세는 일차적으로 개인소득의 감소를 가져오지만 국가의 생산적 지출을 통한 개인의 이차적인 생산력을 증대시켜준다는 국가생산설(國家生産說), 지배계급의 권력에 의한 국가착취설(國家搾取說), 사회변동 속에서 형성된 피조물로서의 국가진화설(國家進化說)과 같은 논의가 있었으며, 조세부과의 근거로 공급수요를 부담하는 공공수요설(公共需要設), 개인의 존재에 선행하는 국가구성원으로서의 의무설(義務說), 국가가 국민에게 제공하는 유무형의 공공재편익대가로 본 이익설(利益說), 국가는 개인의 생명과 재산을 보호하는 기능을 수행하는 데 있어 국가는 국민에

대한 보험자이며 국민을 국가에 대한 피보험자로 보는 보험설(保險說) 등이 있지만 각각의 주장에는 장단점이 모두 있다.

조세부과라는 국가행위(통치수단) 이전에 이러한 주권재민(主權在民)의 관점에서 법치국가의 형성에 맞추어 발전하였으며 민주주의가 발전하기 전에는 지배층의 통치수단으로 사용되었지만 법치국가가 형성되면서 국민의 대의기관에 의하여 결정된 법률에 의하여 구성원이 부담할 세금이 결정 되었다.

전승지(戰勝地) 식민지 약탈지로부터의 경비조달을 제외하면 동서고금의 상황에서 세금이 국가라는 조직의 운영경비를 조달하는 재원으로서의 역할을 하였다는 공통점을 찾을 수 있다.

2) 성경의 흐름

① 족장시대와 율법시대

족장시대의 헌물과 십일조, 율법시대에 번제, 소제, 화목제, 속죄제, 속건제 등의 제물로 드리는 헌물이 제사의 종류에 따라 다양했으나 이스라엘백성이 죄의 용서를 받고 '백성과 하나님 사이의 화목', '백성들 간의 화목'을 위한 제물이라는 점에선 동일하며, 이스라엘백성이 하나님나라백성을 의미한다는 점에서 현대 교회에서 헌금, 재정의 사용처가 하나님과 하나님나라백성(공동체)의 화목, 공동체 구성원들 간의 화목을 위하여 사용되어야 한다는 점에서 헌금, 교회재정과 세금의 상관성을 찾을 수 있다.

② 왕정 시대와 그 이후

정치구조의 변화에 따라 재정이 분리된 왕정시대부터 비로소 종교 활동으로서의 헌금과 국가운영을 위한 세금이 구분되기 시작했으며, 구약의 헌물은 화폐경제의 발달에 따라 시간적 공간적 차이를 해결하기 위해 필요한 물품을 구매할 수 있는 화폐로서의 헌금으로 변천되었다.

왕정시대 이전까지의 공동체 비용은 제사를 위한 레위 지파의 운영비에 국한되는 개념으로 제물과 헌물이 드려졌으나 왕정시대부터 이스라엘은 제사 및 레위 지파를 위한 제물과 공동체 국가운영을 위한 세금을 구분하였다.

왕정시대를 지나 정치와 종교가 분리된 현대시대는 하나님나라백성으로서 드린 헌금과 일반국가 백성으로서 납부한 세금의 사용처가 엄격히 구분되고 있다.

교회공동체와 개인에게 맡기신 재물의 관리자라는 관점에서 우리는 연보(헌금)와 세금의 속성에 대해 고민하지 않을 수 없다. 신정일치시대에는 헌금의 정신을, 신정 분리구조의 왕정시대 이후의 헌금사용에 대해 찾을 수 있다. '제물, 제물/연보, 제물/연보/세금'의 단계로 확장된 변천과정에서 표면적으론 교회 또는 국가에 드리는 것이지만 궁극적으론 하나님께 드려진 재정의 사용처 속성을 검토하는 것은 교회 재정과 세금의 연결고리를 찾을 수 있게 한다.

3) 헌금과 세금의 상관관계

헌금이 '창조주에 대한 헌신의 표시', '공동체운영경비', '공적부조' 기능으로 하나님과의 소통(사랑), 백성들 간의 소통(사랑)이라는 다중역할은 적극적인 이행을 요구하는 '적극적인 사랑의 표현'인 반면 국가공동체구성원으로서 분담할 세금을 납부하지 않음으로 공동체 구성원 누군가가 추가적인 부담을 하지 않게 한다는 차원에서 최소한 이행해야 하는 '소극적인 사랑의 표현'이다.

참고로 독일 국민은 누구나 출생과 동시에 주민등록증에 소속 교회가 기록된다. 물론 등록되지 않으면 내지 않지만, 지역과 소득 수준에 따라 차이가 있지만 월평균 소득세의 8-9%의 종교세를 근로소득세와는 별도로 납부 한다. 그리고 종교인은 국가에서 사례를 받는다. 그리고 사례에서 원천징수방식의 세금을 내게 된다. 과거 서양에서는 출생신고를 교회에 했기 때문이다. 유럽의 성직자는 준공무원이다. 미국도 성직자의 세금은 투명하고 신성한 납세의무로 당연하게 여기고 있다. 물론 별도의 사례금에서도 세금을 낸다. 세계 거의 모든 나라에서 성직자도 세금을 내고 있다. 나라마다 역사와 전통이 다르기 때문에 적용의 문제는 별개이다.

세금문제를 핑계로 예수를 역적으로 모략하기 위한 계략
마22:17~19, 막12:15~22
가이사에게 세금을 바치는 것

15. 이에 바리새인들이 가서 어떻게 하면 예수를 말의 올무에 걸리게 할까 상의하고
16. 자기 제자들을 헤롯 당원들과 함께 예수께 보내어 말하되 선생님이여 우리가 아노니 당신은 참되시고 진리로 하나님의 도를 가르치시며 아무도 꺼리는 일이 없으시니 이는 사람을 외모로 보지 아니하심이니이다
17. 그러면 당신의 생각에는 어떠한지 우리에게 이르소서 가이사에게 세금을 바치는 것이 옳으니이까 옳지 아니하니이까 하니
18. 예수께서 그들의 악함을 아시고 이르시되 외식하는 자들아 어찌하여 나를 시험하느냐
19. 세금 낼 돈을 내게 보이라 하시니 데나리온 하나를 가져왔거늘
20. 예수께서 말씀하시되 이 형상과 이 글이 누구의 것이냐
21. 이르되 가이사의 것이니이다 이에 이르시되 그런즉 가이사의 것은 가이사에게, 하나님의 것은 하나님께 바치라 하시니
22. 그들이 이 말씀을 듣고 놀랍게 여겨 예수를 떠나가니라

유대교 바리세파 대제사장과 로마제국의 식민지총독 빌라도, 그리고 친 로마 어용 유대 왕 헤롯, 3개 집단이 서로의 자기 유익을 위해 공동으로 예수를 이단과 로마 역적으로 처형하기

위해 도모하였다.

눅23:1~7. 무리가 다 일어나 예수를 빌라도에게 끌고 가서

2. 고발하여 이르되 우리가 이 사람을 보매 우리 백성을 미혹하고 가이사에게 세금 바치는 것을 금하며 자칭 왕 그리스도라 하더이다 하니

3. 빌라도가 예수께 물어 이르되 네가 유대인의 왕이냐 대답하여 이르시되 네 말이 옳도다

4. 빌라도가 대제사장들과 무리에게 이르되 내가 보니 이 사람에게 죄가 없도다 하니

5. 무리가 더욱 강하게 말하되 그가 온 유대에서 가르치고 갈릴리에서부터 시작하여 여기까지 와서 백성을 소동하게 하나이다

6. 빌라도가 듣고 그가 갈릴리 사람이냐 물어

7. 헤롯의 관할에 속한 줄을 알고 헤롯에게 보내니 그 때에 헤롯이 예루살렘에 있더라

9. 공동체, 사회적 배려와 나눔과 섬김

재산이나 물건은 서로 통용하고 자기 것을 주장하지 않고 공동체가 다 같이 함께 공용하고 나누어 사용한다. 사회주의와 공산주의의 이념과 사상의 기초가 되다.

행2:43~47

43. 사람마다 두려워하는데 사도들로 말미암아 기사와 표적이 많이 나타나니

44. 믿는 사람이 다 함께 있어 모든 물건을 서로 통용하고

45. 또 재산과 소유를 팔아 각 사람의 필요를 따라 나눠 주며

46. 날마다 마음을 같이하여 성전에 모이기를 힘쓰고 집에서 떡을 떼며 기쁨과 순전한 마음으로 음식을 먹고

47. 하나님을 찬미하며 또 온 백성에게 칭송을 받으니 주께서 구원 받는 사람을 날마다 더하게 하시니라. 믿는 무리가 한마음과 한 뜻이 되어 모든 물건을 서로 통용하고 자기 재물을 조금이라도 자기 것이라 하는 이가 하나도 없더라

8. 교회의 상업화와 생계수단 금지

교회나 예수와 하나님을 이용하는 장사, 사업을 하지 말라! 건물이 교회가 아니라 예수님이 성전이며 예수를 믿음의 성도들 그 자체가 성전이다.

요한복음2장13~22절

성전을 깨끗하게 하시다. 부패한 교회를 정리하셨다.

13. 유대인의 유월절이 가까운지라 예수께서 예루살렘으로 올라가셨더니

14. 성전 안에서 소와 양과 비둘기 파는 사람들과 돈 바꾸는 사람들이 앉아 있는 것을 보시고

15. 노끈으로 채찍을 만드사 양이나 소를 다 성전에서 내쫓으시고 돈 바꾸는 사람들의 돈을 쏟으시며 상을 엎으시고

16. 비둘기 파는 사람들에게 이르시되 이것을 여기서 가져가라 내 아버지의 집으로 장사하는 집을 만들지 말라 하시니

17. 제자들이 성경 말씀에 주의 전을 사모하는 열심이 나를 삼키리라 한 것을 기억하더라

18. 이에 유대인들이 대답하여 예수께 말하기를 네가 이런 일을 행하니 무슨 표적을 우리에게 보이겠느냐

19. 예수께서 대답하여 이르시되 너희가 이 성전을 헐라 내가 사흘 동안에 일으키리라

20. 유대인들이 이르되 이 성전은 사십육 년 동안에 지었거늘 네가 삼 일 동안에 일으키겠느냐 하더라

21. 그러나 예수는 성전된 자기 육체를 가리켜 말씀하신 것이라

22. 죽은 자 가운데서 살아나신 후에야 제자들이 이 말씀하신 것을 기억하고 성경과 예수께서 하신 말씀을 믿었더라

9. 희생정신

마태복음10장34~39

검을 주러 왔다

34. 내가 세상에 화평을 주러 온 줄로 생각하지 말라 화평이 아니요 검을 주러 왔노라

35. 내가 온 것은 사람이 그 아버지와, 딸이 어머니와, 며느리가 시어머니와 불화하게 하려 함이니

36. 사람의 원수가 자기 집안 식구리라

37. 아버지나 어머니를 나보다 더 사랑하는 자는 내게 합당하지 아니하고 아들이나 딸을 나보다 더 사랑하는 자도 내게 합당하지 아니하며

38. 또 자기 십자가를 지고 나를 따르지 않는 자도 내게 합당하지 아니하니라

39. 자기 목숨을 얻는 자는 잃을 것이요 나를 위하여 자기 목숨을 잃는 자는 얻으리라

마태복음 14장1~12절
예수를 지지하고 따르는 자들에 대한 정치적 박해 시작
세례 요한의 죽음

1. 그 때에 분봉 왕 헤롯이 예수의 소문을 듣고

2. 그 신하들에게 이르되 이는 세례 요한이라 그가 죽은 자 가운데서 살아났으니 그러므로 이런 능력이 그 속에서 역사하는도다 하더라

3. 전에 헤롯이 그 동생 빌립의 아내 헤로디아의 일로 요한을 잡아 결박하여 옥에 가두었으니

4. 이는 요한이 헤롯에게 말하되 당신이 그 여자를 차지한 것이 옳지 않다 하였음이라

5. 헤롯이 요한을 죽이려 하되 무리가 그를 선지자로 여기므로 그들을 두려워하더니

6. 마침 헤롯의 생일이 되어 헤로디아의 딸이 연석 가운데서 춤을 추어 헤롯을 기쁘게 하니

7. 헤롯이 맹세로 그에게 무엇이든지 달라는 대로 주겠다고 약속하거

늘
8. 그가 제 어머니의 시킴을 듣고 이르되 세례 요한의 머리를 소반에 얹어 여기서 내게 주소서 하니
9. 왕이 근심하나 자기가 맹세한 것과 그 함께 앉은 사람들 때문에 주라 명하고
10. 사람을 보내어 옥에서 요한의 목을 베어
11. 그 머리를 소반에 얹어서 그 소녀에게 주니 그가 자기 어머니에게로 가져가니라
12. 요한의 제자들이 와서 시체를 가져다가 장사하고 가서 예수께 아뢰니라

10. 집단 이기주의, 기득권 세력의 핍박
예수를 트집 잡기 시작하다 강력한 동족의 견제
장로들의 전통
1. 그 때에 바리새인과 서기관들이 예루살렘으로부터 예수께 나아와 이르되
2. 당신의 제자들이 어찌하여 장로들의 전통을 범하나이까 떡 먹을 때에 손을 씻지 아니하나이다
3. 대답하여 이르시되 너희는 어찌하여 너희의 전통으로 하나님의 계명을 범하느냐

마17:24~27
성전세를 내시다/성도는 무엇을 내야 하나?
24. 가버나움에 이르니 반 세겔 받는 자들이 베드로에게 나아와 이르되 너의 선생은 반 세겔을 내지 아니하느냐
25. 이르되 내신다 하고 집에 들어가니 예수께서 먼저 이르시되 시몬아 네 생각은 어떠하냐 세상 임금들이 누구에게 관세와 국세를 받느냐 자기 아들에게냐 타인에게냐
26. 베드로가 이르되 타인에게니이다 예수께서 이르시되 그렇다면

아들들은 세를 면하리라

27. 그러나 우리가 그들이 실족하지 않게 하기 위하여 네가 바다에 가서 낚시를 던져 먼저 오르는 고기를 가져 입을 열면 돈 한 세겔을 얻을 것이니 가져다가 나와 너를 위하여 주라 하시니라

유대교 기득권 보주주의자들이 개혁적인 예수님을 정치적 반란자로 모함하기 시작하다.

마26:1~5 예수를 죽이는 모의

예수를 죽이려고 의논하다

1. 예수께서 이 말씀을 다 마치시고 제자들에게 이르시되
2. 너희가 아는 바와 같이 이틀이 지나면 유월절이라 인자가 십자가에 못 박히기 위하여 팔리리라 하시더라
3. 그 때에 대제사장들과 백성의 장로들이 가야바라 하는 대제사장의 관정에 모여
4. 예수를 흉계로 잡아 죽이려고 의논하되
5. 말하기를 민란이 날까 하노니 명절에는 하지 말자 하더라

유다만 예루살렘 출신이며 정치적인 예수가 세속적 왕이 되리라고 했는데 그 기대가 없어 보이자 배반하다.

마26장 14~16

유다가 배반하다

14. 그 때에 열둘 중의 하나인 가룟 유다라 하는 자가 대제사장들에게 가서 말하되
15. 내가 예수를 너희에게 넘겨 주리니 얼마나 주려느냐 하니 그들이 은 삼십을 달아 주거늘
16. 그가 그 때부터 예수를 넘겨 줄 기회를 찾더라

예수를 로마 제국을 모반한 반역자로 모략하여 체포하다

마26:47~68

잡히시다

47. 말씀하실 때에 열둘 중의 하나인 유다가 왔는데 대제사장들과 백성의 장로들에게서 파송된 큰 무리가 칼과 몽치를 가지고 그와 함께 하였더라

48. 예수를 파는 자가 그들에게 군호를 짜 이르되 내가 입맞추는 자가 그이니 그를 잡으라 한지라

49. 곧 예수께 나아와 랍비여 안녕하시옵니까 하고 입을 맞추니

50. 예수께서 이르시되 친구여 네가 무엇을 하려고 왔는지 행하라 하신대 이에 그들이 나아와 예수께 손을 대어 잡는지라

51. 예수와 함께 있던 자 중의 하나가 손을 펴 칼을 빼어 대제사장의 종을 쳐 그 귀를 떨어뜨리니

52. 이에 예수께서 이르시되 네 칼을 도로 칼집에 꽂으라 칼을 가지는 자는 다 칼로 망하느니라

53. 너는 내가 내 아버지께 구하여 지금 열두 군단 더 되는 천사를 보내시게 할 수 없는 줄로 아느냐

54. 내가 만일 그렇게 하면 이런 일이 있으리라 한 성경이 어떻게 이루어지겠느냐 하시더라

55. 그 때에 예수께서 무리에게 말씀하시되 너희가 강도를 잡는 것 같이 칼과 몽치를 가지고 나를 잡으러 나왔느냐 내가 날마다 성전에 앉아 가르쳤으되 너희가 나를 잡지 아니하였도다

56. 그러나 이렇게 된 것은 다 선지자들의 글을 이루려 함이니라 하시더라 이에 제자들이 다 예수를 버리고 도망하니라

종교재판과 정치재판의 두 가지 재판을 동시에 하다.

11. 종교재판과 정치재판의 공동재판

공회 앞에 서시다

마26:57. 예수를 잡은 자들이 그를 끌고 대제사장 가야바에게로 가니 거기 서기관과 장로들이 모여 있더라

58. 베드로가 멀찍이 예수를 따라 대제사장의 집 뜰에까지 가서 그

결말을 보려고 안에 들어가 하인들과 함께 앉아 있더라

59. 대제사장들과 온 공회가 예수를 죽이려고 그를 칠 거짓 증거를 찾으매

60. 거짓 증인이 많이 왔으나 얻지 못하더니 후에 두 사람이 와서

61. 이르되 이 사람의 말이 내가 하나님의 성전을 헐고 사흘 동안에 지을 수 있다 하더라 하니

62. 대제사장이 일어서서 예수께 묻되 아무 대답도 없느냐 이 사람들이 너를 치는 증거가 어떠하냐 하되

63. 예수께서 침묵하시거늘 대제사장이 이르되 내가 너로 살아 계신 하나님께 맹세하게 하노니 네가 하나님의 아들 그리스도인지 우리에게 말하라

64. 예수께서 이르시되 네가 말하였느니라 그러나 내가 너희에게 이르노니 이 후에 인자가 권능의 우편에 앉아 있는 것과 하늘 구름을 타고 오는 것을 너희가 보리라 하시니

65. 이에 대제사장이 자기 옷을 찢으며 이르되 그가 신성 모독 하는 말을 하였으니 어찌 더 증인을 요구하리요 보라 너희가 지금 이 신성 모독 하는 말을 들었도다

66. 너희 생각은 어떠하냐 대답하여 이르되 그는 사형에 해당하니라 하고

67. 이에 예수의 얼굴에 침 뱉으며 주먹으로 치고 어떤 사람은 손바닥으로 때리며

68. 이르되 그리스도야 우리에게 선지자 노릇을 하라 너를 친 자가 누구냐 하더라

유대교단과 로마 총독, 서로 사후에 있을 어떤 두려움을 서로 책임을 전가하다.

유대교 바리세인들의 공회 총회 종교 재판과 로마 총독의 정치 재판의 책임 공방으로 서로에게 책임을 전가하고 총독을 겁박하여 정치적 재판 반역죄로 사형을 처하도록

협박함

안나스에게로 끌고 가다

정치권력의 실세와 종교권력의 실세끼리 사위와 장인으로 실권자들이 독재권력 로마제국의 편향된 친로파 매국노들이 정의롭고 공의로운 예수를 죽이기로 함

친일파 경찰청장과 친일파 기독교 총회장이 장인과 사위인데 이단을 처형하기로 한 것과 유사한 사례

12. 이에 군대와 천부장과 유대인의 아랫사람들이 예수를 잡아 결박하여

13. 먼저 안나스에게로 끌고 가니 안나스는 그 해의 대제사장인 가야바의 장인이라

14. 가야바는 유대인들에게 한 사람이 백성을 위하여 죽는 것이 유익하다고 권고하던 자러라

요한복음 제19장

1. 이에 빌라도가 예수를 데려다가 채찍질하더라

2. 군인들이 가시 나무로 관을 엮어 그의 머리에 씌우고 자색 옷을 입히고

3. 앞에 가서 이르되 유대인의 왕이여 평안할지어다 하며 손으로 때리더라

4. 빌라도가 다시 밖에 나가 말하되 보라 이 사람을 데리고 너희에게 나오나니 이는 내가 그에게서 아무 죄도 찾지 못한 것을 너희로 알게 하려 함이로라 하더라

5. 이에 예수께서 가시관을 쓰고 자색 옷을 입고 나오시니 빌라도가 그들에게 말하되 보라 이 사람이로다 하매

6. 대제사장들과 아랫사람들이 예수를 보고 소리 질러 이르되 십자가에 못 박으소서 십자가에 못 박으소서 하는지라 빌라도가 이르되 너

희가 친히 데려다가 십자가에 못 박으라 나는 그에게서 죄를 찾지 못하였노라

7. 유대인들이 대답하되 우리에게 법이 있으니 그 법대로 하면 그가 당연히 죽을 것은 그가 자기를 하나님의 아들이라 함이니이다

8. 빌라도가 이 말을 듣고 더욱 두려워하여

9. 다시 관정에 들어가서 예수께 말하되 너는 어디로부터냐 하되 예수께서 대답하여 주지 아니하시는지라

10. 빌라도가 이르되 내게 말하지 아니하느냐 내가 너를 놓을 권한도 있고 십자가에 못 박을 권한도 있는 줄 알지 못하느냐

11. 예수께서 대답하시되 위에서 주지 아니하셨더라면 나를 해할 권한이 없었으리니 그러므로 나를 네게 넘겨 준 자의 죄는 더 크다 하시니라

12. 이러하므로 빌라도가 예수를 놓으려고 힘썼으나 유대인들이 소리 질러 이르되 이 사람을 놓으면 가이사의 충신이 아니니이다 무릇 자기를 왕이라 하는 자는 가이사를 반역하는 것이니이다

13. 빌라도가 이 말을 듣고 예수를 끌고 나가서 돌을 깐 뜰(히브리 말로 가 바다)에 있는 재판석에 앉아 있더라

14. 이 날은 유월절의 준비일이요 때는 제육시라 빌라도가 유대인들에게 이르되 보라 너희 왕이로다

15. 그들이 소리 지르되 없이 하소서 없이 하소서 그를 십자가에 못 박게 하소서 빌라도가 이르되 내가 너희 왕을 십자가에 못 박으랴 대제사장들이 대답하되 가이사 외에는 우리에게 왕이 없나이다 하니

16. 이에 예수를 십자가에 못 박도록 그들에게 넘겨 주니라

마27장1~56
예수를 빌라도에게 넘기다

1. 새벽에 모든 대제사장과 백성의 장로들이 예수를 죽이려고 함께 의논하고

2. 결박하여 끌고 가서 총독 빌라도에게 넘겨 주니라

3. 그 때에 예수를 판 유다가 그의 정죄됨을 보고 스스로 뉘우쳐 그

은 삼십을 대제사장들과 장로들에게 도로 갖다 주며
4. 이르되 내가 무죄한 피를 팔고 죄를 범하였도다 하니 그들이 이
르되 그것이 우리에게 무슨 상관이냐 네가 당하라 하거늘
5. 유다가 은을 성소에 던져 넣고 물러가서 스스로 목매어 죽은지라
6. 대제사장들이 그 은을 거두며 이르되 이것은 핏값이라 성전고에
넣어 둠이 옳지 않다 하고

  종교적 이단자와 정치적 반란죄를 동시에 적용하여 사형죄로
처형하다. 유대교 바리새파 대제사장, 그리고 로마에 충성한
유대인의 헤롯왕, 그리고 로마제국 총독 빌라도 3파의 각기
다른 입장에서의 모함재판.
종교 이단자인 동시에 정치적 반역자, 반란자로 처형하다.
십자가에 못 박히게 예수를 넘기다
 11. 예수께서 총독 앞에 섰으매 총독이 물어 이르되 네가 유대인의
왕이냐 예수께서 대답하시되 네 말이 옳도다 하시고
12. 대제사장들과 장로들에게 고발을 당하되 아무 대답도 아니하시
는지라
13. 이에 빌라도가 이르되 그들이 너를 쳐서 얼마나 많은 것으로 증
언하는지 듣지 못하느냐 하되
14. 한 마디도 대답하지 아니하시니 총독이 크게 놀라워하더라
15. 명절이 되면 총독이 무리의 청원대로 죄수 한 사람을 놓아 주는
전례가 있더니
16. 그 때에 바라바라 하는 유명한 죄수가 있는데
17. 그들이 모였을 때에 빌라도가 물어 이르되 너희는 내가 누구를
너희에게 놓아 주기를 원하느냐 바라바냐 그리스도라 하는 예수냐 하
니
18. 이는 그가 그들의 시기로 예수를 넘겨 준 줄 앎이더라
19. 총독이 재판석에 앉았을 때에 그의 아내가 사람을 보내어 이르되
저 옳은 사람에게 아무 상관도 하지 마옵소서 오늘 꿈에 내가 그 사

람으로 인하여 애를 많이 태웠나이다 하더라

20. 대제사장들과 장로들이 무리를 권하여 바라바를 달라 하게 하고 예수를 죽이자 하게 하였더니

21. 총독이 대답하여 이르되 둘 중의 누구를 너희에게 놓아 주기를 원하느냐 이르되 바라바로소이다

22. 빌라도가 이르되 그러면 그리스도라 하는 예수를 내가 어떻게 하랴 그들이 다 이르되 십자가에 못 박혀야 하겠나이다

23. 빌라도가 이르되 어찜이냐 무슨 악한 일을 하였느냐 그들이 더욱 소리 질러 이르되 십자가에 못 박혀야 하겠나이다 하는지라

24. 빌라도가 아무 성과도 없이 도리어 민란이 나려는 것을 보고 물을 가져다가 무리 앞에서 손을 씻으며 이르되 이 사람의 피에 대하여 나는 무죄하니 너희가 당하라

25. 백성이 다 대답하여 이르되 그 피를 우리와 우리 자손에게 돌릴지어다 하거늘

26. 이에 바라바는 그들에게 놓아 주고 예수는 채찍질하고 십자가에 못 박히게 넘겨 주니라

12. 의. 식. 주, 그리고 안전과 건강권의 기본권이 예수님의 사역이셨다.

국가의 역할을 교회가 했던 시대와 교회가 했던 시대의 역할을 국가가 할 시대이다.

백성들의 평안과 안전, 안식과 안락, 행복과 질서, 품위 등 백성이 누릴 수 있고, 누려야 할 권리에 대한 제도적 장치 보장이 최우선 순위이 국가에 위임한 하나님의 능력이다. 국가는 하나님의 대리권을 위임 받았다. 그 책임과 의무를 다 해야 하나님의 사명을 담당하는 것이다.

마가복음2:13~17절

'빵' '밥' '음식' /먹는 것이 법보다 먼저

25. 예수께서 이르시되 다윗이 자기와 및 함께 한 자들이 먹을 것이 없어 시장할 때에 한 일을 읽지 못하였느냐
26. 그가 아비아달 대제사장 때에 하나님의 전에 들어가서 제사장 외에는 먹어서는 안 되는 진설병을 먹고 함께 한 자들에게도 주지 아니하였느냐
27. 또 이르시되 안식일이 사람을 위하여 있는 것이요 사람이 안식일을 위하여 있는 것이 아니니

안식일/ 휴식권
십계명과 마가복음 2장 23~28절 안식일은 주인
기본인권, 휴식권, 근무시간과 근무일, 휴일, 육아일

질병치료의 기본인권, 의료권 보장
마가복음 6:53~56절

진보 좌파와 보수 우파(성전권력, 보수세력)와의 갈등 투쟁
마가복음 11장~16장

진보좌파의 지배체제에 대한 저항과 갈등
마가복음 8:31. 11:27, 14:43,53; 15:1

보수 우파들/ 기득권자, 보수주의자, 제사장, 장로, 율법학자.
헤롯과 헤롯 당원, 바리세인, 서기관, 로마 총독,
마가복음 12장 17절
"가이사의 것은 가이사에게, 하나님의 것은 하나님께 바치라"는 예수님의 말씀은 정부 권위에 대한 대답도 아니며, 종교와 정치의 영역이 구분된다는 기준을 제시한 것도 아니다. 예수께서 의도하신 것은 로마의 주화인 데나리온에 새겨진 티베리우

스의 두상과 그 곁에 새겨진 문장이 잘못됐다는 것을 상기시키는 것이다. 이는 우상숭배를 지적한 것이다. 정치의 우상숭배나 종교적 우상숭배가 되어서는 안 된다는 것이다. 구약성경도 신약성경도 가장 큰 죄가 우상숭배이다.

더욱이 예수께서는 로마 황제가 하나님도, 대제사장도 아니라는 사실을 로마의 신성모독적인 주화를 하나님의 성전에 바쳐서는 안 된다는 것을 가르치신 것이다. 이 말씀은 정교분리의 원칙을 제시하신 것이 아니다. 오히려 예수께서는 로마 황제가 신이 아니라는 것을 드러내고, 하나님의 성전에 신성모독의 주화를 바칠 수 없다는 것을 가르치신 것이다.

로마서 13장 1절
"각 사람은 위에 이는 권세들에게 복종하라 권세는 하나님으로부터 나지 않음이 없나니 모든 권세는 다 하나님께서 정하신 바라".
이 말씀은 종교와 정치의 문제에 등장하며 자주 오해되고 있는 본문이다. 이 본문을 이해하기 위해서는 로마서의 거대 문맥을 이해해야 한다. 해당 본문은 로마서 12장 1절 "그러므로 형제들아 내가 하나님의 모든 자비하심으로 너희를 권하노니 너희 몸을 하나님이 기뻐하시는 거룩한 산 제물로 드리라 이는 너희가 드릴 영적 예배니라"의 가르침을 전제로 한다.

바울은 현실적으로 존재하는 국가권력의 기원과 정당성의 근거를 본문에서 제시하는 것이 아니다. 당시 실제 행정 담당자의 권세를 하나님이 세우신 것으로 이해하라는 의미다. 국가는 하나님의 뜻에 따라 세워진 것일지라도 그 자체가 신적인 것은 결코 아니다.

해당 본문에서 "하나님께서 세워주신 것"은 '질서'를 의미하는 것이 아니라 하나님에 의해 설정 또는 임명된 것을 뜻한다. 따라서 실질적인 질서가 아니라 주권적인 하나님의 의지를 강조하는 것이다.

국가권위와 저항권

로마서 13:1~7/하나님의 명, 하나님의 사역자, 하나님의 일꾼

1. 각 사람은 위에 있는 권세들에게 복종하라 권세는 하나님으로부터 나지 않음이 없나니 모든 권세는 다 하나님께서 정하신 바라
2. 그러므로 권세를 거스르는 자는 하나님의 명을 거스름이니 거스르는 자들은 심판을 자취하리라
3. 다스리는 자들은 선한 일에 대하여 두려움이 되지 않고 악한 일에 대하여 되나니 네가 권세를 두려워하지 아니하려느냐 선을 행하라 그리하면 그에게 칭찬을 받으리라
4. 그는 하나님의 사역자가 되어 네게 선을 베푸는 자니라 그러나 네가 악을 행하거든 두려워하라 그가 공연히 칼을 가지지 아니하였으니 곧 하나님의 사역자가 되어 악을 행하는 자에게 진노하심을 따라 보응하는 자니라
5. 그러므로 복종하지 아니할 수 없으니 진노 때문에 할 것이 아니라 양심을 따라 할 것이라
6. 너희가 조세를 바치는 것도 이로 말미암음이라 그들이 하나님의 일꾼이 되어 바로 이 일에 항상 힘쓰느니라
7. 모든 자에게 줄 것을 주되 조세를 받을 자에게 조세를 바치고 관세를 받을 자에게 관세를 바치고 두려워할 자를 두려워하며 존경할 자를 존경하라

위에 있는 권세가 모두 국가 정치권력이 공적 권세 인지 또는 공적 권세를 빙자한 사적 권세인지를 분별력과 구별하는 것도

중요하다. 그 다음은 방법론이다. 즉 성경적 분별력과 성경적 방법론이 크리스천의 지혜와 신앙의 몫이다.

바울이 당시 그리스도인들에게 로마 지배 아래 있는 정치권력의 상황에 대해 어떻게 행동해야 하는지 가르치고 있다. 이것은 결코 국가와 정치권력에 대한 이론을 제시한 것이 아니다. 그래서 해당 본문은 국가 질서에 대한 신학 근거로 간주돼 불의한 정부에 복종하게 하는 보편타당한 규범이 되도록 오용되어서는 안 된다.

본문은 세상의 모든 권위가 다 하나님께서 세워주신 것이라는 하나님의 통치를 드러내고 있을 뿐이다. 따라서 이 본문을 국가와 정치권력에 대해 절대 복종해야 한다는 윤리의 명령으로 이해해 오용되어서는 안 된다.

베드로전서 2장 13~14절

"인간의 모든 제도를 주를 위하여 순종하되 혹은 위에 있는 왕이나 혹은 그가 악행 하는 자를 징벌하고 선행하는 자를 포상하기 위하여 보낸 총독에게 하라".

이 본문은 로마서 13장 1~7절과 마찬가지로 그리스도인들에게 전체주의 국가의 모든 범행을 받아들이고 협력하라고 명령하는 듯하다. 하지만 베드로 사도 역시 바울과 마찬가지로 권위에 대한 절대적인 복종을 교훈하면서도 로마황제도 사람 가운데 하나임을 분명히 암시한다. 그러므로 로마황제 역시 하나님을 두려워해야 한다는 교훈이다. 권위에 대한 복종의 조건은 주님을 위한 것임을 분명히 하면서 무조건적 복종을 요구하는 것으로 오용되지 말아야 한다. 이 본문 역시 정교분리나 국가와 정부에 대한 무조건적인 복종을 교훈하는 것으로 오용되지 않도록 해야 한다.

정치가 사적 영역이 아니라 공적 영역에서 일어나는 일이라면 교회공동체는 공적기관으로서 하나님의 말씀을 헤아려 공정하게 정치의 역할을 공적으로 담당해야 한다. 그리스도인이 하나님 나라의 가치인 사랑과 정의, 평등과 화평을 이 땅에서 추구하는 것이라면 교회공동체에 속한 모든 개인은 세상 정치를 향하여 예언자적 목소리를 높이며 세상 정치에 성경적 지혜와 방법으로 하나님께 기도하고 간구하며 때와 시기와 장소를 따라 성경적 하나님의 가치를 추구하는 선지자적, 예언자적 사명과 소명으로 이 땅에서 믿음을 구현해야 할 것이다.

3장. 로마의 기독교 공인과 국교화
인류 역사의 대반전

로마의 역사에서 뿐만 아니라 기독교 교회사에서 아니 세계사에서 빼놓고 말할 수 없는 사건이 기독교와 로마 제국과의 만남이다. 로마제국은 맨 처음에슨 기독교를 박해하였지만 나중에는 콘스탄티누스 황제에 의해서 정식으로 공인 되었고 나중에는 로마 제국의 국교가 되었다. 역사에는 가정법이 없지만 만약에 기독교와 로마가 만나지 않았다면 기독교도 로마도 세계사도 어떻게 되었을까?

팔레스틴(Palestine, 블레셋은 팔레스타인의 어원, 가나안) 지방은 B.C. 63년경부터 로마의 지배를 받았다. 그러나 로마 제국은 처음에는 다른 속주처럼 총독을 파견하여 통치하는 반면에 유대인 출신 총독을 선정해서 위임통치하는 방식을 택했다. 예수님 시대에 유대민족을 다스린 총독은 남부 유대 출신의 토호 부족인 헤롯왕이었다. 그는 로마의 군부 실권자 및 통수권자들인 안토니우스, 또는 아우구스투스 등과 같은 로마 제국의 최고 통수권자에게 아첨하여 로마에 충성하여 총독의 자리를 이어갔다.

예수님이 태어날 때 두 살 아래의 어린 사내아이들 모두 죽이는 일도 헤롯왕이었다. 로마 아우구스투스는 헤롯이 죽은 후 10년 뒤 A.D. 6년에 유래를 로마에 병합하였으며 A.D. 26년에 빌라도 총독으로 직접 통치하게 되었다.

그러니까 유대교 공회원들인 바리세인들의 대제사장과 유대인 헤롯왕과 로마 제국의 파견 총독 빌라도와 세 집단이 예수님을 정치적 종교적 반역자로 몰아 처형하여 서로 로마제국에 충성을 경쟁하면서도 나중의 무죄함으로 인한 책임과 민중 봉기와 같은 일이 있을 때 책임과 문책을 피하려고 하는 모습들이 엿보인다. 서로 자기의 공로를 내세우면서도 한편으로는 빠져나갈 명분을 만들어 놓은 것이다.

이후 3세기 로마제국은 혼란에 빠졌다. 235년에서 284년까지 50년 동안 로마제국은 황제가 26명이 바뀌었다. 군부가 절대적 통치권을 좌우했다. 유럽의 모든 백성들은 로마군인이 되는 것이 최고의 명예이며 모두 로마군인이 되는 것이 꿈이었다. 그만큼 로마 군인은 대우와 부와 명예를 받았다. 이것이 로마를 강하게 오랜 동안 제국을 유지하는 힘이 되었다.

디오클레티아누스 황제

로마제국의 군대는 지역 총독이나 군단장 등에게 충성을 다하는 명령과 지휘체계가 확립되어 있었다. 그러므로 군부의 실세가 황제가 되는 것이 가능했다. 그리고 황제는 군부의 실세에 의해서 암살되고 황제가 되기도 하며 군부가 황제를 세우기도 했다. 284년 발칸 반도 출신의 디오클레티아누스 장군이 황제가 되어 기독교를 박해하였다. 그리고 로마 제국을 4인 통치체제의 두개의 분할 통치제로 변경하였다. 아우구스투스와 카이사르로 한 개의 분할에 한 아우구스투스와 한 카이사르가 통치하게 하였다. 이는 보스니아를 경계로 동서로 나누어 분할 통치를 하였으며 이는 나중에 동로마와 서로마로 나뉘는 결과를 낳았다.

콘스탄티누스가 하나님을 만났을 때

콘스탄티누스는 누구인가?

그의 어머니 헬레나는 독실한 기독교 신자로 알려져 있다. 콘스탄티누스의 아버지는 소아시아 지방에서 로마군의 장군으로 근무 중이었는데 술집 하녀에게서 아들 콘스탄티누스를 낳았다고 한다.

다신교는 오랫동안 이어져 내려온 로마제국의 국교였다. 당시는 태양신을 숭배하는 것이 대세였다. 그래서 역대 로마제국의 황제들은 기독교를 박해했다. 그런 상황에서 콘스탄티누스 황제가 등장하게 되는데 콘스탄티누스는 312년 10월 어느 날 영원한 숙적 막센티우스 손에서 로마를 빼앗고 싶어 군대를 이끌고 로마 성으로 진군을 했다. 그런데 갑자기 콘스탄티누스가 노을이 진 하늘에서 거대한 십자가를 보게 되었다. 그리고 십자가 옆에는 "이 표시에 의지해 승리하라."라는 글이 쓰여 있었다. 같은 날 밤 콘스탄티누스의 꿈에는 예수가 나타났다. 예수는 그에게 "기독교 표시가 있는 깃발을 들고 진격하라. 그렇지 않으면 이길 수 없을 것이라는 말도 덧붙였다." 콘스탄티누스는 대장장이에게 순금으로 깃발을 만들라고 명령했다. 그 위에 보석으로 기독교를 나타내는 표시를 박아 넣으라고 했다. 이 모든 것은 자신이 기독교에 충성하고 있다는 것을 표현하기 위해서였다. 또 다른 자료에는 병사들의 방패에도 십자가를 그려 넣었다고 한다. 그 결과인지는 몰라도 콘스탄티누스 군대는 티베르 강 밀비우스 다리 위에서 적군을 물리쳤다. 콘스탄티누스의 숙적 막센티우스는 티베르 강에 빠져 죽었고, 콘스탄티누스는 그곳에 승리의 깃발을 꽂았다. 그리고 로마로 돌아가 기독교로 개종하였다. 그 후 313년 밀라노 칙령을 발표하여 기독교는 공인을 받고 박해에서 벗어나게 되었다.

이 글은 로마인 이야기에 나오는 것으로 기독교 공인과 관련한 이야기다. 사실 여부는 잘 알 수 없으나 콘스탄티누스 황제가 위와 같은 사연으로 전쟁에 승리하여 기독교를 공인하게 되었고 죽음을 앞에 두고는 기독교로 개종하였다 한다. 그의 영향으로 유럽은 거의 대부분이 기독교 국가가 되었다. 전쟁사에는 수많은 이야기가 많은데 승자의 편에서 기록된 만큼 콘스탄티누스 대제의 사관에 의해서 기록된 것이라 볼 수 있다. 전쟁사는 승자의 관점에서 양념이 가미된 이야길 수도 있지만 어떻든 기독교 공인 과정에 이런 사연이 있었다고 기록되어 있다. 그러나 콘스탄티누스는 디우클레티아누스 황제의 부황제로 황제의 딸과 결혼했다. 그 후에 버림을 받은 어머니 헬레나는 아들 콘스탄티누스가 황제가 되면서 궁으로 들어왔다.

한편 동방의 황제인 갈레리우스는 기독교를 핍박하던 황제인데 병에 걸리면서 콘스탄티누스에게 기독교에 대한 핍박을 중단하여 관용을 베풀 것을 유언하였다.

그러나 콘스탄티누스는 예수와 태양신과의 차이를 별로 알지 못했다는 것이다. 274년 로마의 아우렐리우스 황제가 '정복되지 않는 태양'를 로마제국의 종교로 만든 이후 태양신은 제국의 신이었다. 콘스탄티누스의 혼동에선 충분한 이유가 있었다. 기독교인들은 예수를 빛의 하나님으로 불렀고 태양신의 날인 Sunday를 공휴일 일요일 주일로 지금까지 삼고 있다. 그리고 성탄절 12월 25일도 예수님의 탄생과는 확실하게 관계가 알려지지 않고 있다.

세속 황제가 직접 교회를 통치하고 교리를 정하다

밀라노 칙령 이후 기독교는 콘스탄티누스 황제의 보호 아래 세력을 확장해 나갔다. 기독교인들은 로마 시민권을 얻었고 몰수당했던 재산을 돌려받고 재산으로 교회를 세웠다.

한편으로 교회의 문제에 최고 권위자가 되었으며 직접 교리문제에 간섭하고 해결했다. 종교 공회를 소집하고 주재하며 참여하여 교리를 결정하고 반대자들은 이단으로 군대를 동원하여 처형하고 진압했다. 그야말로 황제가 교황이 되었다. 기독교와 교회의 모든 통치 다스림을 담당했다. 이때부터 '가톨릭 catholic이라는 용어 즉 보편적이며 우주적이라는 뜻으로 이단이나 다른 무리와 구분했다. 모든 감독은 자신의 군대의 한 부하에 불과했다.

그러면서도 한편으로는 자신의 아버지가 믿었던 페르시아의 태양신 미트라를 섬겼다. 기독교 공인 후에도 그가 발행한 로마제국의 화폐는 미트라 신을 조각한 '무적의 태양, 나의 보호자'라고 새겼다. 그의 영향으로 가톨릭은 태양신, 미트라 신앙, 그리스 신들의 신앙 의식과 제도, 관습과 전통과 교리 등이 혼합되어 섬겼다.

교회법이 로마제국의 법이 되었다.

그러면서도 기독교적으로 국법을 개혁 개정했다. 315년에는 십자가형을 폐지하였으며 검투를 금지시켰으며, 축첩과 간음을 금지하였으며, 이혼을 제한하고 여자들도 토지 외의 재산을 소유하게 하였으며 여성의 권리를 신장하였다. 그리고 죄인의 이마에 화인 낙인을 찍는 관습을 금했다. 교회법을 국법과 마찬가지로 인정하였으며, 교회 안에서의 분쟁에 대해 교역자가 내린 결정은 국가가 그 결정을 공인하였다. 교회에서의 판결은 그대로 로마법이 되었고, 교회 건물은 어느 누구도 침범할 수 없는 죄인의 도피성과 성역이 되었다. 게다가 성직자에게는 죄에 대한 감형과 사죄를 요청할 수 있는 권리가 법적으로 보장되었다.

또한 321년에는 일요일을 공식 휴일로 정하여 안식일과 같은 노동에서 자유 해방되는 날로 정하였다. 이는 132년에 유대인의 반란으로 안식일 금지령이 내렸는데 유대인과 기독교인 모두에게 안식일에 대한 휴일을 금지하며 유대인과 기독교인 모두를 같은 부류로 보아 가혹한 박해를 자행하였던 것이다.

324년 콘스탄티누스와 리키니우스는 로마의 패권에 대한 결전에서 콘스탄티누스가 로마 제국을 통일했다. 콘스탄니누스가 유일한 로마 황제로 확정되자 제국의 중심지는 동로마제국으로 옮겨졌다.

325년 콘스탄티누스 황제는 친히 니케아 공회를 소집하여 주재하고 삼위일체의 교리를 직접 확정하였다. 이는 사도신경 즉 니케아 신조가 되었다. 이 삼위일체 니케아 신조에 찬성하지 않은 교부 아리우스파는 성직 박탈과 함께 출교되었다.

로마제국의 수도를 비잔티움으로 이전하다

콘스탄티누스 황제의 어머니 헬레나는 예루살렘에 성전을 건축하고 기독교 선파에 앞장섰다. 황제는 원로원에도 기독교를 권했으나 의회는 거절했다. 당시 100만 명 인구의 로마를 기독교화하려고 했으나 실패하자 제국의 중심을 신도시 지금의 이스탄불로 옮겨 기독교 도시로 성시로 삼았다. 그후 로마는 서방 카톨릭의 교회의 중심지로만 전락했다. 비잔티움에 성 소피아 대성당을 건축하여 동방 중심의 로마제국으로 변모했고 비잔티움에서 콘스탄티노플이라는 새 수도로 이름을 바꾸었다.

암브로시우스 교부, 교권을 확립하다

초기 로마교부는 기독교 공인 초창기 때라 전혀 힘을 쓰지 못였다. 오히려 안디옥 등 소아시아 지역 교부들의 세력이 강했다. 이때 교권의 확립에 앞장선 교부가 밀라노의 암브로시우스였다. 원래 암브로시우스는 밀라노를 포함한 주변지역의 집정관이었다. 374년 밀라노 교부가 죽자 후계자 다툼이 일어났다.

집정관으로 중재에 나섰던 그가 오히려 시민들에 의해 갑작스럽게 교부로 추대되었다. 당시 서른다섯 살의 젊은이였다.

그는 교부가 되고 난 후 강직한 신앙생활을 하며 당시 강력한 황제인 테오도시우스와도 맞서 싸웠다. 390년경 테오도시우스 황제는 데살로니가에서 일어난 교회 소요를 진압하면서 죄 없는 주민들을 학살했다. 지나친 불법을 저지른 황제에게 어느 누구도 대항하지 못 했다. 그는 즉시 황제에게 서한을 보내 데살로니가 학살에 대한 책임을 요구했다. 그는 황제에게 공식적으로 회개할 것과 교회 출입을 금할 것을 요청했다.

그러나 이러한 요청을 묵살한 황제는 부활절에 교회로 행차했다. 그러나 암브로시우스는 황제가 교회에 들어오지 못하게 했다. 그의 단호한 태도에 테오도시우스 1세는 교회에 부활절 예배를 드릴 수 없었다. 황제는 성탄절에 다시 교회를 찾았다. 이번에도 그는 황제를 제지하며 그에게 사죄를 요구했다. 그러자 황제는 결국 굴복해 자신의 죄를 용서받기 위해 미사에 참석하려 하니 부디 들여보내 달라고 간청했다. 이에 암브로시우스는 가벼운 회개를 명하고 교회 출입을 허가했다. **세상 권력이 하나님 법 앞에 무릎 꿇는 순간이었다.**

암브로시우스는 로마제국에 대한 충성은 그리스도인의 의무라고 여겼지만, 국가의 간섭으로부터 교회의 독립성을 지키고자 최선을 다했다. 그는 '황제도 그리스도인으로서 교회 안에 있는 것이지 교회 위에 있는 것이 아니다'고 강조하면서 하나님의 교회는 사회법보다 교회법을 우선 적용해야 한다고 선포했다. 또한 그는 한발 더 나아가 로마제국 내의 우상숭배를 완전히 철폐했다. 이 일이 있은 후 보편적인 교회의 권위가 황제의 권위보다 더 빛나게 되었다.

테오도시우스 황제, 기독교를 로마 국교로 채택하다

그 뒤 테오도시우스 황제는 신실한 기독교 신자가 되었다. 그는 392년에 기독교를 로마제국의 국교로 채택했다. 다른 모든 종교는 금하고 특히 유대교는 핍박을 받았다. 그리고 개종을 강요했다. 가톨릭이 로마의 국교로 채택된 배경에는 이렇듯 암브로시우스 교부가 주도한 교권의 확대를 들 수 있다.

신약성경이 기록되고 얼마 후인 4세기 초를 고비로 교회에 대한 그리스 문화의 영향력이 줄어들자 교회 언어가 라틴어로 바뀌었다. 이를 계기로 4세기 말에는 로마제국의 공식 언어가 그리스어에서 라틴어로 바뀌었다. 교권의 확립은 이렇게 로마제국을 명실상부하게 기독교 국가로 바꾸어 놓았다.

비잔틴제국 시대의 팔레스타인

서기 135년 유대인 바르 코크바의 반란 직후 팔레스타인은 더 이상 유대인의 땅이 아니었다. 아예 유대인을 추방시켰다. 이후 325년 로마의 콘스탄티누스 대제가 소집한 제1차 공의회인 니케아 공의회는 예수의 신성을 기초로 하는 삼위일체설을 공포하며 여러 가지 교회법을 반포했다. 이때부터 기독교에 의한 유대인의 박해가 본격적으로 시작되었다.

395년 로마제국은 동로마와 서로마로 분열되었다. 이후 476년 서로마가 게르만 족에 의해 망했다. 비잔틴제국의 관할 아래 있던 예루살렘에 기독교를 믿는 로마인들이 대거 피난을 오면서 유대인들의 입지는 더욱 축소되었다. 교황 그레고리우스 1세는 신학적 입장에서 유대교를 박해했다. 유대인이 회당을 새로 짓는 것을 금했다. 기독교로 개종하지 않은 유대인들을 법으로 차별했다.

4장. 십자군전쟁과 정치

비잔틴제국의 황제는 비잔틴교회의 우두머리를 겸하고 있었다. 726년 레오 황제는 예수와 성인들의 형상이나 조각상을 우상으로 생각하여 성상숭배 금지령을 내렸다. 그러나 로마교황은 이에 반대했다. 이 일로 동로마교회와 서로마교회가 대립하다가, 1054년에 서유럽의 서로마가 가톨릭과 동유럽의 그리스정교로 나누어졌다.

1096년부터 1291년까지 200년에 걸쳐 예루살렘을 중심으로 한 레반트 예루살렘지역의 지배권을 다툰 종교전쟁이다.

종교의 정치권력화가 역사상 가장 최악의 전쟁을 일으켰다. 교황과 황제의 헤게모니 분쟁으로 성지침략으로 성지탈환의 명분으로 삼았다. 종교와 정치 갈등의 타락이 출산한 최악의 전쟁이었다.

십자군전쟁 전의 시대상황

셀주크왕조가 예루살렘을 차지하면서 기독교 성지순례자들의 자유로운 왕래를 막고 피해를 준다는 명목과 명분으로 당시 힘이 없이 약해진 동로마제국 비잔티움에서 1095년 교황 우르바노 2세에게 원조를 요청하였다. 약간의 기병을 요청하여 이슬람세력의 셀주크 투르크를 막아 보려고 했다. 그런데 **교황 우르바노 2세는 이 기회에 자신이 유럽의 최고권력자가 되고 싶어 하였다.**

교황 우르바노 2세는 1095년 11월 27일 클레르몽 공회에서 예루살렘을 이슬람교도에게서 해방시키기 위해 기독교인들의 전쟁을 참여할 것을 강조하였다. 또한 교황은 전쟁에 참가하면 죄를 사면 받고, 찬양을 받을 것이라고 하면서 전쟁에 참여할 것을 독려하였다.

십자군전쟁 전까지 유럽은 기독교인들끼리 서로 죽이는 암울한 시대 상황이었다. 기독교인들에게는 이슬람교도들에게서 신성한 성지 예루살렘을 탈환하여 자유롭게 성지를 방문하는 것은 **종교적인 사명이었으며 천국으로 가는 길**이라고 믿었다. 교황은 지금의 죄와 장래의 죄도 사면해 주는 **면죄부도 발급**해 주었다. 또한 **이교도**는 사탄마귀이기 때문에 죽여도 살인이 되지 않으며 **살인죄도 성립되지 않는다**고 하였다. 십자군 전쟁은 유럽 기독교 사회에서 종교적 사명감도 있었고 부와 명성과 종교적 확신과 명예와 소명과 사명을 갖을 수 있었고 심지어는 죄수들에게도 허용함으로써 자유와 해방을 선언하는 것 같은 분위기를 조성했다. 현실이 어렵고 힘들었던 사회 전체적인 면에서 큰 반향과 호응을 얻었고, 대부분의 서민들에게는 기회의 순간이었다.

그러나 반대로 교황의 의도와는 반대로 결과가 나타나게 되었다. 강했던 교황권은 십자군전쟁 후에 약해지면서 반대로 왕권은 강화되게 된다. 이슬람의 앞선 과학 기술이 유럽에 전파되고, 무역이 활성화 되면서 문물의 교류가 왕성해 졌다.

십자군전쟁을 통하여 선박과 금융 등 도시국가들이 발전하고 르네상스시대로 이끄는 문명발달의 계기를 가져 온다.

십자군전쟁(1099~1291년)은 인류 역사에서 뿐만 아니라 유럽의 수많은 전쟁 가운데에서 어떤 전쟁이었나? 이미 700년 전에 끝난 십자군전쟁이 현재 이 시대에 우리에게 어떤 영향을 주고 있으며 어떤 교훈을 주고 있는가?

그것은 신앙의 이름으로, 교회의 이름으로, 하나님의 이름으로 행해진 인류의 가장 크고 오랜 기간의 전쟁이면서 가장 잔인한 전쟁이었다는 것이다.

 그러나 오늘날 너무도 서방 세계 기독교권과 이슬람권 중동 세계에서 일어나는 전쟁과 테러의 대부분은 종교의 충돌이다. 이러한 뿌리 깊은 이유와 그 시발점이 십자군전쟁이라는 테러와 전쟁의 이유와 정당성을 이슬람권이 갖고 있다는 것이다.

 일반적으로 역사학자들은 십자군전쟁의 발생의 배경과 원인을 종교, 정치적 권력 배경, 경제적 이유, 셀주크 터키의 소아시아 점령과 위협, 카스틸 왕조 페르디난드 1세에 의한 11세기 스페인의 무슬림으로부터 재탈환 후 추방, 등의 사건이 원인과 영향으로 인하였다고 기록하고 있다. 이 십자군전쟁에 대한 잔혹한 참상을 기록한 역사적 사실을 기록한 것들을 보면 참으로 표현할 수 없는 비참한 마음은 그리스도인으로서 당혹스럽고 부끄럽다.

 이교도의 영토에서 성지순례, 성지회복이라는 명분으로 자행된 잘못된 이러한 전쟁에 지구상에서 어떤 명분으로라도 있어서는 안 될 것이다. 물론 여러 가지 명분과 이유와 원인과 배경이 있었지만 그래도 가장 큰 우선적 명분은 예루살렘 성지회복이라는 잘못된 신앙의 발로이다. 아직도 성지순례라는 신앙의 표현은 자기 신앙에 아무런 영향을 주지 못하고 다만 여행에 불과한 경우가 많다. 그리고 이런 신앙은 잘못되고 비뚤어진 신앙의 형태이다. 이 또한 예루살렘 등 성지순례는 우상숭배의 일종이 되는 것이다. 아직도 사도들의 유물을 은사의 도구로 믿는다는 것과 다름 아니다. 십계명에 있는 하나님의 말씀 중에서 가장 강조되고 있는 것이 우상 숭배에 대한 금지이다. 예수님도 성전 자체를 우상 숭배의 하나로 보시고 훼파한 것이다. 그리고 어떤 유적지, 유품이나 유물, 글자나, 그림 또는 어떤 물건이나 형상도 남기지 않으신 것은 우상이 될 만한 것과 기념이 될 만한 어떤 것도 남기지 않으셨다. 지금도 성지에 남아 있는 기념적인 어떤 것들도 모두 인간이 만들어낸 우상 숭배의 한 형태에 불과한 것이다.

예수 그리스도를 믿는 그리스도인은 예수 그리스도의 모든 삶과 생활, 그 자체를 잘 살펴보아야 할 것이다. 물론 말씀도 중요하고 가장 중요하지만 말씀하지 않으시고 몸으로 생활로 직접 보여 주시고 모본을 보이신 것이 오늘을 사는 그리스도인들에게는 생활과 삶의 인격과 품위와 행위, 말씨, 마음가짐, 생각의 조각들에 대한 나타냄을 잘 살펴보고 그대로 '예수 따라가기', 또는 '예수 따라잡기'의 참 제자도가 되어야 할 것이다. 제자 아닌 제자가 제자 양육에 열을 올리고, 제자 못된 제자가 제자 육성에 목회의 승부를 거는 오늘날 한국 교회의 제자 순종 목회는 제2, 제3의 맹순종한 신도로 육성하여 세상의 도구로 삼아 자기의 인간 세속적 성공을 이루겠다고 하는 건물적 성공을 이루는 우상 기독교가 되고 있는 것이다.

이러한 신앙의 열정과 맹신적 헌신이 얼마나 큰 인류의 재앙의 형태로 변질될지 모르는 위험한 신앙으로 변하고 있다. 특히 맹신적인 신앙이 정치를 만날 때는 더욱 십자가를 메고 전쟁도 불사하는 진격하는 모습이 된다.

과연 그랬을까? 성경의 분명한 기록을 손에 가진 우리는 다시 한 번 어떤 사람의 뜨거운 열정이나 헌신이 하나님의 말씀과 부합하지 아니할 때, 그 열정과 헌신이 얼마나 위험하고 악한 것임을 역사를 통해서 확증하게 된다. 약탈과 방화와 살육의 방법이 예수님께서 명하신 천국을 선포하는 방법이 될 수 있을까?

먼저 십자군 전쟁이 "기독교인의 전쟁"이 될 수 없다는 것을 성경 말씀을 근거로 확인할 필요가 있다. 중생한 그리스도인은 원수와의 대결에서 칼을 사용하지 않는다.

마태복음26:52절

"네 검을 도로 집에 꽂으라. 검을 가지는 자는 다 검으로 망하느니라"

그러면 십자군 전쟁에 참여한 십자군들이 자행한 일들의 기록을 보자.

"그들이 통과한 지역의 주민들 가슴 속에 공포로 채웠다. 그들은 약탈과, 탈취, 강탈과 강간을 자행했다. 일단 전투에 임하면, 자비가 잔인보다 이익이 보장되기 전에는 철저히 무자비했다. 십자군의 칼날에 희생된 첫 번째의 희생자들은 그리스의 기독교인들이었다. 그들은 고문과 대량학살을 당하였다. 이것이 십자군이 콘스탄틴노풀에서 니케아에 이르는 노정의 지역 주민들이 당한 운명이었다. 십자군에 의해서 처음 점령당한 회교도의 성이 니케아 성 근방에 있던 세리골든 성이었다.

얼마 후 터키군에 의해서 빼앗겼다가 십자군이 다시 탈환하였을 때, 성내 주민들 중 기독교로 개종을 거부한 모든 사람들이 학살되었다 … 끝없는 고난과 희생을 지불하고, 1099년 7월 15일, 십자군의 목표였던 예루살렘이 함락되었다 … 보수의 날이 드디어 이르렀을 때, 그리스도인들은 그들이 격파한 불신자들보다 더 무자비한 모습을 보여주었다.

예루살렘 주민 중, 무슬림 수비대장과 그의 심복들만이 도피에 성공했고, 그 나머지의 사람들(남여노유, 무슬림, 유대인)들은 무자비하게 도살당했다. 얼마 후 유럽은 예루살렘 성의 함락과 함께 이 학살의 소식을 들었다. 아킬러스의 레이몬드는 기록하기를 다음 날 아침 성전 지역을 향해서 갈 때, 쌓인 시체들을 피해서 무릎까지 이른 피를 휘젓고 건너가야 했다고 한다. 이 패전의 소식이 전해졌을 때, 무슬림들에게는 프랑크 족에 대한 영원한 혐오와 예루살렘 성을 다시 탈환 할 때까지는 휴식을 취하지 않겠다는 결심을 가슴에 심게 되었다."(윌리엄 R. 이스텝, 문예부흥과 종교개혁, p. 9).

하나님 말씀과 예수님의 가르침과 기독교 정신과는 동이 서에서 먼 것처럼, 이 잔악한 전쟁이 그리스도인들의 전쟁이라고? 세계 역사의 백과사전 (6판, Peter Stearns, gen. ed.)의 '십자군 전쟁의 정의'를 보면, "11세기, 12세기의 십자군전쟁은 교황청이 주관한 군사 원정이며, 무슬림 아랍인과 셀주크 터키로부터 기독교 성지회복을 위한 전쟁이었다."라고 설명되어 있다. 당시 군주들에게는 다른 정치적 목적이 있었다. 영지(領地) 내에 준동하고 있는 충성심이 약한 기사들과 군벌제거, 그리고 경제적으로는 탈취물의 획득, 사회적으로는 미지의 세계에 대한 호기심의 충족 등이 동반했다.

그러나 로마 교회는 더 간절한 소원이 있었다. 수십 년 전 분리되어 나간 (1054) 동방교회를 다시 로마 통치 아래로 끌어드릴 수 있는 기회가 온 것이다. 교황 그레고리 7세(1073-1085)는 그의 유명한 성명서 '딕타투스 파페'를 발표하여 "로마 교회는 오직 하나님이 세우신 교회이고, 오직 로마 교황만이 우주적 권위를 가지고 있으며, 교황만이 황제의 휘장을 사용할 수 있으며, 군왕들은 오직 교황의 발에만 입마추어야 하며, 교황만이 황제들을 폐위시킬 수 있고, 교황은 어떠한 인간에게도 심판을 받을 수 없다; 로마 교회는 오류를 범한 적이 없으며, 영원히 오류를 범할 수 없다." (빌 오스틴, Austin's Topical History of Christianity, p. 165).

역사상 가장 유명한 설교 중 하나로 꼽히는 교황 어반 2세의 십자군 '출사표' 설교는 수백 년 동안 유럽인들의 가슴 속에 모닥불처럼 타고 있는 소위 "성지순례"의 꿈에 불을 붙이고, "영생의 면류관"을 약속하고, 세금의 면제를 약속한 어반의 설교가 끝나자 백성들은 "하나님의 뜻이다!"라고 함성을 올렸다.

로버트 갓프리 (W. Robert Godfrey)는 '십자군'이라는 글에서 다음과 같은 놀라운 통찰력을 보여주고 있다.
"성경은 만약 잘못 이용되고 오용되면 대단히 위험한 책이 될 수 있다. 교회사에 있어서, 성경에 대한 오해는 수많은 심각한 문제들을 야기해 왔다; 거짓 교리들, 율법적 습관, 잘못된 방향으로 향한 삶 등이다. 수많은 오류 중 가장 뚜렷한 예는 십자군 전쟁이다
그는 제 1차 십자군을 이끌고 출발했던 '은자(隱者) 피터'의 환상에 대해서 이야기하고 있다. "그리스도인들은 거룩한 성에서 불신자들(무스림들)을 제거하라는 그리스도의 명령을 성묘교회에서 보았다"는 내용이다. 환상은 중세의 수많은 미신들 가운데 주종을 이룬다. 중세의 일부를 역사가들은 "암흑시대"라고 부르는 데는 충분한 이유가 있다. 로버트 갓프리는 교황 어반 2세의 연설에 대해서 좀 더 자세한 내용을 전하고 있다.
"이 일에 대하여, 내가 아니라, 주님께서 여러분에게, 기사들과 보병들, 당신들에게, 호소합니다 … 더 늦기 전에 기독교의 땅에서 악한 종자들을 축출해야 합니다. 그리스도의 명령입니다 … 하나님께로부터 받은 은사를 인하여 본인은 여러분께, 육지와 바다를 건너 불신자들을 향한 투쟁에 참예하여 목숨을 잃으면, 그분들에게, 면죄를 선포합니다 … 지금까지 서로들 간에 약탈을 일삼던 여러분, 이제는 그리스도의 군사가 되시오. 몇 잎 은전을 위하여 일하는 여러분, 이제는 영원한 보상

을 위해 일하시오."

교황 어반 2세는 기독교의 땅을 위하여 칼을 들라고 하였다. 어반은 "내 나라는 이 세상에 속한 것이 아니다."라는 요한복음 말씀을 읽어본 적이 없었던 모양이다. 로버트 갓프리의 십자군 전쟁에 대한 다음의 말들을 읽어보자.

"어반은, 영적 의무와 영적 보상을 위해서 칼을 들어 그리스도의 원수들을 죽이자고 호소하였다. 이 설교는 아마 교회사에 있어서 그리스도 교회 일을 위한 수단으로 전쟁을 선포한 첫 번째의 예가 될 것이다. 어반은 십자군 전투에서 전사한 사람만 완전히 죄 사함을 받는다고 주장했지만, 이후 교황들은 전쟁에 참가만 해도 모든 죄를 용서받는다고 가르쳤다. 이제 기독교는 완전히 다른 방향으로 물질주의 교회가 되어버렸다."

"십자군 전쟁은 기독교와 서방에 대한 영원한 혐오감을 회교도들 마음속에 심어놓았다."
"그리고 그들의 눈에는 기독교와 국가가 지금도 하나로 보이는 결과를 낳았다."
"십자군 역사가 그리스도인들에게 남긴 가장 중요한 교훈은 이 전쟁이 엄청난 피해를 그리스도께 끼쳤다는 사실이다."
"이 얼마나 큰 그리스도에 대한 배신인가! 그 분은 십자가에서 당신의 생명을 쏟아 부으셨고, 그를 처형한 정치적 원수들과 함께 그들의 죄를 지기 위하여 불의를 참고, 화평을 이루신 분이다."
"그리스도인으로서 우리는, 언제든지 사랑과 희생을 동반한 진리로 만 그리스도의 대의(大義)를 실행할 것이다. 결단코, 폭력에 의존치 않는다."

십자군 전쟁은 결코 성서적 그리스도인들이 시작한 전쟁이 아니다. 그러면 그 당시 무엇이 문제였는가? 성서적 구원론이다. 로마 가톨릭 교회는 그 때나 지금이나 성서적 구원 교리를 소유한 적이 없다. 성서적 구원 교리만이 영적 분별력을 갖게 하기 때문이다.

십자군 전쟁의 부정적인 면들
과연 십자군 전쟁은 순수한 종교 전쟁이었나? 기독교 정신에 근거한 신앙 전쟁이었나? 전도와 선교를 위한 가나안 점령 같은 순교 전쟁이었나? 피할 수 없는 신성한 하나님의 전쟁이었나?

일반적인 역사 지식과 상식으로 볼 때, 십자군을 교회에서 일으킨 '그리스도의 군대' 정도, 교황을 위한 권력 수호와 권력 유지와 그 명령을 받아 전쟁에 참여한 '주님의 군대, 하나님의 병사들' 등으로 이해할 수 있을까? 이것은 큰 오류와 오해를 가질 수 있는 잘못된 고정 관념으로 상식과 단순함에서 탈피해야 하며 올바른 역사관을 가진 그리스도인이 되는 성경의 이해와 성경적 역사 인식이 되어야 할 것이다. 결론적으로 말하면 십자군 전쟁은 신앙적 상식과 믿음으로 볼 때, 우리의 믿음의 상식이 오해 받을 수 있으며 곡해 받을 수 있으며, 비뚤어진 신앙 상식과 잘못된 믿음으로 왜곡될 수 있다.

올바른 이해와 인식을 위해서는 십자군 전쟁의 전 역사와 당시의 시대 상황 그리고 전쟁의 결과가 낳은 후유증, 그리고 전체적 배경과 전쟁이 얼마나 처참하고 비인간적이며 이렇게 해도 되는 것인가? 라는 의아심을 자아낼 수밖에 없는 상황이 설명되어야 한다.

특히 한국교회는 교회 자신의 긍정적이고 좋은 것들, 장점인 것들만, 그리고 어떤 성경에 나오는 상황의 경우도, 그리고 기독교 역사의 모든 면을 올바르고 좋은 것으로만 합리화하는 경향이 강하다. 부정적인 면으로 보는 것은 모두 사탄 마귀의 역사라고 하는 마녀사냥식의 평가보다는 냉정하고 냉철한 성경적 눈과 성령의 심령으로 바라보아야 할 것이다.

그런데 전쟁이 끝난 후에 유럽 서구 사회가 도시와 문명과 상업 그리고 항해술의 발달이 이루어졌으며 종교개혁과 자본주의와 상업의 발달 및 동서양의 문화 문물의 교류 등의 긍정적 평가는 있지만, 이는 구차한 변명이며 오직 평가는 성경적인 하나님의 평가를 받아야 다시는 불의한 역사를 반복하지 아니할 것이다.

교회는 솔직해야 한다. 잘못된 것이 있으면 인정하고 회개하고 용서를 빌고, 무엇보다 해당자에게 먼저 빌어야 한다. 예수님도 말씀하셨다. 형제와 다툼이 있었다면 제단에 제물을 드리기 전에 먼저 형제와 용서하고 회개하며 화해하고 와서 하나님께 제물을 드리라는 말씀이 있다.

마태복음 5장 23~24절

23. 그러므로 예물을 제단에 드리려다가 거기서 네 형제에게 원망들을 만한 일이 있는 것이 생각나거든

24. 예물을 제단 앞에 두고 먼저 가서 형제와 화목하고 그 후에 와서 예물을 드리라

제1차 십자군 전쟁이 시작되면서 군대를 모집하는 순수한 동기 외에도 부정적 부분이 외적으로 선전 선동이 먼저 이루어 졌다. 성지 회복의 대의와 더불어 동방에 있는 성 유골과 금 은 보화와 장래에 대한 부와 죄에 대한 사면과 신앙적 명예를 위한 것들이 먼저 우선하는 허황된 타락의 면들로 앞세웠다.

더욱이는 전쟁 참가자에게는 가족과 재산은 교황청에서 책임지고 완전하게 보호해 준다고 약속했으며 전쟁에서 죽게 되면 누구나 모두 천국에 간다는 것과 죄를 사면 받으며, 이는 신앙적인 명예로운 순교의 영광이며 이전에 지은 죄도 모두 사해진다는 것을 강조했다. 실제로 감옥의 죄수들도 참가하게 하였다.

믿음의 열정으로 지원한 신자들 외에도 곳곳에서 수많은 사람들이 성지탈환 외에도 금. 은 , 보화, 등 물질적인 한탕주의를 위해 또는 미녀들을 얻기 위해 지원했다. 이렇게 해서 준비가 덜 된 부실한 군대였으며, 또한 신앙적 기적과 이적을 바라며, 순교를 따르고 믿는 비정규적 훈련되지 않은 십자군이 대부분이었다는 것이다. 매우 흥분되고 진정되지 않은 열정의 확신적 1차 십자군은 십자군전쟁 시작 이전에 있었던 기독교에 대한 보복심과 앙갚음으로 성지탈환 외에도 동로마제국의 민간인들까지도 포함하여 무자비하고도 누구도 가리지 않고 유대인과 이슬람교의 백성들을 살인하고 약탈하고 강간 등을 자행했다.

이러한 십자군의 모습은 일부 민중으로부터 폭력 살인자로 비난을 받게 되었고 동로마 군대의 의심을 받게 되며 점차 시간이 지나면서 십자군의 목적은 의심을 받게 되며 내부 분열을 야기하게 되었으며 점령지에서의 만행은 극에 달해 상상을 초월했다.

당시의 한 성직자는 고백하고 있다.

"예루살렘 탈환 시, 큰 거리나 광장 등에서는 사람의 머리나 팔 다리가 산더미처럼 쌓여 있었다. 십자군 병사나 기사들은 시체를 아랑곳 하지 않고 전진했다... 신전이나 회랑은 물론이고, 말 탄 기사가 잡은 고삐까지 피가 붉게 물들었다... 이제까지 오랫동안 모독하기를 즐기는 사람들에 의해 더럽혀졌던 이 장소가 그들의 피로 씻겨 져야 한다는 신의 심판은 정당한 것일 뿐만 아니라 찬양할 만한 것이기도 했다."라고 고백하고 있다.

이를 과거에 대한 보복이라고 할 것인가? 제1차 십자군 전쟁은 성공적으로 마감되었다. 일관된 교황의 지휘 아래 종교적 열정과 확신 아래서 신앙심 덕분에 성지를 회복하고 예루살렘 새 왕국과 군대의 체계적 전열을 가다듬고 준비로 기사단을 창설하는 등 교황의 권위와 서유럽의 세력 강화가 이루어지는 것 같아 보였다. 그러나 성지회복 직후에 기독교계의 최고 지도자인 우르반 2세가 세상을 떠나고 시간이 흐름에 따라 점령지의 강력한 지도자들도 세상을 떠나면서 그들이 세운 점령지의 엄격한 봉건제도가 무너져 내려 갔다.

이제 종교적 열정과 신앙심도 가라앉았다. 12세기 접어 들어서는 사정은 정반대로 변하였다. 이슬람이 세력을 재정비하여 기독교국가를 상대로 성전을 선포하고 반격을 시작했다. 다시 1187년에는 예루살렘이 이슬람에 점령되면서 그리스도국가는 붕괴되었다. 이러한 위험에 직면하면서 십자군의 출정이 다시 시작되어 제2차, 3차 십자군 전쟁이 일어났지만 조직적인 군대 체계와 지휘체계도 없었기 때문에 패배할 수밖에 없었다.

이러한 상업적, 정치적, 종교적, 국가적, 왕위적 이해관계의 복합적 전쟁은 4차, 5차 전쟁을 거치면서 세속적인 정치 전쟁으로 변모하였다. 심지어는 어린 아이들을 위주로 '소년십자군'이라는 군대까지 종교적 명분으로 일으킨 참으로 어처구니없는 십자군 전쟁으로 변모해 갔다.

단지 1차만 성공한 전쟁이었으며 회가 거듭할수록 전쟁은 본래의 목적과 의의를 벗어나서 전쟁의 다양한 참가 주체들의 각자의 이익과 명분을 확보하기 위한 전쟁으로 변모하면서 실패를 거듭하지만 전쟁에서 이기는 것은 엄청난 이익을 갖는 도박적 전쟁으로 변하였다. 즉 노예들은 자유와 해방을 목적으로 참여하였고, 상인은 돈과 상품과 시장을 확보하는 것이었고, 봉건영주들은 영토와 노예와 노동력과 명예와 권력을, 왕은 왕권의 확보와 군사력과 지위와 권력을, 교황은 권력과 지위 명예 등을 확보하기 위한 각자의 속셈의 계산을 하였다. 전쟁에 참여하는 자가 참여하지 못하는 자에 대한 우월적 권한과 이익을 잡을 수 있는 기회가 생기기 때문에 참여하는 것이었다.

이러한 전쟁이 간헐적이었지만 200년 동안 있었다는 것은 당시의 유럽 사회를 혼란과 엄청난 재앙을 가져오게 되었다. 이는 세계사에서 가장 잔혹한 전쟁역사를 기록하게 되었다. 종교가 '평화'라는 본래의 하나님의 의와 뜻에 합당한 지를 돌아보아야 할 것이다. 이 문제는 전쟁이었지만 현실 세속 생활에서 교회와 정치가 만날 때, 어떤 영향을 가져오며 어떤 결과를 가져오는 가는 여실히 증명한 사건이라 아니할 수 없다. 서로가 자기 영역을 확보하기 위한 동물의 세계와 조금도 다를 바 없으며 오히려 동물보다 훨씬 무자비하고 잔인한 면이 인간이며 특히 전쟁은 너무도 잔인하고 잔혹한 살인을 자행하며 폭력으로 자행된 인간의 **신앙적 탐욕과 교만**이 극에 달한다는 것을 알 수 있다. 그래도 전쟁과 신앙은 정의롭고 의롭고 아름다운 모습으로 서로 만날 수 있는 것인가?

5장. 마녀사냥

총설

마녀(魔女)사냥(Witch-hunter,프 Chasseaux sorcières)은 중세 중기부터 근대 초기에 이르기까지 유럽, 북아메리카, 북아프리카 일대에 행해졌던 마녀나 마법행위에 대한 추궁과 재판에서부터 형벌에 이르는 일련의 행위를 말한다. '마녀사냥'을 '마녀재판'이라고 일컫기도 한다. 현대사회에서는 '다수'를 이룬 집단이 '소수'에 대한 혐오로서 비판하는 정치, 사회적 용어로 사용되기도 하며 대표적인 것이 '빨갱이'(물고기의 한 종류)라는 단어의 사용이다. 일제(日帝) 해방 이후 '시대교체시기'에 친일파 권력자들이 정권을 잡기 위해 행정경험을 바탕으로 한 기득권적 보수 유지를 목적으로 역공을 위한 수단으로 반대세력을 모두 공산주의자로 몰아가면서 자유민주주의자들을 탄압하기 위한 슬로건으로 반공이념에 공산당 좌파 '빨갱이'라고 하였다. 지금도 일부 정치세력들은 상대를 '꼴통', '좌빨'이라고 부르는 것도 마녀사냥이다. 특히 군사독재시대에 권력을 유지하기 위해 공산주의자로 처단했던 것들이 마녀재판이었다고 할 수 있다.

14세기에서 17세기에 유럽의 여러 나라와 교회가 이단자를 마녀로 규정하여 특정 사람에게 죄를 뒤집어씌우는 것을 비유적으로 이르는 말이다.

15세기 이후 기독교를 절대화하여 권력과 기득권을 유지하기 위한 종교적 상황에서 비롯된 광신도적인 현상을 말한다.

마녀사냥은 15세기 초부터 산발적으로 시작되어 16세기 말부터 17세기에 전성했다. 당시 유럽 사회는 악마적 마법의 존재,

곧 마법의 집회와 밀교가 존재한다고 믿고 있었다. 초기에는 희생자의 수도 적었고, 종교재판소가 마녀사냥을 전담하였지만 세속 법정이 마녀사냥을 주관하게 되면서 광기에 휩싸이게 되었다.

이교도를 박해하기 위한 수단이었던 종교재판은 악마의 주장을 따르고 다른 사람과 사회를 파괴한다는 마법사와 마녀를 처단하기 위한 지배수단으로 바뀌게 되었다. 17세기 말 마녀사냥의 중심지였던 북프랑스 지방에서는 3백여 명이 기소되어 절반 정도가 처형되었다. 마녀사냥은 극적이고 교훈적인 효과 덕분에 금방 번졌고, 사람들의 마음을 현혹시켰다.

1582년 바이에른 어느 백작의 한 작은 영지에서 한 명의 마녀가 체포되었다. 이 마녀의 체포에 연속으로 48명이 마녀로 낙인찍혀 화형 당하였다. 1587년 도릴 지방의 약 200여 촌락에서 1587년부터 이후 7년간 368명의 마녀가 적발되어 화형 당하였다. 1590년 남독일의 소도시 네르도링켄에서 시장의 제안에 의하여 시의회는 거리를 돌아다니는 마녀를 철저히 일소하도록 결의하였다. 이후 3년간 32명의 마녀가 화형 또는 참수되었다. 1590년 소도시 에링켄에서 65명의 마녀가 처형되었고, 1597~1676년에 197명의 마녀가 화형 당했다. 소소크만텔 승정령(僧正領)에서는 1639년에 2,428명, 1654년에는 102명이 처형되었다. 오늘날 오스트리아 영토가 된 스타이엘마르크 지방에서 1564~1748년에 1,849명이 소추되어 1,160명이 사형에 처해졌다. 나노수 지방에서는 1629년부터 4년간 2,255명이 마녀로 소추되었고, 뷔르튄겐 지방에서는 1633년 이후 3년간 11명이 처형되었다.

튜링겐 숲에 인접한 게오르겐탈이라는 인구 4천 명에 불과한 작은 도시에서 1652~1700년에 64회의 마녀재판이 실시되었다.

반베르크 승정령에서는 1627년 이후 4년간 화형당한 마녀가 285명이었고, 그 이후 30년에 걸쳐 이 재판소에 계류된 마녀재판은 900건을 넘었다. 이 승정령의 인구는 겨우 10만 명을 넘지 않았다.

뷰르스부르크 승정령에서는 1623~1631년에 화형당한 마녀가 900명에 달하였다. 1627년부터 이후 연간 29회의 재판에서 화형당한 157명의 희생자를 보면 잡다한 연령과 계급, 직업의 사람들이 혼재해 있었다. 시의회의원, 고급관리의 부인, 시의회의원의 처자, 그 지방의 가장 아름다운 자매, 8, 9, 12세의 아이들이 포함되어 있었다.

후루다에 살고 있는 바루다세르 후스라는 마녀재판관은 19년간 700명의 마녀를 화형시켰는데, 자신의 일생동안 1천 명을 처형하기를 소원하였다고 한다. 로트링겐에 살고 있던 니콜라스 레미라는 사람도 재직 15년간 화형시킨 마녀가 900명에 달한다고 하였다.

마녀사냥의 물결은 15세기 이후 이교도의 침입과 종교개혁으로 분열되었던 종교적 상황에서 비롯된 것이다. 마법과 마녀는 그 시대가 겪었던 종교적 번민에서 탈출하는 비상구였던 동시에 자신의 권력을 유지하기 위한 수단이었다. 이러한 종교적 배경과 함께 마녀사냥이 폭발적으로 증가한 것은 중세사회의 혼란이었다.

마녀사냥은 개인적·집단적으로 농촌사회가 분열되고 개인들의 관계가 파국에 이르렀을 때 나타나곤 하였다. 종교전쟁, 30년 전쟁, 악화되는 경제상황, 기근, 페스트와 가축들의 전염병이 당대 농촌사회를 휩쓸었던 불행이다. 사람들은 연속된 불행에 대한 납득할 만한 설명을 찾아냈고, 마침내 불순한 사람들인 마법사와 마녀의 불길한 행동에서 찾아냈다.

공동체의 희생양으로 지목된 사람들에 대해 심판관은 개인 간의 분쟁을 악마적 마법의 결과로 해석하고 자백을 이끌어냈다. 자백하지 않는 자에게는 공포심을 자극하는 심문과 혹독한 고문이 가해졌다.

당시에는 이탈리아 법학과 캐논법을 통하여 유럽 여러 나라가 이른바 규문주의(糾問主義,Inquisitionsprinzip:법원직권주의) 소송절차를 채택하고 있었다. 이 소송절차에는 고문이 합법화되어 있었다. 마녀는 바로 이 고문의 소산이었으며 이것을 정당화시키는 규문주의 소송절차의 당연한 결과였다. 고문은 거의 모든 마녀재판의 필수적인 하나의 요소로 등장한다.

그리스도교가 절대적인 권력을 가지고 있을 당시에는 신에 대한 반역이나 모독은 그 어떠한 범죄보다 중죄였다. 처음에는 마법의 유형에 따라 달리 취급하였지만 나중에는 마녀라는 것 자체만으로 화형·참수·교수 등의 엄벌을 받았다. 독일·영국·프랑스·스위스·핀란드·에스파냐 등지에서 일어난 마녀재판을 1만 건 이상 분석한 로버트 무쳄블래드의 통계자료에 따르면 마녀로 기소된 사람 가운데 거의 반이 처형된 것으로 보인다.

그러나 수세기에 걸쳐 광란을 연출하였던 마녀재판도 18세기에 들어서면서 점차 그 모습을 감추기 시작하였다. 르네상스의 진전과 더불어 이성적 세계관과 과학 정신의 대두는 불가피한 시대정신이 되었고 이것은 신학에 기반한 과학의 해방을 의미하였다. 이로써 불합리의 극치인 마녀재판도 존립의 근거를 잃게 되었다.

18세기를 지나면서 마녀의 고문과 그에 따른 화형도 사라졌다. 독일의 경우 1749년 뷰루소부르크에서 1건, 1751년 아인팅겐에서 1건, 1775년 겜텐에서 1건의 마녀재판이 기록되었고, 7년 뒤인 1782년 스위스의 게랄스 라는 지방에서 아인나 겔티

라는 마녀가 고문 끝에 참수형에 처해진 것을 끝으로 마녀재판은 유럽대륙에서 자취를 감추었다.

이처럼 악마와 마법 그리고 마녀가 공동체를 파괴한다는 신념은 지배계급과 당시의 지식인인 신부와 법관들이 만들어낸 문화적 산물이었다. 마녀사냥의 주된 공격대상은 과부 즉 여성이었다. 신학적 관점에서 볼 때, 여성이란 원죄로 각인되어 있는 존재이기 때문이다. 여성은 악마의 심부름꾼이라는 생각이 사람들에게 있었고, 여성의 육체 자체가 두려움을 자아낸 것이다.

마녀사냥이 그리스도교 이외의 어떤 사상과 움직임도 용납할 수 없었던 중세사회에서 대다수 민중들의 체제에 대한 불만과 저항을 마녀라는 이름의 희생양을 통해 대리 해소하는 동시에 마녀를 따돌린 '우리 사회'는 안전하다는 만족감과 감사함을 느끼게 하는 하나의 사회적 배제·통합기제로 사용되었던 것이다.

마녀사냥(마녀재판)은 재판의 중요성을 역사적으로 가장 크게 증명한 사건이다.

그 국가와 사회의 최선이면서 최종적인 결과는 재판에서 나온다. 국가가 사느냐 아니면 죽느냐는 재판에 달려있다.

물론 한국정치 뿐만 아니라 한국교회가 부패하고 썩어가고 있는 것도 교회교단재판에 있다. 재판은 항상 목사의 편 일 뿐이다. 교회 분쟁에서 항상 억울한 쪽은 신자들뿐이다. 목사나 교단이 아무리 잘못 해도 이기는 쪽은 교회와 교단이다. 마녀재판과 흡사하다. 유전무죄 무전유죄와 같은 현상이다.

유럽에서의 마녀재판
마녀는 본래 사악하지 않았다. 그들은 공동체 내에서 출산이나 질병치료 같은 의료 기능을 담당하거나 점을 치고 묘약을 만드는 주술적 기능을 수행한 집단이었다. 인간 한계를 초월하는 능력을 지닌 신비로운 존재로 여겨졌던 그들은 어느 날 졸지에 악마와 놀아나면서 신앙을 해치고 공동체에 해악을 끼친다고 낙인찍히기 시작했다. 14세기부터 불어 닥친 유럽의 '마녀사냥'은 17세기까지 대략 20만 명 ~ 50만 명의 사람들을 처형대에 올렸다. 일찍이 마녀재판이라고 하면, 12세기 이후 기독교의 주도에 의해 행해져 수백만 명이 희생되었다고 알고 있지만, 이러한 견해는 1970년대 이후 마녀재판의 학술적인 연구의 진전 덕분에 수정되어 본래 민중 사회에서 일어났던 마녀재판은 14세기 후반부터 18세기 중반에 걸쳐 볼 수 있었으며 마빈 해리스는 50만 명에 달하는 사람들이 마녀 혹은 마법사라는 죄목으로 처형되었다고 기술한다.

　마녀사냥은 백년전쟁이 끝난 다음 본격화되기 시작했고 백년전쟁에서 프랑스를 구한 영웅으로 추앙받는 잔 다르크도 마녀재판을 받고 처형당했다. 흥미로운 사실은 마법을 실행했다는 혐의로 재판을 받고 형장의 이슬로 사라진 사람 중에 절대다수가 여성이었다. '마녀의 망치'(Malleus Maleficarum, witches' hammer)라는 책은 '마녀 지식을 집대성한 완결본'으로 간주되는데, 이 책에는 "여성들이 주로 마법을 사용하는데 왜냐하면 여성은 잘 속아 넘어가고 머리가 나쁘기 때문이다. 여성은 정욕에 취약하기 때문에 유혹에 쉽게 넘어 간다'라는 서술 내용이 있고, 이런 논리에 따르면 여성은 모두 잠재적인 마녀일 수밖에 없으며 남성을 유혹해서 마법이라는 죄악에 빠뜨리는 요물이라는 이미지가 만들어질 수밖에 없었다.

　마녀가 악의 화신이 된 건 도미니코 수도회의 영향이 컸다. 그들은 타락하고 부패한 교회를 질타하기 위해 예수와 대립된 존재로 마녀를 만들어냈다. 중세의 마녀사냥은 1484년 교황이 '긴급 요청' 회칙을 발표해 마녀가 있다고 한 데 이어, 1487년 하인리히 크레이머와 자콥 스프렝거라는 도미니코 수도회 성직자 두 명이 '마녀의 망치'라는 마녀사냥 지침서를 내면서 본격화됐다. 이 책은 주술이나 마술을 믿는 민속신앙은 있지만 실제 '마녀'는 존재하지 않는다는 세상 사람들의 인식을 바꾸고, 수사관들과 판사들이 마녀를 쉽게 구분하고 취조할 수 있도록 돕기 위해 쓴 책이다. 이 책에는 "교회에 가기 싫어하는 여자는 마녀다. 열심히 다니는 사람도 마녀일지 모른다"는 식의 내용을 담고 있었다. 하지만 무엇보다 마녀사냥이 가장 극심했던 때는 가톨릭교회가 가장 약했을 때였고 이는 '근본주의의 창궐은 특정 체제에 위기가 닥쳤음을 반영하는 증상'의 일환이었다. 13세기에 이르러 시작된 자본과 화폐경제의 성장은 교회 중심의 중세적 질서를 무너뜨리고 있었다. 마녀사냥 이전의 종교재판은 믿음을 잃어버린 신자들의 회개와 전향을 이끌어내면 족했는데, 이제는 '도무지 알 수 없고 보이지 않는 적'들을 가톨릭교회는 상대해야 했다. **마녀사냥은 권위 또는 권력의 공백이 발생했을 때 폭발할 수 있는 종교적 광기**를 드러내는 사건이었다. 중세의 몰락으로 시작된 근대는 계몽주의와 합리성으로 포장돼 있었지만 실제로는 마녀 프레임과 밀접한 연관성을 가지고 있었다. 마녀식별법을 담은 '마녀의 망치'라는 책은 요하네스 구텐베르크가 발명한 금속활자 인쇄술이라는 최신 기술 덕분에 대량으로 제작돼 불티나게 팔려나갔고 이는 마녀사냥을 가속화시켰다. 1490년 교황청, 그리고 1538년 종교재판본부에서 '오류'라는 공식 비난 입장을 발표했음에도 불구하고 《마녀의 망치》는 글을 읽는 사람이 많지 않던 당시에 20쇄를 거듭해서 발간될 정도로 큰 인기를 누렸다. '마녀의 망치'득세의 이면에는 정치적 이익을 위해 묵인하고 방조한 세속권력과 교회가 도사리고 있었는데, **기나긴 십자군전쟁의 패배로 혼란과 분열, 왕권에 대한 불만과 불신에 휩싸인 유럽 사회의 위기를 타개할 '희생양'이 필요했던 세속 정치권력, 그리고 종교개혁의 열풍과 극심한 갈등에서 우위를 점하기 위해 상대를 '신앙의 적'으로 몰아갈 필요성이 있었던 교회가 그들이다.** 수많은 사람들이 생각을 공유할 수 있다는 것 자체가 '프레임'을 만들어낼 수 있는 요소가 되었고, 변화에 직면한 공동체의 가치관이 요동치고 도덕적 경계가 흐려지자 대중들은 마녀만 제거하면 과거처럼 평온을 찾을 것이라는 생각을 품기 시작했다. 지식과 과학이 발달했지만 그만큼 지식과 과학에 포섭되지 못하는 사물이나 현상을 악마화하고 소멸시켜 버리려는 메커니즘도 활발히 작동했다. 이후 마녀사냥은 미신을 타파한 과학에 의해서가 아니라 근대 사법체계의 확립에 의해 사라지기 시작했다

마녀재판의 기원

중세기에 들어서면서, 기독교 사회권(주로 이단)에서는 악마가 인간이나 동물 등을 이용해 악한 행위를 한다는 믿음이 생겨났다. 이러한 생각은 기독교 이전부터의 민족 신앙에 대한 불신감이나 십자군 병사들에 의해 동방에서 가지고 온 사상 및 문화 등이 융합하여 생겨났다고 추측된다. 또 고대 이래, 악마가 인간에게 영향을 끼칠 수 있다는 생각이 뿌리 깊게 박혀 있어, 사람들은 그것을 근절하려고 애써왔다. 그 방법 가운데 하나로서 악마의 하수인으로 여겨진 인간에 대한 규탄이 있었다. 마녀재판은 스위스와 크로아티아의 민중사회에서 시작되어 이윽고 민중법정의 형태로 마녀를 단죄하는 구조가 만들어졌다고 한다. 이단에 관해서는 깊이 개입했지만, 마녀에 관해서는 별로

관여하지 않았던 로마가톨릭이 이단 심문을 통해 마녀재판에 관심을 가지게 된 것은 15세기에 들어가면서부터이다.

마녀사업

마녀재판은 상업적인 목적을 갖고 있었다. 마녀로 인식이 된 혐의자에게는 사형의 형벌을 내리는데 마녀는 그 혐의를 가리는 동안 소요되는 모든 비용을 마녀가 지불해야 한다. 고문 도구 대여료, 마녀를 고문하는 고문기술자 급여, 재판에 참여하는 판사 인건비, 마녀를 체포할 때 소요된 모든 시간과 비용, 마녀가 확정될 경우 화형을 집행하는 데 소요된 모든 비용 및 관 값, 교황에게 내야 하는 마녀세 등을 마녀 용의자가 모두 지불해야 했다. 심지어는 마녀가 화형에 처해진 이후 다시 한 번 처해지는 형벌이 바로 '전 재산몰수형'이었다. 즉, 마녀는 마녀재판 집행관과 교황에게 급여를 지불해가면서 고통을 당하는 것이고, 자신을 살해한 교황과 그 일당들에게 자신의 전 재산을 상속하는 꼴이 된다.

마녀 용의자

마녀 용의자는 주로 엄청나게 부유한 과부들과 무신론적 지식을 갖고 있는 미혼 여성들이다. 이 중 가족이라고는 아무도 없으면서 돈은 엄청나게 많은 여자들이 마녀로 잡혀가는 경우가 많았다. 공통적으로 과부들이 많이 잡혀갔는데, 이는 과부는 가족이 없기에 재판에 증인을 서 줄 사람이 없었기 때문이다. 또한 그리스 약초학을 공부한 자들, 동방(북인도 지역)의 신비주의 철학에 영향을 받은 자들, 아프리카에서 숭배하는 부두교라는 종교를 믿는 자들 역시 '악마를 숭배한다'는 명목하에 마녀로 잡아갔다. 마녀 사냥꾼들은 마녀에 대해 이러한 혐의를 적용하며 설명한다.

"마녀들은 악마와 성교를 하면서 하늘을 날아다니는데 이를 실행하기 위해 빗자루를 매개체로서 활용한다."

마녀재판의 전개와 쇠퇴

12세기에 시작된 이단 심문이 민사 재판으로 재판되었던 마법까지 취급하게 된 것은 15세기에 들어가면서부터이지만, 그것은 왈도파가 많았던 스위스나 프랑스의 알프스와 가까운 지방에서만 취급되었다. 노맨 콘에 따르면 기록을 보면 1428년의 스위스 발레 주의 이단 심문소가 마녀 건을 취급한 것이 최고였다고 한다. 원래 이 지방의 이단 심문소는 주로 왈도파를 추궁하는 성향으로 가고 있었기 때문에, 이윽고 이단자들의 집회 이미지가 마녀의 집회 이미지로 변용되어 간다. 악마 숭배 행위, 혹은 성물을 모독하는 행위, 아이를 납치해 잡아먹는 행위 등의 마녀의 집회가 가지는 이미지는 일찍이 이단의 집회에서 행해졌다고 여긴 이미지 그대로였다(마녀는 본래 군집생활을 했었으며, 숲에 혼자서 사는 마녀의 이미지는 그림 동화의 영향이 크다).

한발 더 나아가 마녀의 개념이 당시 유럽을 뒤덮고 있던 반유대주의와 결합하게 되면서, 아이를 잡아먹는 매부리코를 가진 여인이라고 하는 마녀상이 만들어졌다. 마녀의 집회가 유대인의 안식일과 같은 명칭인 사바트로 불리게 된 것도 반유대주의의 산물이다. 이와 같이 사람들 사이에서 공통적인 마녀의 이미지가 완성된 것이 15세기였다.

15세기에 들어가면서, 마녀와 마법에 관한 서적이 일종의 붐이 된다. 그러나 이러한 서적의 대부분은 속설이나 소문을 근거로 집필된 것이었으며 마녀의 위험성을 부추기는 저속하고 선정적인 물건이었다. 또, 오늘날까지 전해지는 마녀의 혐의를 받은 사람들에 대한 여러 가지 잔인한 고문 행위도 이러한 풍설에 근거한 것이었다. 유럽에서는 1차 세계대전 이전, 미국에서는 1970년대 후반부터 공식적으로 마녀 재판이 사라졌다. 하지만 전근대적인 문화나 고대부터의 전통을 중시하는 사회에서는 마녀재판과 비슷한 행위를 하는 일이 가끔 있다. 이는 인권을 탄압하는 일이다.

2003년 3월 5일, 요한 바오로 2세의 지시에 따라 교황청은 《기억과 화해: 교회와 과거의 잘못》이라는 제목의 문건을 발표해 과거 교회가 하느님의 뜻이라는 핑계로 인류에게 저지른 각종 잘못을 최초로 공식 인정했다. 이때 마녀사냥에 대한 잘못도 인정하며 전 세계적으로 가톨릭의 이름으로 사죄했다.

마녀재판을 하는 네 가지 방법

첫째 방법은 눈물시험(Traenenprobe)이 있었다. 마녀망치에서는 '마녀들은 사악하기 때문에 눈물이 없다, 그래서 혐의자가 눈물을 흘릴 수 있나 시험해보라'고 나와 있다. 눈물을 흘려서 혐의자가 죄가 없다는 것을 실증해 보여야 하는 것이다.

두 번째는 바늘시험(Nadelprobe)이다. 바늘시험은 성경 구절의 예언서에서 유래된 것으로, 구원받은 자의 표식으로 이마에 먹이나 도장을 친다는 논리에서 유래됐다. 타락한 악마들은 지울 수 없는 표식을 가지고 있으며, 마녀 또한 마찬가지라는 논리다. 따라서 재판관이 그녀들의 나체를 관찰하고, 또 관찰의 용이성을 위해 몸의 털, 음모, 눈썹을 깎거나 태운다. 관찰에 의해 사마귀, 융기, 부스럼, 기미, 주근깨 등 마녀의 점이 나오면 형리는 그 자리를 누르거나 바늘로 찔러 감각을 느끼는지, 피가 흐르는지 시험한다. 사바스에서의 난교에 의해 마녀는 피를 다 써버렸기 때문에, 마녀는 피를 흘리지 않는다고 간주되었다.

세 번째는 불시험(Feuerprobe)이다. 재판관은 혐의자에게 그들의 무혐의를 증명하는 방법으로 달구어진 쇠로 지지는 것을 견딜 수 있는지, 불위로 걸을 수 있는지, 그리고 다치게 될지를 시험한다는 것이다. 이렇게 제안했을 때 혐의자가 승낙을 한다면 그는 마녀가 된다. 마녀는 이 난관을 악마의 도움을 받아 헤쳐 나갈 수 있다고 믿어졌기 때문이다.

네 번째는 물 시험(Wasserprobe)이다. 일반적으로 물은 깨끗한 속성을 가지고 있다고 믿어졌다. 형리들은 혐의자를 단단히 묶고 깊은 물에다 빠뜨린다. 물은 깨끗한 속성을 가지고 있기 때문에 마녀가 들어올 경우에는 물 밖으로 내쳐진다고 믿어졌다. 만약 혐의자가 물에서 익사한다면, 그는 혐의를 벗게 되겠지만, 물에서 떠오른다면 마녀로 간주되어 화형 되었다. 마녀든 아니든 죽는 것은 마찬가지였다.

마녀재판의 피해 사례

●잔 다르크: 백년 전쟁 때 종교 재판에서 마녀 판결을 받았고 나중에 화형 당함. 훗날 명예회복재판에서 무죄를 선고받음.

●세일럼 마녀재판: 미국 뉴잉글랜드 세일럼에서 일어난 청교도들의

마녀사냥의 현대적 의미

마녀사냥에 대해 정치학에서는 전체주의의 산물로 보고 있고, 심리학에서는 집단 히스테리의 산물로 보고 있으며, 사회학에서는 집단이 절대적 신조를 내세워 개인에게 무차별한 탄압을 하는 행위를 의미한다. 히틀러 나치의 '우생학', 일본 제국의 '

불령선인', 미국의 'KKK'과 '매카시즘', 소련과 아프리카 등에서 벌어진 '인종학살' 등이 근현대에 벌어진 마녀사냥의 대표적인 예다.

동일성과 규격화를 요구하는 근대국가는 '정상이 아닌 것'들을 가혹하게 몰아붙일 필요가 있었다. 마녀사냥의 대상은 주로 여성, 유대인, 무슬림, 동성애자, 이주노동자 등인 것이 그 예인데, 이는 상황에 따라 누구나 마녀가 될 수 있다는 것을 보여준다.

인터넷의 발달로 마녀사냥의 양상도 진화하였는데, 집단이 개인을 상대로 근거 없이 무차별 공격을 해서 '인격 살인' 하는 것이 문제가 된다. 수많은 사람들이 생각을 공유할 수 있다는 것 자체가 '프레임'을 만들어낼 수 있는 요소가 되고 이로 인해 인터넷의 발달이 마녀사냥을 더 용이하게 만들었다. '마녀사냥식 여론재판'이라는 말이 사용되기도 한다.

2부 마무리
⑤ 그리스도인에게 '정치'란 무엇인가?

성직자는 정치인들에게 정치를 맡겨야 하고, 그들이 양심을 갖고 정치 직무를 잘 수행할 수 있도록 선지자의 사명을 감당해야 한다는 말은 정당한가?

그리스도인은 정치에 어떻게 참여하는 것이 바람직한가?

하나님나라와 정치의 상관관계는 무엇인가?

정치와 종교의 역할이 분명하게 분리되지 않았던 구약시대에 선지자들의 정치 역할로서 예언은 종교 뿐 아니라 사회와 국가에 직간접으로 많은 영향을 주었다.

선지자들의 역할 가운데 중요한 기능이 사회와 국가에 대하여 예언자의 목소리를 발하는 것이었다.

하지만 근대 국가의 개념이 성립되면서 종교와 정치의 역할과 영역이 분리되어 마치 서로 아무 관련이 없는 것처럼 생각하게 되었다.

하지만 종교와 정치란 한 사회와 국가 속에서 서로 분리될 수 없는 관계 속에 있다고 할 수 있다. 이런 점에서 교회와 정치는 긍정이나 부정의 영향을 서로 주고받을 수밖에 없다.

신구약성서에서 정치와 관련하여 언급된 구절들의 예를 들면 다음과 같다. 때로 구절들은 그리스도인들은 정치를 정치인들에게 맡기고 관여하지 말아야 할 것처럼 말하는 것 같다. 하지만 어떤 구절들은 그리스도인과 교회가 정치에 관여해야 할 것처럼 암시하는 경우가 있는 것처럼 보이기도 한다. 그러나 관계는 있지만 관여와 간섭의 개념은 분별 된다.

요3:16. 하나님이 세상을 이처럼 사랑하사 독생자를 주셨으니 이는 그를 믿는 자마다 멸망하지 않고 영생을 얻게 하려 하심이라

요18:36 내 나라는 이 세상에 속한 것이 아니니라

빌3:19~20 우리의 시민권은 하늘에 있는지라

예22:3 너희가 정의와 공의를 행하여 탈취 당한 자를 압박하는 자의 손에서 건지고 이방인과 고아와 과부를 압제하거나 학대하지 말며 이곳에서 무죄한 피를 흘리지 말라

암5:24 오직 정의를 물 같이, 공의를 마르지 않는 강 같이 흐르게 할 지어다.

사1:16~17 너희 악한 행실을 버리며 행악을 그치고 선행을 배우며

요17~18 나도 그들을 세상에 보내었고

요20~21 아버지께서 나를 보내신 것 같이 나도 너희를 보내노라

행5:29 사람보다 하나님께 순종하는 것이 마땅하니라

오늘날 우리의 정치 현실은 사람들이 혐오할 상황 속에 머물러 있는 것 같다. 하나님 나라와 정치라는 관점에서 그리스도인의 정치참여에 대하여 신구약성서에서 여러 구절들이 정치 문제와 관련이 있지만, 신약성서를 중심으로 고찰할 것이다.

신약에서 마가복음 12장 17절, 로마서 13장 1~7절, 베드로 2
장 13~17절,

◊ 교회 본질과 역할

성서에서 가르치는 구원이란 육체와 영혼, 현 세상과 내세를
모두 포함한 실존 전체를 의미하는 사건이다. 구원은 영혼의
구원과 육체의 구원 모든 생활 삶 전체의 구원이며 이 세상에
서의 육신과 현실에 대한 구원의 세계를 의미한다.

구원은 십자가의 죽으심과 더불어 부활하심을 믿는 믿음으로
구원을 의미한다. 그 구원은 영혼과 육신을 통하여 결심과 결
단으로 구원을 받는다. 이 결단과 결심이라고 하는 것은 순종
이다. 모든 성경 전체에 대한 무조건적 순종을 말한다. 이 성
경의 순종을 통한 믿음이 구원에 이른다는 것이다. 오직 예수,
오직 한 번은 심판이 없는 영원한 구원이다. 그러므로 구원 받
은 자는 어떤 조건이나 환경 여건에서도 전혀 염려와 해를 받
지 않는다는 확신이 있어야 한다. 그러면 이단뿐만 아니라 기
복주의, 신비주의, 은사주의 등 어떤 것에도 흔들리거나 휘둘
릴 수 없다.

그러므로 이 세속적 현실의 모든 부문에서의 구원은 주님이
'세상을 이처럼 사랑하사'는 즉 예수님은 하나님이시면서도 성
경말씀의 육체로 변형되사 오신 인간으로써의 하나님이시며 이
땅에서의 세속적 삶 가운데에서 천국세상을 만들고자 오신 하
나님의 인간형상으로 오신 분으로써 이 세상을 천국처럼 믿음
으로 살게 하시려고 오신 분의 뜻과 의지, 의와 공의를 인간인
그리스도인들을 통하여 함께 공동체적으로 이루고자 하신 것이
며 그러한 본질적 믿음은 세상에서 가장 중요하고 큰 업무 영
역이 정치에도 간섭하시고 역사하시기를 바라는 것이다.

◊ 그리스도인의 정치참여의 성경적 근거

마가복음 12장 13~17절

세금은 종교세가 아니라 인두세였고, 로마황제는 인두세를 기준으로 자신들의 통치를 공고히 한다.

예수님은 '가이사의 것은 가이사에게, 하나님의 것은 하나님에게'라고 하셨다.

예수님의 대답은 전부 권위에 대한 대답도 아니며, 종교와 정치의 영역이 구분된다는 기준을 제시한 것도 아니다.

예수님께서 의도하신 것은 로마의 주화인 데나리온에 새겨진 티베리우스의 두상과 그 곁에 새겨진 문장이 잘못되었다는 것을 상기시키는 일이다.

예수님은 가이사에게 바치는 세금을 반대하였기 때문에 바리새인들을 옹호한 것이지만, 그렇다고 헤롯당원들을 지지한 것도 아니다.

마가복음 12장 13~17절에 등장하는 예수님의 말씀은 정교분리의 원칙을 제시한 것이 아니다. 오히려 예수께서 로마황제가 신이 아니라는 것을 드러내고, 하나님의 성전에 신성모독의 주화를 바칠 수 없음을 가르치신 것이다.

로마서 13장 1~7절

로마서의 이 단락은 종교의 문제에 등장하며 자주 오해되고 있는 본문이다.

본문은 국가의 신학적 기원과 관련해서 오랫동안 성경의 근거로 제시되어 왔고, 민중의 조건없는 복종에 대한 규범의 근거를 제시하는 것으로 해석되었다.

이를 이해하기 위해서는 로마서에서 이 본문이 속한 거대 문맥을 이해할 필요가 있다.

바울은 본문에서 '권세, 권위(엑수시아)'라는 헬러아 단어의 복수형 '엑수시아이스'를 사용하고 있는데 그 의미는 세상적인 의미로 지상의 임시성 안에서 이해할 수 있다.

바울이 사용한 권세라는 용어는 당시 로마 제국에서 행정 담당자를 나타내는 단어였다. 이 단어는 로마 제국의 방대한 국가 조직의 다양한 관직을 의미하는 것으로 제도보다도 기관과 지위를 차지하는 구체적인 행정 담당자를 나타내는 용어였다.

이런 점에서 바울이 사용한 권세는 종교와 도덕의 실체를 포함한 국가의 신성화를 의미하는 것이 전혀 아니다. 바울은 현실적으로 존재하는 국가권력의 기원과 정당성의 근거를 제시하는 것이 아니라, 당시 실제 행정담당자의 권세를 하나님이 세우신 것으로 이해하라는 의미이다. 국가는 하나님의 뜻에 따라 세워진 것일지라도 그 자체가 신적인 것이 결코 아니다.

본문에서 하나님이 세워주신 것은 질서를 의미하는 것이 아니라 하나님에 의하여 설정 또 임명된 것을 뜻한다. 그러므로 본문에서 사용된 세워주신 것(디타게)는 실질적인 신정 질서를 의미하는 것이 아니라, 주권적인 하나님의 의지를 강조하는 것이다.

국가의 임무는 선한 일을 보호하고 장려하는 것으로 '선한 일'은 종교와 도덕의 기준에 따른 것이 아니라, 시민의 정의라른 관점에서 말하는 것이다. 선한 일을 장려함과 함께 국가권력은 악한 일을 방지할 의무가 있다.

국가 권력에 대한 그리스도인의 올바른 태도는 누구나 복종하는 것 밖에 없다. 하지만 바울이 이 본문에서 사용한 '복종하다(휘포타소)'는 결코 절대적 굴종이나 무비판적인 예속을 의미하지 않는다. 바울은 그리스도인이 국가 권력에 복종하는 것은 권력에 의한 처벌을 피하기 위한 것일 뿐 아니라, 양심을 위한 것이기도 하다는 교훈이다.

이런 점에서 바울은 단순한 표면적으로 합법적 행동으로서의 복종뿐만 아니라 내면의 확신에서 우러나오는 자발적인 복종을 기대하는 것이다. 바울이 말한 양심은 각자에게 적용되는 기독교 양심을 의미한다.

베드로전서 2장 13~17절

베드로 사도도 역시 바울과 마찬가지로 권위에 대한 절대적인 복종을 교훈하면서도 로마 황제도 사람 가운데 하나님을 분명히 암시한다.

그러므로 로마 황제 역시 하나님을 두려워해야 한다는 교훈이다.

권위에 대한 복종의 조건은 주님을 위한 것임을 분명히 하면서 무조건적 복종을 요구하는 것이 아님을 가르친다.

✒ 그리스도인의 정치참여, 실천적 내용

그리스도인의 정치 참여는 가장 먼저 세상 정치와 국가의 실체를 정확하게 파악하고 올바르게 인식하는 것이다.

정당한 국가 권력에 대한 그리스도인의 의무와 복종은 마땅한 시민의 의무이다.

그리스도인은 언제나 하나님의 나라가 이 땅 위에 실현되도록 비판적 통찰과 책임에 근거하여 예언자적 역할을 감당해야 한다.

그리스도인의 정치 참여는 가능하고 하여야 할 의무와 책임이지만 어떻게 할 것인가의 방법론이 하나님이 기뻐하시고 원하시는 방법론의 지혜와 명철을 허락하심이 어떤 것인지 성경적인 고찰이 있어야 한다. 이 시대적 상황과 변화와 여건에 적당하고 합당한 방법이 무엇이며 어떻게 해야 할 것이지 시대적 담론과 시대성 합목적적인 하나님의 지혜와 명철이 있어야 한다. 그러기 위해서는 기도와 영성, 계시와 영감을 받은 그리스도인들이 되어야 할 것이다.

교회도 사람의 집단이기에 과오도 많았지만 하나님은 성경과 교회를 통하여 통치(정치)의 역사를 개혁하시고 진보 발전시켜 오셨으며, 앞으로도 계속해서 통치와 인권, 평안과 질서와 품격과 평화를 신장하고 진작시키시고 계신다. 결과적으로 계속해서 죄 많은 인간을 하나님의 형상으로 개혁하며, 하나님의 인격으로 변화시키시고 끝까지 함께 하신다.

신약성경에서의 예수 그리스도의 정치는 사랑이다.
정치는 사랑이다.
정치는 백성을 사랑하는 것이다.
정치는 백성들 끼리 서로 사랑하는 것이다.
정치는 위정자들이 백성을 사랑하는 것이다.
정치는 위정자가 백성들 끼리 서로 사랑하도록 법과 제도, 교육과 규정, 시스템 조직을 만들어 서로 사랑하게 하는 것이다. 교회와 정치는 사랑을 가르치고 서로 사랑하게 하는데 그 사명과 소명이 있다.
정치는 사랑과 겸손과 온유와 인내와 기다림의 덕목을 교육하고 훈련하는 것을 필요로 한다.
어느 이념과 사상이 옳다, 그르다고 하는 것은 그 시대에 따라서 다를 뿐이지 영원한 것은 아니며, 그런 것도 없다. 지금은 자유민주주의가 옳다고 하지만, 언제 그것도 한계에 이를지 모른다. 자본주의가 좋다고 하지만 그것도 언제 그 이념과 가치가 한계에 이를지 모른다. 좌파니 우파니 하는 것도 하나님 말씀인 성경에 기준하여 볼 때, 그런 기준은 어리석다. 하나님은 우파, 좌파, 양파, 대파, 쪽파도 아니며 엄격하게 말하자면 무파이시다. 성경에는 파가 없다. 가치 기준과 이념과 사상은 인간이 만든 것이다. 어느 파가 중요한 것이 아니라 탐욕과 교만, 편견과 죄악이 없는 파를 원하신다. '꼴통'이니 '좌빨'이니 이런 언어는 이 땅에서 없어져야 한다. 보수니 우파니, 빨갱이니 좌파, 공산당이니 하는 것들은 잘못된 정치 세력이나 못된 정치하는 사람들이 서로 편을 만들고 조작하는 것이지 일반 백성들은 아무런 이념도 사상도 없고 알지도 못한다. 그냥 부화뇌동하는 백성들이 대부분이다. 그리고 이러한 이념적 개념을 정치하는 사람들도 올바로 알지도 못하고 사용하고 있는 분들이 대부분이다.

3부. 교회개혁과 정치와의 관계

교회는 인간의 영혼(마음과 생각)을 다스리고,
정치는 인간의 호흡(행위와 육체)을 다스린다.

정치와 교회의 단일체제 시대에
종교선택의 자유와 양심의 자유가 없는 시대에
교회와 정치가 만났을 때
1장. 교회개혁의 의미와 역사

기독교 정치의 역사

 종교가 인간의 영혼, 마음과 생각을 다스린다고 한다면 정치
는 인간의 호흡 즉 행위와 육체 즉 자유와 인권을 다스린다고
할 수 있을 것이다. 정치가 일상생활 심지어는 호흡에까지도
영향을 미치는 것이며, 인간 생활 모든 면에 영향을 미치고 제
어하고 통제하는 영역이다.

 특히 이러한 모든 생활과 심지어는 호흡에까지도 영향을 미친
다는 것은 종교개혁 당시의 상황을 말하는 것이다. 왜냐하면
당시의 거의 모든 유럽 세계는 정치와 종교가 하나 된 세상이
었기에 어떤 것도 정치와 종교를 구별하여 선택할 수 있는 개
인은 아무도 없었기 때문이다. 그래서 종교개혁이 역사적인 대
변혁이며 대사건인 것이다. 지금 이 시대에 종교개혁하면 별
의미가 없다기보다는 그렇게 당시보다 크게 개혁할 사항이거나
심각한 지경이 아니라는 것이다. 또한 정치개혁도 지금 심각한

상황이나 처지나 지경이 아니라는 것이다. 지금은 민주, 자유, 인권, 의식주가 이념과 사상, 종교를 불문하고 상당한 정도 향상되었기 때문이다.

그러나 아직도 교회적으로 정치적으로 핵심주제 세 가지는 첫째로 교회 안에서도 법에 의한 질서와 통치가 중요하다는 것이다. 오늘날 한국의 모든 장로교 교단들에는 교단의 헌법이 있다. 이는 칼뱅이 강조한 대로, 교회 내에서도 국가에서와 마찬가지로 신앙과 교회생활의 모든 원칙과 행동은 신자 공동체 전반이 동의하고 합의한 합리적 계약, 언약 원칙인 법의 지배 아래 있어야 한다는 것이다. 어느 한 사람 개인적인 판단과 권력이 교회 전체를 좌우해서도 안 되고, 어떤 한 사람에 의한 사적 집단이 교회와 교단이 운영되어서도 안 된다는 원칙을 정한 것이다.

둘째는 교회 안에 민주주의적 방식에 의한 질서가 확립되어야 한다는 것이다. 교회의 직분자는 공동의회, 제직회, 당회 등에서 선거로 선출되어야 하고, 노회장, 총회장 등과 같은 지역교회와 교단의 대표도 민주주의적 방법으로 선출되어야 한다. 그러나 이러한 법과 규정이 있어서 그 규정과 법을 형식적으로는 잘 지키고 있는 것 같지만 실제 내부적으로는 보이지 않는 은밀하고 교묘한 경험적 기술적 마술 같은, 또는 KGB같은 소수 조직이 움직이고 있는 현실이 심각하다. 오히려 세속 정치보다 더욱 세상스럽고 세속적 타락이 심한 면도 없지 않다. 초등학교 반장 선거만도 못 하다는 시쳇말도 있다.

셋째로 교회 안에 모든 신자는 자유를 누려야 한다. 그 교회의 교인이 될 것인지 아닐 것인지, 누구를 대표로 뽑을 것인지 등에 대하여 자신의 자유로운 신앙적, 양심적 생각에 따라 행동하는 자유를 보장해야 한다.

물론 이 세 가지 원칙이 칼뱅의 시대에나 그 이후 개혁파 시대에 완벽하게 지켜졌다고 할 수 없다. 그러나 장로교회의 정치원리는 성경에 대한 해석과 당대 인문주의적 민주주의의 헌법 정치원리로부터 도출되었다. 현실은 이상에 턱없이 부합하지 못하는 경우가 많지만, 어찌하든 이런 원칙이 세워졌기 때문에, 이후의 개혁파의 정치이론이 교회와 세속 정치사회에서 더 발전할 수 있는 기반이 마련되었다.

칼뱅 이후 제네바의 칼뱅의 후계자 테오도르 베자 그리고 네덜란드의 오라네공 빌럼과 독일 출신의 네덜란드 요하네스 알투지우스, 영국의 올리버 크롬웰, 영국의 청교도 실낙원의 작가 시인 겸 사상가 존 밀턴, 그리고 미국의 독립 초기 사상가 2대 대통령 존 에덤스 등이 이어서 칼뱅의 기독교 사상과 이념을 계승 발전시켰다. 이들의 이름은 살아남아서 존재를 알게 되지만 오히려 비참한 생을 마친 분들이 훨씬 교회개혁과 정치개혁에 큰 영향의 씨와 뿌리가 된 경우가 더 많다.

테오도르 베자(Theodore Beza,1519~1605)의 정치신학
종교개혁자이자 인문주의자이며 성서번역가, 교수, 외교관, 시인이기도 하였다. 전 유럽을 통틀어 개혁원리에 대하여 견줄 만한 이가 없을 정도로 대가였으며 쟝 칼뱅의 뒤를 이어 제네바 아카데미를 이끌었다. 종교개혁가로 살기 전 베자는 파리에서 문벌 좋고 재치 있는 학자였으며 뛰어난 시인으로 많은 인기를 누렸다. 그는 또 삼촌의 영향력으로 가톨릭교회에서 두 개의 성직을 차지해 상당한 수입을 얻었다. 1544년에는 클로딘 데노즈 라는 여인과 결혼했는데 결혼식은 봉록이 나오는 가톨릭 성직을 유지하기 위해 비밀로 치러졌다. 그 때 베자에게 페스트로 보이는 중병이 찾아왔다. 육체적으로 피폐해진 그는 영적인 필요를 느끼게 됐다. 점차 예수 그리스도 안에 있는 구원을 알게 된 그는 1548년 가톨릭 성직의 봉록을 버리고 아내 클로딘과 함께 제네바로 향하게 되었다. 파리에서 상당한 영향력을 가졌던 그의 도피는 그만한 후폭풍을 몰고 왔다. 1549년 파리고등법원은 이단인 루터의 사상을 받아들여 성직을 팔았다는 이유로 베자의 체포와 재산몰수를 공포했다. 1550년에는 화형에 처한다는 판결을 받기도 했다. 그는 1564년 샤를 9세의 사면령 이후에야 프랑스로 돌아갈 수 있었다.

제네바에서 칼뱅과 만난 베자는 클로딘 데노즈와 정식으로 결혼하고 본격적으로 종교개혁가의 길을 걷기 시작했다. 그는 칼뱅과 함께 제네바아카데미를 설립하고 초대학장으로 학교를 위해 헌신했다. 아카데미에서는 훈련 받은 목회자들을 프랑스로 보냈는데 2년 만에 프랑스의 개혁교회가 50개에서 2,000개 이상으로 성장하는 성과를 거두기도 했다.

특히 베자는 신앙의 자유를 위해 왕과 맞서 싸운 종교개혁가였다. 베자가 제네바에서 활동하던 1572년 성 바돌로매 축일에 파리에서 개혁파 교인 약 3만 명이 학살당하는 사건이 벌어졌다. 가톨릭교도들이 교회의 종소리와 함께 교회와 집을 습격해 개혁파 위그노들을 학살한 것이다. 대학살 이후 위그노들은 절대왕권에 대항해 맹렬히 저항하기 시작했다.

베자는 제네바로 피난 온 위그노들을 돕는 동시에 이들의 저항을 적극적으로 옹호했다. 칼뱅이 악한 군주를 백성의 범죄에 대한 하나님의 심판의 도구로 보고 무장 항거에 반대한 반면 베자는 신앙을 억압하는 폭정에 백성들이 적극적으로 저항할 의무가 있다고 역설했다.

칼뱅의 후계자로서의 베자

칼뱅은 그의 동역자였던 베자를 깊이 신뢰했다. 1564년 칼뱅이 죽자 베자는 장례를 주관했으며 칼뱅이 전기를 집필했다. 베자는 제네바 시의회에 의해 의장으로 선출됐다. 이후 은퇴할 때까지 교회와 시정에서 설교와 교육에 헌신했다.

그의 명언은 "성인이 그렇게 남아돌 정도로 많은 공로들을 갖고 있다면 예수 그리스도의 공로가 그들에게 무슨 필요가 있겠는가? 개혁되지 않은 로마가톨릭의 신앙체계 교리는 그리스도의 영광에 대한 모욕이다"라며 로마가톨릭에 대한 개혁을 강하게 요구했다. 더욱 더 유명한 명언은 "개혁교회는 계속 개혁되어야 한다"라고 종교개혁의 상징이 되었으며 '교회'라는 개념적 의미를 표현하고 있다.

1564년 칼뱅이 죽은 뒤 칼뱅을 제자인 베자는 신자의 양심과 신앙의 자유와 저항이론을 발전시켰다. 이는 당시의 끔직한 사건이 베자를 크게 격동케 했다. 칼뱅이 죽은 지 8년 후에 1572년 프랑스의 성 바르톨로메오 날의 대학살 사건이 발생했다. 이 사건은 프랑스 교회개혁 세력인, 프랑스 위그노 교도 수만 명이 단 한 달 동안에 로마교회 군인과 당국의 무장병력에 학살당한 사건이다. 칼뱅은 비록 통치자가 사악할지라도 그 통치자의 권력은 하나님께로부터 온 것이므로 복종하며 인내해야 한다고 했다. 그렇지만 통치자가 참된 기독교인 개혁파 신앙을 억압하고 이 신앙을 믿는 이들을 수만 명이나 학살하였다고 하는 것은 어떤 저항도 해서는 안 된다는 것은 아닐 것이다.

그런데 1572년 이후의 상황은 칼뱅이 살았던 1500년대 초중반의 상황과는 너무나 달랐다. 베자는 칼뱅과는 다른 상황에서 프랑스 및 여러 지역에서 고군분투하는 개혁파 신자들에게 취해야 할 행동의 방향을 제시해주어야 했다. 여기서 **베자의 저항권 사상**이 등장했다. 베자는 통치자와 백성과의 관계는 일종의 계약(언약)관계로서, 이 관계는 재판관이신 하나님 앞에서 맺은 언약관계라고 선언했다. 따라서 쌍방이 모두 이 언약계약에 신실해야 한다는 것이다. 통치자는 하나님께서 자신들에게 주신 권력을 사용하되, 법에 따라 통치하며 백성들의 권리를 보호해야하며 백성은 그런 신실한 통치자의 통치에 순종하며, 함께 더 나은 공동체를 만들기 위해 노력해야 한다는 것이다.

그러나 언약계약의 당사자인 통치자가 그 언약을 어기고 백성을 폭압하는 경우에는 베자는 이들을 기소하거나 처벌하고, 심지어 혁명을 일으켜서 그를 사형에 처할 수도 있다고 주장했다. 기본적으로는 칼뱅이 한 이야기를 반복한 것인데 여기서 베자는 백성이 저항권을 행사할 정당성과 권한을 더 적극적으로 주장했다. 베자는 이어서 더 구체적으로 정확히 어떤 상황이 저항권을 적극적으로 행사할 수 있는 상황인지를 기술했다. 먼저, 하나님의 명시적인 법인 '십계명'에 나오는 기독교인의 핵심 의무인 하나님을 예배할 권리, 우상숭배를 금할 권리, 안식일을 지킬 권리, 가정과 결혼과 부모에 효도할 권리를 지키기 힘든 상황을 만드는 통치자에게는 저항할 수 있다. 또한 모든 이들의 **양심에 새겨진 '자연법'의 권리**인 신앙의 자유, 교육과 교회정치, 이주, 집회와 결사(단체조직), 출판의 자유, 결혼과 이혼의 자유, 사적인 계약의 자유를 억압할 때에도 역시 저항권을 발동할 수 있다고 했다. 베자가 1605년에 사망했고, 이후 17세기는 개혁파 신학이 여러 다양한 주제들에서 훨씬 더 정교하게 체계화되며 다양해지는 시기가 되었다. 이 시기에는 특히 잉글랜드, 스코틀랜드, 네덜란드, 뉴잉글랜드 등에 개혁교회, 장로교회, 청교도 회중교회 지역에서 개혁파 정치신학이론이 다양한 형태로 발전하고 실험되었다.

오라네공 빌럼의 개혁

스페인의 국왕 펠리페 2세는 신실한 로마가톨릭교회의 충성스런 제왕이었다. 그는 자신의 개인 영지 식민지를 무거운 세금과 상업규제, 강제군역과 차출, 이단재판소 설치, 사유지 압류 등으로 탄압하고 핍박하였다. 이런 압제에서 벗어나기 위해 1560년대에 독립운동을 일으킨 네덜란드 개혁파의 리더는 오라네공 빌럼이다. 빌럼과 네덜란드 지도자들은 영국의 개혁교회의 영향과 지원으로 칼빈주의 기독교사상에 입각하여 독립선언서와 헌법, 기타 법률 문서 등을 작성했다. 이 과정에서 가장 영향력 있는 정치사상을 마련한 인물이 독일출신의 요하네스 알투지우스이다.

요하네스 알투지우스의 정치신학

기독교사회계약설 주창자의 한 사람으로 통치자와 국민 간의 계약관계에서 통치자 등 권력자가 계약 위반 등 실정이나 국가법을 위배하였을 때는 **국민저항권**을 행사하여야 한다는 이론인데 이는 성경의 창세기의 **십계명에 근거**하고 있다. 이는 사회계약법과 자연법인 천부적 인권 즉 하나님의 절대주권인 성경에 근거하고 있다. 이는 **국민주권**을 의미한다고 하였다. 그러므로 통치자는 국민주권에 따라서 통치한다는 이론이다. 이는 서양이 민주주의와 자유주의에 따라서 입헌민주국가와 인권 자유사상의 기초가 되었다.

그는 1581년까지 쾰른에서 아리스토텔레스의 철학을 공부하고, 바젤에서 로마법(法)을 연구하였다. 1586년 헤르보른시(市)의 칼뱅주의적 고등법원 학교의 교수가 되어 로마법과 철학을 가르쳤다. 엠덴시(市)의 자유를 지키기 위한 프리지아 방백(方伯)과의 싸움에서도 시평의원으로서 중요한 역할을 하였고, 1604년 이후 죽을 때까지 엠덴시의 시장을 지냈다. 그의 저서 '체계적 정치학'에서 칼뱅주의 입장에서 반군주주권(反君主主權)이론을 정밀하고 체계적으로 전개하였다. 즉, 사회구성의 기초를 계약에서 구하고 이것을 사회계약과 통치계약으로 구별하여 사회단체를 가족 ·조합 ·도시 ·주(州) ·국가의 5단계로 나누었다.

그리고 각 단체는 작은 단체의 계약적 연합이 되는 것이라 하여, 국가를 다원적 사회구성의 하나로 생각하였다. 또 주권(主權)은 공동체로서의 국민에 있다는 **'국민주권론'과 '저항권'**을 인정하고, 행사되어야 한다고 하였다. 이와 같이 계약설을 중심으로 사회 국가의 구성을 설명하였다. 그는 근대 대륙법 개념론의 가장 중요한 선구자이기도 하였다.

그는 통치자와 국민 간의 관계는 하나의 계약관계이며 이 계약의 근거는 십계명과 자연법이라는 것이다.

그 당시는 어떠한 것도 종교를 선택할 수도 없었을 뿐만 아니라 정치도 어떤 개인적 생각이나 의견을 말하고 표현할 수 있다면 죽음을 의미하는 것이었으니까.

다시 말하자면 종교개혁은 기독교개혁이며 이는 정치의 변화가 동시에 일어나는 것이다. 요즘의 생각과 사고로 말하는 것은 이 용어들이 이해가 되지 않을 것이다.

그러므로 종교개혁이라는 단어는 기독교개혁, 또는 교회개혁이라는 단어로 바꾸어 사용되어야 한다. 이 종교개혁의 단어는 서양에서의 종교가 기독교만이 있었다고 전제되는 것 이다. 이는 기독교세계관이 중심이 된 세계에서의 단어가 아무런 의심 없이 종교는 기독교만이 종교라는 유럽의 세계관이 자기중심적 세계관의 단어로 사용되었다는 것이므로 비기독교 독자들은 좀 난해할 것이다.

때는 16세기 서유럽, 다시 정확하게는 1517년 10월 31일 마틴 루터의 독일에서의 사건이 발단이 되었다. 지금부터 500년 전의 일이다. 물론 시작은 교회의 문제, 신앙의 문제였다. 그러니까 교리, 예배, 교회, 선교, 기도, 성례전 등 교리와 신앙에 관한 문제의 개혁이지만 이는 사회 전반적인 영향을 끼치는 결과를 가져오게 되었다. 즉 정치, 사회, 문화, 경제 등 모든 영역에 변화의 동기를 유발하게 된다.

또한 우리가 정치를 생각해보면, 정치가 우리 생활의 모든 부분을 관장하고 영향을 주는 것임을 상식적으로도 이해할 수 있을 것이다. 예를 들어 북한의 정치체제를 보고 남한의 정치체제를 비교하거나, 과거 우리나라에서도 어떤 정치체제이며, 어떤 인물이 대통령이 되거나, 대통령이 어떤 사람이냐에 따라 국민 각각 개인적인 정치성향과 이념 철학에 따라 나라와 국민들의 생활이 변화되는 것을 경험했을 것이다. 그만큼 정치는 정치뿐만 아니라 경제, 산업, 문화, 예술, 과학, 사회, 교육, 종교, 외교 등에 나라와 국민들 모두에게 모든 분야와 부문에 심대한 관계의 영향을 받는다.

이 종교개혁, 즉 기독교개혁이 때는 16세기, 장소는 서유럽, 그 당시와 그 지역들에 대한 상황과 형편과 환경을 이해해야 한 것이다. 간단하게나마 언급한다면 기독교개혁과 정치와의 관계를 말하려고 한다면 당시는 종교가 오직 기독교, 기독교라고 하지만 요즘으로 말하면 천주교, 구교이며 천주교의 최고 권위이며 권력과 모든 것의 가장 영향력이 있는 주체는 교황이었다는 것이며, 이 정치와의 관계에서 이 시대상황에서의 정치

는 정치가 즉 정치 전문가의 부류가 따로 있었다고 할 수도 있
겠지만 구태여 말한다면 왕, 황제, 국왕, 등의 정치 통치권자는
교황과의 관계를 무시하거나 독립적으로 관계를 말할 수 없는
시대였다는 것이다. 그러므로 종교, 기독교, 신교가 없고 아직
생기지도 않은 상태의 시대였기에 요즘의 기독교 상황을 상상
하거나 가정할 수 없는 시대였다. 종교와 정치가 하나이며 단
일 된 기독교세계였다는 것을 간과해서는 안 된다. 물론 나라
마다, 시대마다 각각 다른 상황의 처지가 복잡 미묘한 상태였
다. 그 진행과 전개 상황이 아주 복잡하다.

여기서 참고로 우리는 16세기 서유럽의 기독교개혁에 대하여
정치와의 관계를 말하기 이전에 이 기독교의 세계가 형성되고
기독교가 지배되는 세상이 시작된 것은 서구의 로마시대로 거
슬러 올라간다. 즉 313년 콘스탄티누스 황제가 기독교를 국가
가 공인하므로 인하여 이후 392년 테오도시우스 황제가 로마
의 유일한 종교, 국교로 정하면서 기독교는 종교에서 정치로
변하여 모든 기독교인뿐만 아니라 모든 통치자, 특히 로마군
부, 정치가가 기독교와의 관계자가 되며 모든 종교인은 정치관
계자가 되며 그러므로 인하여 모든 백성이 기독교와의 관계자
가 되는 역사가 시작되었다. 신앙의 자유와 선택의 자유가 없
게 되었으며, 모든 개인의 생활도 기독교와의 관계에서 벗어날
수 없는 생활이 되었다. 그 이전에는 상상할 수도 없었던 상황
이며 그렇게 되리라고 하는 것은 상상할 수도 없었다. 그렇게
정치가 종교(기독교)이며 기독교 종교가 정치가 되는 세상이
되어 기독교세계가 유일한 세계가 된 것이다.

그러므로 유럽에서는 정치의 역사가 기독교의 역사이며 기독
교 종교의 역사가 인류의 역사가 되었다.

아니다. 기실 알고 보면 하나님이 창조하신 인간이 하나님의

형상을 따라 창조되었기 때문에 모든 통치의 하나님의 속성을 닮아 우리 모든 인간은 정치적인 속성을 가지고 있으며 모든 인간은 정치관계자이다. **하나님은 우리 인간을 모두 정치가로 통치자로 삼으셨다.** 창세기 1장에서 하나님은 분명한 말씀으로 주셨다.

26. 하나님이 이르시되 우리의 형상을 따라 우리의 모양대로 우리가 사람을 만들고 그들로 바다의 물고기와 하늘의 새와 가축과 온 땅과 땅에 기는 모든 것을 다스리게 하자 하시고
27. 하나님이 자기 형상 곧 하나님의 형상대로 사람을 창조하시되 남자와 여자를 창조하시고
28. 하나님이 그들에게 복을 주시며 하나님이 그들에게 이르시되 생육하고 번성하여 땅에 충만하라, 땅을 정복하라, 바다의 물고기와 하늘의 새와 땅에 움직이는 모든 생물을 다스리라 하시니라

모든 사람이 다스린다고 하는 것은 생활 가운데에서 마당을 잘 쓸고 신호등을 잘 지키고 성실하고 정직하게 열심히 감사하며 사는 것이 이 우주를 다스리는 정치 통치일 수도 있다.

이는 내가 우주를 다스리는 것이기도 하지만 정작 하나님의 뜻대로 사는 것은 하나님을 다스리는 것일지도 모른다. 하나님은 인간이 하나님 자신을 다스리는 자가 되기를 원하실 지도 모른다.

로마시대 313년과 392년 이후에서부터 1517년까지의 사이 1200년 동안에 기독교세계에서 기독교시대는 지난 서유럽 국가들에서의 시대상황에 맞는 시대정신은 기독교의 변화를 부르고 있었다. 이 부름에 몸부림치며 저항하고 항거한 선구자들의 여러 모습들이 새로운 표징으로 나타난 것들 중에 하나가 '마틴 루터'라는 이름으로 종교개혁이 탄생하게 된 것이다.
이렇게 저항하는 자들의 모습을 Protestants프로테스턴트라고 부르게 되었다. 즉 로마교회(구교회)에 대한 저항성을 지칭한다. 그러나 이 저항자들 Protestants들은 하나의 모습이거나 하나의 주장이나, 하나의 합치된 주장과 개혁을 요구하거나 바라지 않고 다양하고 분화된 모습으로 개혁을 원하고 저항하는 모습들이었다. 이러한 분파와 교파들은 수 없이 많이 형성되었다가 소멸되었다가 여러 가지 변화된 모습으로 오늘날에도 그 명맥을 이어 우리들의 개혁교회들을 이루고 있다. 이러한 교파의 명맥은 현재 대표적인 몇을 보면 첫째는 마틴 루터를 중심으로 한 루터파와 츠빙글리와 칼뱅의 신학 교리를 따르는 Reformed개혁파와 그리고 영국England는 교회개혁의 주도권이 국왕에게 있었기 때문에 국왕이 교회의 수장이 되는 종교개혁이 되어 국교회가 되었다. 즉 우리는 성공회Anglican라고 부르는 영국국교회다. 지금도 영국의 여왕, 국왕이 성공회의 수장이 된다. 그리고 요즈음 새롭게 조명되고 있는 교파로 물론 이단으로 취급하고 있기도 하지만 츠빙글리의 개혁파의 일파였지만 어떤 면에서는 합리적인 교파라고 여겨지며 순수한 신앙적인 면을 간과할 수 없는 재세례파Anabaptist이다. 유아세례를 반대하는 신앙관으로 어린 아기들이 자아가 없는 영적 상태에서의 세례는 신앙고백이 없는데 어떻게 신자가 될 수 있는가?라는 의미에서 다시 세례 받는 신앙고백이 있어야 한다는 주장의 교회이다. 이 재세례파는 기존 체제를 인정하지 않는 요새말로 표현 하자면 '급진혁신 좌파신앙'이라고 할 수 있다. 그래서 기존체제가 심한 탄압을 하여 명맥을 잇지 못하고 전멸하다시피 했다. 억압에 대한 당시에는 급진 자유주의 신앙을 추구하였다고 할 것이다. 좀 비약하자면 자유민중신학이라고 할까? 자유주의가 시대상황에 따라 좌파가 될 수 있고 우파가 될 수도 있다. 좌파, 우파, 보수, 진보는 상대적 개념이라는 것을 유의해야 할 것이다. 이념과 사상은 상황논리, 진영논리와 시대적 작용과 반작용의 개념이다.

이 네 파를 구분하자면 마틴 루터는 기존 교회의 체제 내에서의 개혁이며 반면에 츠빙글리와 칼뱅은 반(半)체제 내에서 반(反)체제적 개혁을 했다고 할 수 있으며, 영국의 성공회는 체제 자체가 체제 내에서 개혁을 하였다고 할 수 있으며, 재세례파는 기존 체제와는 투쟁적이며 체제가 전혀 용인하지 않아서 사멸하는 교파가 되었다는 것으로 구분할 수 있다.

즉 이는 현실 정치와 교회가 어느 정도 함께 공존하며 함께 타협하며 이룬 종교개혁이지만 한편으로는 정치개혁, 체제개혁을 의미한 개혁이라고 할 수 있다. 왜냐하면 당시의 모든 국가 체제는 종교 즉 기독교와 정치는 하나이었기 때문이다. 기독교는 어떤 분야에서도 따로 생각할 수 없는 개념이며 이념이며 사상이었기 때문에 정치생각 따로 종교생각 따로 라는 지금의 자유, 양심, 신앙, 종교라는 것이 존재할 수 없는 상황이라는 것을 이해하고 알아야 한다.

당시 위대한 주요 기독교 개혁자들을 아래와 같이 나열해 본다.

1. 피에르 왈도(Pierre Waldo, 1140~1217) 77세
2. 존 위틀리프(John Wycliffe, 1320~1384)64세 부관참시
3. 얀 후스(Jan Hus, 1372~1415) 43세 화형
4. **마틴 루터(Martin Luther, 1483~1546) 63세**
5. 기욤 파넬(1489~1565) 76세
6. 윌리엄 틴테일(William Tyndale, 1394~1536) 42세 화형
7. **쟝 칼뱅(Jean Calvin) 55세**
8. 존 녹스(John Knox, 1513~1572) 59세
9. 테오도르 베자(1519~1605) 86세

개혁이라는 말의 뜻은 점진적 변화 또는 혁신이라는 혁명적 변화라는 말이다. 그야말로 기독교가 점진적 또는 혁명적으로 변화 되었다는 개념이다. 기존의 종교 즉 기존의 기독교의 모든 개념이 혁명적으로 변화되었다는 것이므로 그 소속 국가의 국민들은 생각과 정신 마음이 확 바뀌었다는 것이다.

영어로는 The Reformation이다. 그냥 reformation이 아니고, 또 첫 머릿자 R의 Reformation도 아니며, 앞에 the가 붙는데 그냥 영어 소문자 the가 붙는 것이 아니고 대문자 T가 붙는 The가 붙어서 The Reformation이다. 영어 성경을 볼 때 신약성경 전체에서 특히 도린도전서 14장을 볼 때 대문자 Spirit과 소문자 spirit을 잘 구분해야 한다. Spirit의 대문자는 성령을 뜻하지만 spirit은 성령이 아니고 자기 자신의 인간의 심령이며 어떤 경우는 귀신을 뜻하는 경우도 있다. 그만큼 영어를 잘 아시는 분들은 대문자와 게다가 The가 붙었다는 것의 의미와 개념을 잘 이해할 것이다. 이는 새로운 단어 언어의 탄생이다. 새로 생긴 말이다. 그만큼 새로운 역사적 탄생이며 대변혁이며 인류역사에서 이 만큼 중요한 변혁이 없었다. 지금 생각해보면 과거가 상상이 되겠는가? 그 때에 지금을 보면 상상이 될 수 있는 세상이겠는가?

이 시대는 로마교회(천주교, 구교)만이 존재하는 세상이다. 다른 선택은 죽음만을 선택하는 것이다. 반대는 죽음을 택하겠다는 것이다. 그냥 죽을 수 없다. 잔인하게 모든 사람들이 다른 생각을 할 수 없는 본보기를 보여주는 죽음일 뿐이다.

이런 시대 로마교회에 반대하여 나타난 개혁신앙은 루터교회, 개혁파 칼뱅교회, 영국국교회(성공회), 재세례파로 크게 4개로 대별될 수 있다. 물론 여러 개혁이 많이 있었기 때문에 이 4개 부류의 개혁이 이루어져 갈 수 있었던 것이지 딱 이 개혁들만이 있었고 이 개혁만이 꼭 올바른 개혁이라고 할 수도 없을 것이다. 하나님의 뜻은 모든 것이 합력하여 선을 이루기 때문이다. 이들에게는 인물중심으로, 또는 지역중심으로, 또는 언어중심으로 , 국가에 따라, 도시에 따라, 교리에 따라 등등 작은 부분에서부터 큰 부분에 이르기까지 폭발하는 분출이 있었던 것이다.

이런 변화의 완성된 결정체가 우리나라에 그대로 들어온 것은 우리나라는 아무런 변화를 격지 않고 들어왔다는 것은 참으로 우리에게는 크고 좋은 하나님의 은혜가 아닐 수 없다. 서유럽의 1,200여 년 동안의 기독교의 개혁의 진보를 우리는 아무런 과정을 겪지 않고 받았다는 것은 얼마나 크고 놀라운 은혜인지 모른다. 말이 개혁이지 실제로는 이 단어가 어울리지 않다. 호흡도 영혼도 바꾸었다고 할 수 있을 것이다. 모든 사회와 생활, 문화, 정치, 경제, 예술, 학문, 과학, 사상, 이념 등 모든 것이 변화를 가져온 것이다.

2장. 르네상스Renaissance는 기독교 암흑시대인가?

르네상스는 14세기부터 16세기까지 200여 년 동안에 있었던 시대변혁을 말한다. 이는 그 이전이 암울했다는 반증을 뜻하는 용어일 것이다. 그러므로 1200년 대 그 이전의 시대가 얼마나 암울하고 험악하였기에 다시 돌아가자는 의미의 문예부흥이라는 의미에서의 're-'가 앞에 붙었다. 즉 naissance로 돌아가자는 것이다. 그러면 naissance는 무엇인가? 탄생, 출생, 출산, 발생, 기원, 생성, 태동의 의미이다. 그러므로 re-naissance는 재탄생, 재발생, 재출발 등등의 뜻이다. 무엇에 대한 재탄생, 재발생을 의미하는 것일까? 그러니까 과거로 돌아가자는 의미가 포함되어 있다. 어떤 과거로 돌아가자는 것일까? 문예부흥 Renaissance의 주제어는 'Ad Fontes'이다. 그럼 어디에서 언제 어떤 과거로 돌아가자는 것이며 어떻게 돌아가자는 것일까? 영어에서는 르네상스의 의미가 재탄생의 의미이지만 우리 번역에서는 의미가 담겨 있다. 즉 문예부흥이라는 '문예'라는 단어가 들어 있다. 문예는 무엇인가? 문학, 학문, 예술을 줄여서 문예라고 하는 것처럼, 과거 문학, 학문, 예술, 문화로 돌아가자는 것인데 과거는 어느 과거인가? 즉 그리스 헬라 로마 시대의 과거로 돌아가자는 것이다. 그리스 헬라 로마 시대보다 못한 후퇴한 문학, 학문, 예술을 부흥하도록 하자는 재탄생하자는 것이 'Ad Fontes'이다. '근본으로 돌아가자'이다.

이 문예의 중심지는 어디인가? 서유럽 중에서도 남쪽 로마, 피펜체, 스페인, 포르투갈 등이었으며 이 시대에 레오나르도 다빈치, 미켈란젤로, 라파엘, 등은 너무도 유명한 문예 부흥가이다. 그리고 그리스 로마시대의 철학자 등과 정치인들과 영웅들과 신화 속의 인물들에 대한 문학, 예술, 학문적인 표현과 실현이었다.

 그러니까 문예부흥의 이전 시대를 우리는 역사에서 중세라고 한다는 것을 모두 알고 있을 것이다. 중세는 암흑의 시대라고 역사는 기록하고 있다. 얼마나 암흑이었기에 암흑시대라고 할까? 왜 암흑이라고 할까? 그것은 기독교 중심의 기독교세계관만을 용인하고 규정했기 때문이다. 요즘으로 하면 정말 철저한 신앙중심 교회중심 하나님중심의 온전한 세상이었으니 얼마나 천국 같은 세상이었을까 할 수 있을 것이다. 그런데 민중은 그렇지 않았다. 이 중세 시대에는 오히려 이슬람이 훨씬 더 과학과 수학 학문 건축 지리 천문 등 모든 분야에서 발전하였다.

 반대로 기독교세계인 유럽은 하나님의 형상으로 닮아 창조된 인간의 모습이 **교회의 율법의 칼로 조각된 조각상**에 불과했다. 생명 없는 죽은 조각품의 군상들이 성도의 모습에 불과했다. 살아 있는 모습이 아니라 교회가 만든 생각 없는 정지된 죽은 조각상들의 군상이 무엇을 알 수 있겠는가?

 이런 죽은 생명 없는 군상들이 움직이는 군상으로 변화되기 시작했다. 입체감이 있고 살아 움직이며 꿈틀대며 마음이 움직이며 몸이 꿈틀대며, 생각과 양심이 새 생명의 샘물처럼 솟아오르기 시작하였다. 이는 제어할 수 없고 거부할 수 없었다. 교황은 친구 갈릴레이 갈레오가 지동설을 주장할 때, 목숨을 요구했다. 그러자 갈릴레오는 자기 주장을 철회했다. 왜냐하면 '그래도 지구는 도니까' 라고 했다. 교황은 죽음의 하나님이었다. 교황은 '하나님도 까불면 죽어'하는 교황하나님이었다. 지구가 도는 것도 멈추게 했다. 요즘 목사님께서 광장에서 대통령을 탄핵심판을 하는 것보다 더 심했다. 아니 하나님의 위에 있었다. 성경보다 더 권위였으며 바로 진리였다. 예수님도 교황의 아들이었다고 해도 과언이 아니었다. 1075년 12월 혹독하게 추운 눈 덮힌 겨울 '카놋사의 굴욕'은 우화스러운 실제 그 시대의 현상을 잘 대변하고 있다. 요즘 우리나라에서도 광장에서 목사가 대통령을 탄핵 선포하여 교회가 카놋사의 굴욕 Humiliation at Canossa을 맛보려고 하고 있다.

하지만 르네상스가 중세에서 'Ad Fontes근원으로' 돌아가자라고 하지만 그리스 로마시대의 과거로 돌아가자는 것보다는 그래도 하나님 기독교적 세계관에서 살아온 그 관성과 타성을 쉽게 벗어나기는 어려웠다. 그래서 문예부흥은 그래도 문예부흥의 소제와 주제는 성경에 나오는 사실들과 인물들, 성경 이야기 등을 중심으로 전개되었다. 그로 말미암아 교회의 건물들과 그리고 교회의 그림과 조각 등 모든 성물들에 대한 화려하고 예술적인 표현들이 중세와는 전혀 다른 양식을 나타내게 되었다. 그리고 이러한 경향은 지역에 따라서 달랐다. 이탈리아 로마를 중심으로 피렌체, 스페인, 포르투갈 등 남부 유럽은 그리스 로마 시대의 정치가, 전쟁 영웅들, 신화와 그리스 신들 등을 소재로 예술, 건축, 미술, 조각, 음악, 연극, 스포츠, 인물, 신화, 성화, 등에 큰 변화를 이루었다면, 북 유럽은 특히 학문, 문학, 인문, 철학, 법학, 등 인문주의가 큰 변화를 가져왔다. 특히 영국과 네델란드가 그 선구적 변화를 이끌었다. 그리고 이 북유럽의 잉글랜드, 스위스, 독일, 네델란드, 스코틀랜드, 등은 그리스의 폴리스의 도시국가의 민주정치와 민주적 재판, 지방자치 등 법과 철학의 르네상스를 가져왔다. 즉 인문학 인문주의의 특색은 고전 언어 즉 그리스어, 라틴어, 히브리어가 철학과 로마법 등의 학문의 원류로 돌아가는 인문주의 철학 학문 문학 법학을 계승 발전하면서 근대 문명을 이끄는 원동력을 낳게 되었다. 이는 종교의 자유와 양심의 자유를 추구하며 기존 정치체제에 대한 도전으로 저항하며, 정치 체제의 변화를 가져오게 되면서 결과적으로는 자유민주의와 자본주의와 상업주의와 시장경제 그리고 산업혁명을 일으키는 역동적인 근대화를 이루게 된다. 그러나 한편으로는 노예산업과 침략과 식민지를 통하여 많은 희생과 착취를 통하여 인간의 탐욕으로 인하여 많은 약자의 희생을 불러온다.

르네상스의 핵심은 역시 북부 유럽 즉 잉글랜드, 네델란드, 스위스, 독일, 프랑스, 스코틀랜드에서의 인문주의 인문학과 법학 철학의 즉 철학과 사상의 르네상스가 종교개혁에 직접적인 영향을 끼쳤다.

이러한 르네상스의 가장 큰 영향은 언어 즉 고대 그리스어와 로마어 그리고 히브리어를 통한 언어의 연구와 발달 그리고 이러한 사상, 철학, 법학, 신학 등을 인쇄술이라는 도구를 통하여 언어의 다양한 발달이 그 매개체를 통하여 여러 나라에 전달되는 역할이 촉매제로 작용하게 여러 나라에 전해지고 시대의 흐름에 거부할 수 없는 대세를 가져온 것이다. 이는 종교개혁자들이라기 보다는 대세의 흐름은 일반 인문학자들과 인문주의 민중들의 욕구가 근원으로 돌아가는 것을 원하였기 때문이다. 이 근원으로 돌아가자는 Ad Fontes는 그리스와 로마의 고전과 언어, 법, 철학이었다. 우리는 언어를 별로 중요시 하지 않는 경향이 있다. 그러나 모든 것은 언어를 매개로, 언어를 통하여 언어라는 문자를 통하여 전달되고 소통되고 전하여지고, 알려지고 영향을 일으키며 변화를 가져온다는 사실을 간과하는 경향이 있다. 우연의 일치일지 모르지만 종교개혁의 세 거목 츠빙글리, 루터, 칼뱅은 모두 인문학 중에서도 법학을 공부한 법학 전문가 였다는 것은 흥미롭다. 어떤 면에서는 법학과 신학은 같은 계류이다. 신학도 하나님의 법을 연구하는 것이라고 할 수 있다. 성경은 법이며 인문 철학이며 하나님과 예수님의 자기 백성을 다스리는 통치철학과 통치이념과 통치언약인 것이다. 즉 통치공약집이라고 할 수 있으며 하나님이 하나님의 자기 백성을 다스리기 위한 하나님의 하나님 나라를 위한 통치백서이다.

즉 성경은 하나님의 통치공약(언약)서이다. 이 하나님의 말씀은 자기 백성을 다스리는 통치 언약공약집이다. 하나님의 언약은 정치공약이다. 만왕의 왕의 즉위식 선포이다.

3장. 교회개혁의 제반 여건들

16세기 기독교개혁의 역사적 거대한 물결의 원인과 그 여건들은 어떤 것들이 있었나? 그 시대의 역사적 상황들과 여건들과 배경들은 무엇이었을까? 단적으로는 문예부흥이라는 르네상스라고 할 수 있지만 그 르네상스를 이끌었던 것은 구체적으로 어떤 여러 요인들이 있을 것인데 좀 더 깊이 한 걸음 들어가 보자.

당시 중세시대에 서유럽을 휩쓸고 뒤흔들었던 두 불기둥은 제국과 교회였다. 이 제국과 교회의 연합이 모든 것들을 꼼짝달싹할 수 없을 만큼 제어하고 통제하고 있었다. 그렇게 기독교의 힘은 제국을 통하여 위대한 힘을 발휘하고 있었다. 결국 중첩된 두 개의 제국 중 하나인 정치제국은 눈으로 보이는 현상 즉 육체적, 물질적, 정치적, 생활적인 보이는 것들에 대한 영향력이라면 또 다른 제국인 기독교회는 보이지 않는 영혼의 세계를 완전히 통제하고 영향을 주고 있었다. 즉 육체의 나라와 영적 나라의 두 제국이 중첩하여 인간을 통제하고 있던 사회 세상이었다.

그 두 세계의 수장은 교황과 황제(왕)이었다. 국가와 교회, 제국과 교회였다.

그런데 이 두 제국, 국가와 교회가 부패와 탐욕을 경쟁하듯 다툼, 분쟁, 부도덕과 전쟁, 약탈, 등으로 치욕적인 사건들로 인하여 권위가 무너짐으로 인하여 서로 권력 싸움으로 백성들과 모든 조직에 통제력이 무너지면서 각자 백성들의 개인의 자유의 욕구가 일어나게 되었다. 특히 교황과 황제, 즉 영적 나라의 세상 세속 나라의 권위와 제국의 황제 즉 육적 국가의 권위의 싸움으로 '카놋사의 굴욕'이라는 사건이 일어났다. 교회의 권좌 교황 그레고리오 7세와 제국의 황제 신성로마제국의 하인 리히 4세 사이의 권력 다툼이 발단으로 이를 판단할 공의회라 는 또 다른 하나의 권위가 생기며 더욱 발전된 주도권 다툼은 갈등과 분열 그리고 더욱 큰 변화를 야기하는 계기가 된 것이 문예부흥이라는 역사적인 대 변화와 개혁을 낳는 영향을 주게 되었다. 여기에 틈새를 타고 뛰어든 세력이 중소 권력인 지역 별, 민족별, 다양한 세력들의 교파 등이 민족주의적 공동체를 이루며 두 제국 즉 세상 권력인 황제와 영적 제국인 교황이 분 열하고 무너지면서 다양한 권력이 생겨나게 되었다.

유럽 최초의 자유 독립국 스위스

1499년이다. 1517년 루터의 종교개혁보다 18년 전이다. 북유럽 알프스 산악지역의 소수 민족이 독립 국가를 이루었다. 강력한 신성로마제국의 합스부르크 왕가의 군대와의 전투에서 승리하였다. 그러나 이런 결과는 갑자기 일어난 것이 아니었 다. 이미 250여 년 전부터의 스위스의 개혁파 종교개혁 세력이 민족주의적 공동체의 단결과 기독교 교리의 인간의 천부적 자 유를 갈구하는 개혁적 신앙관이 이룬 결과였다. "진리가 너희 를 자유케 하리라", '죄와 사망의 법에서 자유와 해방케 하는 구원의 원리'를 찾아서 그 영혼과 육신의 자유, 권리를 되찾은 것이다.

이러한 흐름은 프랑스에서도 일어났다. 1516년 프랑스왕이 프 랑스의 성직자 임면권을 로마교황으로부터 양도받은 볼로냐협 약을 맺게 되었다. 이는 로마교회가 그 권위과 권력을 상실해 가는 과정이며 프랑스는 로마가톨릭 교회로부터 교권까지 독립 하는 왕권을 강화하는 계기가 된 것이다. 이는 프랑스 교회에 대한 권한까지 프랑스 국왕이 갖게 된다는 것은 왕권이 교권보다 한층 강화되었다는 것의 반증이다. 이렇게 북유럽에서의 교권 교황의 권위는 약화되어 가는 과정에서 결국은 독일에서도 그 영향은 전해지고 있었다.

그 당시의 신성로마제국은 유럽 전체의 범국가 범민족 범기독교의 융복합적 제국이며 로마교회 교황과의 밀접한 관계를 유지하고 있었지만 교황과 황제를 권력 다툼과 분쟁으로 빼앗긴 교황권은 황제에게만 유리한 것은 아니었다. 신성로마제국이라는 제국도 다민족들의 연합체, 연방제 국가였기 때문에 민족주의, 지역주의적 도시국가 등에게는 그 권위가 약해지기 시작하였다. 또한 로마제국 같은 강력한 군국주의적 전쟁 영웅들도 없었으며 강력한 군대력도 부족함으로 인하여 절대군주가 없었으며 신성로마제국 역시 다민족과의 정략적 결혼으로 복잡한 왕가를 이루고 있었다. 이에 황제는 선거제로 선출되는 방식이었기에 민족과 지역적 권한의 분산이 절대권력을 행사할 수 없는 체제로 변화되어 가고 있었다. 이러한 민족주의에 합쳐져서 상업주의가 다양한 직업군과 그리고 문자와 인쇄술의 발달과 언어의 다양한 발달 등으로 인하여 신지식인들의 성장은 기독교 사상과 신앙의 자유와 성경에 대한 올바른 이해를 통하여 하나님으로부터 천부적인 양심과 신앙심과 자유와 민주 인권 등이 분출하기 시작하였다. 특히 기독교개혁의 선구자 존 위클리프, 얀 후스 같은 인물들이 14세기, 15세기의 신앙 개혁자들의 영향이 나타나기 시작한 것이다.

이러한 바탕과 배경에서 독일의 마틴 루터는 교회(로마교회)와 교황의 체제와 권위를 인정하면서의 개혁이랄까? 하는 면이 비중이 있었다면, 반면에 스위스의 쟝 칼뱅(프랑스 출신이지만 스위스로 종교적, 정치적 망명자)은 교회 권력으로부터는 더 자유로운 스위스에서 세상 권력과의 협조 내지는 자유로운 개혁의 배경을 가지게 되었던 것이다.

4장. 교파들의 정치신학

현재 세계적으로 각 기독교 교파는 2만여 파가 된다고 한다. 하지만 모두 각 성도 한 사람 한 사람 모두가 교파가 될 수 있다. 한 교회에 다니지만 각 성도는 목사와 장로 그리고 다른 성도와 신앙의 형태와 믿음의 모습과 정도가 모두 다를 수 있다. 다른 것은 틀린 것이 아니며 오히려 좋은 면과 긍정적인 부분도 있을 수 있다. 믿음의 다른 모습을 모두 이단 시 하거나 잘못 된 믿음으로 여기는 것이야 말로 속히 한국교회와 목회자들 그리고 성도들 모두에게서 벗어 버려야 할 문제들일 수도 있다.

우리나라의 모든 영역에서 너무 지나치게 획일적인 것들만을 강조하는 역사적인 관성과 타성이 있다. 특히 교육에서 너무 심하게 강제되어 왔다. 군국주의와 일제 치하 그리고 유교적 관습과 예의 그리고 군사문화와 권위적인 문화 등 토론을 무시하고 모든 것을 일방적인 지시 만을 강조하는 관습과 문화가 아직도 팽배하게 남아 있는데 특히 교회에 너무 시대착오적인 모습들이 넘쳐나 있다.

그런 결과가 교회가 교황적 교회로 교회의 개혁이 플레임에서는 아무런 개혁이 되지 못하고 장로교, 개혁교 등이라고 말과 간판만 그렇게 되었지 실제 목회의 형태는 천주교의 교황적 목회가 이루어지고 있으며 교황적 목사와 교황적 교회가 대부분이다. 장로교의 헌법은 이미 무시되고 사문화된 지 오래 되었고 오직 목사가 제왕적 교황적 권위주의적 교회에서 교회는 신정정치제도이다 라고 하여 전제 군주적이며 목사가 바로 신이 되고 하나님이 되어버린 시대의 한국교회의 모습의 일단이기도 하다. 그러니 교파가 무슨 의미가 있으며 교단이 무슨 의미가 있으며 성도는 아무런 의미가 없으며 오직 목사의 주종관계에 불과한 존재가 되었다. 오직 복을 빙자한 헌신의 노예로 전락되었다.

필자는 모 교회의 예배에 참여한 적 있는데 목사가 예배에 입장하고 나가는 모습이 완전 조폭들이 들어오고 나가는 모습과 조금도 다를 바가 없어 아연 실색한 적이 있다. 그런데 성도들을 그 모습을 당연하게 여기고 권위적인 것을 더 좋아하고 있는 것에 참으로 한심스러웠다. 그리고 목사가 강단에서 성도들을 아예 무시하고 안하무인격으로 반말도 하고 실로 성도들을 인격적으로 대하지도 않는 공개적인 불손한 언사들이 참으로 많이 있었다. 옛날?에 부흥집회에 가면 부흥강사는 아예 반말로 하대하며 성도들에게 담임목사에게 어떻게 하라며, 큰 집 사주고, 비싼 차 사주라고 명령조로 말하기도 한다. 그래야 복 받는다고 하면서 그 자리서 작정하고 작정 헌금 봉투를 돌리고 얼마를 쓰라고 하기 도 하는 참으로 한국교회의 부끄럽고 추한 모습들을 본 적이 많았다.

그렇지만 또 한편으로는 많은 신실한 목회자들이 땅 끝에서, 섬에서, 산간 외딴 곳에서 한 영혼을 위하여 평생을 기도하며, 나라와 민족을 위해 기도하며 오직 하나님의 말씀 성경을 연구하며 교회 개혁을 위해 기도하는 목자들이 많이 있어서 하나님의 은혜의 역사를 받고 살아가고 있는 것이다.

아래부터는 교회와 정치가 헤어졌을 때에, 아니 관계가 올바르게 되었을 때, 어떤 일들이 일어나는지 개혁의 역사적 현황들을 열거해 보려고 한다.

교회와 정치가 헤어졌을 때(올바른 관계)
(1) 루터교의 정치신학과 독일의 개혁

루터의 신앙관은 단적으로 말하면 첫째 절대평화, 둘째 비폭력, 셋째 무저항이다. 그리고 두 왕국 이론으로 두 왕국에 두 개의 질서가 존재한다는 것이다. 영적 왕국과　세상 왕국이다. 영적 왕국에서는 오직 '사랑과 용서'만이 있다는 것이다. 영적 왕국과 세속 왕국, 즉 하나님 나라와 세상 나라이다. 이는 영원한 긴장과 대립 관계이다. 하나님 나라는 하나님의 법, 성경으로 다스려지며, 세상 나라는 군사력, 세상 권력, 정치권력, 시민법, 세상 율법, 세상 도덕으로 통치되는 나라이다. 그러나 루터의 정치적 신학을 이원론적으로 볼 수는 없다. 세상 정치와 신앙과는 완전 별개의 것으로 서로 전혀 간섭이나 참여가 있어서는 안 된다는 것이 전혀 아니다.

　이러한 예가 루터의 만인제사장론이다. 영어로는 'Presthood of All People'인데 이는 예수 믿고 구원 받은 신자는 모두 스스로 왕 같은 제사장이기에 로마 교회의 사제preist를 통하여 세례를 받고 미사에서 성찬을 먹고 정기적으로 고해성사나 죽기 전에 종부성사를 받지 않아도 된다는 뜻이다. 즉 구원 받은 신자는 로마 가톨릭교회의 율법을 지키지 않아도 된다는 의미이다. 즉 직접 하나님과 예수 그리스도를 성령으로 교제하고 소통하고 죄를 고백하고 용서 받는 등 모든 믿음의 영적 육적 예전을 직접 할 수 있다는 것이다. 다시 이 뜻은 당시 로마 가톨릭교회에서 교황, 주교, 사제 같은 성직자만 거룩하고 군주나 영주, 기술자, 농부, 등 직업이나 신분으로 정해져 있는 것이 아니라 모든 신자는 제사장 같은 거룩한 성도라는 것이다.

　그러므로 루터의 신학은 영적인 것과 세속적 세상적 것을 이원론적 혹은 이분법적으로 분리한 것이 아니라 오히려 이 둘을 하나로 통합 합치하여 세상 직업이나 직분 등 모든 것이 차별이 없으며 세상 일과 성직과 구별 될 수 없으므로 정치와 종교도 구분 될 수 없다는 것이다. 그러므로 세상 세속 정치도 하나님의 일이며, 믿음과 신앙의 교회 일도 신자가 모두 할 수 있는 일이라는 것이다. 이는 교회와 정치의 통합으로 하나로 임해야 한다는 것이다.

앞의 이러한 신학이론이 섣불리 신자가 목회자직을 무시하고 전적으로 목회자직을 해야 한다고 하는 것이 아니다. 더구나 목회자가 세속 세상일에 전적으로 해야 한다는 것도 더욱 아니다. 이는 서로의 전문 분야와 직업과 직분에 충성스럽고 성실하게 하나님의 기뻐하시고 원하시고 바라는 하나님의 뜻과 의에 합당하게 충성해야 한다는 것이다. 이는 사도 바울의 **롬8:28** **"하나님을 사랑하는 자 곧 그 뜻대로 부르심을 입은 자들에게는 모든 것이 합력하여 선을 이루느니라"** 는 말씀이다. 이는 서로가 긴장과 견제와 배려와 협조 및 공동체적 역할을 분담해야 한다는 것이다. 이런 의미에서 루터가 목회자직을 폐지하거나 선교 목회 등을 누구에게만 전적으로 전임하거나 일임하여야 한다는 것도 아니며 정치가를 없애거나 정부를 없애거나 하는 무정부주의가 아니며, 또한 교회 폐지론도 더욱 아니다. 즉 믿음의 신분이 동등한 것과 직업에 따른 기능적 구별을 말한 것이다. 즉 목사나 일반 성도는 모두 그리스도 안에서 위아래가 구별 없이 동등한 기독교 신자이지만 기능상 은사와 달란트, 능력, 등 전문적 직업과 직분이 있는 사람은 선택과 구별을 통하여 각 그 맡은 소명과 사명을 받은 대로 삶과 생활의 영역에서 최선을 다해 하나님의 뜻대로 살아가는 것이다는 의미이다. 이는 모든 성도는 하나님의 일을 하는 일꾼이며 하나님의 사역의 동역자인 것이다. 전문적 목사나 설교자는 다른 성도 위에 군림하고 지시하고 다스리는 자가 아니라 종의 직분으로 섬기고 사랑으로 권면하며 낮아져 비우고 나누는 소명과 사명을 감당해야 한다는 의미이다. 즉 교회도 정부도 모두 하나님께 속한 기관이며 지체이다. 정부과 그 직분과 그 권력은 법이며 이는 하나님으로부터 위임받은 하나님의 도구인 것이다. 모든 성도는 단지 작은 하나님의 사용하는 도구에 불과한 것이다. 세속 권력 통치자도 하나님의 위임 하에 잠간 동안 만 대리 통치자일 뿐이다. 하나님의 뜻에 합당하게 백성들을 질서와 보호와 섬김과 나눔과 평화와 화평과 안녕과 안정과 평안을 유지하고 자유와 인권, 약자와 가난한 자, 핍박 받는 자등을 하나님을 대신하여 돌보는 자로 잠시 동안만 세워 놓으신 것이다.

물론 모든 백성이 기독교 신자가 아니다. 더욱이는 정치가들, 통치자들이 모두 신자는 아니다. 그러나 그들이 신자가 아닐지라도 모두가 하나님이 세우신 권세이다. 특히 세상의 법도 하나님이 세우신 권세이기 때문에 백성은 세상의 법에 하나님의 법으로 여기고 순복해야 한다.

문제는 세상 권력이든 교회의 권력이든 하나님의 뜻과 의를 배반하여 불의하고 의롭지 못 할 때에 어떻게 할 것인가 이다. 물론 신자들의 생각과 그리고 그 행위가 어떤 입장이어야 할 것인가가 중요한 문제이다. 이에 루터는 어떤 입장의 정치신학이었냐는 것이다.

루터는 여기에서 잘 못된 세속 권력에도 따라야 한다는 것이었다. 그래서 비판을 받았다. 앞에서도 언급했지만 절대평화, 비폭력, 무저항이라는 신앙 신학을 견지했다. 국가는 이상적인 윤리 도덕을 바탕으로 통치될 수 없다. 적국이 침략할 때 저항하여야 하며 나라를 빼앗기고, 신앙의 자유도 빼앗길 수 있는데 오직 기도하면 해결된다든지 믿음으로 극복할 수 있다든지 하나님께서 뜻대로 하실 것이라든지 하는 것은 타당한 신자와 교회의 모습인지 올바른 신앙인지 돌아보아야 할 것이다. 세속

국가는 성경에 나오는 산상수훈의 법치가 아니라 양심적이며 이성적인 균형 잡힌 정의롭고 공의로우며 세속적 자유 민주주의의 통치가 이루어 져야 할 것이다.

이러한 루터의 이론을 잘 못 적용하면 통치 받는 백성, 특히 힘없고 연약한 백성들에게는 산상수흔의 법이 강요되고 힘없는 국가와 권력자들에게는 세속법에 근거한 폭압적 강제수단이 정당화 될 수도 있으며 더욱 강권 독제 통치가 될 수 있으며 그렇게 역사는 기록되었다. 이의 대표적인 국가가 로마이며 로마교회이며 교황(교회황제)이었다

1933년 독일에서 히틀러가 정권을 잡았다. 이후 히틀러는 게르만민족 우월주의를 바탕으로 집권하였다. 독일 전체를 나치즘으로 전체주의 독제국가로 만들었다. 이 과정을 독일의 신학자들, 특히 저명한 자유주의 신학자들과 교회가 크게 환영하였다. 이는 유대인 600만 명을 학살하는 홀로코스트에 일조하게 되었으며, 이들은 당시 소련을 통해 독일에 들어온 공산 사회주의 무신론을 막는 역할을 세속 정치권력이 큰 기여를 했다고 여겼다.

루터의 두 왕국론의 정치신학을 혼합하고 정치에 신적 권위와 권한을 부여한 루터의 정치신학이 결국은 극단적인 상황에서 이런 부작용을 나타낸 것이라며 루터의 정치신학의 근본적인 오류를 비판하였다. 히틀러마저도 세속 왕국의 수장으로서 하나님의 나라를 이루는 도구라고 생각하게 되었다. 우리나라에서도 이러한 예는 많다. 어떤 정치가를 교회가 그 정치가의 신앙과 철학은 무시하고 그 정치가를 반공 보수 우파라고 하여 교회와 신자 및 목사들이 우상화하고 우상처럼 받드는 현실은 어떻게 신앙적으로 보아야 할 것인지 난감하다.

16세기 종교개혁 당시에 불의한 처우에 반발하여 농민혁명을

일으킨 가난한 소작 농민들을 정부와 귀족들이 무력으로 강제 진압하는 일을 루터가 지지한 사례에서 이미 문제의 소지가 있었다고 할 수 있다. 이러한 비판이 독일이나 루터교의 외부에서 나온 것만도 아니다. 당시 독일어권 학자들에서도 유명한 칼 바르트, 디트리히 본회퍼, 마르틴 니뮐러 등이 독일 주류 교회들의 태도에 반대하며 비판했다.

이는 교회가 정치와 국가, 주도적 문화에 지배받아서는 안 되며, 성경과 그리스도를 근거로 저항의 목소리를 내야한다고 하면서 고백교회를 세우고 활동하였다.

두 왕국 중에서의 한 나라는 하나님의 나라, 즉 하나님이 다스리는 나라는 현 세속국가를 다스리는 하나님의 섭리와 경륜을 뜻하기도 하지만 천국의 개념으로 하나님이 구원한 백성들을 다스리는 개념일 수 있으며 신정정치의 의미일 수도 있다. 그러나 이러한 해석도 다양할 수 있다. 신학이론에 따라 다르고 변할 수 있을 것이다. 두 왕국 중에서의 또 다른 한 나라는 세속 나라 국가의 정치권력을 말한다. 이 또한 두 왕국론에는 개혁파 쟝 칼뱅의 두 왕국론이 있으며, 독일의 본 회퍼의 두 왕국론 등이 있다. 그러나 이 두 왕국론의 정치신학에는 각각 차이와 다름이 있다. 이는 백성들 중에서 구원 받은 신자들의 교회와 정치권력에 대한 역할과 참여 및 행동에 대한 해석이다. 교회 권력과 세속 정치권력을 어떻게 규정하고 그 각각의 권력에 대하여 어떤 경우와 여건에 따라서 어떻게 개입하고 참여하고 대처해야 할 것인가에 대한 신학적 성경적 해석과 견해이다.

루터는 그의 저서 '독일 민족의 그리스도인 귀족에게 고함'이라는 책에서 교회개혁이 귀족들의 지원 하에 직접적으로 의존되어 있기 때문에 교회 내부의 신앙적인 부문을 제외하고는 모

든 권력을 국가권력에 위임하여야 한다는 것이다. 루터는 어떠
한 경우에도 교회는 국가권력의 불의와 부도덕에도 간섭하거나
참여해서는 안 되며 오직 신앙적인 면으로만 해야 한다는 것이
다. 이 결과로 민족국가주의와 국가주의가 등장하게 되었고 결
국은 독일의 나치즘에도 협조하여 히틀러의 대학살의 전쟁도
인정하고 협조하는 결과를 낳게 되었다. 중세 봉건주의 가톨릭
로마교회가 유지하였던 유럽의 종교와 정치의 일체성 즉 종교
의 선택의 자유가 없었던 유일 종교체제에서 르네상스라는 문
예부흥과 종교개혁이 일어남으로 무너진 로마교회의 독점적 패
권은 국가주의와 민족주의의 미명으로 세속 정치권력으로 집중
하는 결과를 가져왔다. 즉 개신교의 승리였으며 그 개신교의
승리는 국가권력인 세속 권력으로 위임 통치되었다.

어느 정도는 국가 자체의 입법 사법 행정을 가진 민족국가는
민족적 자존감을 가지고 라틴어 대신하여 자국의 언어로 성경
을 번역하고 사용함으로써 교파를 형성하였으며 보편적 법의
원리였던 로마 가톨릭교회의 교황의 권위를 대신하여 국가가
법적 권위가 확보하게 되었다. 루터의 두 왕국 정치신학은 민
족국가의 등장을 신학적으로 정당화하고 합법화되었다. 30년
전쟁 후, 1648년에 맺어진 베스트팔렌 조약은 독일 영주들이
자신의 영지 지역에서 천주교, 루터교, 개혁교 중에 선택할 수
있는 제도를 채택함으로 민족국가를 이루게 되었다. 이러한 민
족국가는 국경 내에서 인종과 언어, 문화의 소수 주민을 억압
하고 속박하고 화형 시키기까지 했다. 이는 국가가 종교 통제
를 하게 되는 결과를 낳게 되었다. 민족국가주의가 강화되면서
국가의 종교통제가 다른 한편으로는 1781년의 미국의 독립혁
명과 1789년의 프랑스혁명 같은 자유민주적 국가의 탄생에 이
르게 되는 획기적 역사가 일어나게 되었다. 이러한 민족주의와

국가주의는 지나친 이익집단으로 변모하여 제국주의로 변화되어 파시즘과 나치즘 등의 침략전쟁과 계급투쟁의 공산사회주의 혁명으로 변종되었다.

두 왕국 정치신학자로 독일의 본 회퍼는 "주의 나라가 임하소서"에서 국가라는 세속 권력과 교회권력은 각각 본연의 역할만을 해야 한다는 것이었다. 교회는 개인구원에 집중되어야 한다는 것이었다. 그리고 모든 권력은 국가에 위임되어 국가의 통치가 이루어져야 한다는 신학이었다. 교회는 정치권력이나 세속 권력에 초연해야 한다는 것이며 만약에 세속 정치권력이 비도덕적이거나 교회에 대한 신앙적인 면을 탄압할 때이거나 법과 질서 유지를 하지 못 할 때는 교회가 비판하고 참여하여 저항해야 한다는 것이었다.

한편 쟝 칼뱅의 정치신학은 불의한 세속 정치권력에 저항하고 적극 가담하여 정치권력의 몰락에 앞장 서야 한다는 것이었다. 한편 이러한 불의하고 잘못된 정치권력에 적극 참여하고 개입하는 것은 결과적으로 정교분리의 정치신학이 국가에 귀속되고 종속관계를 갖게 되는 결과를 낳을 수 있게 되었다.

유럽과 식민지에서 가톨릭과 개신교는 식민지 개척에 서로 경쟁적으로 국가주의와 함께 식민지 정책에 앞 다투었다. 그리고 서로가 서로를 핍박하는 역사가 일어남으로 서로를 기둥에 매달아 처형했다. 특히 재세례파 메노라이트교회는 가톨릭과 개혁교회 양쪽으로부터 이단으로 규정되어 심한 핍박으로 수 없이 많이 처형되었다. 개혁파와 구교 가톨릭로마교회는 30년 전쟁 기간인 1618부터 1648년까지 800여만 명이 죽었다. 개혁교회파인 영국은 12만여 명의 흑인 노예를 무역선에 실어 날랐고 개혁교회 국가인 미국은 그들을 채찍질하며 원주민을 학살하며 개척을 계속했다. 이러한 침략과 전쟁으로 원주민을 무참하게 학살하면서 한편으로는 복음이라는 교회의 사명을 다하면서도 노예무역과 원주민을 학살하고 국토를 개척하며 나라에 충성했고 재물을 축적했다. 오늘날 유럽, 미국 등 서양은 세계의 식민지로부터 가져온 물질문명이며 노예들의 생명과 피와 땀으로 이룬 역사이다. 그 많은 부와 문명은 잔인한 역사의 죽음의 시체로 만들어진 역사이다. 결코 관광할만한 아름다운 역사가 아니다.

루터의 정치신학은 단적으로 두 국가론이라고 할 수 있다. 즉 현실 국가와 하나님 나라 즉 천국이라는 두 나라 인간이다. 즉 구원 받은 신자는 현실적 국가에서의 국민으로서와 그리고 하나님 나라에서의 성도로서의 그 삶과 생활을 말하고 있다. 루터에 의한 루터교는 독일이라는 국가와 독일어라는 언어의 독립성을 가져왔다. 이는 국가주의와 민족주의가 싹트기 시작한 것이다. 오직 라틴어 성경만으로 되어 있고 다른 언어로의 번역을 용인하지 않았던 시대에 자국의 독일어로 번역을 하였으며 한편 구텐베르크의 인쇄술과 시대성을 같이 하면서 성경을 통한 개혁이 이루는 계기를 맞이하게 되었다. 이는 성직자 외는 성경을 읽을 수도 소유할 수도 없는 완전한 전체주의적 교회권력에서 성경의 인쇄와 번역, 소유, 해석 등 교회로부터의 성경의 분리와 자유 독립이, 모든 것이 독점되는 권력에서의 자유 독립을 이루는 시작으로부터 정치적 사상적, 양심적 영혼의 자유를 가져오는 계기로 말미암아 종교의 선택의 자유로까지 가져오는 결과를 유발하게 되었다. 물론 그 이전에 개혁에 피를 흘린 희생자들의 의미를 중시하지 않을 수 없다. 루터의 개혁은 세속권력의 보호와 도움과 협조로 이루어지면서도 또한 한편으로는 교황적 권위와 체제를 인정하면서도 어느 정도 자기 자신의 일신의 위기를 보내고 난 후에는 교회권력에 함께하는 면도 나타난다. 이때는 물론 교회권력과 세속 국가권력과의 갈등과 투쟁도 있었다. 우리는 역사에서 종교권력과 세속 정치권력은 모든 시대 상황에 따라서 장소와 때에 따라서 서로 양날의 칼의 역할로 변신하여 전쟁과 투쟁 그리고 서로 이용과 활용 또 서로의 권력에 타협과 공존을 하면서도 서로가 권력을 독점하려는 극단적 싸움을 하는 경우도 상당하였다. 오늘날도 그 역사는 반복하고 있으며 현재도 활발하게 진행되고 있는 현실이다. 특별히 한국에서도 그렇게 진행 되어 왔으며 현재도 양 권력이 그 도를 증가 시키고 있다. 그러나 참으로 고마운 것은 타 종교가 개입하고 있지 않다는 것이다.

 기독교사에서 종교전쟁은 많이 있었고 그 참상은 상상을 초월할 정도로 잔인무도하다고 할 수 있다.
특히 십자군전쟁은 11세기 말에서 13세기 말까지 200년이라는 기간을 통하여 서유럽의 그리스도인 즉 교황이라는 권력이 그 유지와 권력의 확장을 위해 성지 팔레스타인 지역과 성도 예루살렘을 이슬람교로부터 탈환한다는 명분으로 8차에 걸쳐 무리한 감행을 한 것이다.
 한편으로 종교개혁가인 얀 후스를 화형에 처하고 그의 추종세력인 보헤미안들을 이단으로 규정하고 1420년부터 약 10년 간에 걸쳐 십자군을 동원하여 전쟁을 일으켜 처형하기도 하였다.
 루터의 종교개혁 이후 1522년 독일에서 교회권력인 성직자와 지역 제후들이 권력 다툼하는 가운데 기사(騎士)들이 대주교를 습격하였고 전쟁을 하면서 교회군의 반격으로 기사단은 참몰되었다.
 1531년 스위스에서는 종교개혁의 선구자 츠빙글리가 취리히를 중심으로 기독교개혁을 추진하였지만 카펠에서 신교 개혁파와 구교 로마교회파 사이에서 전쟁으로 츠빙글리도 사망하면서 로마교회 군대가 승리하였다.

1530년에는 독일에서 개혁교회파의 제후와 지역도시가 카를 5세의 탄압에 저항하여 슈말카덴 동맹을 맺어 1546~1547년에 황제의 제후군대와 싸워 슈말칼덴 전쟁을 하였다.

이러한 국지적 종교전쟁은 16세기 후반에는 국경을 넘어 서유럽의 전체적인 전쟁으로 확장되었다. 이런 내란적인 국내 전쟁이 인접국 또 종교적 전쟁으로 확대되면서 국제적인 전쟁화가 되었다.

특히 프랑스 남부에서는 16세기 후반 신교와 구교 간의 전쟁으로 위그노전쟁이 발생했다. 이 전쟁은 36년간이나 지속괴어 프랑스를 참혹하게 만들었다.

한편 근대사에서 주목할 만한 네델란드 독립전쟁을 들 수 있다. 16세기 후반에서 17세기 후반까지 일어난 로마교회파인 스페인의 국왕 필리페 2세의 무적함대를 가진 세계 페권국가와 식민지 네델란드와의 독립전쟁은 신교 개혁파 칼뱅주의 신자들과의 종교전쟁이었다. 이는 네델란드가 독립전쟁으로 승리함으로써 근대국가의 모델을 제시한 세계사적인 획기적인 전쟁이었다. 이는 네델란드가 현대 자본주의체제와 시장경제이론과 자유무역과 금융과 주식회사제도, 보험제도, 국제무역제도, 등을 만드는데 역할을 담당하였다. 또한 종교의 자유와 자유 기본권과 인권과 신앙과 양심의 자유를 가져오는 획기적인 사건이었다.

17세기 전반 독일에서는 신교와 구교가 전쟁을 30년 간 함으로써 '30년 전쟁'이라고 명명하였는데 독일이 개혁교회가 변하는데 큰 역할을 하였다.

이보다 앞서 16세기 후반에 영국에서 메리 1세의 남편으로 영국에서 가톨릭으로의 회귀를 시도한 펠리프 2세에 대해 엘리자베스 1세가 네덜란드 독립전쟁에 군대를 파병하여 신교도의 독립군을 지원하여 다시 펠리프 2세가 스코트랜드 여왕 메리 슈어트를 영국 여왕으로 추대하여 영국에 구교를 회복하려다가 영국 신교가 반발하여 스페인 무적함대를 격파하여 엘리자베스 1세를 위대한 영국의 여왕으로 만드는 계기가 되었다.

이러한 전쟁들은 종교적 성격인 것들도 있지만 여기에는 정치적인 이해관계가 얽혀 있으며, 교황과 교회권력이 백성들과 신자들을 이용하여 정치권력인 세속권력을 지배하려는 야망과 탐욕이 지배하고 있었다. 이러한 종교전쟁과 정치전쟁은 지금도 계속되고 있다. 단지 형태가 조금은 은밀하게 치밀하게 진행되고 있기도 하다.

특히 유럽에서의 베스트팔렌 조약을 가장 주목할 만한 사건으로 보아야 할 것이다. 오스트리아와 에스파냐(스페인)를 중심으로 한 로마교회 가톨릭 구교와 네덜란드, 스웨덴, 덴마크, 노르웨이, 프랑스로 이루어진 개혁교회파 국가들 사이의 30년 전쟁의 직접적인 큰 피해자는 신성로마제국의 영토에 해당하는 독일이었다. 베스트팔렌 조약은 독일(신성로마제국)이 30년 전쟁을 끝마치기 위해 1648년에 체결된 평화조약으로 가톨릭 제국으로서의 신성로마제국을 사실상 붕괴시키고, 주권 국가들의 공동체인 근대 유럽의 정치구조가 나타나는 계기가 되었다. 이 조약의 결과 근대 유럽의 국가들에 대한 분할이 거의 확정되었다. 1618년의 국경선을 기준으로 각국의 영토가 확정되었다.

그러나 새로운 강대국으로 부상한 스웨덴은 포어포메른과 브레멘을 흡수하여 발트해의 강국이 되었다. 네덜란드와 스위스는 신성로마제국으로부터 완전 독립 되었다. 반면, 철저한 카톨릭 국가였던 에스파냐(스페인)는 유럽 대륙에서의 영향력이 상실 되엇다. 사실상 직접적인 피해자는 합스부르크가였다. 신성로마제국과 관계된 모든 특권은 없어졌다. 1806년까지 합스부르크가에서 보유했던 황제라는 칭호도 유명무실하여 졌으며 단순한 과거의 이름으로 전락했다. 이는 개별 국가만 존재하게 되는 결과를 낳았다.

이는 베스트팔렌 조약으로 유럽의 각국의 영토 문제가 해결되었고, 30년 전쟁의 원인을 자초한 종교 문제에 대한 결과도 분명해졌다. 통치자의 종교에 따라 각국의 신민 주민들의 종교가 결정된다는 원칙이 다시 한 번 확정되었다. 이는 아우크스부르크 화의와 다른 것은 칼뱅파가 루터파와 동등하게 인정되었다는 것이다. 이로 인하여 각 지역 영방 군주들의 특권과 자유가 완전히 보장되었으며, 각 국가는 독자적인 주권, 영토권과 외교권을 행사하는 독립국가의 지위를 확보하였다. 제국의 황제의 영향력이 유명무실해진 것과 같이 교황의 영향력도 축소되었다. 이 베스트팔렌 조약으로 유럽에서의 종교가 모든 것을 독점하고 흡수했던 시대에 대한 종지부를 찍고 종교전쟁에 대한 교훈과 큰 상처를 남겼고 영토국가를 근대 국가체제의 국가주의와 민족주의의 국가로 변화되는 확실한 기준을 국제관계의 기본으로 정착하는 계기가 되었다.

베스트팔렌 조약

페르디난트 2세(1578~1637)의 반종교개혁에 대한 보헤미아의 반란에서 시작된 독일의 30년전쟁(1618~1637)은 독일을 무대로 전개되었지만 덴마크와 네덜란드, 스웨덴, 프랑스, 에스파냐 등 유럽의 여러 나가들이 참여한 국제 전쟁이었다. 1637년 페르디난트 3세는 1641년 종전을 제의했다. 1644년 봄부터 황제를 비롯해 66개의 영방(領邦) 대표, 프랑스, 스웨덴, 에스파냐, 네덜란드 등이 참여한 강화회의가 시작되었다. 협상은 뚜렷한 성과를 거두지 못했다. 그러다가 1648년 봄에 30년전쟁의 진원지였던 프라하가 스웨덴에 점령되고 프랑스가 황제군과 에스파냐 군대에 승리를 거두면서 협상이 급진전되었다. 마침내 1648년 10월 24일 베스트팔렌의 오스나브뤼크에서 조약이 체결되었다.

베스트팔렌 조약의 주요 내용 및 결과는 다음과 같다. ① 프랑스가 알자스 대부분과 메스, 투르, 주교령을 얻어 라인강 유역까지 국경을 넓혔다. 스웨덴은 서(西)포메른과 브레멘대주교령, 페르덴주교령 등의 영토를 얻어 발틱해와 북해의 광대한 영토를 차지했다. 그리고 제국 안에서 브란덴부르크가 동(東)포메른, 마크데부르크대주교령, 덴주교령 등의 영유를 인정받고, 바이에른과 작센 등도 약간의 영토와 선제후위를 인정받으며 새로운 열강으로 떠올랐다. ② 스위스와 네덜란드가 독립국 지위를 승인받았다. ③ 1555년 아우크스부르크 종교화의(宗敎和議)가 정식으로 승인되며, 칼뱅파에게도 루터파와 동등한 권리가 주어졌다. 또한 농노나 예속인들이 영주와 종교가 다를 경우에도 사적 또는 공적으로 종교 행사에 참가할 수 있는 권리가 인정되었다. ④ 독일의 영방(領邦) 제후와 제국도시들에 '황제와 제국(帝國)을 적대하지 않는 한에서'라는 조건으로 상호 또는 외국과 동맹할 권리가 인정되었다. 제후들에게 영토에 대한 완전한 주권과 외교권, 조약 체결권이 인정된 것이다. ⑤ 그 밖에 교회령에 대해서는 1624년의 상태로 되돌리기로 결정했으며 베스트팔렌 조약에 대한 반대나 거부는 어느 누가 표명하든지 간에 모두 백지화, 무효화한다고 선언하여 독일 문제에 교황이 개입하지 못하도록 하였다.

이처럼 베스트팔렌 조약은 유럽에서 로마 가톨릭교회와 신성로마제국의 지배적 역할을 실질적으로 무너뜨리고 새로운 질서를 가져왔다. 조약은 제후들에게 완전한 영토적 주권과 통치권을 인정하고 가톨릭, 루터파, 칼뱅파에게 동등한 지위를 부여하였다. 이는 정신적으로는 교황이 주도하고 세속적으로는 황제가 주도하는 가톨릭 제국으로서의 신성로마제국이 실질적으로 붕괴된 것을 의미했다. 황제와 교황의 권력은 약화되었으며, 정치는 종교의 영향에서 벗어나 세속화하여 국가 간의 세력 균형으로 질서를 유지하는 새로운 체제를 가져왔다. 이는 유럽의 근대화와 절대주의 국가의 성립에 매우 커다란 영향을 끼쳤다.

한편, 베스트팔렌 조약은 유럽의 세력균형에도 변화를 가져왔다. 합스부르크 왕가(Habsburg Haus)의 권력이 약화되고 에스파냐(스페인)는 네덜란드를 잃었을 뿐만 아니라 서유럽에서의 영향력을 상실했다. 대신 프랑스의 영향력이 강화되었으며, 제국 안에서도 브란덴부르크와 바이에른 등의 성장이 촉진되었다.

반 가톨릭 루터파 교회
갈5:13. 형제들아 너희가 자유를 위하여 부르심을 입었으나 그러나 그 자유로 육체의 기회를 삼지 말고 오직 사랑으로 서로 종 노릇 하라
고후3:17. 주는 영이시니 주의 영이 계신 곳에는 자유가 있느니라
갈5:1. 그리스도께서 우리를 자유롭게 하려고 자유를 주셨으니 그러므로 굳건하게 서서 다시는 종의 멍에를 메지 말라
요8:32. 진리를 알지니 진리가 너희를 자유롭게 하리라
자유를 강조하면 자유주의 신학으로 여기면 한국 교단에서는 이단

시 하는 경향까지도 있어서 자유하지는 못 하는 신앙이 될 수도 있다. 또한 자유는 보수파의 개념이고 민주는 진보파의 개념이다. (강자의 자유와 약자의 자유가 서로 상충될 때는 어떻게 될까? 그리고 강자의 민주와 약자의 민주가 서로 충돌할 때, 어떻게 될까?)

그러나 자타가 공인하는 개혁교회 즉 비 가톨릭교회 또는 반 가톨릭교회의 대표는 루터교회파일 것이다. 그 다음으로는 개혁파라고 할 수 있는 개혁교회 칼뱅파교회일 것이며, 그 다음은 영국의 국교회인 성공회교회이며, 그리고 지금은 거의 소멸되다 시피 한 급진적인 재세례파라고 할 수 있을 것이다. 이는 루터의 종교개혁 이후의 100년 여 동안의 기독교 개혁파 교회들에 대한 분류이다. 그 이후로 많은 교회 개혁파들이 있어 그 규모를 보아 몇 교파를 분류할 수 있을 것이다. 이는 크게 우리나라에서도 분류되는 순복음파와 감리회교파, 침례회교파 등이 있다.

그러면 이러한 교회의 교파의 생성 역사를 보기로 하자. 1517년 10월 31일 독일의 작센 주에 있는 비텐베르크 성 교회의 사제인 루터는 95개 항의 교리에 대한 반박문을 문에 부착하면서 교회개혁을 주장한다. 이는 당시의 영주 프리드리히의 세상 권력의 지지를 받게 된다. 그래서 그를 은신시켜 준 영주의 도움으로 목숨을 구하여 살아남게 되었다. 그렇지 않았다면 그는 죽음을 벗어날 수 없었을 것이다. 이렇게 작센 주의 변화가 독일 전 지역으로 퍼져나가게 되었다. 이러한 독일의 루터 파 교회의 영향은 북유럽 덴마크, 스웨덴, 노르웨이, 핀란드 이이슬란드, 그리고 발트 3국으로 전파되었다.

루터교회는 지성주의 신앙에 대한 반대로 경건주의 신앙 운동이 영국 개신교인들에게 전파되면서 복음주의 부흥운동이 파생되었는데 그러한 교파가 바로 감리교Methodist이다.

교회와 정치가 헤어졌을 때(올바른 관계가 되었을 때)

2.개혁주의교회의 칼뱅주의 정치신학

칼뱅의 정치사상

칼뱅의 동심원적 사고 구조는 그의 정치사상에 영향을 미쳐 귀족정과 민주정의 혼합정이라는 정치체제로 나타났다. 이것은 오늘날의 말로 표현하면 대의민주주의이다.

국민들이 국민들 가운데 최선의 사람을 투표 선거를 통하여 선택하여 그들이 상호 견제하면서 정치를 하게 하는 이 혼합정은 제네바의 정치제도였다. 동시에 이것은 칼뱅주의자들을 통해 전 유럽으로 파급되었다.

종교개혁가들의 개혁정신을 철저히 따르자는 개신교의 신학적 사조를 일컫는 말이다. 보통 개신교 내에서 '개혁주의'라는 용어는 보통 장 칼뱅의 신학을 일컬으며 칼뱅주의라 불리기도 한다. 장로교는 개혁주의 신학을 따른다고 보면 된다. 근대 역사에서 개혁주의를 철저히 따르려는 개신교 집단을 가리키는 용어가 청교도다.

개혁주의는 로마가톨릭교회의 십자고상, 고해성사, 성변화(화체설), 제단 위에 촛불 놓기, 성상(성모 마리아상 포함), 성화 등의 전례들을 비성경적이고 인습적인 것으로 바라보아 철폐하였다. 반대로 당시의 과학기술과 학문에는 매우 긍정적인 편이었다. 그러나 진화론을 비롯한 실존주의·계몽주의·인본주의·(종교를 포함한) 다원주의를 위시한 포스트모더니즘의 등장으로 인해 무조건 긍정적이기보다는 신앙을 부정하려는 용도로 과학을 사용하는 것에 한해서 비판하는 시각이 개혁주의의 주류가 되었다.

흔히들 오해하는 게 후대의 개혁주의자들이 과학으로 하나님을 부정하는 것을 싫어한다고 과학 전체를 부정적으로 바라본다는 것인데 결코 아니다. 신앙에 방해만 안 된다면 굉장히 긍정적으로 바라보고 장려한다. 과학을 완전히 부정하는 것은 개혁주의라기보다는 극단적인 근본주의에 가깝다. 개혁주의는 과학을 비롯한 인간의 삶과 하나님을 따로 떼어내서 이원화시키는 것을 옳다고 보지 않는다.

인간의 삶에 충실한 것을 하나님에 대한 찬양으로 바라본다. 인간의 삶을 하나님과 분리하는 것을 매우 싫어한다. 그렇기에 돈에 관련된 경제활동을 정죄하던 당시 가톨릭에 염증을 느끼던 중상주의, 자본주의에게 큰 호응을 얻게 된다. 베버가 칼뱅을 초기 자본주의의 시초로 바라본 이유가 이것이다. 그렇다고 인간의 삶을 강조한 칼뱅이 자본주의를 주장한 것이라고 보면 위험하다. 칼뱅은 삶에 충실하라고 했지 빈부격차를 비롯한 악을 방관하라고 주장한 것이 아니기 때문이다.

개혁파 정치신학

종교개혁의 제2세력인 개혁파의 유럽대륙에서 전통은 창시자 츠빙글리가 기독교개혁을 시작한 취리히 중심의 독일어권과 이후 종교개혁의 새로운 주역이 된 칼뱅의 제네바를 중심으로 전개된 프랑어권 지역에서 개혁운동이 일어났다. 츠빙글리와 칼뱅은 교리의 중심 주제들에서는 거의 차이가 없었다. 그러나 처한 환경이 달랐기 때문에 세부적인 부분에서 차이가 있었다.

루터파와 칼뱅의 개혁파와는 공통점이 있었다. 첫째는 두 파 모두 처음에는 기존 가톨릭교회 체제와 세속 체제로부터 저항과 반대에 봉착되었지만 점차 기존 체제와 권력과의 타협적으로 협조적인 개혁이 이어져 갔다. 물론 루터파와 개혁파의 기존 체제와의 협조의 차이는 있었다. 그러나 재세례파는 교회와 정치가 완전히 분리되어야 한다는 정교분리주의를 강하게 급진적인 주장을 함으로 인하여 모든 종파와 권력으로부터 극심한 탄압과 처형으로 소멸하게 되어 실패하였다.

둘째는 이 두 루터파와 개혁파는 그 협조의 근거는 하나님께서 세속권력에게 통치권 즉 다스림을 대리자로 부여하셨다는 것이므로 그 정치권력의 권위를 인정하고 복종해야 한다는 것이다. 물론 이러한 부분에 대한 정도의 차이가 각각 있고 다른 점이 있다. 셋째는 재세례파는 신자가 세속정치에 관여하거나 참여하는 것은 심지어는 공직을 맡는 것도 부패한 것이라는 것이다. 그러나 루터파와 개혁파는 그리스도인 신자야말로 더욱 더 신앙의 양심으로 세상에서 공정하고 정의롭게 국가의 일에 임해야 한다는 것이다. 그러므로 정치인이 되는 것은 더욱 권장되어야 한다는 것이다. 넷째는 재세례파는 하나님의 율법이 개인과 집단 모두에게 철저하고 정확하게 적용되어야 한다는 것이며, 루터파와 개혁파는 절대평화, 무저항, 비폭력으로 어떠한 국가 권력과 정치권력에 대해서는 저항하거나 폭력으로 맞서서는 안 되는 것이며 이는 하나님이 맡기신 권위와 권세에 도전하는 것으로 죄악이라고 하는 것이다.

단지 **개인 신앙윤리로서만이 절대평화, 무저항, 비폭력**을 적용되어야 한다는 것이다. 루터파와 개혁파는 예수님께서도 이 세상에 계실 때에 성전에서 물리적인 폭력을 쓰셨고, 대제사장 앞에서 뺨을 맞을 때에도 다른 편의 뺨을 돌려대지 않으셨으며, 바리새인들에게 모욕적인 언사를 가하시면서 상당히 과격한 저항을 하셨다는 것이며, 성전에서 장사하는 무리들의 상을 엎으시기도 하셨다는 것이다. 따라서 에라스무스나 재세례파와는 달리, 루터파와 개혁파는 명분이 옳다면 전쟁에 참여하는 것도 정당하다고 보았다. 이렇게 루터파와 개혁파는 공통점이 있지만 또 한편으로는 차이점들도 있었다.

츠빙글리는 루터와 같은 독일어를 사용하는 스위스 독일어권 지역 인물이었지만, 루터가 신성로마제국에 속한 제국신민이었다면, 츠빙글리는 독립의식이 충만한 스위스연방 소속이었다.

때문에 그 당시 스위스 남자들에게는 가장 인기 있는 직업은 용병이었다. 산악지대에서 살면서 단련된 체력과 정신력이 최고의 군인을 만들었다. 특히 로마의 교황군이 이들을 선호했는데 당시 스위스 용병들은 교황의 경호부대로 큰 명성을 얻었다. 이로써 교황청 용병을 스위스인으로 채우는 관습이 지금도 이어지고 있다.

츠빙글리는 인문학 교육을 받은 후에 글라루스 지역의 사제가 되었다. 민족주의 정신이 강했던 츠빙글리는 글라루스 출신의 많은 젊은이들이 용병이 되는 것을 보고 자신도 군종사제가 되어 이들과 함께 교황청을 위해 싸웠다. 그런데 1515년에 프랑스군과 맞선 교황군이 대패하면서 당시 용병이었던 스위스 청년들이 1만 명 이상 사망하는 비극이 일어났다. 사실상 일방적인 대학살이었다. 애국심에 불타던 츠빙글리는 비참한 동족의 비극에 아파하며, 교황청에서든 프랑스에서든 제국에서든 어디든 간에 스위스인들이 당하는 부당한 대우에 관심을 갖기 시작했다. 이렇게 민족의식에 눈을 뜨고 난 후, 츠빙글리는 에라스무스가 편찬한 그리스어 신약성경과 그 밖의 책들을 읽으면서 종교개혁 신앙을 받아들이기 시작했다. 마침 그는 1518년에 취리히 대성당의 사제로 임명되었고, 이때부터 그는 로마교회를 개혁의 대상으로 인식하며 루터와는 결이 다른 자신만의 스위스 종교개혁을 시작했다.

츠빙글리가 루터와 정치관이 달랐던 근본적인 이유는 스위스에는 루터의 독일과는 달리 황제나 왕, 제후 등이 통치하는 절대적인 군주제가 없었기 때문이다. 당시 스위스는 연방으로서, **칸톤**canton이라는 여러 **도시국가들의 집합체 연방제**였다. 이 때문에 루터가 군주제monacracy를 따른 것과는 달리 츠빙글리는 당시 유럽사회에서 시행할 수 있는 정치체제로 군주제와 귀족제, 민주제democracy 세 가지가 있다고 생각했다. 이 중 군주제는 권력이 독점되는 체제이기 때문에 군주가 언제든지 폭군이 될 가능성이 큰 위험한 제도라고 보았고, 반면 민주제는 힘이 백성 전체에게 주어지기는 하지만 혼란과 무질서를 초래할 수 있다고 보았다.

츠빙글리는 귀족제가 군주제의 독재와 민주제의 개인주의 및 혼돈을 막고, 민주제의 대의정치와 군주제의 책임정치를 균형 있게 취하는 바람직한 중용의 길이라고 생각했다. 따라서 그는 비록 오늘날 직접민주정치와 같은 개념을 거부하긴 했지만, 군주제와 독재도 거부하면서 국민의 정당한 저항권을 옹호했다. 즉 기독교인은 왕이나 제후에게 충성을 맹세할 수 있지만, 그보다 궁극적이 왕이신 하나님께 순종해야하기 때문에 지상의 통치자가 하나님의 말씀 및 양심의 자유를 위반하고 침해하면 당연히 통치자에게 저항하여 그를 폐위시킬 수도 있으며, 심지어는 처형시킬 수도 있다고 주장했다. 그러나 재세례파 가운데 나타났던 급진적 혁명주의자들의 과격주의는 지지하지 않았다. 그보다 이런 저항이 주로 선거와 같은 평화적인 수단을 통해 이루어져야 한다고 믿었다. 스위스 사람들이 제국의 합스부르크 왕가와 오스트리아 통치자들에게 저항했던 이전의 경험에서 이런 정치관이 정당화되었다고 할 수 있다. 이렇게 개혁파는 신학에서도 한층 보수적인 루터파와 한층 급진적인 재세례파 사이에서 중용의 길을 모색하며, 정치사상에서도 중도의 길을 택했다. 취리히의 시의회는 귀족 대표들의 모임으로 츠빙글리를 비롯한 교회의 목사들의 조언을 들으며 정치적인 의사를 결정하는 권한이 있었다.

그러나 형성되어가던 신학사상과 정치사상이 완숙에 이르기도 전에 츠빙글리는 전쟁에 휘말리게 되었다. 취리히에서 시작된 종교개혁이 스위스 연방 전체에 퍼질 것을 염려한 로마가톨릭 교회 연합군이 취리히를 침공하였다. 츠빙글리는 이로 말미암아 벌어진 카펠전투에서 1531년 전사했고 이후 취리히 종교개혁은 하인리히 블링거가 이어 갔다.

자신의 힘을 믿는 인간은 하나님의 힘에 전적으로 의지하기 어려운 반면, 자신의 전적인 타락을 인식한 인간은 그렇기에 더욱더 절실하게 성령을 필요로 하게 된다는 것이다.
자기가 약하다는 것을 가장 깊이 아는 사람은 하나님을 가장 많이 의지하게 되고, 그 결과 도덕적 성취를 위한 하나님의 풍성한 은혜를 가장 많이 받게 되는 것이다
시51:17. 하나님께서 구하시는 제사는 상한 심령이라 하나님이여 상하고 통회하는 마음을 주께서 멸시하지 아니 하시리이다
회개의 중생은 우리 안에 있는 하나님 형상의 회복이다

칼뱅의 5대 신학이론, 일명 튜립TULIP
1.인간의 전적 부패 Total Depravity
2.무조건적 선택 Unconditional Election
3.제한 속죄 Limited Atonement
4.불가항력 은혜 Irresistable Grace
5.성도의 견인 Perseverace of Saints
이는 쟝 칼뱅의 신학이론이다. 반론이 있을 수 있다.
위의 신학이론에 따라서 하나님을 위해 거룩하게 살아야 한다는 주장으로 칼뱅은 은혜계약이라는 성경적 교리를 역설하게 된다. 은혜계약이란 첫째, 구원이 전적으로 은혜에 기인하며, 둘째, 그 계약에 합당한 질서가 있는 생활이 요구된다는 것이다. 따라서 칼뱅에게서는 칭의 이후의 성화의 중요성이 강조됨

을 알 수 있다. 이러한 성화에 대한 강조를 통해 칼뱅은 그 어떤 교파에서보다도 일상생활의 도덕성과 윤리성을 역설하게 되는 것이다.

특히 칼뱅은 하나님이 사람을 구원할 때 그의 전인격을 구원한 것이라고 생각했다. 그러므로 구원받은 자는 전인격을 하나님을 위해 바쳐야 한다. 그의 전체적인 삶이 하나님을 지향해야 한다. 곧 정치, 사회, 사업, 가정, 교육, 과학, 예술 등 모든 것을 하나님중심으로 해야 한다는 것이다. 고상한 윤리나 도덕을 필수로 하지 않는 생활 영역은 없다. 하나님이 반드시 전체적인 삶의 주인이 되어야 한다. 칼뱅에게는 개인적 윤리뿐만 아니라 사회적 윤리까지 하나님중심 사상과, 예정된 선택에 대한 성화의 응답으로 확장된다.

이렇게 종교는 이제 극치에 도달한다. 삶의 중심이 하나님이고, 구원이 하나님에게서만 오며, 하나님이 친히 주는 힘에 의해 생활의 일체를 하나님을 위해 바칠 때보다 더 높은 종교적 비전은 찾을 수 없을 것이다. 칼뱅이 신학자로서 운위되는 데 그치지 않고 사회 개혁가로도 불리는 이유가 바로 여기에 있다.

칼뱅의 정치사상은 신본주의(神本主義)에 근거를 두고 있다. 즉, 법의 원천은 성서이며, 인간은 이성에 따라 성서를 해석할 따름이고, 정의로운 정부는 하나님의 창조 질서를 유지한다는 것이다. 사회 개혁가로서 칼뱅은 세속국가를 종교나 윤리와 분리해 생각하지 않았다. 칼뱅은 하나님이 세속에 내재해 있다는 것을 굳게 믿었기에, 국가 역시 하나님의 뜻과 심판에 속한 존재임을 의심하지 않았다. 따라서 이전의 가톨릭과 달리 국가나 정부권력 자체를 악한 것으로 보지 않았다. 다만 칼뱅은 예수의 교훈을 좇아 영적 권위와 세속적 권위의 명확한 구분을 유지하고자 했다. 이는 "가이사의 것은 가이사에게, 하나님의 것은 하나님께"(〈마가복음〉 12장 17절)라는 성경 구절대로 교회와 국가는 서로 구분된다는 분리의 원칙으로 발전하게 된다.

칼뱅은 모든 국가가 필연적으로 기독교 정부를 수립해야 하며, 또 국가 역시 이것이 이루어내어야 할 임무임을 알아야 한다고 보았다. 정부의 임무는 인간의 일상적 삶을 보장해주고 법적 질서와 공공의 안녕을 유지하는 것뿐만이 아니다. 칼뱅은 정부의 기능에 이를 넘어서는 공공적 목적이 있다고 말한다. 이를 칼뱅은 "종교의 공공적 구현(publica facies)"이라 지칭하는데, 바로 여기에 교회와 국가의 강한 상호 침투가 자리 잡게 된다. 칼뱅주의가 주장하는 국가의 기독교적 형식과 종교의 세속적 구현은 바로 교회와 국가의 변증법적 침투를 전제하기 때문이다. 그래서 칼뱅에게서 기독교적 요소는 국가라는 기구에 붙어 다니게 되며, 결국 기독교 정치뿐만 아니라 기독교 국가도 존재할 수 있게 되는 것이다.

칼뱅은 국가의 본질과 기원에 대한 답을 섭리론의 틀 안에서 발견한다. 세상을 관통하는 하나님의 섭리를 통한 신정(神政)에 기초하는 것이 국가라는 것이다.

국가의 기원에 관해서는 신의설(神意說), 실력설(實力說), 계급투쟁설, 사회계약설 등이 있으나, 칼뱅은 국가의 성립을 하나님의 창조질서의 일부로 보았다. 그러므로 국가란 인간의 타락, 부패성을 본 하나님이 인간사회의 질서를 유지하기 위해 세운 섭리적인 도구라고 볼 수 있다. 물론 국가 수립과 유지는 하나님이 인간에게 준 사회적 충동인 군서(群棲:떼 지어 생활) 본능 덕분이다.

칼뱅은 국가를 하나의 유기적 공동체로 보았다. 그가 국가를 인체의 머리와 몸의 구조에 비유한 것은 〈고린도전서〉 12장

12~31절에 나오는 그리스도의 몸과 지체에 대한 바울의 서신에 기댄 것이다.

고전12:12. 몸은 하나인데 많은 지체가 있고 몸의 지체가 많으나 한 몸임과 같이 그리스도도 그러하니라

27. 너희는 그리스도의 몸이요 지체의 각 부분이라

즉, 칼뱅의 국가론에서 중요한 것은 지배관계라기보다는 상호관계다. 유기적 공동체로서의 국가의 개념을 제시하면서 칼뱅은 그러한 국가의 이상적 모델을 역사 속의 이스라엘 민족에게서 찾는다. 칼뱅은 또한 법을 통한 조직적 질서를 주장한다. 질서정연한 법체계는 국가의 본질적 특성이다. 칼뱅은 법체계를 "국가의 강력한 신경"이라고 부른다. 법체계는 국가의 조직을 보존하는 도구일 뿐만 아니라 정부권력의 도구이기도 하다.

칼뱅은 개인 간의 정의 수행과 국가 전체 차원의 정의 수행, 집단의 물질적·문화적 복리, 공익을 위한 배려를 국가의 목표로 여긴다. 다시 말해 칼뱅이 국가의 목표로 삼는 것은 소극적으로는 정치적 지배 권력을 행사해 죄악을 방지하는 것이고, 적극적으로는 공동 사회의 질서와 복지를 유지·발달시키는 것이다.

사법적·사회적·종교적 기능을 부여받은 국가의 정치는 인간이 생을 유지해나갈 수 있고, 공동생활을 할 수 있게 작용하는 매우 중요한 것이다. 이러한 국가는 일반 국민의 인간성을 유지할 수 있게 하고 동시에 기독교 신자들에게는 종교라는 공적 형식이 존재하게 한다. 하나님을 경외하지 않고 하나님의 계명을 지키지 않을 때 국가의 평화는 위협받게 되고, 또한 국가 내에서 종교에 대한 갈등과 투쟁이 존재할 때 공적 예배 체계는 문제가 될 수 있다.

그러므로 이러한 국가에서 정치는 기독교 사회가 평화롭게 유

지되는 기반이 되기도 한다.

칼뱅은 국민에 대한 국가의 책무를 집단의 문화적 복리, 즉 공익을 꾀하는 것에 국한시킨다. 이는 개인, 가정, 교회, 사회 등 각각의 영역을 초월하는 소위 '천부의 공동 이익'을 추구하는 것이다. 국가는 기본적으로 교회를 지지하고, 인류 사회가 요구하는 대로 국민 생활을 조정하고, 사회 정의를 실현해야 한다. 칼뱅의 제자로서 제2의 칼뱅이라고 불리는 코이페르(Abraham Kuyper)도 국가를 하나님의 공의 실현(일반 은총)의 수단으로 보았는데, 그는 이러한 인식에 기초해 당시의 빈곤 문제와 사회 계층 문제 등에 대한 적극적 정책까지도 구상했다.

교회와 국가의 관계=영혼과 몸의 관계

이 세상의 기독교인들은 영적 통치와 국가의 통치라는 이중의 통치 아래 있다는 것이 칼뱅의 생각이다. 전자는 정신적·내면적이어서, 양심의 경건과 하나님에 대한 봉사가 중심인 영혼 생활을 책임진다. 후자는 세속적·외면적이어서, 문화에 대한 책임 수행이 중심인 현실 생활을 책임진다. 이는 루터의 이원론을 받아들인 것이며, 아우구스티누스의 신정 정치관을 따른 것이다. 교회와 국가의 공통점은 성경 전체에 걸쳐 제시돼 있는 신앙의 법칙, 규범, 지침에서 정치 체제의 기초와 지배적 윤리를 발견한다는 것이다. 교회와 국가의 공통의 목적은 공통의 고상한 도덕적 이상을 함께 추구하고, 가치 있는 기독교 문명을 창조하며, 거룩한 사회, 즉 하나님 나라를 건설하고 발전시키는 것이다.

우선 사람에게는 이중의 통치가 있다는 것을 고려해야 한다. 하나는 영적 통치로서 여기서는 양심의 경건과 하나님을 경외하는 일을 배우며, 다른 하나는 사회적 통치로서 여기서는 인간으로서 또 시민으로서 사람 사이에 유지해야 할 여러 가지 의무를 배운다.

칼뱅에게서 교회와 국가는 상하관계나 병존관계가 아니라, 동전의 양면처럼 존재한다. 칼뱅은 교회와 국가의 관계를 영혼과 몸의 관계에 비유해 설명한다. 즉, 교회와 국가를 서로 구별되나 분리된 것이 아니라고 보며, 교회가 사회에 둘러싸이는 동심원구도를 이루는 것으로 본다. 교회와 국가는 서로 조화를 이루며 협력하는 관계로, 양자 모두 하나님의 기관이다. 또한 양자 모두 죄를 제지하려는 기관이며, 전자는 특별 은총 영역에 속하고 후자는 일반 은총 영역에 속한다. 양자 모두 적극적으로 도덕적 이상을 추구해 사회를 하나님 나라로 전진시키려 하는데, 교회가 직접적으로 나선다면 국가는 간접적으로 나선다. 즉, 교회는 직접적으로 하나님 나라를 건설하며, 국가의 역할은 교회가 하나님 나라를 건설할 때 장애물을 제거해주는 것이다.

이렇듯 교회와 국가는 임무와 사명이 다르다. 그러나 양자 모두 하나님의 말씀을 기초로 하므로 신적인 권위를 가지고 있고, 따라서 어느 한쪽이 다른 한쪽을 지배해서는 안 된다고 칼뱅은 생각했다.

교회는 사회의 도덕성을 높여 하나님의 나라가 발전되도록 직접적으로 작용하고 국가는 이에 간접적으로 참여한다는 것이다. 또한 국가는 하나님이 위탁한 것이므로 국가의 사명은 교회의 사명과 본질적으로 다르지 않다. 국가는 교회의 예배 형식을 보호하고 교회를 옹호하고 사회 질서를 유지하고 교회의 준법정신을 지도하고 평화를 이룩하는 데 힘써야 한다.

국가의 의무는 법의 보호자로서 공의를 실현하는 것과 백성의 복리를 도모하고 교회를 보호하는 것이라고 정리할 수 있다.

종교의 생활화, 생활의 종교화
예배가 생활이 되고 생활이 예배가 되게 하소서

칼뱅은 제네바에서 하나님 중심의 도시국가를 수립하려 했다. 많은 학자들이 칼뱅의 개혁 활동, 특히 칼뱅이 교회 및 시의회와 협력해 도덕 개혁을 뒷받침하는 강력한 법률을 제정하고 통치에 나섰던 사실을 언급한 바 있다. 제네바에서 칼뱅은 시의회와 협력해 제네바의 윤리 도덕적 개혁에 나섰을 뿐만 아니라, 법률을 제정하고 경제와 복지정책에 관여했으며 제네바 아카데미를 설치하는 등 여러 분야에서 폭넓게 개혁 활동을 전개했다. 칼뱅은 경제와 복지 방면의 개혁을 전개하면서 자신이 성경을 읽으며 구상했던 이상을 실현하려고 노력했지만, 어디까지나 관리들이 개혁 정책수행의 중심에 서게 했다. 그리고 정책을 추진하는 관리들에게 자연법의 범위 안에서 상당한 자유를 인정해주었다. 이를 통해 알 수 있듯이 칼뱅의 정치사상은 성직자가 정치를 지배해야 한다는 것이 아니라, 정치, 법률, 경제, 교육 등의 분야에서 전문적인 관리들의 독립된 영역을 인정해 그들에게 자율성을 주되 그들로 하여금 성직자들과의 협력을 통해 하나님의 뜻을 이루게 해야 한다는 것이었다.

칼뱅은 철저한 종교인인 동시에, 그리스도의 복음을 세상과 긴밀한 관계를 가진 것으로 이해했다는 점에서 철저한 세속인이었다. 그는 하나님의 말씀과 성령의 역사를 통해 실현되는 하나님의 나라를 교회로 한정했지만, 이에 머물지 않고 사회의 도덕, 복지, 경제 등에 대한 사회 전반적인 개혁을 위해 교회와 시의회의 적극적인 협력 체제를 수립하려고 노력했다. 이 활동을 통해 칼뱅은 제네바에서 하나님의 뜻이 이루어지고 그리스도의 주권이 확립되도록 했던 것이다. 그럼에도 불구하고 칼뱅은 이러한 개혁된 사회에 대해 '하나님나라'라는 말을 사용하지 않았다. 칼뱅에게 사회개혁은 구원받은 기독교인들의 성화가 사회 전체에 미치도록 하면서 기독교국가를 건설해 그리스도의 주권과 뜻을 사회에 확장시키는 것을 의미했다.

그러나 국가통치에 지정된 목적은 우리가 사람들과 함께 사는 동안 하나님께 대한 외적인 예배를 존중하고 보호하며, 건전한 교리와 교회의 지위를 수호하며, 우리를 사회생활에 적응시키며, 우리의 행위를 사회정의와 일치하도록 인도하며, 우리로 하여금 서로 화해하게 하며, 전반적인 평화와 화평을 증진하는 것이다.

따라서 칼뱅의 사상에 따르면 모든 국가는 기독교국가여야 하고, 또 그래야 할 의무가 있다. "만일 국가가 그리스도의 편에 서기로 결정하지 않는다면 국가는 그리스도에게 반대하는 결정을 하게 되어 있다."

국가의 임무는 단순히 생활의 외부적 조건을 보장해주고 공공의 평화와 헌법적 질서를 유지하는 것만은 아니기 때문이다. 이러한 일들은 국가의 진정한 임무 실현을 위한 물리적 전제조건일 뿐이며, 국가의 진정한 임무는 "종교의 공공적 구현(publica facies)이 '교회 안과 밖에서' 기독교인들 사이에 존재하게 하고 또한 기독교인들 사이에 인간성이 유지되게 하는 것이다".

칼뱅과 경제사상 - 자본주의 논쟁
자본주의적 요소 - 막스 베버와 칼뱅과 자본주의
칼뱅의 제네바 개혁을 이야기할 때 경제정책을 빼놓을 수는 없다. 경제는 세속의 일 중에서 가장 중요하고 또 포괄적으로 인간의 삶에 영향을 미치는 것인 만큼 의인의 진정한 성화와 관련해서도 도외시할 수 없는 문제다. 베버는 《프로테스탄트 윤리와 자본주의 정신(Die protestantische Ethik und der Geist des Kapitalismus)》에서 프로테스탄트 윤리, 특히 칼뱅의 윤리가 자본주의 발전에 큰 공헌을 했다고 주장한다. 우선 그는 프로테스탄트의 직업소명론과 칼뱅의 예정론을 자본주의 발전의 기제로 본다. 루터가 모든 직업을 소명으로 보아 세속적 의무의 수행이 하나님에게 부여받은 사명이라고 생각했다면, 칼뱅은 이러한 루터의 직업 관념을 계승하되 미래 지향적으로 해석해 근대적 직업 관념을 발전시켰다는 것이다.

즉 칼뱅은 자기 직업에 충실한 것이 하나님에게 충실한 것이라고 가르침으로써 일에 전념하는 인간형을 발전시켰다는 것이다. 또한, 칼뱅의 예정론에 의하면 어떤 사람은 하나님에게 선택되고 어떤 사람은 하나님에게 버림받으며 이는 인간이 어찌할 수 없는 결정인데, 이 때문에 인간은 자신이 선택받았는지 여부를 묻게 되고, 그 선택의 징표를 찾게 되고, 자신이 선택받은 자임을 확신하기 위해 금욕적 노동에 충실하게 된다고 베버는 말한다. 요컨대 베버는 칼뱅의 직업관과 예정론이 검소하고 절약하는 인간형을 만들었으며, 결국 자본주의의 발달을 낳았다고 역설한다.

예정설이 재해석되거나 완화되거나 혹은 결국 포기되는 한에 있어서 두 개의 상호 연관된 목회적 권고(신학적 해석)가 특징적으로 부각된다. 첫째는 자신을 선택된 자로 여기고 어떤 의심도 악마의 유혹으로 물리쳐야 한다는 데 대한 절대적 의무다. 왜냐하면 자기 확신의 결여는 신앙 부족의 결과이고 따라서 은총이 충분치 못한 데서 나온 것이기 때문이다. 둘째는 이러한 자기 확신에 이르기 위한 가장 훌륭한 수단으로서 끊임없는 직업 노동이 강조되었다. 직업, 노동 그리고 직업 노동만이 종교적 회의를 떨칠 수 있고 구원에 대한 확신을 준다는 것이었다.

이후 칼뱅주의와 청교도가 발전하면서 칼뱅의 예정론은 실천의 삼단논법으로 바뀌며, 노동은 하나님의 은총을 받는 전제조건이 된다. 칼뱅주의의 금욕적 경향은 칼뱅주의와 자본주의 사이에 선택적 친화관계가 있음을 보여준다. 여기서 선택적이라는 말은 칼뱅의 사유재산에 대한 생각에서 잘 드러난다. 우선 칼뱅은 일부 재세례파의 재산공유 주장에 맞서 사유재산제를 옹호했다. 칼뱅은 사유재산제가 인간이 타락한 후 하나님이 정해준 제도라고 주장했다.

각 개인이 자기의 사유재산을 소유할 수 있도록 허락하는 시민적 질서가 혼란되어서는 안 된다. 왜냐하면 재산소유권이 인간들 각각에게 주어지고, 개인적인 것이 되는 것은 인간들 사이에 평화를 유지하는 데 필수적이기 때문이다.

칼뱅은 사유재산제를 옹호함과 동시에 부의 편재(偏在)를 인정했으며, 소유의 불평등은 하나님의 섭리에 따른 것이라고 보았다. 또한 생활의 불평등도 인정했다. "우리는 부자가 빈자보다 더 잘사는 것이 잘못되었다고 할 정도로 평등을 주장하지는 않는다. 빈자는 거친 빵과 검소한 음식으로 식사를 하고 부자는 자기 상황에 따라서 더 잘 먹을 수 있다."

루터가 농업을 확대하고 상업을 축소하는 것이 보다 경건한 일이라며 상업의 비도덕성을 역설한 데 반해, 칼뱅은 상공업도 하나님이 정한 천부적 직업이며 상인들의 매매 활동이 건전한 사회생활에 귀중한 역할을 한다고 보았다. 칼뱅은 이렇게 상공업을 긍정적으로 평가함과 동시에 이자 받는 것을 허용했다.

이러한 경제관념은 이성중심의 스토아사상에 근거한 금욕주의적 기상과 합리주의적 사고와 결합하여 칼뱅의 경제사상은 베버가 말한 '자본주의 정신의 형성에 크게 기여한 것이 사실이다.

그러나 자본주의 정신이 발전하는 데 가장 중요한 전제조건으로 칼뱅의 사상과 윤리를 들고 있다는 점에서 베버는 한계를 드러낸다. 베버는 경제가 종교를 움직인다는 마르크스의 경제 결정론적 사고에서 벗어나 종교가 사회를 움직일 수도 있다는 새로운 가능성을 제시한 셈이지만, 당시 제네바의 경제발전을 칼뱅의 영향으로만 설명할 수 없다는 것은 당시의 사회경제적 상황에서 드러난다. "제네바의 행운은 그 도시가 세 가지 요인, 즉 자본, 우수한 노동력, 판로를 외부에서 끌어온 데 있었다. 그리고 이 모든 것은 제네바가 개신교 신자들의 피난처"인 덕분이었다. 그러므로 종교적 요소와 비종교적 요소가 서로 맞물려 상호작용을 하고 있었다는 사실에 베버는 좀 더 주의를 기울였어야 했다.

기독교사회주의적 요소와 칼뱅 경제사상의 중첩성

트뢸치(Ernst Troeltsch)는 베버의 주장을 받아들여, 칼뱅의 직업관과 예정의 확증을 위한 금욕적 노동, 그리고 이와 결부된 나태를 금기시하고 소득을 하나님의 축복으로 보는 사고가 자본주의의 발달에 공헌했다고 주장했다.

그러나 트뢸치는 칼뱅에게서, 노동과 이익이 순전히 개인을 위한 것이 되어서는 안 된다는 가르침과 자본가는 하나님의 청지기로서 자본을 증가시켜 자기를 위해서는 최소한의 액수만 쓰고 나머지는 사회 전체를 위해 써야 한다는 가르침 등 기독교사회주의적 요소를 발견해낸다.

칼뱅은 교회수입의 '적어도 절반'은 가난한 자의 몫이 되어야 한다고 주장했다.

고대 교회의 암브로시우스(Ambrosius)가 교회의 성물을 녹여 팔아 가난한 사람들을 도와주는 것을 보고 아리우스파가 비난했는데, 칼뱅은 암브로시우스를 옹호해 "교회가 금을 가진 것은 간직하기 위해서가 아니라 어려운 사람들을 도와주기 위해서"이며, "교회가 가진 모든 것은 모두 가난한 자를 돕기 위한 것이었다"라고 썼다.

또 칼뱅의 예정론은 인간에게 불안과 공포를 주어 금욕적 노동에 몰두하게하기보다 오히려 인간에게 위로를 주었다고 주장한다. 또한 칼뱅은 가난한 사람들을 나태의 죄가 있다고 비난하지 않고, 교회가 이들을 도와주어야 한다고 생각했다.

칼뱅의 경제사상이 자본주의적인지 기독교사회주의적인지의 문제와 관련해 부스마(W. J. Bouwsma)는 《칼뱅 : 하나의 16세기 초상화(John Calvin : A Sixteenth Century Portrait)》에서 두 가지 모습의 칼뱅을 보여주며 칼뱅 안에 두 가지 측면이 공존한다고 주장한다.

칼뱅은 사유재산제를 옹호하고 빈부격차를 용인하고 노동을 존중하고 나태와 시간 낭비를 비판하고 검약을 강조하는 등 자본주의의 발달에 공헌한 측면이 있다.

그러나 동시에 칼뱅은 개인에 대한 공동체의 우위를 주장하고 교회의 사회사업을 장려하고 모든 인간은 이웃을 돕는 청지기로 임명되었다고 보는 등 인간의 공동체성을 강조하기도 했다. 한마디로 복음주의자 칼뱅과 인문주의자 칼뱅이 중심과 주변의 관계를 이루며 공존했다고 볼 수 있다. 칼뱅의 경제사상에는 개인의 자유를 강조하는 인문주의적 요소와 복음에 근거해 사랑의 사회성을 강조하는 복음주의적 요소가 공존해 있으며, 이러한 요소들이 곧 자본주의의 속성과 기독교사회주의의 속성에 모두 닿아 있었던 것이다.

사회에 대한 개혁과 혁명의 메시지

칼뱅은 유럽 사회가 중세 장원제 사회에서 근대 산업 사회로 변화되던 시기에 나타나, 루터처럼 제후 중심의 장원제 사회를 회복하려 하거나 일부 공산주의적 재세례파처럼 농민 공동체를 결성하지 않고 제3의 길을 모색했다. 그것은 다가오는 산업 사회를 적극적으로 인정하면서 그 사회에서의 기독교인의 바른 삶을 제시하는 것이었다. 칼뱅은 종교가 사회 속에 완전히 스며들어 삶 그 자체가 되기를 원했고, 이를 위해 사회 제도를 정비하는 데까지 나아갔다. 칼뱅은 기독교화된 사회의 설계도를 만들었고 구체적으로 제네바에서 그 초석을 놓았다.

"의인은 믿음으로 말미암아 살리라"라는 로마서1:17절의 말에 근거한 루터의 '이신칭의(以信稱義:justification by faith)'로 시작된 종교혁명의 메시지는 소망과 자유를 의미하는 것이었다. 루터는 이 메시지가 모든 사람들이 이해할 수 있는 언어로 해석되어야 함을 역설하면서 성경의 독일어 번역을 시작했다. 칼뱅의 메시지는 이보다 더욱 강력했다. 칼뱅은 기독교인을 더욱 강하게 몰아붙여 엄격한 성경적 윤리와 도덕에 일치하는 삶을 살아가게 함으로써 사회의 변화를 유도했다.

즉, 루터가 횃불을 들고 사회에서 저만치 물러서 있을 때, 칼뱅은 그 빛을 보고 직접 움직여 사회를 변화시켰다고 할 수 있다. 루터가 여러 법적인 문제들을 정치적 세력에 넘겨준 것과 달리, 칼뱅은 군인들이 전장에서 어떻게 싸워야 하며 제네바 시의회가 어떻게 통치해야 하는지 등의 구체적인 사회 문제에 많은 관심을 기울였다. 사회의 문제점을 지적하고, 나아가 사회를 변화시키기 위한 적극적 조치를 취했다는 점에서 칼뱅은 이후 계몽주의 사상을 선도하고 있었던 셈이다.

따라서 종교개혁 지도자 칼뱅은 서구사회를 종교분야에서뿐만 아니라 인간의 사상과 활동의 전체 스펙트럼 차원에서 동요시킨 혁명적 지도자였다고 할 수 있다. 오늘날 많은 역사가들이 칼뱅주의의 혁명적 성격을 인정하고 있듯이 칼뱅은 이미 충분히 혁명적이었다. 칼뱅의 메시지는 사회적·정치적·경제적 변화 등 모든 세속적 변화에는 종교적 의미와 열정이라는 동력이 절대적으로 필요하다는 것이다. 이러한 의미에서 칼뱅의 사상은 현대에도 여전히 사회에 대한 개혁과 혁명의 메시지를 보내고 있다.

사상은 현실을 선도하고 현실은 사상에 육체의 옷을 입힌다. 이렇게 육체를 갖게 된 사상은 세상을 변화시키고 역사를 한 단계 성장시킨다. 여기에 사상의 중요성이 있다. 결국 사상의 깊이와 심오함이 현실의 한계를 설정한다고 할 수 있기 때문이다. 칼뱅은 성경에 대한 심오한 분석과 비판을 바탕으로 사회개혁을 시도했다. 신학적 명제와 현실의 과제가 지나치게 분리되거나 결합되는 모순을 타파하고 이들의 적절한 조화와 균형을 꾀했다. 바로 이것이 칼뱅 사상의 기본인 동심원적 구조라고 할 수 있다.

칼뱅은 신학적 명제와 현실의 과제가 서로 간섭하지 않으면서 서로 절대적으로 영향을 주고받는다고 보았다. 하늘을 떠돌던 UFO가 이제 지상에 착륙하는 비행기로 전환되어 인간의 삶에 영향을 미치고 세상의 변화를 유도하게 된다. 기독교화된 사회에 대한 소망을 품었던 신학 사상가 칼뱅은 종교사상의 현실 연착륙을 성공시킨 정치가요, 경세가이기도 했다. 사상의 현실 적용이라는 행동을 통해 칼뱅은 18세기에 이미 루소의 입을 통해 현실개혁 역량을 인정받았으며, 21세기 현재에도 여전히 정치사상의 사회적 역할을 환기하며 생명력을 발휘하고 있다.

종교개혁의 지도자 칼뱅은 서구사회를 종교분야에서뿐만 아니라 인간의 사상과 활동 전체에서 동요시켰던 혁명의 지도자로 묘사된다. 실제로 많은 사상가와 역사가들이 칼뱅주의의 혁명적인 성격을 인정하고 있는 것은 주지의 사실이다. 칼뱅주의자들은 당시 전통의 파괴로 인한 생활양식의 변화와 후대의 프로테스탄트 국가사회에의 영향, 나아가 자본주의의 생성과 발전 등 사회전반에 영향을 미쳤다는 것이 후대 지성 사가들의 일치된 분석이다. 칼뱅은 교회의 기능을 알고 있었고, 비전을 제시했다. 세상의 변화를 예감하고 선도하는 역할을 위해 교회가 어떤 일을 해야 하는지를 이미 제시한 것이다.

완벽하게 창조된 세상이 인간의 타락과 범죄로 뒤틀어졌기에, 모든 영역이 바로 서기 위해서는 성경에 의한 개혁이 필요하다. 이를 위해 시대적인 각성을 일으킨 개혁자, 선각자가 바로 칼뱅이다. 그를 통해서 성경적인 사상체계가 정립된 것이 바로 칼뱅주의다. 세상 모든 문제의 근원은 신과 인간의 관계가 잘못된 데 있다. 인간의 사상이 하나님의 사상과 일치되어야 한다는 데 이 문제의 해결책이 있다. 하나님의 사상은 그의 계시, 곧 성경이므로, 인간은 이 성경으로 돌아가야 본질적 관계를 회복할 수 있고 인생관, 세계관, 가치관 등 모든 관점이 올바르게 서게 된다는 생각에서 칼뱅주의의 기본을 정리하고 있다.

사람들은 누구나 세계관을 가지고 있다. 비록 자신의 기본 신념을 깊이 생각해보는 일은 드물지만 모든 사람이 자신의 삶의 모든 면을 형성하는 기본 신념을 가지고 있다. 기독교 세계관을 형성하기 위해서는 우리의 사고에 영향을 미치는 것과 삶의 모든 영역에서 우리가 부딪히는 문제에 대해 성경이 어떻게 말하고 있는지 알아야 한다.

쟝 칼뱅의 실천신학정치

칼뱅이 제네바에서 진행한 종교개혁은 한편으로는 완성된 종교개혁, 한편으로는 미완의 종교개혁이라 할 수 있다. 즉 개혁신학의 교리적 체계를 만들고, 예배모범과 설교, 신앙규범을 만들어 교회를 개혁한 측면에서는 개혁을 거의 완성단계에 이르게 했다고 할 수 있다. 칼뱅 사후에 베자Theodore Beza를 비롯해 17세기 개혁신학자들이 세운 개혁파 정통신학 체계는 칼뱅신학의 결핍을 채우거나 오류를 수정했다기보다는 칼뱅이 정리한 내용을 더 정교하게 다듬은 것이라고 할 수 있다. 하지만 칼뱅이 권징, 혹은 치리 등의 교회론 및 교회법을 교회의 범위를 넘어서 정치로 확장하고자 했을 때, 그이 이상은 자주 좌절 되었다. 권징, 치리, 파문의 주도권이 누구에게 있는냐 하는 문제를 놓고 시의회와 고통스러운 논쟁을 해야만 했다. 그만큼 그의 정치관은 이상적인 이론을 담고 있었다. 반면에 적용된 상황은 지난한 대립과 갈등, 타협으로 점철된 현실적 어려움이 있었다.

칼뱅이 자신의 관점을 시의회원들에게 설득시키는 데 자주 실패한 근본 이유는 칼뱅이 이방인이었기 때문이었다. 츠빙글 리가 스위스인이자 목사 심지어 군인으로서 취리히에서 훨씬 강한 지지를 받았던 것과는 달리 칼뱅은 종교개혁에 실패하고 결국 로마교회로 남은 조국 프랑스를 등지고 떠난 종교난민이었다. 처음에 제네바에 초청받았다가 종교개혁이 지나치다는 이유로 쫓겨난 경험도 있었다. 그러다가 혼돈에 빠진 제네바를 구해달라는 요청을 받고 다시 돌아오기는 했지만 외국인이자 난민인 대다 츠빙글리 같은 체력과 성격의 소유자도 아니었던 칼뱅이 제네바 정치를 좌지우지할 수는 없었다. 따라서 칼뱅의 정치관은 그가 성경과 교부들의 전통, 르네상스 인문주의 법사상에 근거하여 고민하며 이상화시킨 이론었을 뿐이지, 제네바가 그 이상대로 통치되었다고 할 수 없었다. 따라서 칼뱅을 제네바에서 교회와 정부를 두 손에 쥐고 흔들며 철권을 휘두른 신정정치 독재자로 묘사하는 것은 정당할 수 없다.

칼뱅의 정치관도 명칭상으로는 루터의 것과 같이 '두 왕국'론으로 지칭할 수 있다. 칼뱅이 자신의 정치관을 구체적으로 밝힌 책은 '기독교 강요'이다. 칼뱅은 '기독교 강요'를 27세 때인 1536년에 6개의 장으로 이루어진 라틴어 초판으로 쓴 이후 1559년에 총 4권 80장으로 확장 및 개정하여 최종판을 발간했다. 그런데 칼뱅이 정치에 관하여 다룬 내용은 마지막 권 마지막 장인 제4권 20장에 나온다. 이는 칼뱅의 의도가 반영된 것이라고 할 수 있다.

'기독교 강요'는 초판에서부터 첫 장를 시작하기 전에 서론으로 헌사를 실었다. 이 헌사는 '프랑스아 왕에게 보내는 편지'이다. 그는 이 책을 통해 당시 프랑스에서 핍박받고 있던 개신교 신앙이, 이단분파가 아니라 왕이 그토록 수호하고 싶어 했던 참된 기독교신앙이라고 설득하고자 했다. 즉 '기독교 강요'는 기본적으로 복음을 설명하는 강해서, 변증서, 교리서로 저술되었지만 우선적인 목적은 정치적이었다. 책을 시작한 주제가 정치였으므로 마지막 장에서도 정치를 다루면서 이 책이 신앙 변증서인 동시에 정치적 함의가 있음을 강조하고 싶었던 것이다. '기독교 강요' 제4권 20장에서 설명된 칼뱅의 '두 왕국'론에서 강조하는 핵심은 한마디로 하나님께서 두 개의 영역(왕국)을 동시에 자신의 도구로 사용하신다는 것이다. 하나님께서 우리를 영적으로 훈련시키고 하나님을 경외하고 경건하게 만드실 때 사용하는 수단은 '교회'이다. 그러나 사람들이 반드시 지켜야 할 시민으로서의 의무를 수행할 수 있도록 우리를 교육하고 훈련시키는 수단은 교회가 아니라 '정부'이다. 즉 영적 왕국이 우리 영혼의 삶을 관장한다면, 세속 왕국은 우리의 일상과 현실의 삶을 관장한다는 것이다.

이 때문에 칼뱅에게 정치권력 정부는 교회 및 신앙과 대적하거나 반대편에 서 있는 존재가 아니다. 그렇다고 정부가 전적으로 세속의 일만을 주관해야 하고, 교회와 신앙의 문제에는 관심을 두거나 관여해서는 안 된다고 주장하는 것도 아니다. 오히려 칼뱅의 정치신학에서는 정부와 권력자들의 역할이 아주 적극적이다. 바람직한 정부는 예배를 보호하고 촉진하며, 경건한 교리와 교회의 지위를 보장하며, 신자와 시민이 정의롭고 평화로운 행동을 하는 참된 인간이 되도록 도와야 한다는 것이다.

칼뱅은 통치자들이 하나님으로부터 명령과 권위를 받은 이들로서 지상에서 하나님의 뜻을 '대리하는 자들vicegerents'라고 아주 분명하게 주장하였다. 이는 하나님의 섭리와 규범에 따른 것이다. 심지어 칼뱅은 국가의 권위가 하나의 소명으로서 하나님 앞에서 거룩하고 정당할 뿐 아니라 사람이 받을 수 있는 소명 중에서 가장 신성하고 존귀한 것이라고 말한다. 이들이 하는 역할은 크게 두 가지로, 십계명의 두 돌판에 그 원리가 있다는 것이다. 십계명의 첫 네 계명(첫 돌판)이 하나님에 관한 계명인 것처럼, 정치권력자의 첫 사명은 참된 종교와 경건, 예배가 건전하게 뿌리내리도록 하는 일이다. 두 번째 돌판(5~10계명)에서 유래한 세속 정치권력의 두 번째 역할을 악과 악인을 제어하고 선한 사람에게 상을 내리며 정의와 공의를 실현하며, 가난한 자를 돌보고 공공의 질서와 평화를 유지하는 것이다. 물론 이런 질서를 유지하는 과정에서 정부, 국가권력은 판단 판결이 공정하다면 무력을 사용할 수도 있다.

칼뱅은 심지어 세 가지 통치제도, 즉 한 사람이 통치하는 군주제(왕정 등 절대통치권자), 소수가 통치하는 귀족제(집단지도체제), 대중이 통치하는 민주제 중에서 가장 바람직한 정치체제가 무엇인지도 구체적으로 제시했다. 군주제는 쉽게 폭정으로 전락할 수 있고, 소수통치(귀족제)는 당파정치가 될 수 있고, 대중의 정치, 민주제는 폭동으로 이어질 수 있다는 것이다. 그러므로 균형이 필요한데 칼뱅은 이 중 민주정치에 근접한 귀족정치, 혹은 귀족정치와 민주정치를 혼합한 체제가 제일 나은 정치제도라는 것이다. 한 사람보다는 여러 사람이 지혜를 모으며, 한 사람의 결정을 다른 사람들의 지혜로 보완하고 억제할 수 있다는 것이다. 21세기를 사는 우리로서는 시민이 선거를 통해서 소수의 대표자들을 의회로 보내 간접적으로 민주정치를 실천하게 되는 오늘날의 대의민주주의, 의회민주주의를 생각하면 이해하기 쉽다.

칼뱅은 통치자의 권한과 책임에 대해서는, 백성들은 세속 권세 통치자에게 1차적으로 복종해야 한다는 것이다. 하나님께서 통치자에게 통치권을 위임하셨기 때문이다. 따라서 백성이 군주나 통치자에게 복종하는 것은 당연하다. 그런데 여기에서 의문이 생길 수 있다. 즉 만약 그 통치자가 정의롭고 공정하고 유능하지 못하고, 오히려 불의하고 악하고 부패하고 횡포를 휘두른다면 어떻게 해야 할까?

놀랍게도 칼뱅은 이 경우에도 이들 통치자에게 복종해야 한다는 것이다. 비록 이들이 악하고 나쁜 경우에도 그 권위가 하나님께로부터 온 것이라는 것이다. 심지어 칼뱅은 하나님께서 이런 불의하고 사악하고 무능한과 패역한 통치자들을 세우신 이유는 백성들의 사악함을 벌하기 위함이라고도 한다. 잘못된 악한 백성들을 벌하기 위해 악한 통치자를 사용하신다는 것이다. 그러면 이들의 사악함을 그냥 두고 보면서 언제까지 핍박을 견디고 있어야 할까? 이 경우에도 답은 동일하다. 통치자의 악함이 도를 넘을 때에도 그를 벌하고 제어하는 것은 백성의 몫이 아니라 그를 세우신 하나님의 몫이라고 칼뱅은 주장한다.

그런데 칼뱅의 이런 논리는 의문이 있다. 그러면 모든 상황에서 백성은 아무런 저항도 없이 입을 닫고 견디면서 무조건적인 복종만 해야 하는 것인가? 이 경우에 칼뱅은 두 가지 제한되지만 합법적인 저항 수단으로 제시한다. 첫째는 악한 독재자의 횡포를 억제하는 역할을 할 수 있는 기관이나 공직자들이 있다면 그들이 적임자라는 것이다. 이는 사법기관이나 국회나 통치권자의 보조자 등의 일정 권력자들이라는 것이다. 즉 중간 통치권력자들 말한다. 그들은 최고 통치권자에게 의견을 전달하거나 언론이 될 수도 있다. 둘째는 백성이 통치자에게 순종하지 않아도 되는 상황이 있다. 그것은 모든 기독교 세계의 백성은 가장 높은 통치권자이신 하나님과 지상의 통치자 둘 중에 동시에 복종해야 하는데 어느 쪽을 택해야 할 것인가 인데, 지상의 통치자가 하나님을 거스르는 악행을 하거나 그것을 명한다면 당연히 하나님의 뜻에 복종하고 지상의 통치자에게는 복종하지 않고 저항해야 한다는 것이다. 대표적으로 지상의 통치자가 바른 교리와 예배, 경건을 핍박하거나 반대하는 경우는 저항하고 투쟁해야 한다는 것이다.

이러한 점이 칼뱅의 '두 왕국'론인 정치신학이다.

이 같은 칼뱅의 신학에는 갈등과 모순이 있다. 칼뱅은 한편으로는 통치자들에 대한 절대복종을 요구하는 것처럼 보이기에,

어떤 이들은 칼뱅을 지독한 보수주의자이자 반혁명의 주창자라고도 한다. 또 다른 면에서는 하나님에 대한 순종을 통치자에 대한 순종 위에 두고 불복종이 가능하다고 한다. 따라서 칼뱅을 따르는 어떤 이들은 강력한 저항사상에 근거한 혁명 사상을 발전시키기도 하였다. 중요한 것은 칼뱅의 정치관이 성경으로부터 원리를 끌어오기는 했지만 , 그 역시 16세기 스위스 제네바라는 시공간을 배경으로 정치사상을 발전시켰다는 것이다.

칼뱅은 '기독교 강요'를 프랑수아 왕에게 헌정하면서 개신교인들이 왕권을 전복하려고 시도하는 혁명주의자라는 부당한 오해를 바로잡고 싶다고 했다. 참된 프랑스 개신교인은 철저히 광에게 충성스러운 신민이고 또한 하나님의 말씀에도 순종하는 참된 그리스도인이라고 주장했다. 여기서 칼뱅은 개혁파 신자는 바른 통치자와 바른 교회에 동시에 순종해야 한다는 원칙을 확정했다. 마찬가지로 새에 후기에 제네바에서 목회하면서 이미 어느 정도 종교개혁이 완성된 수준에 이른 제네바의 백성들은 기독교인 위정자들에게 복종해야 한다고 했다.

물론 그 복종은 이중적 복종이다. 위정자들은 하나님의 명령에 복종하는 대리자로서 백성을 다스려야 하고, 백성은 위정자들에게 복종해야 한다. 따라서 정부와 교회, 위정자와 목회자는 참된 기독교 국가와 참된 기독교회를 동시에 세우고 강화하는 동역자이다 는 것이다. 육체가 영혼의 유익을 위해 존재해야 하는 것처럼, 정부는 교회가 참된 교리와 질서를 세우는 일을 뒷받침해야 하며, 교회는 그런 선한 정부에 협력해야 하며 복종해야 한다. 이 두 역할은 모두 하나님의 일이며 따라서 선하고 거룩하다. 이런 점에서 칼뱅은 균형과 절제, 온건함으로 대표되는 정치이론을 세우려고 했다고 할 수 있다.

칼뱅 이후 개혁파 정치사상, 인권, 관용, 종교 선택의 자유 등

칼뱅이 '기독교 강요'에서 교회와 국가가 적극적인 상호 협력 아래 참된 기독교 국가를 형성해야 한다고 주장한 이후, 칼뱅의 후계자라 할 수 있는 개혁신학자들이 기독교 정치사상을 다양한 주제와 유형으로 발전시킨다. 여기에는 인권, 관용, 종교 선택의 자유 등이 포함된다.

칼뱅의 정치신학은 한편으로는 극단적인 보수 반동, 즉 전체주의적 독재의 영감이 될 수도 있으며, 반대로 진보적인 혁명주의자들의 안식처가 될 수도 있다. 비록 악한 독재자라 할지라도 그가 정치적 권위를 하나님께서 허용하신 것이기 때문에 절대복종해야 한다고 주장한다. 칼뱅은 독재를 용인하며 백성의 저항의 권리와 자유를 전혀 인정하지 않는 것처럼 느낀다. 그러나 칼뱅에 따르면 그 통치자가 하나님의 법을 위반하는 이라면 신자에게는 지상의 주권자보다 천상의 주권자가 우선순위에 있기 때문에 통치자에게 불복종하고 저항할 수 있다. 이 같은 두 번째 내용에 영감을 얻은 이들은 저항권 사상를 발전시킬 수 있었다. 그렇다면 어느 쪽이 칼뱅의 입장에 더 근접한 것인가? 위티는 이 두 요소가 공히 칼뱅과 칼뱅주의에 공존한다는 사실을 인정하고 논의를 시작해야 한다는 것이다.

그러나 비록 제어장치가 있다고 할지라도 칼뱅의 정치이론이 인권 및 자유, 관용, 사상 발전의 시작점이라는 것은 분명하다. 초기 칼뱅은 루터가 전개한 만인제사장론에 근거한 각 개인 신자의 자유 이론을 발전시켰다. 각 신자가 성직자의 절대 권력에서 자유를 얻는 것처럼 각 지역교회가 세속정치권력과 중앙집권적 교회, 즉 로마교회 권력의 지배에서 벗어나, 자신들이 무엇을 믿을 것인지 스스로 결정할 수 있는 자유를 얻어야 한다고 주장했다. 놀랍게도 그는 당시 기독교만이 종교로 인정받던 서유럽 상황에서 로마교회와 동방정교회와 개신교뿐만 아니라, 유대교, 심지어 이슬람교를 믿는 사람이나 공동체까지도 그런 신앙의 자유를 누릴 수 있어야 한다고 주장했다. 칼뱅이 당시로서는 급진적이었던 이런 개인양심의 자유 이론을 제시한 것이, 후에 유럽과 북미 등 서양 여러 나라에서 헌법에 신앙 종교 양심의 자유를 기본권이자 인권의 기초로 명기하게 되는 계기가 되었다.

칼뱅은 이런 신앙, 양심의 자유가 모든 시민들에게 제대로 보장되기 위해선 교회와 국가의 협력이 중요하고, 좋은 법이 제정되고 집행되어야 한다고 믿었다. 칼뱅의 가장 큰 공헌은 이렇게 국가와 교회가 협력하는 모델을 제시하면서 정치관과 조직신학 안의 교회론을 따로 구분시켜 다루지 않고, 이들을 하나로 결합하였다.

교회와 정치가 헤어질 때

3. 개혁주의 교회 교파들에 대한 요약

루터가 독일 지역을 중심으로 발생한 신앙 교리 운동이라면 이에 반해 스위스를 기반으로 하여 루터교회와 좀 다른 면에서의 기독교 개혁운동이 일어났는데 그 중심 인물은 쯔빙글리이다. 이를 개혁주의 신앙 운동이라고 하는데 쯔빙글리는 수위스의 취리히를 기반으로 시작되었는데 스위스 중에서도 독일어권이었다. 기독교개혁 당시에도 스위스는 독일어, 프랑스어, 이탈리어의 세 언어 지역이 있었다. 그 언어에 따라 기독교 개혁의 양상이 조금씩 달랐다. 지금도 언어권에 따라 기독교 교파가 다른 것은 언어지역이 취리히 베른 바젤 등은 독일어권으로 독일의 기독교 개혁파인 루터교회파가 강했으며 제네파, 로잔 등 프랑스어 지역은 개혁주의파인 쟝 칼뱅주의 신앙이 강한 편이었으며, 알프산 산맥 남쪽 지역은 로마 라틴어 지역으로 카톨릭 로마교회의 영향의 교파가 형성되었다.

 스위스는 각 도시가 독립된 시의회를 중심으로 일종의 대표 민주주의 형태늘 취했기 때문에 취리히 종교개혁을 이끈 쯔빙글 리가 다른 도시의 기독교 개혁까지 모두 주도할 수 없었다. 이 중에 쯔빙글리가 전투에서 사망한 이후에 개혁파를 주도한 인물이 쟝 칼뱅이다. 쟝 칼뱅은 개혁파 전체의 신학 개혁을 주도한 인물이 되었다. 스위스의 기독교 개혁은 주로 프랑스 출신들이 주도하는데 칼뱅, 파렐, 베자 같은 신학 개혁자들이 프랑스인이었기 때문에 프랑스 기독교 개혁에 영향을 주었지만 프랑스에서의 로마교회 세력과 대결에서 패하여 프랑스는 지금까지도 로마교회 캐톨릭교회가 강한 나라가 되었다.
스위스의 기독교 개혁 신앙 교리가 유럽 대륙에 퍼진 대표적이면서 모범 국가가 네델란드이다. 네델란드는 구교 카톨릭 국가이었지만 독립 전쟁에 성공하여 유럽 뿐만 아니라 오늘날 전 세계가 종교의 자유와 인권 등과 함께 근대국가의 산업 자본 국가 등이 되는 민주 자유 국가가 되는 지대한 영향력이 있는 나라가 되었다. 오늘날도 네델란드는 기독교 신학, 철학, 문화, 특히 자본주의 경제 체제 등 보험제도, 법인제도, 상업주의 산업 자본시장 금융업의 제도, 선박 항해 등에 획기적인 발전을 일으키게 되었다.

 유럽에서 칼뱅주의 개혁 교회의 신앙을 형성한 곳은 독일의 남서쪽 팔츠 지역의 하이델베르크이다. 오늘날 하이델베르크 요리문답이라는 책으로 유명하다. 그러나 후에 로마카톨릭으로 되돌아 가기도 했다. 이러한 곳은 동부 유럽에 상당히 많았다.

성공회, 영국국교Church of England

스위스에서 시작된 개혁교회는 유럽 대륙을 거쳐 북해를 넘어 영국으로 건너 갔다. 당시 영국은 잉글랜드, 웨일스, 스코틀랜드, 북아일랜드로 4분 된 나라이었다. 그 중에서 잉글랜드와 웨일스는 민족주의적, 국가주의적인 독립된 교단을 형성했는데 기존의 로마 카톨릭에서 독립된 형태의 교단으로 교리는 칼빈주의적 교회이면서도 예배형식과 성례 등 형식은 로마 카톨릭의 교례를 지키며 민족교회와 국가교회의 형태로 국왕이 교회의 수장이 되는 정교일체의 교회가 되었고, 지금도 그대로 유지되고 있다.

청교도Puritan

이러한 영국의 교회체제에 대한 반대에 저항하는 자들이 바로 프로테스탄트protestant, 또는 puritan이라고 하며 또한 이 영국 국교회에 반대한 소수자들이 있는데 오늘날의 장로교Presbyterian, 침례교Baptist 등이 있다.

침례교회

침례교회는 본래는 민주주의적 교회정치 체제를 갖춘 회중교회 신자들이었는데 영국에 있는 로마카톨릭교회와 영국국교회 성공회 세력으로부터 핍박을 받아 도망하여 네델란드로 피신했는데, 네델란드에서 제세례파의 영향을 받아 세례에 대한 교리를 제세례파를 받아드리면서 또한 세례의 형식은 물을 머리에 뿌리는 것이 아니라 침수례로 물에 완전히 육신이 잠기는 세례를 형태를 주장하는 독립된 Baptist교단이 되었다.

장로교Presbyterian

영국 섬 북쪽에 스코틀랜드에서는 쟝 칼뱅의 제자 존 녹스 John Knox가 칼뱅의 기독교 교리와 교회 체제를 정착시킨 장로교회 즉 스코틀랜드 국교회Church of Scotland라는 새로운 기독교 교단을 형성하게 되었다. 이는 또 하나의 스코틀랜드 칼뱅주의 개혁적 국교회가 되었다.

이 스코틀랜드 장로교, 스코틀랜드 국교회 신자들이 북아일랜드를 지나서 미국으로 이민을 갔다가 미국의 장로교가 조선, 한국의 선교사로 파송되어 한국의 미국식 장로교가 형성되었다.

스위스에서 출발하여 네델란드와 독일 하이델베르크, 북 유럽과 동 유럽의 칼뱅주의 개혁교회Reformed Church이며, 잉글랜드, 스코틀랜드 등 영국식 칼뱅주의 개혁교회를 장로교단이 되었다.

감리교

18세기 영국의 성공회에서 벗어나 성공회의 주교bishop제도와 영국식 국교제의 특징을 유지하면서 국왕이 수장이 되는 것을 반대하여 별로의 종교 지도자 bishop 즉 감독이라는 정치와 분리하면서도 교황과 같은 별도의 종교 지도자인 주교와 같은 감독이라는 교파 교단의 수장을 세워서 국교제와 로마교회의 교황제의 중간 형태의 교회조직을 형성한 교파가 되었는데 이는 쬰 웨슬리와 찰스 웨슬리 형제가 영국의 국교회 성공회에서 칼뱅주의 신학과 교리에 반대하여 제이콥버스 아르미니우스 Jacobus Arminius의 기독교 교리를 따르는 교파 교단을 형성하게 되었다.

성결교

감리교파에서 분리되어 19세기 성경운동Holiness movement
으로 성결교파가 이루어졌다. 미국의 나사렛성결교파와 한국의
미국식 성교교파가 이루어졌다.

오순절교Pentecostal Church

20세기에 들어와 성결과 성화의 특별 은사를 통하여 표적과
이적, 기사 현상으로 나타나는 성령은사운동을 주장하면서 사
도행전 2장의 방언을 구속의 표적으로 삼는 오순절 성령 강림
을 주장하면서 개인적인 신앙 체험을 은사주의적으로 강조한
교파가 오순절파교회Pentecostal가 되었다.

재림교Adventist

감리교파에서 분리되어 '제7일안식일예수재림교회'라는 교파
는 우리나라에서는 안식교라고 하는데 감리교 신자들 중에서
예수재림을 바로 임박한 소망으로 긴급한 예수 종말론 신앙을
따르는 종파이다. 또한 토요일을 안식일로 토요일 예배를 주장
하는 교회이다.

재세례파Anabaptiest

이름 그대로 세례를 다시 받아야 한다는 교파이다. 어떤 세례
를 왜 다시 받아야 한다는 것인가? 로마 카톨릭교회에서 받은
유아세례 또는 너무 어려서 자의식이 없는 어린 유아에 대한
세례는 신자로서의 신앙고백이 될 수 없다는 주장에서 인간 스
스로의 자의식과 자의지로 신앙고백을 하고 다시 세례를 받아
야 한다는 교리의 교회파이다. 그러나 단지 세례에 대한 문제
보다는 더 중요한 문제의 개혁적인 면에서의 교리 교파이다.
즉 먼저는 츠빙글리의 개혁에 대한 반대로 교회가 정치 집단

즉 정부와의 관계를 분리되어야 한다는 것이다. 사실 츠빙글리, 칼뱅은 루터보다는 더 정치권력과의 분리적 교리이었지만 그러나 상당한 협력과 타협적인 교회 조직 및 교리가 되었지만 보다 더 훨씬 개혁적인 교리로 정.교 분리의 당시로서는 급진적 교회 개혁을 주장하였다. 또한 '재세례'라는 교리보다도 절대 평화주의를 주된 교리로 주장하였고 이를 관철하기 위한 세속 정치권력을 거부하며 정치권력에 저항하는 저항운동으로 비쳐짐으로 처형과 추방 등 정치권력으로부터와 기존 정치권력과의 협력관계의 개혁파로부터까지도 추방의 교파가 되었다. 그리하여 현재 오늘날까지도 재세례파는 정상적인 개혁교파로써의 평가를 받지 못하고 있다.

정리하자면 루터교회가 기존의 정치권력, 물론 일부이지만, 협력이랄까 타협이랄까 하는 점진적 온건한 개혁이었다면, 즉 체제와 함께 친 정치체제와 로마카톨릭과 타협된 개혁이었다면, 프랑스 출신 망명자 칼뱅의 개혁은 스위스라는 정치적, 종교적, 지리적 조건과 형편에 따라서 루터보다 더 개혁적이었다. 루터는 독일이라는 자신의 국가에서의 로마카톨릭교회의 사제로서의 입장과 그리고 인간적인 지역 성주의 도움으로 개혁을 구현하고 실천하는 데 돕는 자들이 많았을 뿐만 아니라 그 전부터 개혁적인 인물들이 진행해 왔던 결과들과 함께 또한 인쇄술이라는 문명과 문화의 환경과 여건이 성숙된 시대였다는 것을 감안해야 한다.

기독교는 정치적 종교이다. 오늘날 정치 발전은 오직 기독교의 교리, 이념과 사상인 성경의 결과이다. 기독교는 하나님의 통치 정치교이다. 오늘날의 세속정치는 하나님의 정치, 직접신정 민주통치, 사사정치로 돌아가야 한다. 현재 영세중립국이면서

기독교신앙이 가장 성경적 합리성에 근접한 스위스의 정치가 가장 사사시대적 통치 정치에 가깝다고 할 수 있다. 스위스는 정규군대가 없이 민병대, 예비군 형식의 군대를 유지하고 있다. 미국은 청교도적인 건국이념은 매우 성경적인 좋은 본보기이지만 기독교 원리주의에 가까우면서도 제국주의적이면서 신자유적인 점은 아쉽다. 자유의 개념은 강자의 자유가 아니다. 만인 평등과 공정의 바탕에 근거한 자유이지 힘의 자유가 지배하는 자유이념이 아니다. 중국과 러시아가 속히 실제적 민주주의가 실현되어야 할 것이다. 그 후에 북한도 실제적 민주화가 이루어질 것이다. 통일을 정치화 할 필요는 없다.

교회와 정치가 만났을 때
4. 영국국교 성공회의 정치신학

성공회는 자기 정체성을 개혁하는 보편적 교회(Reforming Catholic Church)로 나타내고 있다. 또 다른 명칭은 성공회(聖公會)Anglicanism Episcopal Church로써 세계 165여 개국에 40개의 독립적인 자치 성공회교로 이루어진 개혁파 교회이다. 신자는 약 1억 명으로 추정하고 있다

성공회는 대영제국의 식민지 건설과 선교사들의 선교활동으로 잉글랜드 성공회(Church of England)에서 세계성공회(the Anglican Communion)로 발전하는 두 단계의 과정을 겪는다. 첫 단계는 17세기에 영국의 식민지 개척정책에 의해 성공회가 오스트레일리아와 캐나다, 뉴질랜드, 남아프리카 등으로 퍼졌다. 두 번째 단계는 18세기에 펼쳐지는데, 이때 성공회는 전 세계로 확대되었다. 이는 잉글랜드, 아일랜드, 웨일스 성공회의 선교 노력이 낳은 결과였다.

이를 바탕으로 19세기에 들어서 독립되고 자치적인 지역 성공

회 교회들을 곧 관구들이 현재 세계성공회 공동체의 기틀을 마련하였다.

람베스 회의(Lambeth Conference)

세계성공회(the Anglican Communion)에 속한 각 지역 성공회 교회들은 교회는 교회가 위치한 국가나 지역에 따라 자치적이고 독립적인 교회로 성장했다.

19세기 말부터는 그 역사적 기원과 신학적 전통을 공유하는 하나된 교회의 인식을 강화하기 시작했다. 세계 성공회 공동체의 당면한 문제를 협의하기 위하여 전 세계 성공회 주교회의인 람베스 회의를 약 10년마다 열어 모인다. 람베스 회의는 치리 권한을 가진 법적 기구가 아니라 협의 기구이다. 캔터베리 대주교는 세계 성공회 공동체의 일치를 드러내는 상징이지만, 치리 권한을 갖지 않으며 각 나라의 성공회는 서로 동등한 자치적인 권한을 갖는다.

1888년 람베스 회의에서는 세계성공회뿐만 아니라 전 세계 기독교의 일치를 위한 신앙적 기준을 마련했는데 이는 기독교의 기본 신앙 선언을 함축하고 있다.

람세스-시카고4개조항(TheLambeth-Chicago Quadrilateral, 1888)이라 불리는 이 선언의 내용은 다음과 같다.

1. 구약성경과 신약성서 66권은 "구원에 필요한 모든 것을 담고 있는" 하느님의 계시된 말씀이다.
1. 신앙고백인 사도신경과 니케아 신경은 기독교 신앙을 드러내기에 충분한 선언이다.
1. 세례성사와 성찬례는 그리스도께서 친히 제정하신 두 가지 성사(Sacrament,성례전)이다.
1. 역사적 주교직(the historical episcopate)은 교회의

일치를 위한 적절한 치리 방법이며, 그 형태는 다양할 수 있다.

람베스 회의의 발전 속에서 거듭된 관심사는 지역 관구 교회의 독립성에 대한 인정과 교회의 일치에 관한 것이었다.

모순되는 듯한 이 해결책을 람베스 회의와 세계성공회는 "가시적 친교"라는 소명 속에서 "교제"(fellowship)와 "상호 친교"(intercommunion), 그리고 "상호 책임"(mutual responsibility)이라는 개념으로 발전시켰고, 이를 위해 구체적인 협의 기구를 형성하여 일치를 유지하려고 애썼다.

에큐메니컬 운동 실천

성공회는 1867년부터 2008년까지 모두 14차례에 걸친 회의를 통하여 세계 성공회의 일치와 개신교회, 로마 가톨릭교회, 정교회 등 다른 전통 교단들과 나누는 교제와 일치 등에 대한 이해를 발전시켰다.

그 특징은 포용적인 태도, 민족적이고 자치적인 태도, 그리고 일치를 지향하는 태도라고 할 수 있다. 세계 성공회 공동체는 이러한 신학적 태도와 교회 이해에 기초하여 20세기 중반부터 활성화되기 시작한 교회일치운동에 신학적 근거를 제공하는 한편, 주도적인 역할을 담당해 왔다.[출처 필요]

한편, 21세기에 들어서 미국 성공회, 캐나다 성공회의 동성애자에 대한 시민 결합 축복, 그리고 성직 서품 허용으로 성공회 내 신학 논쟁이 격화되었고 여성주교서품 등을 둘러싸고 세계 성공회 공동체 내부에서 논쟁이 계속되고 있다.

성공회는 획일성과 강요가 아닌 토론과 관용을 통해 교회가 가진 문제를 해결해가야 한다는 입장(성공회 용어로 '모호성')에 따라, 교회의 교리 내용과 범위를 명시적으로 정하지 않는다.

이런 점에서 동성애, 여성 주교 서품 등에 관한 각 지역 성공회 관구의 입장은 해당 관구의 사회 문화 정치적 상황에 크게 의존하는 경향을 보인다. 따라서 성적 소수자와 여성의 인권을 존중하는 미국과 캐나다 등과 다른 국가들간의 입장 차이가 크다.

성공회의 최고 영적 지도자는 교회 전통에 따라 영국 성공회의 캔터베리 대주교이다. 그러나 개별 국가나 지역별 성공회는 독립적이고 자주적인 관구교회들이기 때문에 캔터베리 대주교는 다른 관구에 대한 치리 권한이 전혀 없다. 지역 관구 교회 안에서 일어나는 교리 해석상의 변경이나 내부 조정을 위한 권위는 그 개별 관구의 의회(관구 의회)를 통해서 결정된다.

현재 세계 성공회 내의 논란과 갈등은 주로 아프리카 지역에 분포한 성공회 관구들을 중심으로 한 소위 글로벌 사우스 그룹과 미국, 캐나다 성공회 등 진보적인 성공회 관구 사이에서 발생하고 있다.

신앙의 세 가지 기준

성공회는 기독교 신앙을 바르게 지탱하는 권위에 대해서 독특한 관점을 발전시켰다. 즉 기독교 신앙을 판단하는 권위를 세 가지 기준(code)을 통해 세웠다. 성서와 이성과 전통이 그것이다. 이러한 세 가지 기준은 성공회의 역사적 발전과 관련이 깊다.

1.성서

성서는 종교개혁의 출발점이었다. 즉 전통을 통해 굳어진 실체를 진리로 잘못 알고 있는 것에 대한 비판과 진리의 회복으로서 종교개혁이 존재하는데, 그 비판과 회복을 위한 최우선의 권위가 바로 성서이다.

사실 이러한 성서의 권위는 전통과 교리에 빗대어 신학적 궁극성이나 절대적 원리를 내세우는 모든 주장을 상대화하려는 비판적 원리라고 이해할 수 있다. 따라서 교회의 내적 성찰을 위하여 종교개혁 전통에서는 성서를 강조한다.

2. 이성

여기서 이러한 환상을 피하기 위한 인간 이성의 개입이 불가피하다. 그러나 이때 "이성"은 해석자의 자의를 말하는 것이 아니다.

이성은 하나님께서 인간에게 주신 선물이며 교회 공동체가 함께 공유하고 판단하는 이성(cosmic and corporate Reason)이다. 또한 이성은 전통보다 앞선다. 전통은 이성을 통해서 형성되기 때문이다. 이성은 인간의 경험을 사물의 본질과 조화할 수 있도록 하는 것이다.

3. 전통

한편 전통은 인간의 경험과 실천, 그리고 합의가 최종으로 만들어 낸 교회의 공동체적인 산물이다. 이렇게 만들어진 전통은 교회의 중요한 권위이다. 성서에 대한 이성적 작업으로 축적된 신앙의 결과물이 바로 전통이다. 그러므로 전통은 성서에 대한 이성적 해석에 종속되어야 한다.

전통은 성서에 속한 초자연적인 최고 진리를 가져다 줄 수 없지만, 자의적 판단의 위험성을 피하는 데 중요한 역할을 한다. 그러나 전통은 성서와 이성에 근거한 인간의 "실천, 경험, 동의"에 의해서 필요에 따라서 변경되고 폐지될 수 있다.

성공회는 이렇게 성서와 이성과 전통의 긴장 관계를 통해서 교회사에 나타나는 극단적인 주장과 오류를 피하는 "중용"의 정신을 구현했다고 평가된다.

16세기 잉글랜드 종교개혁으로 공식 명칭을 "잉글랜드 교회
"(English Church)에서 "잉글랜드 성공회"(Church of
England)로 불러왔으며, 19세기 이후 다국가에 형성된 성공회
를 개혁하여 "세계성공회공동체"(Anglican Communion)로 칭
하였다. 흔히 성공회하면 영국 국교회를 떠올리지만, "영국국교
회"라는 용어는 성공회 전체를 지칭하는 것이 아니라, 잉글랜드
성공회만을 가리킨다. 교파로는 초기 개혁교회에서 파생 된 만
큼 개혁교회의 취지인 교황의 권위를 인정하지 않는 개신교적
전통이 존재하나, 사도들의 성사를 인정하고 있다는 점에서 대
륙개신교와 비교가 된다. 따라서 개혁교회 교파 안에 포함이
되어있다고 하더라도 대륙개신교(감리회, 장로회, 신루터파, 회
중회 등)와 따로 분리해서 보기도 한다. 전 세계 성공회 중에
서 성공회를 국교로 삼은 국가는 잉글랜드가 유일하며, 대한민
국 성공회의 공식 명칭은 대한성공회(大韓聖公會)이다.
캔터베리 대주교는 잉글랜드 성공회의 최고위 성직자이자, 세
계 성공회 공동체의 명예상 대표로서 활동한다

잉글랜드 종교개혁
정치사회적 이유로 흔히 헨리 8세가 아라곤의 캐서린과 이혼하
려고 만들었다는 의견이 강하다. 그러나 그것만이 성공회 창설
의 계기로 작용한 것은 아니다. 세계 성공회 공동체(Anglican
Communion)의 기원이 되는 잉글랜드 성공회(the Church of
England)는 독일, 네덜란드, 스위스, 프랑스, 잉글랜드 등에서 진
행된 16세기 유럽종교개혁의 일부이다. 독일의 개신교 예전학자
인 빌리암 나아겔이 쓴 《그리스도교의 예배의 역사》(박근원 옮

김, 대한기독교서회)에 따르면 종교개혁자 마르틴 루터 등의 사상이 1520년대 잉글랜드에 영향을 주어 잉글랜드 교회에서의 교회개혁운동이 움트고 있었다. 잉글랜드 종교개혁 이전에도 위클리프(Wycliff)가 실천한 영어 성서 번역과 같은 교회개혁운동이 실천되고 있었다. 특히 당시 영국을 지배하던 로마 가톨릭 교회에 대한 반대와 반성직자 운동이 이미 곳곳에서 일어나고 있었다.

16, 17세기 유럽에서는 성공회, 즉 영국의 국교회는 유럽의 루터교회와 개혁교회와 다른 영국인 잉글랜드의 독자적인 교회 형태이지만 성공회 신학은 대륙에서 건너온 루터교회의 신학과 칼뱅의 종교개혁 사상과 로마교회 카톨릭의 예전인 예배형식과 성만찬 등을 결합하여 잉글랜드 영국 국교회인 성공회만의 독특한 정치상황이 결합된 결과였다. 그러므로 영국의 성공회의 정치사상은 교황을 대신하여 왕이 교회의 상하계급제도의 가장 위에 군림하는 '수장령'에서 비롯된다는 사실을 중시해야 한다. 지금도 동일하게 지속되고 있는 교회와 정치관계를 조화롭게 형성하고 있다는 것이 또한 특색이다. 형태는 부적당한 제도와 체제를 갖추고 있지만 실제 운영상에서는 서로가 간섭하지 않으며 또한 서로가 존중하며 관계를 원만하고 조화롭게 형성하고 있는 이상적인 모습을 형성하는 본보기를 보여 주고 있다.

성경의 이념과 사상 그리고 성경이 가지고 있는 하나님의 정신과 하나님이 바라고 원하는 진리에 근접하고 있는 형태를 가지고 있다. 정치는 종교에, 종교는 정치에 서로 부담이 되지 않으면서도, 서로 간섭하지 않으면서도, 서로 경쟁하거나 우위를 점하려고 하지 않으면서도, 정치는 정치의 본연의 모습을,

종교는 종교의 본연의 사명과 소명을 다하면서도 평행선을 이루고 있다. 두 날개가 각각 그 날개의 역할에 최선을 다하는 모습이다. 교회가 우익(右翼)이라면 정치는 좌익(佐翼)의 모습이다. 또는 정치가 우익(右翼)이면 교회는 좌익(佐翼)이 되어 결국 두 날개로 날고 있다. 이 두 날개 익(翼)자의 모습이 특별히 한국 정치와 기독교에 적용되어야 할 가치이다. 두 날개가 싸우면 어떻게 날게 될 수 있을까? 또한 두 날개가 같다면 그것도 기능상에 문제가 될 수 있다.

 이는 경제학에서 우 상향 곡선과 좌 하향 곡선의 기능과 역할을 적용되는 것과 같은 원리이다. 물론 좌파 우파의 용어가 프랑스혁명에서의 좌석의 위치에서 나온 말이지만 그 보다 먼저 경제학의 원리이기도 하다. 이는 새의 날개 익(翼)자에서 연유되었다. 좌익이니 우익이니, 좌파니, 우파니 하는 말이나 표현이나 의미는 전혀 나쁜 표현이나 폄하하는 표현도 되지 못 한다. 그런데 우리 한국 사회의 상황이 북한의 사회주의 공산당의 세력 때문에 , 역사가 극한적인 동족 전쟁으로 인하여 너무 많은 피를 흘린 역사적 상처가 너무도 크고 뿌리가 깊고 넓어서 그것을 상대 정치 세력끼리 이는 이용하고 악용하는 마타도어식의 극단적 정치 투쟁만을 일삼는데 사용하고 있기 때문이다. 한국의 사회가 왕정시대의 두 세력으로 나누어 2분법적 세력으로 정치권력 투쟁으로 점철된 역사에 더하여 토론이 없고, 상대의 의견을 경청하고 존중하는 문화가 전무한 상황에서 전제군주적 교육과 유교적 교육 등 교육의 뿌리 깊은 잘못된 문화 등에 이어서 일제 군국주의적 교육과 일방적 명령적 교육으로 인하여, 또한 무조건적 주입식 교육으로 옳고 그름의 판단과 의견 없이 오직 맹세적인 충성만을 강요하며, 다름은 틀림이며, 다름은 잘못이며, 다름은 반항이며 반역 등 온갖 무자비한 방법으로 적으로 간주하여 목숨과 생명을 강요하고 탈취하는 방식의 문화가 자리하는 데 기여해 왔다고 할 수 있을 것이다. 다른 분야에서는 놀라운 발전과 진보를 이루고 있는 반면 정치 분야에서는 더욱 더 후진성을 면하지 못하고 오히려 상대 정치 세력을 수단과 방법을 가리지 않고 국가와 백성, 민족을 위한 어떤 방법도 철학도 가치도 이념도 오직 상대를 무너뜨리고 상대를 죽이는 방식 만이 올바른 정치라고 생각하고 있는 현실이다. 상대 정치 세력이 안 되고 못 해야 자기 세력이 권력을 잡을 수 있는 기회가 되기 때문에 죽기 아니면 살기로 상대가 정치적 업적이나 치적을 이룰 수 없도록 하는 것이 정치가 되어 버렸다. 여기에 기독교가 이런 정치 세력에 편승하여 자기의 유익과 이익을 얻기 위한 방법과 수단으로 이용하고 있다. 교회와 교단 내부에서도 서로 정치적 편이 나누어지고 정치적 교회와 교단이 되어 모든 믿음과 신앙 성경과 하나님의 마음과 생각과는 상관없이 오직 정치 이념과 사상이 화석과 관성의 법칙이 되어 있다. 그러나 이런 모든 편 가르기의 근본적 내면에는 지역적인 정서가 깊이 내재되어 있다. 모든 한국적 문제의 내면에는 철학도 이념도 종교도 믿음도 신앙도 경제도 학문도 지역적 정서로 인하여 편과 파가 나뉘어 있다는 것이다. 옳고 그름과 정의와 불의도 지역 정서에 따라 정의가 되고 불의가 되고 내편이 되고 네 편이 되고, 적이 동지 되고 친구가 되고 원수가 된다. 어떤 경우에는 극단적 마지막 최후의 카드로 노골적으로 이 방법을 사용한다.

교회와 정치가 만났을 때
5. 가톨릭 로마교회의 정치신학
모든 기독교의 교파는 로마 카톨릭에서 분파 되었다고 할 수 있다. 물론 그 이전에 유대교가 있었고 또한 유대교 이전에도 여러 종교와 종파가 있었지만 그 종교 간에 연관성이 있었다고 할 수 있다.

예수님 이전부터 로마는 유대교를 별로 유의하지 않았지만 예수님 이후 1세기부터는 팔레스타인 지역 이스라엘에 대한 예수 그리스도의 출현으로 로마는 지대한 관심을 갖게 되었고 핍박도 있었다.

로마제국이 기독교를 공인하고 또 그 후에는 국교로 삼아 정교 일체로까지 되게 되었다. 세상 정치가 종교를 이용하고 종교를 예속하며 종교를 통치 지배의 수단으로 이용하기 위해 종교 지도자와 그 신자들을 임명하고 지명하고 이용하게 되었다. 그러면서 또한 교회가 그 세력이 커지면서 교회가 세상 정치까지 흡수하는 권세를 갖게 되면서 제국의 정치 통치 아래서 민중 백성은 어떤 종교의 선택의 자유, 즉 신앙의 자유, 양심의 자유까지도 허락되지 않았다.

◑'카톨릭'의 명칭이 처음 사용된 것은 AD 4세기 경에 로마제국이 기독교를 국가 종교로 공인하고 수도 콘스탄티노플(그 당시 그리스의 식민지 비잔티움, 현재의 터기 이스탄불)에서부터 이다. 그러니까 니케아-콘스탄티노플 신경을 발표할 때다. (신경에 보편된 교회라는 표현으로 그리스 헬라어로 '카톨릭' 영어의 뜻도 Chatilic보편적인 이라고 썼다.)

AD 4세기 이전의 기독교 역사는 확실히 알기 어렵지만, 국가 종교가 된 기독교는 정치인 황제에 의해 콘스탄티노플에서 철저히 정치적 세속적 종교로 변질되었다.

미트라교와 그리스 플라톤 철학과 함께 혼합 융합 되었는데 이는 정치인으로서 종교를 이용하는 통치 수단과 도구이다.

(고려가 불교를 국가 종교로 삼았고, 조선이 유교를 국가 종교 통치 수단으로 삼은 것과 같다고 할 수 있다.)

모든 인류 역사는 승리자의 기록이라 한 것처럼 공인 당시 정치 수단으로의 종교인 기독교는 이전의 순수 초대 교회의 역사를 퇴색시키고 종교 지도자들도 모두 로마 제국 황제가 임명하는 정치인으로 교체되었습니다. 사실상 AD 4세기부터 기독교는 죽고, 사라진 것이나 다름 아닌 각종 신화와 우상 종교와 태양신 등 모든 종족들의 다신 무속 신앙까지도 교회 안에 들어와서 융합 되었다. 작금의 기독교는 우상 종교, 기복 종교, 사이비 종교, 다원 다신 종교, 혼합 종교, 은사주의 종교, 경험 중시 종교, 특히 교황신 종교가 되었다. 유대교가 예수를 인정하지 않는 면만 제외한다면 오히려 유대교가 본래의 기독교 원리에 가깝다고 할 수도 있을지 모르겠다. 종교든 세속이든 철저한 법치주의 율법주의적 이어야 한다. 율법주의적인 면을 비판하지만 그 비판도 모든 것이 율법 안에 있다. 사랑도 용서도 구원도 믿음도 순종도 모두 율법의 순종 안에서 이루어지기 때문이다.

이후부터는 로마 제국 황제가 교리를 자기 마음대로 정하고, 국력의 통제력과 교황의 교권의 집중력이 약화됨에 따라서 이집트, 시리아, 바티칸 그리스, 아르메니아 등에서 여러 지역 종파들로 갈려져 나가게 되었다.
결국은 콘스탄틴 동방교회와 로마 서방교회, 그리스 정교회, 러시아 정교회, 아르메니아 정교회로 분열되었다가 서방 로마 제국의 국가 종교와 동방 정교회로 양분되어 계승하게 되었다.
신약성경을 보면 초기 기독교인들의 모임 즉 교회 공동체를 헬라원어로 "에클레시아(εκκλησια)"라고 했다. 이 말은 오늘날의 십자가 달린 독립된 교회 건물을 뜻하지 않는다.

기독교회의 독립된 건물은 AD 230년경 즉 기독교회가 생기고도 200년이 지나고 부터야 기독교를 핍박하고 억압했던 로마제국의 행정력과 통치가 제대로 미치지 못하는 변두리 지역에서부터 기독교회 건물이 하나 둘씩 서서히 생기고 발전하기 시작한 것이다.

"에클레시아" 라는 말은 '부르심을 받아 모인 무리(소명회)'를 뜻 이다. 즉 "세상으로 부터 예수 그리스도의 부름을 받아 모인 무리"라는 뜻에서 기독교회공동체를 "에클레시아"라고 했으며 자연히 이 교회는 정신적이고 영적인 무형의 교회를 뜻하며 또한 가정교회(가정에서 모이는 교회)를 뜻하며 다만 조직을 가지고 움직이는(사도 감독 목자 장로 집사 전도자 교사 등) 기독교 영적 공동체를 뜻할 뿐 이었다.

따라서 고대 로마제국의 가혹한 기독교 핍박 시기에는 로마제국 안에 보이는 기독교회는 없었으며 다만 로마인들은 또는 이방인들과 유대 기독교인들은 지하에서 또는 외딴 산속이나 가정 골방에 은밀히 모여 기도하고 성경(신구약성경)강독하고 성찬식을 갖는 기독교인들을 "Jesus Sweg (예수쟁이들)" 라고 했으며 또한 기독교인들 사이에서는 자기들을 크리스티아누스(christianus)라고 했으며 기독교인들의 모임을 크리스티아누스 마사(massa)라고 했을 뿐이다.

초기 1세기에서 6세기까지의 로마교회는 지금의 가톨릭교회와 같은 교황제도가 없었고 마라아를 신격화하여 그의 상을 만들어놓고 그 앞에서 절하고 기도하는 교리의 제정과 실행도 성인 시성과 통공의 교리도 없었다. 또한 사도나 감독 주교(교부)들 앞에서 자기의 죄를 고백하고 사죄의 은총을 입는 고해성사 같은 의식도 없었을 때다.

다만 2-3세기의 교회 주교들이 기독교회를 가톨릭(보편적인 진리의)교회라고 칭한 것은 예수 그리스도를 믿는 모든 교회들이 그리스도 안에서 하나 된 일치하는 교회라는 의미에서 가톨릭 교회라는 단어를 그들이 저술한 책에서 쓴 것이었으나 그것은 기독교회가 분열이 안 되었을 때의 형편에서 모든 지역의 교회가 다 똑같은 일치하는 신앙을 소유하는 교회가 되어야 한다는 것을 강조하기 위하여 쓴 것이었다.

그러나 오늘날 교회가 인본주의로 사분오열되고 제 각각 상이한 교리를 가지게 된 마당에 있어서 로마 가톨릭교회는 보편적인 교회가 될 수 없고 정통교회가 될 수 없는 것이다.
보편적인 하나의 교회는 이미 상실되어 없어진 것이다.

◉가톨릭은 보편된 교회라는 뜻이고 로마국교 승인이후엔 4세기부터 이다. 그 이전에는 신학도 없었고 그냥 유일 신앙을 믿는 공동체는 유대인들뿐이고 다들 다신주의다. 초대교회 때의 명칭은 그 당시 불러졌다기보다는 나중에 첨가 되었다고 할 수 있다.
로마제국 시대 이후 즉 기독교가 로마의 국교로 공인 된 이후까지는 초기에는 정치에 종속된 기독교로서 모든 교직을 정치 황제가 지명하고 예속화 하였을 뿐만 아니라 세속 정치 권력인 황제의 뜻에 따라 다양한 비기독교의 종교와 혼합되며 정치적인 목적으로 다신교 등 여러 형태의 다신교가 교회 안으로 들어와 정치적 통합에 이용되게 되었다.

11세기 문예부흥 시대 즉 그 이전은 종교와 정치가 일체되는 시대에는 소위 암흑의 시대라고 하지만 철저한 기독교 중심의 시대이었으며, 문예부흥 르네상스 시대에는 기독교의 쇠퇴에 세속 정치 권력이 기독교를 다시 장악하는 시대가 오게 된다.

AD 4세기에 로마 제국이 기독교를 장악하여 국가 종교로 삼았고 이때부터 기독교는 정치적으로 변질된 종교가 되었다. 로마 제국 황제가 교리를 정하고, 종교 지도자를 자기 마음대로 세우는 교황이었다. 그래서 황제가 세운 종교 지도자 또한 정치적 인물이었다.

5세기에 제국이 동서로 나뉘어 통치되다가 동로마가 콘스타틴노플로 옮기면서 서로마는 유명무실해졌으며, 동로마가 15세기까지 존속하며, 로마 제국을 이어나갔다.
6세기 유스티니아누스 황제 시대가 전성기였고 동서로마를 사실상 다 통일했다.

그런데, 7세기부터 이슬람교 사라센 제국이 등장하는 바람에, 동로마 제국은 싸우느라 국력을 소진하고, 영토를 많이 빼앗겼다.
이때부터 동로마 황제는 종교 통제력도 상실하여 알렉산드리아, 안티오키아, 예루살렘 3곳의 총대주청이 분리 독립해 나갔고 각자 종파를 세우게 되었다.

11세기에 셀주크 투르크 제국이 등장하면서 사라센 제국이 멸망하므로 인해 서유럽의 국력이 크게 신장하면서 로마 가톨릭이 동로마 제국의 황제로부터 분리 독립했다.

이때부터 교황이라고 행세를 시작한 것이다.
주변에 지방 권력들이 서로 싸우느라 힘이 빠지자 숨죽이고 살던 로마의 총대주교가 영토를 늘리고, 군사력을 키워 황제 노릇을 한 것이다. 십자군 전쟁은 이런 맥락에서 발생한 것이다

현재 로마 교황청은 즉 바디칸은 하나의 독립국가적 형태를 가지고 있으며 또 다른 한편으로는 세계 모든 지역에서의 카톨릭 신자들에 대한 연합체적 단체로써 국제 정치의 중요한 역할을 담당하고 있으며 '세계국가'라는 이름으로도 불릴 수 있을 정도로 정치에 지대한 영향력을 가지고 있으며 정치 분쟁 및 민족 분쟁, 국가 간 전쟁 및 종족 분쟁, 종교 분쟁 등 모든 정치와 외교 현안에 영향과 간섭 조정 역할을 담당하고 있는 게 현실이다. 또한 각 국가 마다에 있는 로마 카톨릭 주교들을 통하여, 또는 각국의 카톨릭교회를 통하여 또는 파견 주재 대사나 주교나 신부 등을 통하여 현실 정치에 적극 직접, 간접 개입하고 참여하고 있으며, 또한 모든 것은 개인적인 종교관으로 현실 정치에 참여하고 있다. 물론 종교를 떠나서 모든 인간은 정치적일 수밖에 없다. 인간은 정치적 동물이니까 모든 생활이 정치적인 생활일 수밖에 없다. 하나님이 인간을 정치적 동물로 창조하셨다. 인간은 정치적 동물이다.
오늘날의 자유 민주 평등 공정한 국가들이 많아지게 되는 데는 카톨릭 로마교회가 이끌어 온 것이 아니라 오히려 카톨릭 로마교회는 역사의 진보와 발전에 역작용을 하여 왔으며 시대의 발

전에 반작용을 하였다는 것에는 이의가 없을 것이다. 그런 과
거의 많은 잘못에 대해서 성찰과 사과와 용서를 구해야 할 것
이다. 오늘날 현재도 로마교회의 모든 신학적 교리적 면에서
뿐만 아니라 운영과 치리는 독재적이며 교황이 모든 것의 위에
있는 것은 참으로 시대착오적이며 폐쇄적이다. 밀폐적이다. 그
러나 근현대적인 면에서는 많은 발전이 있으며 각국의 민주화
와 자유 평등 공정 정의 발전에 고무적인 면이 많은 것도 현실
이다. 그 큰 집단적 권위적, 경제적 면에서 영향력이 크게 작
용하여 올바른 세속 권력에 좋은 영향과 발전을 가져오며 진보
적 사상과 이념 발전에 긍정적 영향과 발전에 도움이 되고 있
다. 오히려 분열된 다른 종파나 여러 종교 단체보다 일사분란
한 단결된 결집력으로 더 큰 영향력을 행사할 수 있는 기능과
능력과 힘이 있다.

교회와 정치가 헤어질 때

4부,

교회도 민주화 되지 않으면, 퇴출 되어야

개혁해서는 안 되는 2가지는 하나님의 창조 섭리에 순응하여야 한다.

1.인간 생명 복제는 금지되고, 동물은 자연생태계로 되돌려야 한다.
2.동성애는 금하여야 하며, 남녀는 구별되어야 한다.

4부. 한국교회개혁과제와 한국정치개혁과제

가이사의 것은 가이사에게(=정치의 것은 정치에게),
하나님의 것은 하나님에게(=교회의 것은 교회에게)
교회가 정치와 만났을 때는 반드시 타락한다.
이것을 성경적으로 음란, 또는 간음이라고 한다.

마태복음 22장

20. 예수께서 말씀하시되 이 형상과 이 글이 누구의 것이냐
21. 이르되 가이사의 것이니 이다 이에 이르시되 그런즉 가이사의 것은 가이사에게, 하나님의 것은 하나님께 바치라 하시니

신명기 22장 10절

10. 너는 소와 나귀를 겨리 하여 갈지 말며

예레미야20:9

내가 다시는 여호와를 선포하지 아니하며 그의 이름으로 말하지 아니하리라 하면 나의 마음이 불붙는 것 같아서 골수에 사무치며 답답하여 견딜 수 없나이다

이사야6:9~10

가서 이 백성에게 이르기를 너희가 듣기는 들어도 깨닫지 못할 것이요 보기는 보아도 알지 못하리라 하여 이 백성의 마음을 둔하게 하며 그들

의 귀가 막히고 그들의 눈이 감기게 하라 염려하건대 그들이 눈으로 보고 귀로 듣고 마음으로 깨닫고 다시 돌아와 고침을 받을까 하노라

정치에서의 지역주의가 교회에서의 지역주의가 그대로 모방되었다. 지역주의는 인종차별과 같은 것이다. 미국에서도 인종차별은 형법으로 처벌한다.

정치도 교회도 지역주의의 근절 철폐가 이 시대의 과제이다. 아버지가 아들을 편애하는 것과 같은 죄악이다. 이는 나라를 분열하는 대역 죄인에 해당한다. 이는 나라를 팔아먹는 매국노와 같다. 이러한 죄는 엄중한 형사법으로 다르려야 한다. 무엇보다 우선되는 범죄이다. 이는 방관하거나 도덕적 윤리적인 것을 자율적으로 해결할 문제가 아니다. 이는 이 범죄의 중요성을 모르거나 무지한 행위이다. 이스라엘이 자기 민족 12지파의 분열을 방해하거나 해치는 죄를 얼마나 중요하게 다루고 있는가를 사사기에서 베냐민지파에 대한 처리문제를 보면 알 수 있다. 이 지역적 차별은 차별의 가장 큰 국가 분열이며, 민족 분열이다. 헌법 위반이다. 강력한 형법으로 처벌하여 근절하여야 한다. 자율이나 도덕과 양심으로 버려둘 것이 아니다. 문화로 정착하기 전에 근절하여야 한다.

정치에서의 지역 분열주의가 교회 교단에서의 지역 분열이 그대로 이루어지고 있다. 특히 대형교회 목사들이 그 중심에 있다. 대형교회 목사들은 정치권력과 유착되어 음란하게 정치와 내통하고 있는 것이 현실이다.

보수와 진보는 누가 만들었는가? 정치꾼들이 만든다.
우파와 좌파는 어떻게 형성되었는가? 이 또한 정치꾼들이 만들었다. 하나님과 교회는 우파인가 좌파인가? 어느 파도 아니

며 없다. 예수님은 좌파인가 우파인가? 어느 파도 아니고 없다.

사위일체(四位一體)The Quaternity

성부하나님, 성자예수그리스도, 보혜사성령, 하나님말씀성경은 하나이다. 어느 위도 우선하지 않으며 동등하시고 하나이시며 같으신 일체이시다.

요1:1, 요1:14,

교회와 정치가 헤어질 때
1장. 한국교회 개혁의 과제

한국교회의 부흥은 은사주의와 기복주의신앙을 빼고 논할 수 없을 것이다. 비록 이 두 가지가 한국교회를 양적으로 성장시킨 결정 요인이었는지는 모르지만 다음 세대에 그 피해가 나타날 것이다. 다른 면에서는 그에 따른 폐해가 매우 심각하다. 은사주의가 성경과 초대교회에 기초한 성경적 운동인데 반해, 기복주의는 성경 밖 미신적인 잡신 무속 우상숭배 신앙이다. 물론 둘 다 성경의 가르침에서 벗어난 것이므로 비성경적이다. 기독교는 과학 자체를 존중하며 인간적 인성이나 도덕적이며 인문학적이며, 자연 계시, 일반 계시적인 것들도 하나님이 주신 천부적 은혜, 일반 은혜로 합리적인 사고와 과학적인 방법을 존중한다. 그렇다고 합리성과 과학 자체를 진리의 절대 기준으로 인정한다는 뜻은 아니다. 왜냐하면 기독교는 진리가 절대자이신 하나님과 하나님의 말씀인 성경에 기초한 것이라고 믿기 때문이다. 그러므로 은사주의와 기복주의도 진리의 책인 성경의 가르침으로 조명되어야 할 것이다. 한국 교회의 모든 개혁과 비전, 그리고 성경의 원리적 교리도 이 기복주의와 은사주의 때문에 부흥으로 인하여 어떠한 성경적 참 진리를 역설해도 큰 자본교단의 힘에 매몰되어 이 기복주의와 은사주의에서 벗어나지 못하고 뿌리 깊은 잘못된 신앙의 늪에서 헤어나지 못한다. 교회도 극심한 자본주의 사술에 노예가 된지 오래다. 심히 비참하다. 이 문제에 비하면 이단 문제는 하찮은 것이다. 먼저는 신학이 죽은 지 오래다. 아예 초기 신학부터가 가난에다 팔아 먹었다. 일제를 거치고 6.25를 거치면서 가난에 이념에 가진 골동품 다 무식해서 귀한지 모르고 다 싸구려로 다 팔아 먹었다. 무당이 장구치고 북치고 꽹과리 치고 성경 말씀 몇 마디 읽고 아멘 할레루야 하면 복 받았다, 병 나았다 하면 몰려 오던 시대였으니 더 말할 것이 무엇인가? 많이 모이면 됐지 무슨 말이 많은지 도대체가 이해할 수 없는 정신병자같은 소리를 하는 지? 신학의 모든 개혁이 아무 것도 할 수 없는 지경에 처해 있다. 그래도 요즘은 제법 고상해지고 품위있게 하니까 겉으로는 그럴 듯 하다.

아무리 그렇다 할지라도 하나님의 뜻의 의의 올바른 참 진리의 시대가 반드시 올 것이라는 것은 확실하다. 먼저 된 자 나중 되고, 나중 된 자 먼저 된다는 말씀이 분명 이루어지리라 확신한다. 개혁은 하나님의 주권으로 이루어지니까.

마르틴 루터의 교회개혁의 실질적 주체는 하나님의 은혜를 받은 시민이었다. 일반 신자이었다. 어쩌면 구텐베르크의 인쇄술이 그 주체일지도 모른다. 그들은 처음으로 독일어로 번역되고 인쇄기로 인쇄된 성경책을 읽고 변화를 받았다. 성경을 배우지 않아도 읽으면 설교보다 몇 백배 더 능력을 나타낸다. 목사들은 설교하지 말아야 한다. 설교는 자기 합리화이며 자기 자랑이며 하나님의 빛을 오히려 가리는 것들일 뿐이다. 마침 발달하기 시작한 인쇄술이 성경의 번역과 공급을 대중화시켰고, 성경을 마주한 대중은 그것을 읽고 "스스로" 생각하기 시작했으며, 변화되었으며 스스로를 개혁하였으며 더 이상 교회와 성직자에게 복종하지 않게 되었다. 신자들이 복종을 거두자, 성직자의 권능은 사라지고 힘을 잃었고, 그것이 교회혁명을 가능케 했다.

1.성경의 재번역, 개역

성경의 재번역은 최우선적 한국교회 개혁의 문제이다. 특히 기복주의적 신학과 기복주의적 신앙과 기복주의적 목회의 교회가 된 근본 원인은 성경의 번역의 문제에서 기인하고 출발한다. 본 저자가 이미 출간한 책 '기복교인가, 기독교인가?'에서 언급하였던 것처럼, 번역이 기복적으로 되어서, 그 기복적인 번역에 근거한 신학이 기복신학이 되었으며, 신학교에서 기복신학을 배운 신학생들이 목회자가 되어 기본신앙으로 목회를 하여 성도들을 기복신앙으로 양육하였기 때문에 한국 교회와 성도들이 기복신앙을 갖게 된 것이다. 이러한 문제점을 개혁하고 개선하기 위해서는 한국성서공회 등과 같은 성서출판에 대한 한국 범교단적 통일성을 가지고 공동으로 개역을 하여야 할 것인데 여러 번의 성경 개역 번역 문제에서 실패하였다. 여기서 실패한 것이 문제가 아니라 단지 개역하는 것들은 지엽적인 개역인 것이다. 근본적인 성경 전체에 흐르는 가장 큰 하나님의 뜻과 의인 기본 개념이 바르게 번역 되어야 한다. 성경에 나오는 모든 '복'이 들어간 단어는 모두 번역을 바르게 바꾸어야 한다. '복'은 복이 아니기 때문이다. 구약 성경에서의 '복'은 히브리어 '바라크', '베라카' 등 여러 가지 단어로 사용되었는데 대부분 이 뜻은 '무릎을 꿇다' 의 의미로 '순종', '경배', '복종', '찬양', '숭경'의 뜻이다. 신양 성경에서도 '복', '축복' 등의 의미는 헬라어 '마카리오스'로 쓰였는데 이 의미는 한글 사전에서 '지복' 즉 '지극한 복'이라고 번역하였는데 이는 '구원'을 의미한 것이다. 즉 마카리오스의 헬라의 의미는 '구원', '지극한 기쁨' 등을 의미한 것이지 세속적이며 세상적인 '복'의 개념으로 사용된 것이 아니다. 영어번역으로는 더욱 분명하다. 즉 '복이 있다'는 영어로 'blessed'인데 이 영어의 원래의 의미는 '피로 정결케 하다'는 의미이다. 얼마나 분명하고 은혜로운 해석이 되는 것인가! 이에 대한 자세한 설명은 본 저자의 책 '기복교인가, 기독교인가?'를 보시길 권한다.

한국성서공회를 중심으로 각 교단과 교파별로 여러 가지 갈등과 자금과 재정 문제와 교판과 교파 간의 의견 대립 등으로 인하여 많은 문제들만 생산하고 실패하였을 뿐만 아니라 근본 문제인 성경의 본래의 개념과 번역을 다루지 못하고 있다. 이는 몇 백 년이 지나도 이루어질 수 없는 일이 될 것이다. 왜냐하면 이미 한국 교회는 기복주의와 은사주의가 대형 교회 및 대형 교단과 교파들이 기복주의와 은사주의에 뿌리 깊이 박혀 있기 때문에 이를 부정하는 것은 자기 부정이며, 어떤 자기 부정도 용납하지 못하며, 자기들의 신앙과 교리에 맞지 아니하면 이단에 가까운 취급으로 치닫기 때문에 심각한 문제이다. 이 문제는 제2의 종교개혁보다 더 어려울 것이다. 이미 한국의 대형 교회들은 오만과 편견이 도를 넘어 모든 것을 가진 자들이기 때문에 정치권력도 이미 자기들의 하수인으로 되어 있는 상태이기 때문에 극 보수 집단 이기주의 카르텔을 형성했다. 카톨릭보다 더한 세력을 형성했다. 루터의 종교개혁은 단지 교황체제에서 목사체제로의 변화만 가져왔다. 교황적 목사체제가 대형교회에서는 굳건히 확립되었는데 어떤 대형교회가 자기 부정을 하겠는가? 본 저자도 하나님의 소명과 사명으로 한국 교회 개혁을 담당할 수 있도록 많은 기도와 동역을 필요로 하고 있다. 때가 되면 성경의 원어적 개념의 번역 성경을 출간하기를 간절히 소망한다. 그리고 많은 사람들이 꼭 저자의 역저 '기복교인가, 기독교인가?'를 읽고 성경 번역에 대한 기도에 동참해 주시기를 소망한다.

2.기복주의(물질주의)와 성공주의

기복주의란 의미에는 성공주의가 포함된 의미이다.

방금 위에서 언급했던 성경번역의 절실한 필요성이 이 기복주의적 성경 때문이다. 기복주의는 셔먼니즘이다. 다시 쉬운 우리말로는 무당적이며 무속적인 신앙이라는 말이다. 우상숭배가 된다는 것이다. 얼마나 어리석고 무지한 신앙이란 말인가? 그런데도 많은 목사님과 신학자들이 기복주의를 질타하고 비판하면서도 정확하게 어디가, 무엇이 기복적인가에 대해서는 언급하지 못하고 단지 기복적인 신앙이 나쁘고 그런 신앙이 되어서는 안 된다는 것이다. 그러면서도 실제로 목회는 기복적이며 설교도 기복적이며 성도들도 오직 기복적인 신앙만으로 일관되어 있고 습관화되어 있으며 그 어떤 다른 변화의 신앙을 갖을 수 없게 되었다. 다른 올바른 성경적 신앙이 무엇인지를 모르는데 어떤 신앙을 가질 수 있겠는가? 이제까지 기복적이며 은사주의적인 신앙만을 유전인자처럼 습관처럼 화석화되고 관성화 되어서 조금의 변화도 가질 수 없다. 복(福)이라는 글자가 들어가지 않으면 신앙생활의 언어가 될 수도 없고 설교에서 복(福)이라는 글자를 빼고 설교할 수가 없다. 왜냐면 성경에 이 셔먼니즘적이며 주술적인 복(福)으로 번역되어 있기 때문에 성경을 인용한 모든 말씀이 여기에서 벗어날 수가 없다. 그러므로 기복적인 설교가 될 수밖에 없다는 현실적인 어려움이 있을 수밖에 없다. 저자의 책 '기복교인가, 기독교인가?'의 책은 창세기부터 요한계시록까지에서 나오는 '복(福)'이라는 개념과 표현에 대해서 원어적인 면에서 구체적으로 성경 전체를 통 털어서 설명하고 있다. 얼마나 잘 못 번역 되었으며 얼마나 번역이 다르게 되어 있는가를 지적하고 있다. 신앙생활을 하고 있다면, 예수를 믿는다면 꼭 읽어보아야 할 것이다. 그래야 정말 예수를 믿는 믿음이 어떤 것인가를 알게 될 것이다. '복(福)'은 중국 한자의 개념이다. 나와 가족 중심으로 나만을 위한 부귀영화, 무병장수, 명예권세, 영생복락 같은 것을 누리고 바라는 자기이익을 위한 이기주의적 사고와 그 관념이며 개념이다. 그러나 기독교의 예수님은 정 반대의 신앙이다. 우리가 교회 다니는 것은 오직 나만을 위한 자기 탐욕적 신앙일 뿐이다. 교회와 예수 하나님이 복 주시는 분으로만 믿고 있다. 복을 돈으로 사는 복의 수퍼마켙이 교회이다. 돈 가지고 복 사러 교회 간다. 적은 돈으로 큰 복을 사러 간다. 큰돈으로 더 크고 놀라운 돈복을 사러 간다. 목사도 돈에 팔리고 하나님도 돈으로 사고 돈으로 하나님도 부린다. 돈으로 직분도 사고 봉사도 사고 믿음도 사고 기도도 돈으로 산다. 그러니까 목사가 하나님께 '하나님 까불면 죽어'라고 한다. 목사님들은 '헌금 많이 내면 복을 많이 받는다'고 한다. 헌금에 비례해서 복을 받는다고 한다. 좀 황당하다. 성경에도 없는 말로, 해서는 안 되는 말로 헌금만을 위한 설교나 사욕과 사술에 사로잡힌 설교로 무당적이며 주술적인 생쇼로, 설교도 아닌 말로 성도들을 미혹하고 있는 교회가 너무 많다. 너무 많다기보다는 거의 다이다. 같은 말을 계속 듣다보니 최면에 걸렸다. 그러니 마술이 되고 주술이 된 것이다. 아니 거의 모든 교회가 이러한 주술적이며 기복적인 교회가 한국교회의 현실이며 현주소이다. 서글프다. 아무리 올바른 성경적인 설명을 해도 오히려 역반응이다. 이단이 따로 없다. 사사로운 개인적인 목사 개인만의 교회이면 이단인 것이다. 이단의 대부분은 교리적인 면이라기보다는 사교 집단적이면서 목사 개인의 사술과 탐욕적인 전횡으로 모든 교회의 재정과 재산을 사인화하며 특정인만을 위한 재산이 되어 있는 형태를 말하는 것이다.

그런 면에서는 개신교 기독교가 가장 부패한 교파라고 해도 과언이 아닐 것이다. 속히 한국교회와 신학이 기복적이며 은사주의적 교리에서 벗어나야 한다. 심히 안타깝다.

기복교인가, 기독교인가?

기독교는 기복교가 아니다. 그리스도인은 복이라는 단어를 사용하지 않아야 하며, 성경에서도 복이라는 단어의 번역을 바꾸어야 한다. 번역된 복의 의미는 히브리어로 '바라크'이다. 무릎을 꿇다라는 의미이다. 이는 순종과 경배를 의미한다. 하나님께 순종하고 경배한다는 의미와 개념이다. 전혀 세상적인 복과는 근본적으로 다르다. 복이라는 한자의 의미는 배가 부르다는 상형문자이다. 자기중심적이며 이기적인 탐욕과 교만 즉 부귀영화, 명예권세, 무병장수, 영락장생 등 오직 자기만을 위한 탐욕이 어떻게 예수 그리스도의 십자가의 희생과 사랑과 용서와 섬김과 나눔의 삶과 생활과 비교할 수 있다는 것인가!

물론 이 땅을 살아가는 신자가 받는 복은 단지 영적인 것만이 아니다. 세상적이며 육적인 복도 중요하다. 이런 점에서 재물과 건강은 복이고 복이라는 글자 그 뜻대로 말할 수 있다. 하지만 세상이 가르치는 복과 성경이 가르치는 복의 근본적으로 다르다. 세상이 가르치는 복은 자기 자신만이 소유하기 위한 것인 반면에 성경이 가르치는 복은 베풀고 섬기고 나누기 위한 것이다. 가진 것 없어도 얼마든지 하나님을 크게 증거하고 큰 영광을 나타낼 수 있으며 하나님을 기쁘게 할 수 있다. 그런 모습과 믿음을 하나님은 기뻐하시고 원하신다. 가난한 자, 과부, 고아, 병자, 연약한 자 등을 더욱 은혜와 증거과 기쁨의 믿음을 증거할 수 있다. 오히려 반대이다. 인간에게서 추구하는 복 즉 물질은 가지면 가질수록 더 갖게 되는 탐욕과 유혹 타락의 근본인 것이다. 세상 것들은 그 자체가 탐욕과 교만과 타락과 음란을 낳을 뿐이다. 그것이 영적인 것이든 육적인 것이든 자신에게 주어진 복은 자신만을 위해 사용하도록 주어진 것이 아니라고 성경은 가르친다.

이런 점에서 기복신앙과 기독교신앙은 근본적으로 다르다. 기복신앙의 최종 목표는 확실히 건강과 재물과 명예와 권력 등이 세상에서 자신과 가족이 다른 사람보다 편안하게 잘 먹고 잘 사는 것이다. 하지만 기독교신앙이 추구하는 최종 목표는 그와 같은 썩어 없어질 세상적인 것들이 아니라, 천상의 것들이다. "그러므로 너희가 그리스도와 함께 다시 살리심을 받았으면 위의 것을 찾으라!"(골 3:1) 심지어 성경은 하나님과 재물을 겸하여 섬길 수 없다고 가르친다. 재물은 헬라어로 맘몬이다. 맘몬은 우상이다. 육신과 재물이 우상이다. 이 세상 것을 추구하는 것은 우상이다.

교회도 돈이 최고다. 목사도 돈 많은 사람만 좋아 한다. 돈 있는 성도에 대해서는 무조건 칭찬하고 감투를 씌우고 직분을 맡기고 일을 맡기는데 정신없다. 우선 헌금이 많이 나올 수 있다면 수단과 방법을 가리지 않고 끌어내려고 최선을 다 한다. 믿음도 최고라고 추겨 세우고 교회에서도 봉사도 잘 한다고 얼마나 아부하고 추겨 세우는지 눈 뜨고 볼 수 없다. 역겨울 정도로 과찬이며 높이고 아부한다. 건방과 오만과 편견과 고집과 아집은 다 목사가 부리면서 성도들에게는 겸손하라고 한다. 자기 자신은 가장 교만하고 탐욕스러우면서 성도들에게는 겸손하고 서로 사랑하라고 하면서, 전도하라고 하면서도 자기 자신은 전도도 사랑도 겸손도 맨 꼴찌이다. 신자들이 영업사원이며 삐끼이며 앵벌이이다.

기독교는 종교 그 이상의 종교이며 모든 종교와 철학과 사상 이념을 모두 포함하고 있다. 협의적으로는 십자가의 종교, 즉 사랑과 희생과 용서와 긍휼, 섬김의 종교다. 십자가 위에 건설된 하나님 나라를 추구하는 기독교신앙은 현세에서만 잘 먹고 잘 살면 된다는 기복신앙과 거리가 멀 수밖에 없다. 반대이다. 그리스도인에게 이 세상의 삶은 지나가는 나그네의 삶과 같다. 잠간 왔다가 사라지는 안개와 같고 새벽이슬과 같다. 왜냐하면 더 나은 본향인 완전한 하나님의 나라를 대망하고 살기 때문이다. 물론 육체는 물질로 이루어져 있기 때문에 물질을 무시할 수 없을 뿐만 아니라 소중하고 중요하다. 지상의 삶을 가치 없는 것으로 간주하고 무시하라는 뜻은 아니다. 소중하다.
그리스도인의 지상적 삶은 천상적 삶에 이르기 위해 참고 인내하며 사는 성화의 도정의 삶이다. 하나님으로부터 이미 받은 은혜를 나누는 것이 얼마나 은혜로운 것인지를 깨닫고 연습하는 삶이다. 이 세상에서 삶과 생활이 천국 같이 살아가는 것이 신자의 믿음이요 생활이다. 불완전한 천국의 삶을 이 땅에서 최선을 다해 천국에서 사는 모습으로 살아냄으로써 천국의 기쁨을 맛보는 삶이다. 하지만 이 땅은 죄악에 물들어 있기 때문에 주님께서 걸어가신 좁은 길, 십자가의 길을 따라 걷는 것 외에는 구원의 기쁨을 맛볼 다른 방법이 없다.

십자가의 길 끝에 활짝 열린 천국 문이 지상의 성도를 기다린 다는 것이 기독교신앙이다. 기복신앙의 기복은 물질소유에 있 다. 하지만 기독교신앙은 사랑과 희생 겸손 섬김 나눔에 있다. "주는 것이 받는 것보다 복이 있다!"(행 20:35), "수고하고 짐 진 자들아, 다 내게로 오라" 희생과 섬김이 기독교적인 삶의 목표다.

열심히 일해서 정당하게 돈을 많이 버는 것 자체는 결코 악한 것이 아니다. 오히려 선한 일이다. 주님께서 기뻐하실 일이다. 하지만 그것을 삶의 목표로 삼고 사는 것은 성경이 가르치는 그리스도신앙의 삶과 거리가 멀다. 그리스도인의 삶은 돈을 많 이 버는 것 이상을 지향해야 한다. 재물과 건강은 단지 그 목 표를 위한 수단들 중에 하나에 불과하다. 그것은 하나님의 뜻 을 이루는 것이 아니다.

3.은사주의

은사주의는 한국 교회의 문제 중에서 기복주의와 함께 2대 개 혁 과제 중에 하나이다. 첫째가 기복주의라고 한다면 두 번째 가 은사주의이다. 이 은사주의 중에서도 첫째가 '방언'이라고 하는 '방언기도'이다. 그리고 은사주의 중에서 두 번째가 바로 치유사역이다. 이 치유사역에서도 치료사역이다. 거의 모든 목 사들이 이것을 갖고 싶어 하는 것일 것이다. 치료 치유의 능력 만 있다면 그야말로 대박 나는 사역이라고 할 것이다. 한국 교 회의 대표적인 대형 교회들이 이것으로 목회 성공 신화를 만들 어 내어 세계적인 대형 교회로 성장 부흥했으니 너도 나도 하 고 싶고 받고 싶은 능력이라고 할 수 있다. 병원도 이보다 더 큰 대형 병원이 없을 것이다. 의사가 쓸데 없고 병원이 쓸데 없는 능력인데 얼마나 좋은 것인가? 지금도 예배 중에 공공연하게 즉시 바로 기적이 나타나고 있다고 생중계를 하고 있으니 실로 가관이 아닐 수 없다. 치료는 병원에서 하고, 그리고 하나님이 스스로 우리 신체에 천부적으로 치유 능력을 몸에 부어 주셨는데, 그리고 이 세상 만물을 통하여 치료와 치유의 재료로 주셨는데 모두 자기 목사 개인의 능력으로 하였다고 하니 참으로 가공할 일이다. 예수님도 치료와 치유를 하시고 아무에게도 알리지 말라고 엄히 경고하시는 것이 습관처럼 하셨는데, 그리고 '너의 믿음이 너를 구원하였느니라'라고 말씀하셨지, '내가 치료하였다'고 말씀하신 적이 없으신다. 그런데 한국 교회는 설교 중에도 어떻게든 자기의 능력을 나타내 보이려고 여러 가지 이야기와 일화와 말로 증거해 보려고 애를 쓰는 모양이 다반사다. 목사에게 잘 하고, 목사에게 순종해야 복을 받고 모든 것이 형통하다고 최면을 시키고 있는게 현실이며 교인들은 이를 믿고 또는 어떤 손해라도 볼까 또 그대로 행한다. 봉사 열심히 잘하고 전도 잘하고 선교 잘하면 복을 많이 받고, 부자가 된다고도 한다. 무엇이든지 목사가 시키는 대로 말 잘 듣고 죽는 시늉이라도 해야 벌 받지 않고 잘 되고 복 받고 부자로 잘 살 수 있다고 수 없이 말하니까, 그 말에 모두 억지로라도 아멘, 아멘 하게 만들어서 아예 세뇌시키고 최면에 빠져들게 만들었다. 그러니 이단이 따로 없다. 솔직히 이단보다 더 이단스러운 교회들이 대부분이다. 대형 교회일수록 더욱 고압적이고 강압적이며 권위적이며 아예 권력과 금력으로 짓누르기까지 한다. 모든 교회 조직이 무서울 만큼, 폭력 조폭보다 더 무서운 위압감으로 성도들에게 폭압적이기도 한다. 오히려 권위주의적인 독제권력보다 더 파쇼적이다. 물론 하나님과 우리 주님의 치료와 치유의 능력을 전적으로 인정하고 사모하며 바라지만 그렇다고 지금도 그 시대적인 상황과 환경과 조건을 같이 생각하여 모든 것을 치료와 치유의 사역으로만 하려고 하는 것이 문제인 것이다. 말하자면 지나친 은사주의적인 목회를 지적하고자 하는 것이다. 목회와 사역은 오직 말씀주의이다. 오직 성경중심적 말씀이다. 성경주의적 목회가 되어야 한다. 인문학적이거나 지식적이거나 과학적이거나 경영학적이거나 마케팅적 목회에서 벗어나서 오직 성경으로 목회와 선교 전도를 하여야 한다는 것이 가장 원칙적이며 성경 원리적인 목회인 것이다.

은사를 사모하고 구하기를 원해야 한다. 그러나 은사를 지나치게 의존적인 것은 옳지 못하다. 그리고 은사도 은사다운 은사를 사모해야 한다. 믿음을 미혹하는 은사는 지양해야 한다. 품위 없는 은사는 은사가 아니다. 모든 것이 다 은사가 아니다. 은사는 믿음의 덕과 공동체에 도움이 되는 것이 은사이지 그렇지 못한 은사는 사탄마귀의 은사이다.

은사는 성경이 "신령한 것"(고전12:1, 14:1)이라고 가르치기 때문에 분명 성경적 개념이다. 성경은 은사를 적극적으로 사모해야 할 영적 선물, 즉 성령 하나님의 선물이라고 가르친다.
한국교회의 은사 중에 방언이 문제이다. 성경에 대한 원어적 개념과 해석이 잘못되어 알아들을 수 없는 기도소리를 방언으로 착각하고 성령세례의 표징이라 하는 것은 잘못된 해석이다. 그리고 치료와 치유은사가 문제이다. 이 방언에 대한 원어적, 성경적, 언어학적 번역과 해석에 대한 책이 본 저자가 출간한 '신통방통, 방언 무엇인가? 라는 책을 꼭 보시기를 권한다.

가장 중요한 교회 은사로 제시되는 것은 이렇다. "첫째는 사도요 둘째는 선지자요 셋째는 교사요 그 다음은…" 바울이 제시하는 가장 중요한 은사 셋은 모두 가르치는 은사라는 공통점이 있다. 따라서 바울이 제시하는 교회 은사는 크게 두 종류로 분류할 수 있는데, 하나는 가르치는 은사들이고 다른 하나는 가르치는 은사 이외의 다른 은사들이다. 다른 은사들은 "병 고치는 은사와 서로 돕는 것과 다스리는 것과 각종 방언을 말하는 것"이다.

가르치는 은사와 대별되는 다른 은사들의 대표적인 것은 단연 방언이다. 왜냐하면 고린도전서 14장에서 방언의 은사가 예언의 은사와 대조적으로 설명되기 때문이다. 예언이란 누구든지 알아들을 수 있는 말로 복음을 제시하는 은사인 반면에, 방언이란 통역의 은사를 받은 사람 외에는 아무도 알아들을 수 없는 언어로 말하는 은사다. 여기서 바울은 고린도교인들이 받기를 원하는 방언보다는 오히려 가르치는 은사인 예언을 사모하도록 권면한다.

바울은 통역의 은사를 받지 못한 자의 방언이 무익하다면서 방언을 자제하도록 권면한다. 고린도교회에 방언이 난무한 이유는 그 은사를 사용하는 목적과 결과 때문이었다. 즉 방언의 은사를 받은 사람들은 자랑삼아 앞 다투어 방언을 시끄럽게 쏟아내었는데, 이것을 바울은 자신을 세우는 일이라고 지적한다. 결국 이것은 교회분열의 단초가 되었다. 바울에 따르면 방언과 달리 예언의 은사는 자신이 아닌 교회를 세우는 일에 유익하다.

결론적으로 은사를 교회가 아닌 자신을 위해 사용하는 모든 행위는 무익할 뿐만 아니라, 교회를 분열시키는 해롭고 위험천만한 것이다. 이것이 바로 은사주의(Charismatism)의 가장 심각한 문제다. 은사주의는 교회부흥이라는 명분을 내세우지만 결국 개인의 유익과 영광을 최종 목표로 삼는다. 성경적인 은사는 사람을 겸손하게 만들지만 은사주의는 교만하게 만든다.

은사주의는 은사 받은 사람이 마치 은사의 주인인 것처럼 행세하도록 만든다.

이런 현상을 바울은 '자신을 세우는 일'이라고 지적한다. 교회 역사상 은사주의가 은사운동으로 전개되지 않은 적은 없다. 은사를 받은 사람은 주목받기 마련이고 그의 주변으로 사람들이 모이기 마련이다. 은사주의자는 은사를 받는 특별한 방법이 있는 것처럼 속인다. 은사를 소유하기 위해 일정한 훈련을 받도록 가르치기도 하는데, 이것이 은사운동이다. 아무리 어떤 엄청난 능력의 은사도 자신을 세우는 일에 사용된다면 그것은 무익할 뿐이다.

교회를 세우는 은사는 은사주의 즉 은사운동과 무관하다. 왜냐하면 은사는 운동(Movement)이 아니기 때문이다. 즉 은사는 운동으로 획득할 수 있는 것이 아니기 때문이다. 은사는 오직 성령 하나님께서 원하실 때 필요에 따라 주시되 언제든지 거두어 가실 수 있는 그분의 선물이다. 따라서 한 번 받은 은사가 영원한 은사라 볼 수는 없다. 뿐만 아니라 은사는 교회 직분과 불가분의 관계다. 겸손하게 교회를 세우는 것이 아니라, 교만하게 자신을 세우는 은사는 모두 왜곡된 은사요, 사실상 가짜다.

은사는 교회의 직분을 통해 발휘되는 것이 이상적이다. 따라서 '은사 없는 직분도 없고 직분 없이는 은사도 없다!' 그리고 은사와 직분 모두 성령 하나님께 속한 것이다. 성령 하나님께서는 교회를 세우는 일에 유익하도록 은사와 직분을 허락하신다. 무엇보다도 교회를 하나 되게 하는 일에 가장 필요하고 유익한 것이 바로 은사와 직분이다. 그러므로 은사와 직분은 결코 개인의 영달을 위한 수단으로 전락할 수도 없고 전락해서도 안 된다.

4.비성경적 설교, 설교의 개혁

타락한 설교, 코미디 설교, 반말 설교, 정치 설교, 드라마 설교, 표절 설교, 비성경적 설교, 기복 설교, 무조건 아멘 설교 헌금유도 설교, 엉뚱한 설교(본문도 모르고, 본문하고는 전혀 관련 없는 말만 장황하게), 성경의 원문 자체의 의미를 모르는 설교, 신문 방송에 대한 말, 연예인, 스포츠스타 이야기, 등이다.

설교 시간에 강단에서 목사는 엉뚱한 이야기들만이 대부분이다. 세상 이야기 특히 정치 이야기, TV에서 인기 있는 드라마에서, 시사적인 것들로 대부분 채워진다. 회중들도 이런 것들에 제일 잘 알아듣고 관심도 연장되어서 귀에 잘 들어오고 반응도 좋아서 쉽게 접근하고 공감을 일으키기도 좋은 소재다. 이런 것은 설교도 아니다. 차라지 인문학 강의만도 못하다. 이런 것들 들으려고 교회에 앉아 있다면 한심하다. 교회가 거의 모든 교회의 목회자들이 함량 미달이라면 차라리 낫다. 아예 막 되먹은 목사들이 너무 많다. 무엇이 음담폐설이며, 어떤 말이 경우에 어긋나는 말인지 아예 분별력도 없고 염치도 없는 말들을 거리낌 없이 쏟아낸다. 참으로 한심한 작태가 한국 교회의 설교들이다. 이를 어쩐다! 어떻게 설교 강단에서 정치 이야기며 경제 이야기며, 이런 말들을 할 수 있겠는가? 목사가 정치를 알면 얼마나 알고, 경제를 알면 얼마나 알겠는가? 성경도 모르면서 다른 분야에 얼마나 알겠는가? 각 분야에서 전문가들이 얼마나 많은가? 이제 공부 많이 한 전문가들이 얼마나 많은데 성경도 제대로 모르면서 성경에 대해서는 제대로 설명하지도 못 하고, 할 말이 없으니까 맨날 엉뚱한 말만 강단에서 패설 처럼 늘어놓은 한심한 작태가 설교라고 한국 강단에서 떠들고 지껄이는 목사가 숫자로 보면 아마도 80% 이상 될 것이다. 대형교회라고 예외는 아니다. 오히려 대형교회일수록 정치적인 설교가 더 판을 친다. 국회의원 등 정치인들이 유권자가 많고 그 유권자에게 영향력 있는 목사에게 머리를 들이밀고 조아리니까 정치인들이 아주 저속한 말로 '양아치 똘만이'가 되어 보이는 것이다.

5.예배의 개혁. 성경적 예배

세속적 예배, 이벤트적인 예배, 쇼적 예배, 시끄럽고 왁자지껄한 예배, 유명 연예인 예능적 예배, 젊은 청년들이 좋아하는 복음찬양이 뉴에이지 음악적 예배 등은 사람의 영혼은 마귀에게 팔리는 예배들이 상당 부분 많다. 때로는 부흥회 등에서는 초대된 인도자 목사는 해당 교회의 담임 목사에 대한 지나친 칭찬과 더불어 담임 목사에 대한 대우와 충성과 순종을 잘 해야 복을 받고 부자가 되고 성공하고 출세하고 모든 것이 만사형통된다고 과도하게 초대한 담임 목사에 대한 지나친 충성과 대우와 순종을 강조하는 등 말도 안 되는 말만 늘어 놓고 말도 반말조로 재미있게 흥미 위주로만 농담을 늘어 놓은 것이 다반사이다. 대부분의 설교의 소재의 사례를 자기 교회 또는 다른 교회의 장로나 권사 집사 등을 예로 들어 비교하는 설명이 대부분이다.

오직 말씀 중심, 성경 중심, 예수 중심의 설교가 되어야 한다. 인문학적인 설교도 아니요, 감성적인 설교도 아니요, 은사주의적인 설교는 더욱 아니며, 자기중심적인 말이나 인간적인 말이 있어서는 안 된다. 오직 모든 설교의 처음부터 끝까지 온전한 말씀과 하나님의 율법에 근거한 설교가 되기 위해서는 주제와 소제 모든 내용과 과정과 예가 성경에서 나와야 한다. 감정과 감성에 호소하거나 정에 호소하는 설교도 지양되어야 한다. 특히 지역정서나 정치적인 언급은 없어야 한다. 특히 한국교회에서 대부분 빠져있는 십계명을 예배순서에 없다는 것은 참으로 안타깝다. 십계명이 얼마나 중요하며 성경의 대부분이 이 십계명과 관련되어 있는데 십계명에 대한 이해와 십계명의 중요성을 상실한 한국교회가 되었다. 그리고 기도에 대한 부분은 너무 비성경적이다. 기도는 주님의 기도로 충분하며 주님의 모범적인 가르쳐주신 기도를 해야 한다. 그 근본 뜻과 취지를 잘 인지하여 주님의기도가 기도가 되고 생활을 위한 신앙적 기도가 되어야 한다. 기도는 성경에 근거한 성경적 기도를 해야 한다. 자기 자신의 탐욕과 욕심으로 기도하는 것은 기도 중에 죄를 범하는 것이다. 올바른 기도를 하기 위해서는 하나님의 올바른 뜻과 의가 무엇인가를 성경을 열심히 연구하고 공부해서 그 뜻과 의대로 기도해야 하는 것이 올바른 기도이다. 기도하면 처음부터 끝까지 자기 복만을 위한 기도가 되고 다른 기도는 그냥 구색 맞추기나 끼워 넣기 식의 기도가 되어서는 안 된다. 그냥 미안하고 체면치레 기도는 탈피되어야 한다. 본심은 자기 탐욕적인 기도뿐이다. 그런 의도가 아니면 기도하지 않는다. 물론 그렇지 아니한 성도분과 목회자들도 많다. 오직 주님만을 바라고 오직 순수하고 성결한 믿음으로 주님만을 위하고 하나님 나라와 백성들만을 위한 기도가 많은 것은 사실이다. 물론 이단들도 그렇게 할 수 있을 것이다. 우리는 너무 이단들을 모든 것을 부정하지만 이단도 오히려 정통 교회들보다 더 좋은 점들도 있다. 너무 단순해서 이단에 빠져들었지만 그들의 영혼은 어떤 면에서는 순수할 수도 있을 것이다. 후진국 백성들이 너무 순수하다. 사회주주의 국가 백성들이 너무 순수하다. 오히려 선진국 백성들이 더욱 더 이기적이며 자기 중심적이며 물질적인 면으로만 판단하고 생각하여 순수한 부분이 없다. 너무 계산적이며 이기적이다.

6.기도의 개혁. 성경적 기도, 성품과 인격을 구하는 기도

한국 교회에서의 성도들의 기도의 대부분 60% 이상이 속칭 '방언기도'이다 이는 주술적 기도이다. 성경에는 어디에도 '방언기도'라는 의미와 개념은 없다. 이 '방언기도'를 한국교회에서는 '방언'이라고 부른다. 그러나 '방언'이라는 단어는 성경에서는 그냥 순수한 사전적 의미이다. 그러니까 지방언어, 지방말, 사투리, 지역 말과 언어, 일부 족속의 말과 글 등의 의미이다. 즉 외국어의 뜻과 의미이며 이는 성경 전체에서 일관되게 같은 한 의미로 쓰이고 있다. 유독 한국 교회에서만 이 '방언기도'를 성경에서 나오는 '방언'으로 동일성과 유사성을 주장하고 고집하는 것은 터무니없다. 아직도 한국 신학과 교회사가 100년이 넘었는데 한국의 대부분의 교단과 교파가 이런 신학적인 정립이 되어 있지 않고 대형교회들의 기복적이며 은사주의 신앙에 기를 펴지 못하고 그들의 고집과 아집과 편견에 기가 죽어 말도 못하고 따라 하기에 급급하다. 본 저자의 저서 '신통방통 방언 무엇인가?'에서 언어학적이며 성경적으로 원어적인 분석과 해석으로 방언에 대한 설명을 했다. 본 저자의 저서 '기복교인가, 기독교인가?'와 '신통방통, 방언 무엇인가?'의 이 두 저서를 보면 한국 교회의 기본적인 성경에 대한 개념을 이해 할 수 있으며, 이 부분만 참고한다면 한국 교회의 상당한 부분이 개혁될 수 있을 것임을 감히 주님의 이름으로 기도하고 소망한다.

대부분의 기도들은 목회자와 성도들을 구분 없이 자기중심적인 기도가 모두 꼭 같다. 하나님을 자기 자신이 바라고 원하는 대로 부리는 기도이다. 자기 마음대로 억지로 라도, 강제적으로라도 부리는 기도가 대부분이다. 하나님의 뜻을 구하고, 하나님의 뜻과 의가 무엇인지 알아보려고 성경을 잘 알아서 하나님의 말씀인 성경은 무엇을 원하는지에 따라 기도를 해야지 내 뜻, 내 마음대로 구하는 것이 기도의 대부분이다. '능치 못 함이 없느니라', '기도대로 될 지어다', '떠나갈 지어다', '나을 지어다', '이루어 질 지어다',

　물론 그런 기도가 없을 수 없다. 야곱의 얍복강의 기도, 등 하나님과 사람에게 이기는 기도, 다윗의 저주의 기도 등 기도에는 있을 수 없는 기도도 있을 수 있으며, 억울함의 호소, 저주의 기도도 있을 수 있으며, 기도 가운데 죄를 짓는 기도도 많다. 기도 중의 기도는 하나님의 말씀 즉 성경을 열심히 집중하여 읽고 또 읽고 연구하고 묵상하며 찬양하며 하나님의 깊은 뜻을 알 때까지 성경을 잘 공부하는 것이 기도의 가장 핵심이며 기도의 진수이다. 기도는 인내의 기도이다. 인내와 기다림이 기도의 최우선적 요소이다. 기도의 대부분의 자기 탐욕과 자기 합리화가 많다. 기도의 기본과 원칙은 예수님이 가르쳐 주신 기도이다. 제자들도 물리치시고 홀로 한적한 곳으로 가셔서 조용한 곳에서 아버지의 뜻을 구하는 것이었다.

　항상 예수님의 기도의 본을 따라 기도하는 것이 중요하다. 그러므로 기도는 채움과 당장의 목적을 이룸의 기도라기보다는 내려놓음과 비움과　나눔과 감사와 겸손, 그리고 사랑과 화평과 평강의 기도가 우선 되어야 한다. 그리고 인내와 기다림으로 주님의 때를 기다리는 것이다. 결국은 주님께서는 예비된 아름다운 적절하고 훌륭한 응답을 주신다는 확실한 믿음으로 인도하신다.

7. 헌금주의, 성경적 연보

요2:21. 그러나 예수는 성전된 자기 육체를 가리켜 말씀하신 것이라

십일조 헌금, 일천번제(일천 번제), 주일 헌금, 건축헌금, 감사헌금, 심방헌금, 생일감사, 진급, 승진, 취직, 입학, 합격 감사헌금, 회갑 감사, 결혼감사, 기일감사. 친교감사, 강단꽃꽂이 헌금, 이사 감사헌금, 헌금의 종류만 수십 가지이다. 일상의 모든 것이 헌금 제목이 된다. 놀라운 헌금이다. 성도들은 국가에 모든 세금을 내고 있다. 구약에서는 헌금이 공동체와 제사와 성막과 성전, 그리고 레위족 등의 모든 면에 사용되어야 했다. 그 당시는 제물과 헌물은 공공적인 공동체를 위한 재정이 되었다. 헌물은 레위인들의 소득과 제사장들의 소득이 되며 공동체를 위해 모든 민족과 족속들의 공동체의 소유로 사용되었다. 오늘날의 세금에 해당되는 것이 헌금이었다. 그러므로 요즘의 성도들의 나라에 세금도 내고 교회에도 같은 헌금을 더 많이 내고 있다. 헌금을 위한 그 분위기와 심리적 유인은 감히 어떤 마켓팅도 범접할 수 없는 테그닉이다. 예배에 대한 순서와 그리고 성도들의 조직과 배치 등은 매우 현명하고 뱀처럼 지혜롭게 하나님도 놀라 자빠질 지경이다. 성도들도 돈으로 하나님도 고용하여 기도의 효과를 보려고 한다. 헌금으로 하나님도 사고 예수님도 고용하여 자기의 목적을 이루려고 한다. 돈으로 못할 것이 없다는 헌금기도와 기도헌금이 있다. 헌금이 만능이다. 목사에게도 만능이지만 성도들도 만능이다. 한국교회에서는 '헌금으로는 능치 못함이 없느니라'라고 하고 있다. 헌금을 강조하는 교회는 다니지 말 것을 권면한다. 헌금에 대해서 말하면 속히 교회를 옮기기를 권면한다. 헌금 안 해도 그렇게 잘못된 믿음이 아니다. 교회를 믿지 말기를 권면한다. 목사를 믿지 말기를 권면하다. 교회는 건물이며 신자들의 모이는

장소일 뿐이다. 성전은 예수님이시며, 신실한 구원 받은 성도들의 육신이 성전이시다. 우리의 신실한 육신은 성령이 거하는 성전이 되는 것이다. 가정 교회를 세우시기를 축원한다. 부부와 가족이 가정에서 집에서 예배드리면 교회이며 성전이 되는 것이다. 헌금은 안 내도 된다. 국가에 세금은 꼭 내야 한다. 세금을 얼마나 많이 내는가? 모든 물건을 사면은 세금을 포함해서 소비자가 세금을 내는 것이다. TV에서 손흥민이 나오는 축구 경기를 보면, 손흥민에게 돈을 내는 것이다. 손흥민이 그 많은 돈을 받는 것은 한국의 TV 중계권료와 광고비, 손흥민의 소속 구단의 기타 많은 상품과 마케팅 관련 등에 포함된 금액을 계산해서, 그리고 한국에서의 소비성향과 여러 가지를 고려해서 한국선수를 기용하는 것이다. 류현진에게 많은 돈을 배팅하는 것은 중계권료와 광고비 등 한국에 대한 시장을 감안하여 류현진에게 고액의 개런티를 지불하는 것이다. 물론 선수 개인의 능력을 기본 바탕으로한 것은 당연하다. 선수 자신이 그만한 실력과 능력이 있기 때문인 것은 말할 것도 없지만 그래도 그런 구조적인 점들 때문에 그 선수를 기용하는 것이며 그런 구조적인 것은 우리가 TV를 보는 것으로 결국은 그 선수에게 지불되는 금액이 산출되고 그런 구조적인 점으로 인하여 우리는 비용을 지불하고 있는 것이다. 우리의 신자들은 이러한 여러 가지로 많은 헌금에 유인되어 있어 최면화된 헌금을 내고 있는 것이다. 이제는 성도들이 좀 더 많은 성경에 대한 공부를 해야 한다. 너무 교회의 목회자들에게 의존적인 성경과 교리를 공부 당하기 때문에 헌금으로 당하고 봉사라고는 미명으로 당하고, 헌신이라는 미명으로 당하고 하여튼 각종 그럴듯한 기복주의적 성경 해석과 적용으로 옮아먹을대로 옮아 먹는 교회의 현상이다. 속지 말자. 성경을 제대로 번역하고 해석하고 적용할 줄은 모르고 사술적으로 헌금제일주의적으로만 설교하고 해석하고 적용하는 목회의 테크닉과 잔머리는 고도로 발달된 한국교회의 모습이며 현실이다. 불쌍하다 한국 교회의 천진무구한 성도들이여! 공부하라, 진지하게 성경공부를 나와서 공부하라. 다니는 교회에서는 백년을 성경 공부해 보아야 더욱 더 속기만 한다. 이 교회, 저 교회에 다녀보고 성경도 이 곳 저 곳에서 공부해보고 해야 한다. 대부분의 목사들은 설교를 평가하지 말라 고 한다. 설교를 잘 한다, 못 한다 고 판단하는 것도 못 하게 한다. 자신이 없으니까 그런 것이다. 성경을 잘 공부하고, 자기의 성경 해석이 잘못 된 것이 드러나기 때문에 오직 자기 교회만이 옳다고 쇠뇌교육을 철저하게 한다. 이런 점에서는 이단이나 삼단이나 일단이나 모두 꼭 같다. 요즘 유행하는 말이 있다. '한국교회 망해야 산다'는 말이다. 얼마나 한국 교회가 타락했으면 이런 말이 나올 지경까지 갔는가? 이 정도의 타락의 극치는 대형교회에서 나온다. 완전 세속 정치보다 더 할 정도로 저속하고 치졸하며 온갖 못된 것의 종합판 이다.

8.권위주의와 독재교황목회

교회에서는 민주적이면 안 된다는 것이 한국교회에서만 있는 율법이다. 교회는 신정정치만이 있다는 것이다. 그래서 목사는 신정정치로 교회를 다스린다고 하는 것이다. 한 마디로 전혀 그렇지 않다. 그러면 장로회는 무엇이며, 총회는 무엇이며, 공동의회는 무엇이며, 교회에서의 각종 모임은 무엇인가? 왜 인가? 모두 목사님이 그냥 지시하고 명령하면 되는 것이지 무엇 때문에 시간 낭비, 돈 낭비해 가면서 모임을 갖는가? 목사만 하나님의 뜻을 대신하고 대리하며 다른 사람은 모두 사탄 마귀의 뜻대로 한다는 것인가? 말도 되지 않는 생각과 관념이다.

그것이 성경을 왜곡하고 하나님을 빙자하며 자기 탐욕과 사욕을 채우려는 수법이고 사술이며 비성경적이며, 비율법적이며 기만이고 오만이며 편견이며 독재이다. 성도는 모두 하나님의 동역자이며 사역자이며 하나님의 일꾼이다. 횡적 연대의 공동체이다. 계급적이기도 하지만 한편으로 비계급적인 조직이 교회 공동체이다. 조직과 질서는 존중하고 지키되 연합과 합력의 선을 위한 공동체이기에 질서와 품위와 사랑과 겸손과 지혜와 명철이 공동체가 모두 함께 교통하고 소통하여 이루어지는 아름다움 합력과 자유와 해방의 희생 제물이 되는 공동체이다. 교회 공동체는 모두 공동체의 일원의 자격은 철저히 N분의 1이라는 원칙이 지켜져야 한다. 이 N분의 1이 지켜지지 않는 교회는 사교집단이며 이단이다. 모든 교회 목사는 물론이지만 인간은 전적으로 부패하고 타락한 자들이다. 목사가 가장 탐욕적이며 자기 인간 중심적이며, 하나님의 이름으로 탐욕하는 사람이다. 목사일수록 비우고 내려놓고 나누고 없어야 한다. 가난하고 불쌍하고 어리고 여린 성도들의 피땀어린 물질 모아서 헌금하고 봉사하고 희생하며, 쓸 곳 많아도 쓰지 못하고, 자식들에게 잘 해주고 싶어도 못하고 열심히 살아도 너무 어려운데 목사의 자식들은 모두 외국 유학가고 그 돈들은 어디서 나오는 돈들인가? 사례비 외에 온갖 비용은 어디에서 나오는가? 사례비 외에는 교회에서 목사에게 지불되는 비용이 없는가? 성도들은 월급으로 세금내고 온갖 지출을 하고 또 각종 경조사비에 각종 헌금 종류대로 헌금하고, 하는데... 성도들은 헌금하지 말아야 한다. 왜 이런데 헌금하나? 물론 헌금을 열심히 잘 해야 한다. 교회는 아름다운 선한 하나님의 공동체이다. 좋은 면이 얼마나 많은지 모른다. 참으로 아름다운 주님의 몸이다. 문제는 목사의 탐욕이다. 이제 한국 교회는 제자훈련 받아야 할 사람은 오직 목사뿐이다. 목사 혼자서 피눈물나는 예수 제자 훈련 받아야 한다. 예수님의 직제자, 12 사도 중에 오늘날 한국 교회 목사처럼 살고 간 제자나 사도는 한 사람도 없다. 성도들은 열심히 순종과 희생과 봉사의 제자훈련은 시키면서 자기 목사 본인은 정반대로 그 성도들의 순종과 희생과 봉사의 열매는 다 가져간다. 혼자 독식하여 쌓고 쌓고 하늘 끝까지 바벨탑을 쌓아서 유산으로 쌓아놓고 그것도 부족하여 통째로 털도 안 뽑은 통닭으로 세습까지 한다. 좀 창피 하지 않나? 좀 뻔뻔하지 않나? 하기야 목사들은 항상 기도하는 것이 '담대 하라'하니까 무엇에든지 담대하다. '담대 하라'는 것은 그런 것에 담대하라는 것이 아닌데 적용을 그런 식으로 하니까 성도들도 따라서 그런 식으로 담대해진다. 적용을 반대로 하니까 항상 문제가 된다. 청와대 앞 광장교회 전*혼 목사처럼.

권위주의에는 계급주의가 함께 한다. 권위는 계급적일 때, 그 효과가 나타나기 때문이다. 그래서 교회도 조폭 조직처럼 되어 있다. 아니 군대 조직보다 더 하다. 신학교 다니고 있으면 벌써 엘리트 장교이다. 장로는 선임하사 , 주임상사와 같고, 집사 권사 등은 물 하사, 평신도는 말단 졸병이다. 철저한 조적적 계급주의가 교회에서 이루어져 있다. 성도는 모두 왕 같은 제사장이요, 하나님의 사역자이며 동역자이고 하나님의 일꾼들이다. 위와 아래와 그리고 횡적인 조직을 무시하는 것이 아니라 상하와 앞과 뒤와 옆을 서로 사랑과 배려와 평등한 동역자적 역할을 서로 감당하고 존중하며 공동체로서의 투명하고 사랑과 질서와 품격있는 신앙의 공동체가 되어야 한다. 예수 그리스도의 한 지체로서의 모두가 그리스도 안에서의 직분과 직능을 서로 합력하고 배려하는 능률과 능력의 공동체가 되어야 한다. 그러나 일방적인 상하 위아래 관계만 형성되고

9.지역파벌주의

한기총 전 목사는 지역파벌주의 교단의 사생아이다. 한국에 교파가 많은 원인과 이유가 무엇인가? 지역감정의 타락한 퇴폐적 정치가 그대로 한국교회와 교단과 신학교에까지 들어와서 행패를 부리고 있다. 정치의 못된 것은 다 교회와 교단 신학교가 배우고 실천한다. 한국교회의 교단이 분파되고 나누어지고 서로 싸우고 한 그런 역사가 무엇 때문인가? 대부분이 지역감정 싸움이다. 정권의 하수인처럼 독재 권력에 편승하여 교세를 확장한 지역 편파적 정권에 아부하여 어용목사들이 서로 편을 짜서 독점적 교단을 편성하여 나누어진 것이 대부분이다. 그로 인하여 신학교도 나누어지고 아직까지도 그 상처는 치유되지 못하고 나누어진 교단이 계속 되고 있다. 아무리 세상이, 정치가 지역적이고 편파적일지라도 교회에서는 금해야 할 지역감정적인 대립이 교회에서 더 심하다. 이는 한국교회가 정치보다 더 저질이고 더 악질적인 요소가 많으며 심지어는 무식하고 상식 없는 목사들이 공공연하게 교단에서, 강단에서, 설교에서, 세미나에서나 기도원에서까지도 지역적인 정서를 그대로 드러내고 있다. 그러면서 특정 정당이나 정파를 옹호하고 지지하는 등 정말 상식도 없고 무지한 목사가 너무도 많다. 회중 성도들에게 반말로 하대하기도 하며, 음담패설도 자랑스럽게 한다. 장로나 집사 권사들을 회중들 앞에서 종 나무라듯 나무라고 비난하고 저주하기까지 한다. 이런 목사들이 너무 흔하고 많다.

총회에서도 온갖 부정적인 선거는 다 한다. 초등학생 반장 선거만도 못 하다. 폭력도 다반사다. 선거 지지표 매수, 몸싸움은 기본이고 욕설과 공기총도 들고 나와 공포와 위협으로 협박도 하는 등 그야말로 무법천지도 그런 곳이 없다. 목사들만이 회의하니까 아마도 천국회의 하는가 보다 할 수 있을지 모르지만 천만의 말씀이다. 가장 타락하고 무자비하고 비인격적이며 폭력적이기도 하고 안하무인, 비아냥과 욕설 등 세상보다 더 세상스럽고 세속적이며 저속한 회의가 총회이다. 차라리 조폭총회가 더 낫다. 속이 없어져야 할 모임이며 단체이다. 상인조합이나 노조 등 이익단체에 불과하다.

10.신학교육개혁

신학교는 예수님의 사도나 제자가 양성되는 수도원과 같이 되어야 한다. 신학개혁 없는 교회개혁은 허구이다. 신학은 예수 제자 만들기 이다. 신학생들의 자질문제가 한국교회의 자질문제이다. 신학교육제도의 개혁 없이 목사의 자질은 저질이다. 유급이 없는 학점, 성경을 별로 공부하지 않는 신학, 돈만 있으면 목사 되는 신학교, 소명과 사명 없는 신학생, 기초실력이 없는 무인가 아무나 신학교, 무학력자, 장애우, 60~70 노령신학생, 아무나 목사 안수, 목사를 배출하는 신학교는 400~500여 곳, 인터넷, 사이버, 통신신학 등 이루 헤아릴 수 없는 신학교, 신학 박사 학위도 돈 만 있으면 너무 쉽게 아무나 신학박사, 너도나도 신학교, 교회무직분자 신학교, 교회마다 신학교, 아무나 선교사, 신학생들이 기성교회에서 배울 것이 없다. 오히려 기성교회의 잘못된 것들을 더 많이 배우고 오히려 잘못된 목회를 배운다.

존 낙스는 학교를 세워 젊은이에게 도덕과 경건을 가르치는 것을 교회의 존재 이유로 이해했다. 또한 낙스는 교육을 통해 무지와 우상숭배를 일깨우고 도덕을 함양할 수 있기에, 경제력이 없는 가난한 가정의 아이들도 학교에 다닐 수 있도록 무상의무교육을 정착시켰다.

이런 정신에 따라 스코틀랜드는 초등학교부터 대학까지 체계적이고 통일된 커리큘럼을 마련했다. 특히 당시 최고 학문으로 여겨지던 신학 의학 법학 분야는 라틴어 헬라어 등 언어를 익히고, 논리학 수사학 변증학 수학 자연철학 등 기초 학문을 이수한 학생만 교육받을 수 있었다. 목회자가 되기 위한 신학의 경우, 위의 기본 학문에 2년 동안 성경을 원어로 연구할 수 있도록 헬라어와 히브리어 교육을 받고 신약과 구약(성경신학)을 공부했다.

스코틀랜드의 신학교육 과정과 비교하면 현재 한국 교회의 신학교육이 얼마나 위험한지 알 수 있다. 지금 한국 교회는 무인가신학교까지 난립해 교육 수준이 낮고, 신학교의 교육이념이 불확실하며, 교수의 자질부족과 커리큘럼 문제로 목회 현장에 적합한 사역자를 배출하지 못하며, 학교 재정이 열악해 양질의 교육이 이루어지지 못하고, 신학교와 목회 현장이 괴리됐다는 지적을 받고 있다.

특히 스코틀랜드 교회는 초등학교부터 대학까지 기독교 이념을 바탕으로 교육 과정을 세웠다. 그러나 교육과정이 정부주도로 이루어지는 한국에서 어릴 때부터 체계적이고 지속적으로 기독교 교육을 진행할 수 없다. 문제는 목회자 교육이 이루어지는 신학대학과 신학대학원 교육도 체계적이지 못하다는 것이다.

신학대학과 신학대학원 교육 과목이 중복되고, 일반대학 졸업생과 신학대학 졸업생을 구분하지 않는 신대원 교육 과정 등 문제가 많다"고 지적했다. 신학대에서 배운 과목과 신대원 교육 내용이 비슷하고, 신학에 대한 이해가 부족한 일반대학 졸업생에 대한 배려와 신학대학 졸업생을 위한 차원 높은 교육이 없다는 것이다. 헬라어와 히브리어 등 성경 원어 교육을 철저히 시켜 성경 주해와 강독을 강조한 스코틀랜드 교회와 비교하면 한국 교회의 신학교육 수준은 더욱 할 말이 없어진다.

스코틀랜드교회처럼 초등학교부터 교육 체계를 세우지 못하더라도, 최소한 신학대학과 신학대학원의 교육을 연계시켜 체계적으로 운영해야 한다고 강조했다. 학부는 본격적인 신학교육에 앞서 교양과 인문학 언어 관련 교육에 집중하고, 신대원에서 신학 관련 교육과 함께 목회현장과 접목된 교육이 진행돼야 한다는 것이다. 또한 무상교육을 실천한 낙스의 교육정신을 이어받아 학생들에게 경제적 지원을 많이 제공하고, 교수 대 학생 비율을 낮춰 밀도 있는 수업이 진행돼야 한다

신학교육을 전담하는 신학대학원의 존속 가능 여부는 여전히 불투명하다. 10년 주기로 2015년 조사된 종교인구 조사 결과 , 가장 주목할 부분은 종교인구의 급감이다.

2005년 조사 대비해 2015년 조사에서 개신교 인구는 968만명으로 120만명이 늘어났지만 전체 종교인구는 10년 전에 비해 9%의 큰 폭으로 줄었기 때문이다. 이처럼 탈종교화의 시대적인 흐름 속에서 신학대학원은 계속 존속 가능할지 의문이다. 여기에 학령인구의 감소와 신학대학원 지원자 감소도 신학대학원 존속 가능 여부에 대한 불안감을 더해준다. 본교단 7개 직영 신학대학원 입시 결과에 따르면, 일부 신학대학원의 경우 감소 추세가 뚜렷해지고 있으며 일부 신학대학원은 신입생 모집에 어려움을 겪고 있는 처지다. 여기에 한국교회 신뢰도 추락도 신학대학원 교육의 위기를 가속화시키는 결과를 초래한다.

신학교는 영어로 세미나리(Seminary)로 라틴어 세미나리움

(Seminarium), 모판에서 온 말이며 '세멘(Semen)'은 씨를 뜻하는 말로 볍씨나 고추씨를 뿌려서 키워 내는 모판, 이것이 세미나리의 어원이라고 한다.

이처럼 신학대학원은 총회의 영향을 받을 뿐 아니라 신학교로서는 상대적으로 자율성이 부족할 수밖에 없는 구조다. 여기에 신학대학교 4년을 졸업하고 신학대학원에 입학한 경우와 달리 일반대학교를 졸업하고 신학대학원에 입학한 경우는 신학대학원 3년 과정이 준비된 목회자를 양성하기에 턱없이 부족한 기간일 수밖에 없다.

심지어 목회 현장에서는 신학대학원 3년을 공부하고 졸업한 목사후보생을 향해 제대로 할 수 있는 것이 없다며 불만을 토로할 지경이다. 신학대학원에서 목회 현장과 관련된 지식과 성도들을 훈련시킬 교육을 제대로 받지 못한데 대한 불만이다. 사실 대부분의 신학대학원에서는 성서신학과 조직신학 역사신학 실천신학 등의 전통적인 신학 분류 방식에 따라 신학교육을 실시하고 있다. 이런 분류는 현대신학의 아버지라 불리는 슐라이어마허가 도입한 방식으로 지금은 여기에 기독교윤리학과 기독교상담학 등 현실에 맞는 일부 과목을 포함시킨 정도다.

실제로 기독교 신앙이 세상의 사상과 문화, 과학과 예술, 정치 경제와 어떤 관련이 있는지에 대해 폭넓게 읽고 생각하고 공부할 수 있는 신학대학원은 많지 않다. 특히 목회의 대상인 평신도 사역을 위한 커리큘럼을 운영하는 신학대학원은 그리 많지 않다. 최근 본교단 총회에서 관련 부서의 청원으로 평신도 과목을 개설하기로 결의했지만 실효성에 대해서는 여전히 의문을 가질 수밖에 없다.

신학대학원과 목회 현장과 멀어진 거리감은 신학교육의 가장 큰 위기로 손꼽힌다. 이에 대해 박상진 교수는 "신학교육 과정은 목회자가 되기 위한 자격요건을 갖추는 과정으로 전락하고 목회를 위해서는 각자의 경험과 신학교 외의 교육 및 훈련프로그램을 필요로 하는 형태로 변모해가고 있다"고 지적한 바 있다.

신학대학원과 목회 현장의 분리현상은 신학교수들에게도 일말의 책임이 뒤따른다. 그는 "대부분의 신학교수들은 한국교회라는 상황 보다는 학문적 관심에서 출발하고 있고 미국이나 유럽에서 신학을 공부한 후 이를 신학교 학생들에게 가르치는 방식을 취하고 있다"고 언급한 후 "이 과정에서 어느 정도 한국의 문화와 토양, 한국교회의 사회의 상황에 대해 인식과 문제의식을 지녔는지에 대해서는 의문"이라며, "결국 한국교회와 사회, 문화와의 접촉점을 상실한 채 신학교육이 이뤄지게 된다"고 언급한 바 있다.

오늘날 신학대학원 신학교육 중에서 성서학 분야의 약화도 하나의 문제점으로 지적한다. 강치원 박사는 국제학술대회에서 "오늘날 한국 신학교 신학교육 중에서 성서학 분야의 과목이 단지 1/n의 비중으로 개설되고 헬라어와 히브리어에 대한 비중이 약화됐다"면서 "루터와 교회경건주의자들이 신학수업에서 본질적으로 가장 중요하게 생각한 것이 바로 성서연구였다"고 강조했다.

성서를 바르게 알기 위해서는 헬라어와 히브리어를 제대로 공부해야 되지만 오늘날의 신학교육은 오히려 그렇지 못하다는 지적이다. 목회의 많은 부분을 차지하는 설교를 제대로 하기 위해서는 신학대학원에서 성경을 바로 읽고 주석하는 방법을 배워야 한다. 목회자들은 성서주석을 통해 끌어낸 메시지를 현실에 맞게 재생산해 설교를 통해 선포해야 하기 때문이다.

오늘날 한국교회의 침체 원인 중의 하나가 목회자의 자질 문제다. 교인들을 지도하고 감독하는 직책인 목회자는 교인들 보다 영적 도덕적으로 탁월하진 못해도 우월해야 하지만 그렇지 못해 사회로부터 많은 지탄을 받고 교회를 부끄럽게 만든다. 이처럼 목회자 자질 문제는 결국 신학교육으로 귀결될 수밖에 없다. 제도적으로 볼 때 목회자는 신학대학원에서 대부분 만들어 진다고 보기 때문이다. 이러한 문제를 해결하기 위해 신학대학원에서는 여러 방안에서 대안을 찾고 있는 것으로 나타났다. 신학대학원 신입생은 1년간 반드시 기숙사 생활을 하며 영성훈련을 실시하고 있으며 주말경건훈련을 통해 목회자의 영성과 인성 훈련에 역점을 두기도 한다.

11.헌금의 투명성, 헌금의 사유화

요2:21. 그러나 예수는 성전된 자기 육체를 가리켜 말씀하신 것이라

목사가 교인들 몰래 예배당을 처분하고 다른 교회로 옮긴 일. 목사가 교회 건축 자금 집행 내역을 요구하자 장로들이 목사를 명예훼손으로 고소한 일도 있다. 모두 교회 재산을 둘러싸고 목사와 교인 사이에 벌어진 갈등이다. 목사에 대한 문제를 교단 재판국에 고발하면 목사가 백전백승한다. 아무리 목사가 잘못해도 목사가 이긴다.

교회 재정 문제는 교회 분쟁 단골 메뉴다. 사역뿐 아니라 교회 재정도 건강하게 관리해야 한다는 목소리가 전부터 꾸준히 제기됐다. 교회 재정 건강성을 위한 해법들을 소개한다.

가). 교회 재산문제

교회 재산은 소유권이 누가에게 속할까? 법적으로 교회 재산은 '총유 재산'이다. 공동의회와 당회의 결의를 거쳐야 권리 행사가 가능한 재산이다. 무엇보다 중요한 결의가 당회원의 결의이다. 만약 교회 대표자가 공동의회(혹은 교인 총회) 결의를 거치지 않고

재산을 처분한다면, 이는 재판에서 원인 무효 판결을 받을 수 있다. 교회재산은 등록 세례교인의 N분의 1이다라는 것을 분명하게 선포하고 모든 권리와 의무를 지키도록 해야 한다.

나). 재정 운영

한국교회 고질적인 문제는 목사의 하수인들인 당회원 몇사람이 재정 운영을 독단적으로 결정하고 비밀스럽게 집행한다. 카톨릭의 제자회와 같은 성격의 사적 비밀집단이 교회 내에 있는 것이 대부분이다. 중국 공산당의 비공식 원로정치회의 같은 곳이다.

교회는 공동체다. 이는 교회가 지닌 가장 중요한 특성이다. 교회는 교인들이 토론과 의사 결정에 참여하는 자유민주 방식으로 재정을 운용할 필요가 있다. 특정 권한이 소수에게 집중된 집단을 공동체라 말할 수 없다.

다). 감사와 보고

교회 재정 투명성의 기본적인 방법은 정기적인 감사와 재정 보고이며, 수입과 지출이 담긴 결산서를 일반 교인에게 공개해야 한다. 공개보고하지 못하는 것은 부정과 비리가 많다는 증거이다.   교회는 공동체다. 공동체성이 우선되어야 한다. 함께 고민하고 씨름하면서 공감대를 형성하기까지 이해하고 조정하는 과정이 중요하다. 문서 배부가 어렵다면 홈페이지에 결산서를 공유하는 방법도 있다. 그런데 그렇게 하는 교회는 한군데도 없다.

라). 외부감사

회계감사 제도는 결산서가 지닌 타당성·공정성 등을 입증하기 위해 고안된 감시 체제다. 담당자가 기록을 누락할 수 있고 잘못 기재할 수 있기 때문이다.   외부감사는 목회적 안목을 갖추고 교회 생리를 잘 이해하는 교계 관련 회계 기관에게 받는 것을 권한다. 외부감사는 비용이 많이 들어 작은 교회는 도입하기 어려울 수 있다. 그럴 때에는 독립적인 내부 감사위원회를 두어 검증 절차를 밟아야 한다.

마). 민주적 정관(헌법)

교회는 민주적 정관을 제정해야 한다. 모든 직분은 임기제를 실시해야 한다. 특히 목사의 임기제를 실시하고 연임 제한을 확립해야 한다. 그리고 정관에 따라 회무가 이루어져야 한다. 교회가 정관을 만들 때, 교회 구성원은 교회 운영 방침을 놓고 토론하며 의견을 개진하여야 한다. 자연스럽게 민주적인 교회 운영에 관심이 대두되고 재정 운영 철학도 논의하여야 한다. 교인들이 재정 운영에 직접 참여하여야 한다.

바). 연보는 구제를

과거 교회는 헌금 대신 '연보'라는 말을 썼다. 연보는 "자기 것을 내놓아 다른 사람을 돕기 위해 보탠다"는 뜻이다. 교회가 연보의 의미를 되살릴 필요가 있다. 연보는 구제가 최우선이다. 이는 성경적 연보헌금이다. 교회 재정은 사회적 책임과 공공성을 지닌다. 교회 재정의 투명성은 필수조건이지 명분조건은 아니다. 재정을 아무리 투명하게 운영한다고 해도 교회중심으로 헌금을 사용한다면 옳다고 볼 수 있을까. 헌금은 연보가 되어야 한다. 도움이 필요한 이들을 위해 사용되어야 한다.

아는 법조인은 교회문제가 법정에 오면 제일 골치 아프고 서로 자기 성경이 옳고, 자기 하나님이 옳다고 우기는 결론 없는 논쟁만 계속된다고 한다. 서로가 믿음과 하나님을 내세우니 참으로 난해하다고 한다.

기독교 교리 상 헌금이란 하나님에게 하는 것이지 교회에 하는 게 아니기 때문에 자신의 기대와 다르게 사용되더라도 자신이 헌금한 사실을 하나님이 부정하지 않는다"고 주장한다. 요약하면 헌금의 용처는 묻지 말라는 말이다. 무엇이든지 하나님만 핑계대면, 하나님과 믿음만 말하면 무엇이든지 합당하다.

수만 신도 규모의 대형교회 재정이 극소수의 손에 운영되고 있고, 이로 인해 분쟁이 일고 있는 건 불행한 일이다.

그런데 이 교회와 비슷한 양상이 한국교회, 특히 내로라하는 대형교회에 만연돼 있다는 게 더 큰 문제다.

이 문제를 해결할 방안은 의외로 간단하다. 교회도 목회자도 세금과 장부기장 의무를 가지며 복식부기제도를 도입하고 세무서에 모든 재정을 신고 보고하여야 한다. 교회도 국가의 공적 공공기관의 일부에 해당한다. 국가의 모든 누림은 다 누리고 부담은 없는 것은 이율배반이다. 재정을 투명하게 공개하면 된다. 교회도 제도권에 들어와야 한다. 예외가 있어서는 안 된다. 이는 종교 탄압이 아니다. 종교의 자유를 침해하는 것도 전혀 아니다. 세무조사는 받지 않드라도 올바른 투명성을 스스로 담보해야 한다. 믿어달라고 하기 전에 믿게 하는 제도를 스스로 만들어 지키게 하고 심사와 감사와 감독을 받아야 절제의 덕목을 지켜 행할 수 있다. 스스로 절제와 인내의 자율장치를 만들어 지키겠다는 각오와 결단이 있어야 한다. 이렇게 한다면 모든 사람들이 더욱 교회를 신뢰하고 믿을만한 단체로 여길 것이다. 결국은 교회를 위한 최선의 방법이 될 것이다.

교회는 이 사회 속에 존재한다. 예수 그리스도께서도 자신을 따르는 제자를 향해 '세상의' 빛과 소금이 되라고 가르쳤다.

그런데 교회가 세상의 빛이려면 우선 사회 규범부터 먼저 따라야 한다. 지금처럼 신도가 피땀 흘려 번 돈을 극소수의 종교권력자가 제멋대로 쓰고, 이를 숨기고 세습하는 행태를 고치지 않는다면 맛 잃은 소금 신세로 전락할 것이다.

12. 사교(私敎)이면, 사교(詐敎)이다.

목사를 포함해서 교회의 권한은 N분의 일이다.

교회세습에 대한 회개발언은 1997년 아들 김성관 목사에게 교회를 대물림 한 후 15년 만의 일이다. 충현교회의 교회세습은 대형교회의 '교회세습 1호'로 기록된 사건이기도 하며, 이후 대형교회들의 교회세습은 교회 내부와 세간의 비판에도 공공연하게 이뤄졌다. 물론, 아들이나 사위 등에게 교회세습을 하지 않은 대형교회가 없는 것은 아니지만, 대형교회뿐 아니라 교회세습은 한국교회에서 공공연하게 이뤄지는 현실이다. '교회세습'의 문제에 대해 오래전부터 문제제기가 없었던 것은 아니다.

목사와 교회에 맹목적 충성교인들도 문제

교회세습에 대한 이야기들이 나오면 개인적으로 목회자의 양심 문제도 심각하지만, 그것을 승인하는 교회구성원들의 문제가 더 심각하다고 본다. 교회에는 '공동의회'라는 의결기구가 있어 담임목사의 청빙은 공동의회에서 허락되어야만 가능하기 때문이다.

더욱 심각한 것은 담임목사와 장로들의 이익이 서로 공유되고 일정한 이해관계가 얽혀 있기 때문이다. 인간적인 관계가 있는 것도 중요한 문제이다. 인간적인 문제, 그 동안 신앙 생활을 같이 했던 관계로 동조하고 서로 묵인하고 협조하는 풍토가 관습처럼 되어 왔던 것으로 옳지 않아도 부정하지 못하고 공로를 세우려고 경쟁하는 문제도 있다.

"제사장직 세습을 담임목사직 세습의 근거로 드는 경우도 있는데, 신약 시대에는 특정한 계급의 사람들만이 아닌 모든 신자들이 왕 같은 제사장들(벧전 2:9)로 부름받았다"며 "그리고 구약 시대에도 제사장 가문은 생업의 기반인 토지를 기업으로 소유하지 못했다. 즉 그들이 대를 이은 것은 권력과 이익이 아닌, 희생과 헌신"

세습은 사교회화 또는 개인사업화 전형이다. 교회를 개인 소유로 생각하는 혈족 가족의 소유로 보기 때문이다. 문제의 발단과 원인은 재정과 교회재산의 불투명성과 그 재정에 대한 권한이 잘못 되어 있기 때문이다. 문제는 돈의 권한에 달려 있다. 모든 재정을 담임목사의 독단적 사용권을 남용해 왔기 때문에 그 권한을 다른 사람에게 양도한다는 것은 과거 계속되었던 부정한 재정과, 기존에 사용했던 재정과 재산에 대한 불투명성을 감추기 위해서도 세습이 절대적 필요일 수밖에 없다.

서양과 미국은 기업도 세습하지 않는다. 누가 해도 투명하기 때문에 할 필요가 없다. 오히려 책임이 더 무겁기 때문에 능력이 담보되지 않는다면 하려고도 하지 않는다. 사후에 그 책임을 물어야하기 때문이다.

장로교의 경우는 장로와 목사의 헌법적 기능을 속히 회복해야 한다. 목사는 설교와 교육과 선교 전도에만 집중하고 그 외에 치리와 임면권, 재정과 재산관리, 재정의 지출과 수입, 등 모든 교회 경영에 대한 부문에서는 담임목사는 완전 배제 독립되어야 한다. 그래야 설교와 성경 연구에 집중하여 설교와 예배가 살아 역사하는 은혜로운 교회가 될 수 있다. 목사가 행정 업무, 외부 업무까지 모든 문제를 독점하고 있어서 너무 바쁘고 과중한 업무에 목회를 잘 할 수 없고 재물에 욕심과 탐욕으로 타락하고 만다. 목사 본인도, 성도에게도 모두에게 힘든 교회가 된다. 질적 목회가 되어야 한다. 품격 있는 질적 부흥이 되어야 한다. 외형지향 성공주의 건물주의 교인 숫자로 평가 되는 목회는 지양되어야 한다.

교회는 모든 성도의 N분의 1이다.

세습은 공동체를 부정하는 것이다. 특정인에게 세습한다는 것은 모든 성도들에게도 세습권이 주어져야 공평하고 공정하다. 세습은 탐욕과 교만과 타락을 세습하는 것이다. 세습은 사탄 마귀를 세습하는 것이다. 세습은 반 신앙이며, 하나님에 대한 배신이며 하나님에 대한 반역이다. 세습이 아닌 세습, 세습 같아 보이지 않는 세습들도 많다. 위장 세습, 또는 지분 세습, 비밀계약 세습 등 온갖 기발한 방법의 세습도 문제이다. 계열그룹 같은 지분지배구조 세습 등은 재벌그룹의 지배구조 세습보다 더하다. 세습 교회끼리 인맥 형성하여 혼인관계 세습, 대형교회끼리 교환세습 등 기가 막힌 세습도 있다. 교인이동세습 및 교인몰아주기 세습.

신약성경 누가복음 16장 13절에는 이런 말씀이 있다. "집 하인이 두 주인을 섬길 수 없나니 혹 이를 미워하고 저를 사랑하거나 혹 이를 중히 여기고 저를 경히 여길 것임이니라 너희는 하나님과 재물을 겸하여 섬길 수 없느니라."

한국 교회 갱신하려면 교인들이 깨어야 한다

교회세습 문제나 다양한 문제점들을 해결하려면 교인들이 깨어야 한다. 세상으로부터 받는 비난이 신앙의 순결을 지키기 위한 과정에서 온 거룩한 고난인지, 자신들의 그릇됨을 지적하는 것인지 바로 보고, 들어야 한다.

오늘날 교회갱신을 부르짖는 목사나 교인이나 교회가 없는 것은 아니다. 그러나 대형교회나 이른바 보수적인 교회집단이 행하는 불의한 일에 가려 교회가 도매급으로 세상으로부터 비난의 표적이 되고 있다.

위선적인 종교지도자들에게 예수는 "맹인이 맹인을 인도할 수 있느냐? 둘 다 구덩이에 빠지지 아니하겠느냐?"고 말씀하셨다. 나는 이 말씀을 지금 한국교회에 주시는 말씀으로 읽는다. 맹

인임에도, 자신들이 모든 하나님의 진리를 다 보고 있다고 착
각하는 한 한국교회에는 희망이 없다. 대형교회나 만들고, 그
것을 세습하는 것이 하나님의 뜻이라고 착각하고, 그것을 지지
하고 지탱해주는 이들이 있는 한 한국교회는 이 땅의 희망일
수 없을 것이며, 성전숙청의 대상이 될 수밖에 없을 것이다.
이런 비참한 교회를 갱신하려면 교인들이 깨어나야 한다. 교인
들이 깨어나려면 양심적인 목사들이 현장교회에 제대로 청빙되
어야 하는데 그게 하늘의 별 따기보다 더 어렵다. 이래저래 위
기상황이다. 분명한 것은 이렇게 가다가는 조롱거리가 될 뿐
아니라, 하나님의 이름으로 하나님의 이름을 망령되게 하는 죽
은 조직이 될 수밖에 없을 것이라는 사실이다.
　"맹인이 맹인을 인도할 수 있겠느냐?"는 예수님의 말씀이 귓
가에 쟁쟁하다. 지금 한국교회의 앞이 보이지 않는 이유는 교
회가 자본(마몬)의 노예가 되어 하나님 아닌 재물을 섬기기 때
문이다. 그 길에서 벗어나야 비로소 눈 뜸의 기적을 맛볼 수
있을 것이다.
　솔직히 좀 비난받을 표현이지만 한국교회 망해야 산다는 말이
지난 친 말도 아닌 듯싶다. 오죽하면 이런 표현까지 나오게 되
었을까?

13.정치편향성

　보수 우파 기득권자의 편. 가난한 돈으로 재단 모아 보수 우
파 기득권자로 변신. 못 살던 과거를 잊고 배부르니까 가난한
성도들에게서 피땀 뽑아 그 재미에 더욱 더 학대하는 목사들,
돈에 미친 목사들. 자녀 미국 유학 안 보낸 목사 없다. 그 돈
이 사례비로 충당 되나?
　우리나라에서 서로 조심해야 할 말이 세 가지 있다. 첫째는

출신 지역에 관한 말이다. 둘째는 종교에 관한 이야기이다. 셋째는 정치에 관한 이야기이다.

이는 타협이나 협조 또는 화합이 없다. 서로를 인정하지 아니하고 모든 것을 이 세 가지에 국한하여 극단적 편협성으로 오만과 편견의 극한 대립을 가져온다. 무조건적으로 편견으로 대한다. 이제 우리나라 백성들끼리 자연스럽게 서로 이 세 가지를 당연히 대화하고 서로 인정하고 아무런 것으로 여겨야 한다. 서로 인정하고 공감하지 않아도 서로 사이좋게 지낼 수 있는 포용과 화합과 화평이 이루어지는 세상을 그리스도인들이 이루는 데 앞장 서야 한다. 특히 목회자는 이러한 것에 대한 사명과 소명을 가지고 있어야 한다. 그런데 오히려 목사가 더욱 오만과 편견이 극심하다. 목사는 좌로나 우도 치우치지 말아야 한다. 당연한 하나님의 말씀이다. 동서 남북으로 치우치지 말아야 한다. 빈부귀천, 남녀노소, 동서남북, 진보보수, 등에 어떤 차별도 없어야 한다. 하나님은 차별이 없으시다. 편견이 없으신다. 외모로 보지 않는다는 말은 차별이 없다는 뜻이다. 외모의 영어는 favoritism이다 이는 차별이라는 뜻이다. 편견이라는 의미이다. 하나님은 외모로 보지 아니하신다. 차별이 없으신다.

그리스도인은 병든 자, 장애가 있는 자, 노약한 자, 가난한 자, 불쌍한 자, 외로운 자, 연약한 자, 불편한 자, 핍박 받는 자, 과부와 고아, 나그네와 집진 자, 슬퍼하는 자, 고난 받는 자, 잘 곳이 없는 자, 먹을 것이 없는 자 등을 돌보고 그들을 위해 섬김과 나눔으로 대하고 그 곳에 참여하는 것이 그리스도인의 부르심이고 보내심이다. 그리고 국가의 사명과 소명은 혼자서 지탱하기에 어려운 자들을 국가가 최우선적으로 돌보는 것이 국가에 하나님이 부여한 소명과 사명이다. 국가의 최우선의 사명과 소명을 하나님이 위정자에게 위임하신 최선의 임무이며 책무이다. 이를 위해 그리스도인의 국가의 지도자를 위해 기도해야 한다. 이러한 분들에게는 국가가 기본권적인 차원에서 국가의 세금 예산을 최우선적으로 사용하는 것이 당연하고 의식주의 기본권이 절대 보장되는 나라가 되게 지도자 위정자는 최선을 다하는 것이 하나님이 위정자도 세우시고 맡기신 사명이며 소명이라는 것을 명심하고 또한 그리스도인을 더욱 이러한 일에 함께 나라와 위정자들과 기도하고 참여하여 서로 협조해야 하는 것이다. 그리고 백성들도 이러한 일에 최우선적으로 지도자와 위정자에게 협조해야 한다. 그런데 그리스도인들은 교회에서 모든 교회의 힘을 이러한 일들에 집중하여야 한다. 모든 교회의 재정을 최우선적으로 사용하고 그 규모도 대부분으로 해야 한다. 이 또한 하나님이 교회의 소명과 사명의 최우선으로 하실 것을 명령하신 것이다.

참교회의 모습이다. 그렇지 않다면 교회는 헌금 연보를 받지 말아야 한다. 구약에서도 제물은 공동체를 위해 사용하였다. 일종의 세금이었다. 이제 성도들을 세금도 내고 교회에 각종 헌금도 낸다. 2중, 3중으로 연보하는 것과 같다. 나라에 각종 세금을 다 내고, 교회에다는 각종 헌금을 다 내고, 그리고 나머지 돈으로 자식 기르고 가르치고 병 들면 치료하고 불의의 사고에 대비해 보험도, 저축도, 집도 사고, 등등 쓸 곳이 너무 많아 죽을 지경이다. 목회자는 세금도 안 내고 애들 유학비도 교회에서 성도들의 피땀으로 다 내주고 판공비, 일반 경비, 도서비, 등등 모든 경비, 승용차, 사택비, 등등 발등에까지 발바닥까지 다 교회에서 헌금 연보로 지불한다. 그러면서 설교는 개떡 같이 하고, 권위는 목이 부러져라 부리고.

그런데 요즘 목사들은 대부분 보수 편향성이 강력하다. 거의 대부분의 대형교회를 중심으로 거의 모든 교회가 교인들이 나이드신 분들이 대부분이기도 하지만 이제 교회도 가진 것이 많아 지켜야 하기 때문에 보수할 수 밖에 없는 모양이다. 대부분의 목사들이 가난하여 신학교에 가서 70년대 80년대 가난할 때 부흥해서 교회가 하루가 다르게 부흥하던 때라 이제는 돈맛을 알아서 돈이 없으면 죽음보다 더 무서우니까 지옥에 갈지라도 돈이 있어야 한다고 가난한 때를 잊어버리고 오직 돈 밖에 모른다. 성도들도 돈으로 믿음도 사고 직분도 사고 심지어는 하나님도 산다. 기도로 하나님도 움직이는데 '능치 못함이 없느니라' 라고 기도하면 된다.

한국정치는 실질적인 내전상태이다. 서로 상대 정당을 죽이고 실패하게 하여야 집권할 수 있기 때문에 목숨을 거는 단식과 온갖 과격한 행동을 총동원하여 수단과 방법을 가리지 않고 온 국민을 양분하여 투쟁하도록 하는데 교회도 이에 편승하여 싸우고 있다. 정치투쟁에 교회도 적극적으로 참여하고 있다.
온 나라가 진보와 보수로 갈라져 서로 죽일듯이 달려들어 싸우는 데 일부 교계인사들이 앞장서고 있다. 그들은 정치적 편향성을 거침없이 드러내고 있다.
정치와 교회는 분리돼야 한다는 주장은 일제가 한국교회의 독립운동을 막기위해 퍼뜨렸다는 설이 있다. 이는 실제 미국과 일본이 한국 침략을 테프프-가쓰오 밀약에서 필리핀과 한국을 서로 나누어 지배하는 방법에서 미국교회가 정치문제에 개입하지 않고 종교 활동을 용인하기로 한 것이다.
'미친 자에게 운전대를 맡길 수 없다'는 본회퍼의 말은 군사독재시절 반독재 투쟁하던 기독교인들의 전유물처럼 보였습니다. 지금도 모 목사는 반공을 주장하며 이 말을 쓰고 있다.

유신독재와 군사독재 시절, 젊은 청년학생들과 자유민주주의를 위해 희생하고 있을 때, 교회는 정의와 공의를 위해 어떤 스탠스를 가지고 있었는가? 부끄럽지 않은가? 이제 자유민주주의가 성숙된 이때에 온갖 시위에 자기세상처럼 나와서 데모하는 모습은 참으로 비겁하고 비양심적이지 않는가?

그런데 지금은 전모 목사가 가장 즐겨 쓰고 있다. 지난 제19대 대통령선거 당시 교인들에게 장모 후보 지지를 부탁하는 단체 메시지를 보낸 전모 목사에게 징역 6 개월에 집행유예 2년 형이 확정됐다.

14. 계급주의, 반대는 평등주의

신학교 나오면 장교이고 장로는 선임하사. 평신도는 사병 같은 조직이다. 십자군 계급, 십자가 군병들. 선교는 침략군 같은 계급이다.

자유 하지 못 하는 믿음은 믿음이 아니다. 자유 없는 신앙생활은 신앙이 아니다. 믿음은 자유의 평강이다. 교회가 자유를 주지도 못하고 자신의 믿음이 자유하지 못한다면 믿음은 헛것이다. 믿음은 우리의 영혼을 온전히 자유하게 하는 것이다.

계급주의는 믿음을 자유롭게 하지 못하게 하려는 교회의 술책이다. 이 계급주의 논리에서 속히 벗어나야 하고 이 계급주의적 교회와 그 목회에서는 속히 벗어나야 한다. 계급주의는 권위주의를 강화하기 위한 술책이다. 계급은 조직을 권위적이고 위선적으로 만들어 기만과 억누름을 조장하는 기술이다. 우리 인간은 스스로를 통제하는 것을 은근히 바라고 독재를 좋아한다. 강력한 군주나 왕이 있어야 한다면서도 자유를 갖기를 또한 이율배반적으로 원한다. 그것은 자신의 믿음이 없기 때문이다. 하나님을 온전히 믿는다면 무슨 자유함이 없겠는가? 자유함은 온전히 하나님을 믿는 믿음에서만 가능하다. 믿음이 없으면 자유함도 없다.

유럽의 기독교는 종교개혁 이후 이러한 성직의 개념을 교회에서 몰아냈다. 신 앞에 모든 사람이 평등하다는 평등주의가 그 자리에 대신 들어선다. 그러나 해방 이후, 독재 정권의 권위주의적 리더십이 이어졌던 우리나라에선 계급주의 권위주의 교회가 되는 다른 양상이 전개된다.

우리나라에서는 폭력적 위압을 카리스마라고 제법 유식하지도 못하면서 유식한 것처럼 꾸며서 좋은 것인 양 그럴 듯하게 표현한다. 카리스마는 헬라어 카리스 즉 은혜 하나님의 은혜를 말하는 원어에서 유래한다. 능력이라는 뜻이다. 그런 능력은 인간의 능력이 아니라 하나님이 부여하신 천부적 능력을 말한다. 무식한 조폭적 위압이 권위적이라고 하며 카리스마라고 하는 것은 우리나라에서만 쓰이는 의미이다.

목사들은 성도들을 성경을 모르게 한다. 그리고 오직 자기말만 순종하도록 길들인다. 한국 교회가 이단에 취약한 것이 이것 때문이다. 그래서 이단에 속수무책이다. 어떻게 이단 출입금지라고 하는 글을 붙이나. 창피하지도 않나? 자기 성도들은 이리에게 물려가는 양이라는 말이다. 자기 성도들을 무지한 앞 못 보는 양들이라는 뜻이다. 목사의 무책임하고 직무유기적 표시이다.

설교란 뜻은 교리 설명이란 말이다. 설교 시간에 교리 설명을 안 하고 엉뚱한 이야기나 늘어놓는 것이 대부분이다. 어떤 신자 후보에게는 신신한 장로 후보니까 적극적으로 난리를 피우며 지지하는 정치적 발언을 설교 시간에 떠들어 놓고는 이제 믿지도 않는 후보를 또 이런 이유 저런 이유로 정치적인 지지 이야기만 늘어놓은 설교시간이 대부분이다. 참으로 한심한 설교시간이다. 성도들이 너무 무지하고 질적으로 안 되어 있으니까 아무 말도 못하고 아멘만 외쳐대는 참으로 한심한 목사 밑에 한심한 교인들이 전부 다 이다. 의식 있는 제대로 된 교인이 몇 만 있어도 그렇지 않다.

속히 떠나라. 그냥 가정에서 부부끼리 아니면 혼자라도 예배 드려라. 가족끼리 자녀들과 드리는 예배라면 그렇게 아름다운 예배가 아닐 수 없다. 할렐루야! 꼭 군집성을 이루어야 은혜로운 예배라고 할 수만은 없다. 문제는 자신의 믿음의 영적 충만에 있다. 오히려 군집성과 분위기에 편승하는 믿음이라면 공허함이 오히려 많은 믿음이며 신실한 믿음이라고 할 수도 없다. 믿음은 자신만의 영적 은혜 충만에 있다. 예수님도 은밀한 믿음과 기도, 금식 등 은밀한 하나님과의 직접적 믿음을 강조하셨다.

본래 기독교는 자유와 박애, 평등이라는 보편적 가치를 가지고 있다. 정의와 공정이라는 말도 이 안에 들어 있다. 그리고 이 자유와 사랑(박애) 그리고 평등이라는 보편적 가치를 기독교 천주교를 가톨릭catholic이라고 한다. 그러나 그 보편적 가치가 변질되어 기독교가 독점적 권위적 절대적 하나님으로 변환시켜서 인간이 하나님의 지위와 권능을 절대 부패한 인간의 탐욕으로 변경한 것이다. 인간의 바벨탑적 부패와 탐욕이 인간들을 군림하고 폭압하여 자기 배를 채우는 데 혈안이 된 것이 정치이다. 하나님의 천부적 창조 섭리와 경륜으로 돌아가야 한다. 모든 인간이여 자유하라. 평등하라, 사랑하라 이렇게 외쳐야 한다. 모두 함께 외치자, 자유와 박애와 평등이여! 이에 꼭 필요한 컨텐츠가 있어야 한다. 그것이 질서와 품위이다.

그래서 사도 바울은 모든 것은 질서와 품위있게 하라는 말씀이다. 하나님의 태초의 창조 섭리가 질서이다. 그리고 품위이다. 그 말씀이 보시기에 심히 좋았더라가 품위를 나타내는 말씀이다. 질서는 시간의 창조이다. 빛은 시간이며 아침이 되고 밤이 된다는 것은 빛이 결정하는 것이며 빛은 질서의 의미이다. 시간은 빛에서 나온다. 생명은 시간으로 이루어져 있다. 빛은 질서이다. 보시기에 좋았더라는 것은 품위가 있다는 것이다. 그러므로 질서와 품위가 없는 것은 하나님의 것이 아니다. 인간의 것이다. 인간은 질서와 품위가 없다. 인간은 전적으로 타락되고 부패되고 거짓되고 탐욕된 존재이다. 그래서 쟝 칼뱅은 인간의 전전 타락과 전적 부패를 말하였다. 성경에서도 인간은 어느 누구도 전적으로 부패하여 의인은 없나니 하나도 없다는 것이 누차 반복되어 언급되고 있다.

믿음이라는 말의 헬라어는 '피스토스'이다. 이 말의 원어적 의미는 '설득'이라는 뜻이다. 믿음은 인간이 가질 수 없는 개념이다. 칭의라는 뜻은 의롭게 여겨 주다는 뜻이다. 의롭지 못하는데 믿는다고 하니까 그냥 하나님의 미쁘심이 의롭다고 여겨주는 것이 믿음이다. 그래서 하나님께서 인간이 하나님을 믿는다고 하니까 인생 끝까지 책임지고 설득하는 과정이 믿음의 과정인 것이 믿음의 생활이다. 그래서 로마서 2장 3절에는 "그 믿지 아니함이 하나님의 미쁘심을 폐하겠느냐"라고 하신 것이다. '미쁘심'이라는 뜻은 순수 우리말로 '믿음'이라는 뜻이다. 하나님의 믿음이다. 하나님께서 우리를 믿는 믿음이다. 하나님이 믿음 없는 우리는 믿어 주시는 것이 믿음이다. 그래서 우리의 믿음은 하나님의 전적 은혜이다. 인간의 자기 자의지로 믿는다면 믿어질 수 있는 부분은 전무하다. 그래서 전적인 하나님의 은혜 일 뿐인 것이 인간의 믿음인데 이는 하나님의 미쁘심일 뿐 어떤 인간의 믿음으로 이루어질 수 없는 것이 우리의 믿음일 뿐이다. 그러므로 믿음의 부산물로 우리에게 주신 것이 자유와 박애(인간사랑), 그리고 평등이다. 자유를 누리지 못함은 하나님의 창조 섭리와 보편적 진리에 대한 도전이다.

교회라는 체제 안에서는 믿음의 어떤 비젼이나 믿음의 상상의 나래를 펼 수 없다. 어떤 말도 의사 표현도 못하게 한다. 예수님의 시대에도 사도들에게는 어떤 계급도 없었다. 단지 자신의 믿음에 따라 능력이 나타난 사도에게 각각의 은혜가 나타났을 뿐이며 그 받은 은혜에 따라 능력을 받은 대로 사역을 담당했던 것이다. 오늘날 교회 안에서는 오직 조직 안에서만의 갇힌 믿음과 갇힌 비전 뿐이며 오직 헌금과 봉사만 있을 뿐이다. 벗어나 믿음 안에서 상상하고 소명과 사명의 상상의 나래를 펴라. 쫄지 말라. 당당 하라. 조직 안에 묶여서 오직 헌금에 노예일 뿐이다.

계급주의 교회가 인간 부패와 탐욕의 종교로 바꾸어 버렸다. 목사, 전도사는 장교로 기독교 로얄패미리가 아니다. 장로는 명예직이 아니며 목사의 보호막이 아니며 목사의 하수인이 아니다. 장로는 주임상사가 아니다. 권사는 선임하사가 아니다. 집사는 분대장이 아니다. 졸하사도 아니다. 순장이니 권찰이니 순찰이니 구역장이니 셀모임 리더니 하는 모든 조직은 무엇을 위한 것인가?

15. 교회의 민주화

정년제, 임기제, 목사재신임투표제

교회재정의 투명성 확보와 목사의 사례비의 투명성과 담임목사의 재정권 분리, 장로제 헌법 원칙 준수, 목사는 교육과 설교만 담당, 장로에게 행정 치리 일임하고 장로는 임기제, 감사제 교회의 민주적 운영 ,교회와 민주화-

한국사회의 민주화는 한국의 초대교회의 힘이 컸다. 서양의 선교사들은 우리에게 복음과 함께 민주주의도 심어주었다.

그것이 우리나라가 민주주의 정부를 수립하는 데 기초가 된 것이 사실이다.

물론 미국, 러시아, 중국 등 열강의 세력이 미친 영향도 크다. 그 후 민주주의가 위기를 맞을 때마다 교회는 그것을 지키기 위해 많은 희생과 노력을 기울여왔다.

그런데 교회는 과연 민주주의를 얼마나 받아들이고 있는가에 대해서는 의문이 든다. 참 아이러니하게도 교회는 민주주의와는 거리가 멀다. 오히려 신정통치라는 비민주적인 성경에 없는 성령교리로 교황제 목사제를 도입하여 종신임기제에 세습임기제까지 도입하고 있다. 완전 레위족화 되었다. 사사기를 완전 왜곡 해석하고 있다. 모세에서부터 사무엘 때까지는 사사시대이며 사사통치시대이다. 사사는 하나님이 가장 원하시고 바라시는 통치제도이다. 자율, 자주, 지파족속 자치제도를 시행했다. 위기 전쟁 때는 각 지파에서 자원하여 민병제의 자원병으로 전쟁을 하였다. 하나님이 이기셨다.

교회는 본질적으로 민주주의라기보다는 신본주의라는 이론적인 설명은 있지만, 어쨌건 우리나라 교회가 민주적으로 운영되고 있다는 표현은 적합하지도 않고 사실과도 거리가 멀다고 생각한다.

민주주의만이 복음적이다 라고 말할 수는 없다. 그것은 최선책에 불과하다. 그러나 교회가 민주주의를 세속적인 가치나 주의라고 일방적으로 부정할 수도 없다. 민주주의의 정신을 상당 부분 받아들이고 있기 때문이다. 겉으로, 형식적으로는 모양만 민주적인 것 같지만 실제로는 **목사교주주의**이다.

사실 총회, 노회, 당회, 그리고 공동의회, 제직회 등 교회의 기구와 조직들은 민주주의 정신에 입각하여 견제와 균형을 이루고 있다. 그것이 헌법에 잘 반영되어 있다.

그렇지만 교회 내에는 많은 갈등과 분쟁이 있고, 심지어는 교회 내에서 그걸 잘 해결하지 못하고 교회 바깥 법정에 들고 가는 일이 많은 건 왜인가?

이는 교회 헌법 등이 현실과 맞지 않거나, 아니면 그것을 잘 지키지 않거나 둘 중의 하나 때문일 것이다.

민주주의 방식이 교회 내에 잘 반영되어 의사결정 구조는 공동의회일 것이다. 전체 교인 총회에 해당되는 이 회의에서 교회의 가장 중요한 일들이 민주주의 방식에 의해 결정된다. 그러나 교회의 규모가 엄청나게 큰 교회에서 교인총회는 물리적으로 불가능하다. 또 활발한 토론이 불가능하다. 결국 교인 총회는 유명무실해지고 말았다. 큰 교회가 편법으로 공동의회를 운영하자, 작은 교회들도 이를 유명무실하게 이용하고 말았다.

그 다음의 의사결정 구조가 당회다. 그러나 당회는 그 회원들의 직분이 교회 내에서 계급화 하였고, 70세 정도까지로 반 종신제가 되면서 장기간 소수가 독점하게 됨으로써 많은 폐단을 만들어내고 있다. 진정한 교회민주화가 확립되어야 하며, 실질적인 목사교주주의가 속히 소멸될 때, 한국교회는 소망이 있다. **진정한 교회민주화 되어야 한국교회가 하나님 앞에 바로 설 수 있을 것이다.**

한국교회의 당회는 과장된 표현인지 모르겠으나, 교회 내에서 가장 폐쇄적이고 권위주의적인 의사결정 구조로 인식되고 있는 게 현실이다.

끝으로 제직회라는 것이 있다. 월, 격월로 정기적으로 열리는 제직회는 교회 직분자 총회나 마찬가지이다. 제직회의 가장 중요한 기능은 교회의 예산결산 감독이다. 그러나 당회원들이 제직회를 장악하여 통과의례화함으로써 자유로운 토론이 생략된 형식적인 과정으로 전락하고 있는 게 현실이다. 여러 가지 이유로 자유로운 토론과정이 보장된 제직회는 찾아보기 힘들다. 예산과 결산 자료만 해도 구체적으로 투명하게 공개하지 않는 게 보통이다.

결국 교회는 민주주의의 절차와 기능을 구현할 좋은 제도를 갖추고 있으면서도, 교인들의 자의반 타의반 무관심으로, 그리고 교회 지도층의 외면으로 그 의미를 살리지 못하고 있는 것이다.

교회의 민주화와 투명화의 좋은 예

어떤 한 교회는 전체 교인의 3분의 2 찬성으로 교회의 중요한 일을 결정한다. 교회의 규약이나 운영위원 선출 등이 그것이다.

거기에서 선출된 7명의 운영위원이 담임목사와 함께 8인 운영위원회를 구성하여 장로교회의 당회와 같은 기능을 수행한다. 여기의 위원들은 사실상 각 팀의 책임을 맡게 되어 기관 대표자 회의도 겸하게 된다.

중요한 것은 담임목사가 의결권이 없다는 사실이다. 발언권만 있다. 이는 철저하게 평신도들을 목회에 참여시키기 위한 배려다.

한국교회는 담임목사에게 너무 많은 권한이 집중되어 있다. 이 교회의 담임목사는 교회운영은 운영위원회에 맡기고, 교회를 대표하면서 설교와 목양에만 전념하고 있다.

그렇게 함으로써 평신도들의 참여를 증진시키고 있다. 그리고 이들의 임기는 1년이다. 운영위원회는 의결과 집행을 다 수행하지만, 당회와 같이 임기가 종신직이 아니어서 그 폐단을 줄일 수가 있다.

교회의 운영위원회는 복잡한 의사결정 구조를 단순화하고, 사역에 대해 1년마다 평가를 함으로써 많은 비효율을 줄이고 민주주의 정신을 정착시키고 있다.

교회의 시도는 이제 시작에 불과하다. 운영위원회에 청년과 여성을 얼마나 참여시킬 지 등 많은 숙제를 안고 있다. 그러나 교단 어른들이 알면 큰일이 날 혁명적 시도 이다

오늘날 교회내의 비민주화는 교회의 성장과 발전을 막을 뿐 아니라. 왕 같은 제사장으로 하나님의 동역자로 부름 받은 평신도 계층을 무력화하고 있다.

교회는 그 규모에 앞서 건강해야 한다. 목회자와 평신도가 아름다운 협력관계를 이룸으로써 건강을 회복할 수 있다. 그러자면 기왕에 도입되어 있는 민주주의 정신을 잘 살려 평신도를 왕 같은 제사장과 하나님의 일꾼으로, 그리스도의 동역자로 세워줘야 할 것이다.

성경에 나와 있는 방식이 반드시 성경적일 수는 없다. 헌법에 나와 있는 방식이 최선일 수도 없다. 현재의 상황에 가장 효율적인 방식을 찾아 교회를 온전하게 세워나가야 할 것이다.

이 교회의 사례는 교회의 민주화는 목회자가 먼저 나서야 함을 일깨워준다.

왜 교회는 목회가 민주적으로 운영되어야 하나

민주주의가 한국교회의 새로운 화두로 등장하고 있다. 즉 목회의 민주화이다. 구원 받은 자, 성도는 모두 하나님의 동역자이며 목사와 성도 모두 같은 사역의 동역자들이며 하나님의 일꾼들이다. 교회 내의 민주주의 즉 교회정치의 민주화가 중요하다. 한국교회 정치는 이제 복음의 문을 가로막는 지경에 이르고 있다. 개체 교회 내의 정치적 갈등이 교인들을 내쫓고 있을 뿐 아니라, ㅎㄱ총 같은 이익단체가 벌이는 행태가 사회 전반

에 걸쳐 불신자 전도를 어렵게 하고 있다. 이런 상황이 펼쳐진 이유는 한국교회가 올바른 교회정치를 연구하거나 가르치지 않았을 뿐 아니라 도리어 목사의 독재를 추구하였기 때문이다. 수단인 교회정치가 본질인 복음화를 훼손하고 있다.

각 직분의 임기제, 의사결정의 민주화, 재정의 투명성 확보는 한국교회 개혁을 이루어야 할 과제이다.

1. 교회 정치는 민주적이어야 한다

한국교회의 정치가 민주화해야 한다고 하면 꼭 등장하는 메뉴가 있다. 교회는 민주주의가 아니라 신정주의라는 주장이다. 신정주의가 무엇이냐고 물으면 마땅한 대답을 하지 못한다. 대략 하나님의 통치라는 뜻이라고 하지만 실제는 목사의 통치를 말한다. 그러므로 목사가 하나님과 직접 통하여 하나님 대리통치자라는 의미를 가지고 있다. 그래서 하나님의 권능을 오직 목사에게만 있어 교주적, 교황적 목회를 하는 것이다. 형식적으로는 교회 당회나 공동의회의 표결이라고 하는 요식행위에 불과하며 실제는 목사의 의중과 암시 등으로 이루어진다. 또한 대외적으로 대표하는 당회장, 대표 회장, 총회장 등 직분의 선거권과 보직의 핵심권력의 직분을 오직 목사만 갖게 되어 있다.

같은 신본주의 정치라도 형식적으로는 개신교는 민주주의에 가깝고 가톨릭교는 1인 교황통치에 절대적이며 성경의 권위보다 위에 있다. 이러한 점에서 진실로 성직자의 독재가 교회정치에 적합하다고 생각하는 개신교인들은 빨리 로마가톨릭으로 개종해야 할 것이다. 같은 민주주의 정치라도 미국의 민주주의는 신본주의 정치를 더 강조하고 프랑스의 민주주의는 인본주의를 더 강조한다. 미국의 신본주의는 매우 예외적인 것으로 유명하다. 세이무어 마틴 립셋 교수가 '미국 예외주의(후마니타스)'에서 정리한 것처럼, 미국의 초기 청교도들은 미국이 언덕 위에 세운 동네로서 새로운 예루살렘이며 세상에 자유와 정의의 빛을 전파하는 하나님의 도구라고 믿었다.

교회의 민주화 즉 목회의 민주화를 반대한다면 교회의 목회의 독재를 원한다는 것이다. 이는 교회정치 즉 목회의 신정정치라는 의미는 하나님의 직접통치라고 하는 것이라고 하는 것은 아니다.

민주주의를 반대하고 신본주의란 용어를 만들어서 쓰는 사람들의 대부분이 결론에 가서 목사의 독재를 지지하고 있다. 목사의 독재를 지지하는 태도는 역사적으로 상당한 배경을 가지고 있다. 한국인들은 민주주의에 대한 경험이 없기 때문에 내심 민주체제의 운영에 상당한 부담과 두려움을 느낀다. 마치 애굽에서 탈출한 히브리인들이 자유를 두려워하는 노예근성과 습관을 버리기 못한 것과 같은 것이다. 그것은 역사적으로 고려시대, 조선시대 등을 왕정만을 거쳐 일제 독재 등을 거치면서 박정희 군사독재 기간에 급속한 경제성장이 이루어졌기 때문에 독재는 성장에 유리하다는 오해가 목사의 독재에 한몫하고 있다. 박정희 독재 때문이 아니라 박정희 독재에도 **불구하고** 대한민국이 급속한 경제성장을 이루었다는 사실을 잘 모르기 때문이다. 독재의 피해와 잔악성을 직접 겪어보지 않은 사람은 이해할 수 없다. 오히려 독재가 없었다면 더욱 도덕성 있고 올바르고 질서와 바른 정치문화와 훌륭한 국민성으로 바르고 **빠른** 서양적 선진국이 될 수도 있었을 것이다. 미국의 청문회에서의 여러 역사적 증거들이 밝혀지기도 하고 있다. 한국정치는 아직도 후진국이다. 국민들의 노력과 능력으로 이루어진 민주화와 경제적 성장이다. 세계에서 가장 우수한 민족이며 가장 부지런하고 가장 도전적이며 어떤 여건과 환경에서도 굴하지 않고 도전하여 특히 신앙심이 세계에서 가장 높은 민족성을 가지고 있다. 민족적 DNA가 월등하다. 지금도 마찬가지이지만 지도자들보다 일반 국민들이 훨씬 훌륭하다. 그 백성들이 이룬 것이다.

시대의 흐름도 교회정치의 민주화를 지지하고 있다. 지금 한국사회는 세계 어느 나라보다 고등교육 수준이 높다. 요즘 교회 내에는 대학에서 전문분야에 전문가적 학식을 가지며 전문직에서 연구하는 신자들이 많다. 목사보다 공부를 많이 한 전문가들이 너무 많다. 그리고 신학적인 지식과 성경에 능통한 이해와 식견을 가진 젊은 인재들이 많다. 성경에 대한 이해와 개념이 풍부하며 교육과 찬양에 대한 음악적 달란트와 행정과 회계 등에 석사 박사 해외 유학파 등이 많다. 각 분야에 목사보다 뛰어난 인재들이 많은데 아직도 독선과 비성경적인 분야 즉 정치 경제 사회에 대한 설교들이 너무 많다. 실소가 나올 정도의 설교가 너무 많아 참으로 안타깝다. 목회의 독재가 교회성장에 유리하다는 생각은 버리는 게 좋다. 민주적 체제를 운영하려면 약간의 비용이 들지만, 독재에 의존하면 공동체 전체의 생존을 비용으로 지불하게 된다. 목사의 독재는 교회에게 불행일 뿐 아니라 목사 자신에게도 불행이다.

2. 교회의 직분은 임기제가 되어야 한다. 특히 목사의 임기제는 목사의 자질을 고양하는데 최적이다. 교회의 문제는 목사의 문제이다. 한구교회의 문제는 목사의 문제가 가장 크다. 임기제의 핵심은 선거권자의 주권을 구체화한다는 데 있다. 직분의 임기제는 민주적 제도의 핵심이다. 이는 부정부패를 방지하고 겸손하게 하며 섬김과 나눔과 겸손과 사랑의 목회가 되며, 투명성을 높이는 계기가 된다. 모든 성도가 직접 참여의 기회를 고루 갖게 된다.

일반 행정 정치 등 모든 직분과 직위가 자주 바뀌어야 맑고 밝은 정치 행정이 되는 것처럼 목사들도, 성도들도 자유자재로 자유롭게 다른 교회로 많이 옮겨 다녀야 성도도 많은 좋은 교회를 골라 갈 수 있고 목사들도 실력을 쌓고 훌륭한 인격과 품성과 성품을 가진 것과 성경적 신학적 실력이 있어야 하며 그래야 공부도 열심하며 겸손하고 능력 있는 목회자들이 많이 나올 수 있을 것이다. 정치도 선거가 자주 있어서 서로 경쟁을 통하여 그 자리에서 능력을 통하여 증명이 되고 증거 할 수 있는 것이다.

한국교회정치의 '헌법'을 보면 담임 목사는 선출직으로서 언제든지 해임될 수 있는 것으로 규정하고 있지만 위임이란 표현을 통해 정년 보장제로 되어 있다. 위임이란 개념은 성경적 근거가 없다. '기름부음을 받았다'는 등의 표현으로 마치 한번 목사는 영원한 목사, 한번 당회장 목사는 영원한 당회장 목사로 종신목사로 고정되기도 한다. 구약의 소선지서에서는 다양한 직업의 사람들이 기름부음과 상관없이 일정한 기간 동안 하나님의 선지자로 활약했다. 사울왕도 하나님이 택하셨지만 잘못 선택하셨다고 후회하시고 바로 다윗으로 바꾸셨다. 물리적으로 기름부음을 받았던 왕이나 제사장들조차도 그들이 하나님의 뜻에서 어긋나거나 떠날 때에는 가차 없이 그 직분이 박탈되었다.

이 때문에 칼뱅은 로마 가톨릭 사제들의 '기름부음' 주장이 얼마나 허구인지를 신랄하게 비판한 바 있다. 하물며 목사직 그 자체와는 아무 상관도 없는 개체 교회의 담임 목사직에 정년 보장을 부여할 성경적 이유는 없다. 이런 모순들 때문에 발생하는 교회분규와 갈등의 폐해는 이루 말로 다 할 수 없다.

교회에서의 신앙적 갈등은 극히 적다. 목사의 전횡에 대한 교인들의 반발에서 출발하여, 이 갈등이 재정 문제와 얽혀 들고, 부적절한 처신이 기름을 붓고 있다. 목사와 교인들 사이에 갈등이 발생하면 결국 누가 떠날 것이냐 하는 문제로 변한다. 이를 두고 온갖 부덕한 모습들이 연출되고 있다 현재의 개신교 헌법과 정관은 목사가 주인이다. 그러므로 어떤 전횡도 독재도 부정부패도 횡령이나 편법 불법도 방지할 방법이 없다.

교회 민주화는 가능한가? 거룩한 교회 영성 공동체에서 '민주화'를 이야기하는 것이 낯설고 거북한 사람도 있을 것이다. '민주화'하면 현실 세속정치의 추하고 더러운 온갖 막말과 퇴행적 흙탕물과 오염물질로 타락한 모습들로 어떻게 '민주화'를 교회에 접목하려고 하느냐고 하는 목사들이 대부분일 것이다.

우리나라 '정치'적 역사 속에서 '민주화'는 군사독재 정권하에서 분출되었고, 정치가들의 자발적 논의보다 젊은 청년 학생들의 희생을 통해 쟁취되었다. 군사독재시대에는 교회가 정치권력에 내조하고 편승하며 아부하고 숨죽이고 뒤에 숨어 있다가 때로는 정치권력의 시녀로 놀아나다가 이제 민주화가 이루어지니까 거리로 나와서 가장 데모를 많이 하는 단체로 변한 것은 좀 어색하지 않은가? 교회 민주화에 대한 이야기가 시작된 것도 교회, 특별히 목회자의 독점적 권한으로 인한 부정부패 문제에 직면해서 논의되기 시작했다. 한국교회의 수많은 분쟁과 사건들을 보면 한국교회에는 교회의 주인이 누구인가? 누가 의사 결정권을 가지고 있는가? 교인들은 교회에서 주체적 결정에 참여할 수 있는가? 등의 의문이 제기 되었다. 개별교회주의를 채택하고 있는 교단헌법을 교회운영의 근거와 구조로 제시했지만 교단헌법은 개 교회 현실과 동떨어져 있었고 교단의 정치적 구조는 목사나 당회장에 일방적인 독점적 권한만을 승인하고 인정하고 판결했다.

어떤 것이 개념적 혼란인가?

1.만일제사장priesthood of all believers/사제주의/교권주의 clericalism

벧전2:9. 그러나 너희는 택하신 족속이요 왕 같은 제사장들이요 거룩한 나라요 그의 소유가 된 백성이니 이는 너희를 어두운 데서 불러 내어 그의 기이한 빛에 들어가게 하신 이의 아름다운 덕을 선포하게 하려 하심이라

고전6:19. 너희 몸은 너희가 하나님께로부터 받은 바 너희 가운데 계신 성령의 전인 줄을 알지 못하느냐 너희는 너희 자신의 것이 아니라

만인제사장론은 모든 그리스도인들이 다 왕 같은 제사장이며, 그들 중 어느 누구라도 자신이 구별된 성직자임을 주장할 수 없다는 입장이다. 구별된 성직자들이 그리스도와 성도 사이를 매개한다는 사제주의(sacerdotalism)나 안수를 받은 목사들이 교회를 다스려야한다는 교권주의(clericalism)는 이러한 점에서 종교개혁의 정신과 배치되는 사상이다. 루터와 칼뱅의 종교개혁정신을 표방하는 한국 개신교가 이러한 행태를 보이고 있다는 점이 안타까운 일이다.

2. 민주주의democracy/독재주의dictatorship

한국 개신교 내에서 가장 큰 혼란의 대상은 민주주의에 대한 이해이다. 민주주의(民主主義)를 "인간에 의한 지배"로 규정하고 이에 대비되는 "신에 의한 지배"를 규정하기 위해 "신본주의(神本主義)"나 "신정주의(神政主義)" 심지어 "신주주의(神主主義)"와 같은 게토화된 용어를 마음대로 생산해내기도 한다. 가톨릭은 교황에 의한 독재주의를 선택한 반면에 개신교는 회중에 의한 민주주의를 선택하고 있다. 개신교 내에서 신본주의나

신정주의나 신주주의와 같은 게토화된 용어를 사용하는 사람들은 신앙에 있어서 무지하거나 성도들을 속이는 사람들이다. **민주화 되지 못하는 교회는 이제 사라져야 한다.**

한국 개신교의 목사교주주의적 혼란

한국 개신교의 설립 목사의 대표적인 목사교주주의적 경향은 담임목사의 독재이다. 대다수의 한국 개신교회들은 담임목사를 정점으로 하는 권력주의, 권위주의, 군대계급주의적 피라미드 구조를 마련하고 있다. 한국 개신교의 총회 헌법들은 위임목사, 임시목사, 전도목사, 교육목사 등 10여종 이상의 목사직을 인정하고 있으나 오로지 담임목사 즉 위임목사(당회장)에게만 교회 운영의 모든 권한을 허용하고 있기 때문이다. 대부분의 경우에 담임목사는 공동의회의장, 당회장, 제직회의장, 주일학교장을 겸임하고 있을 뿐 아니라 개별 교회에서 운영하는 거의 모든 기관들의 장을 겸임하고 있다.

한국 개신교는 담임목사의 독재를 확보하기 위해 한국 개신교에서만 볼 수 있는 독특한 각종 교황적 권한을 개발해왔다. 당회장권, 강단권, 설교권, 목양권, 축도권, 세례권, 안수권 등이 그러한 사례로서 교회에서 발생할 수 있는 거의 모든 신앙적 행위를 목사들이 배타적으로 보유하는 권리로 선포하고 운영하고 있다. 더욱 우려스러운 일은 가톨릭적인 사제주의를 개신교적인 목회신앙원칙으로 포장한다는 사실이다.

개신교의 민주적 통치원칙은 교회개혁자들에게 공통적으로 나타나고 있다. 루터의 표현에 따르면 "내가 바라는 것은 이것 한 가지 뿐이다. 곧 로마의 횡포가 평신도들에게 한 가지 요소를 금할 때에 옳게 행하는 것처럼 그 횡포를 아무도 정당화하지 말아야 하는 것이다."(Luther 1993, 161). 칼빈도 이와 같은 견해에 전적으로 동의하고 있다. "따라서 공의회, 목회자, 주교, 교회라는 어떤 명목도 (이것은 올바르게 사용할 수 있고 또 거짓으로 가장할 수도 있다) 우리가 모든 사람의 영이 과연 하나님께로 부터 온 것인지 아닌지를 결정하기 위하여 하나님의 말씀을 기준으로 시험할 수 있도록 이런 증거를 통하여 배우는 것을 막지 못한다."(Calvin 1988, 360).

한국 개신교의 윤리적 혼란

한국 개신교에서 목사주의적 경향이 강해지고 목사의 독재권이 강화될수록 한국 개신교 내의 윤리적 혼란도 커지고 있다. 액튼 경이 말한바 "절대 권력은 절대 부패한다"는 반성은 바로 가톨릭교회의 독재에 대한 비판에서 시작되었다. 한국 개신교의 경우에도 재정적 부패, 성윤리의 타락, 목회세습 등이 대표적인 현상으로 나타나고 있다. 유신독재권력이 탄생한 것은 북한 정권처럼 강력한 정권이 있어야 공산당 빨갱이들과 싸워 이길 수 있는 체제가 필요하기 때문이라고 한 것처럼 민주주의는 혼란과 국론 분열을 가져와서 안 된다고 하는 논리와 사사시대에 이스라엘 백성들이 가나안 족속들처럼 왕이 있어야 한다고 하는 논리와 같은 맥락이다. 교회 민주화를 거부하는 것도 사사기를 타락하고 부패한 사사시대를 평가하고 있는 맥락과 같다. 역사왜곡과 성경왜곡을 감행한 일제와 같은 논리이다. 그러나 하나님은 왕을 원하지 않으셨다. 왕은 성도이다. 백성이 왕이다.

고후6:16. 하나님의 성전과 우상이 어찌 일치가 되리요 우리는 살아 계신 하나님의 성전이라 이와 같이 하나님께서 이르시되 내가 그들 가운데 거하며 두루 행하여 나는 그들의 하나님이 되고 그들은 나의 백성이 되리라

벧전2:9. 그러나 너희는 택하신 족속이요 왕 같은 제사장들이요 거룩

한 나라요 그의 소유가 된 백성이니 이는 너희를 어두운 데서 불러내어 그의 기이한 빛에 들어가게 하신 이의 아름다운 덕을 선포하게 하려 하심이라

고전3:9. 우리는 하나님의 동역자들이요 너희는 하나님의 밭이요 하나님의 집이니라

고전4:8 너희가 이미 배 부르며 이미 풍성하며 우리 없이도 왕이 되었도다 우리가 너희와 함께 왕 노릇 하기 위하여 참으로 너희가 왕이 되기를 원하노라

안타깝게도 한국 개신교 내 다수 교회의 재정은 사리에 맞지 않을 뿐 아니라 복음적 원칙조차 크게 훼손하고 있다. 모든 치리회의 장을 담임목사가 맡고 있고 거부권을 행사하기 때문에 담임목사의 의도에 따르지 않는 재정의 출납은 허용되지 않는다. 한걸음 더 나아가 "주님으로 부터의 계시" 혹은 "목회 철학"을 빙자하여 교회가 감당하기 힘든 지출을 결정하곤 한다. 재정의 규모가 크든 작든 담임목사에 대한 지출은 최대한 보장되고 그 항목도 분산되어 있어서 쉽게 분간하기 힘들 정도이다. 한국 개신교에서 발생하는 성추문은 이제 복음의 문을 가로막을 정도로 심각해졌다. 안티기독교를 표방하는 인터넷사이트에는 성추행으로 고발당하거나 처벌받은 목사나 전도사들의 기사들로 긴 목록을 이루고 있다.

한국 개신교의 민주화

교회가 세속정치보다 더욱 민주적이어야 한다. 재정은 세속 기업보다 더 투명해야 한다. 세상보다 못 한데 누가 교회를 믿을 것인가? 민주적 목회가 교회를 개혁하고 질적 양적 제2의 부흥시대를 맞이할 수 있다. 타락된 세속적 부흥은 부흥이 아니다. 기복주의와 은사주의 목회는 거짓이며 위선이다. 이단의 발흥을 부추길 뿐이다.

1)한국 개신교 교회정치의 개혁주의적 이해

종교(기독교)개혁정신에 바탕을 둔 교회정치의 핵심은 자유와 민주이다. 달리 말하자면 사제(목사)주의적 독재로 부터의 해방 이다. 루터가 공격한 것은 교회도 아니고 교황도 아니며 복음 은 더구나 아니었다. 그에게 있어서 복음은 모든 이들에게 찬 란한 기쁨과 활력과 희망을 주는 원천이었고 교회는 그러한 복 음의 전달 통로이었으며 교황은 전통과 교회법에 의해 교회의 수장으로 인정할 만 했다. 루터가 공격한 것은 탐욕과 착취를 정당화하는 사제들의 독재체제였다.

2)개혁주의 교회정치원리의 정립:

종교개혁의 전통을 계승하는 개혁주의 교회정치원리의 정립이 시급한 실정이다. 아쉽게도 수입 복사 학문적 성격이 강한 한 국의 개신교 신학은 이 점에 있어서 후진적일 뿐 아니라 도리 어 퇴행적이다. 사제주의적 독재를 즐기는 목사들의 횡포를 이 론적으로 정당화해 주고 그들의 약탈물 분배에 참여하고자 하 는 경향이 강하다. 기복주의와 은사주의의 치유와 치료사역은 헌금을 많이 내게 하고, 성도들을 유혹하는 사기성 목회에 유 사하다.

3)민주적 정관/개혁주의 신앙을 담는 그릇

독재 체제가 가톨릭의 사제주의를 담기에 적합한 그릇이라면 민주 체제는 종교개혁의 정신을 담기에 알맞은 그릇이다. 서로 다른 정신은 각기 다른 그릇에 담는 것이 좋다. 가톨릭에서 민 주주의를 추구한다든지 개신교에서 독재주의를 추구하면 반드 시 심한 갈등과 고통이 따르기 마련이다. 개신교의 정관(定款) 이나 헌법(憲法)은 이러한 그릇을 구성하는 핵심적 수단이다.

한국의 개신교는 왜 민주적이어야 하는가? 민주적 체제가 복 음을 담기에 가장 합당한 그릇이기 때문이다. 민주주의는 루터와 칼뱅을 비롯한 모든 개신교 선구자들이 강조하는 개혁주의 정치의 핵심이다. 개신교에 속한 그리스도인임에도 교회가 민주주의 체제를 채택하면 안 된다고 주장하는 사람이 있다면 그는 무지하거나 속이는 자이다. 왜냐하면 민주주의가 아니라면 이와 반대되는 체제를 택할 수밖에 없을 터인데, 민주주의의 반대는 독재주의이고 독재주의는 개신교의 정치원리가 아니기 때문이다.

교회정치체제의 세 가지 전통적 분류 즉 감독제와 장로제와 회중제의 분류도 지금은 별 의미가 없다. 전통적으로는 가톨릭의 사제주의적 독재를 감독제로, 장로제를 대의민주주의로, 회중제를 직접민주주의로 간주하고 있다. 그러나 실제에 있어서는 대의민주주의와 직접민주주의 사이의 구분이 점차 약해지고 있다. 참여민주주 혹은 대의민주주의의 개념들이 자주 거론되고 있는 데, 이는 각 공동체의 형편에 따라 민주적 체제를 구현하는 방법이 각기 다를 수 있기 때문이다.

다행히도 한국의 상황은 5백 년 전 독일의 상황 보다 훨씬 희망적이다. 5백 년 전 독일에는 한 명의 루터가 있었지만 지금의 한국에는 수 백 명의 루터들이 있다. 이들은 그들이 사랑하는 교회가 하나님 앞에서 바로 서기를 기대하며 다양한 헌신으로 복음적 분업에 참여하고 있다. 이들의 헌신에는 교회가 바로 서야 나라가 바로 선다는 애틋한 믿음도 엿보이고 있다. 루터의 종교개혁 5백주년이라는 역사적 계기는 이러한 헌신적 그리스도인들을 폭넓게 깨우는 결과를 초래할 것이라 기대하고 있다.

16. 신자들의 교회 이동의 자유화

요2:21. 그러나 예수는 성전된 자기 육체를 가리켜 말씀하신 것이라 다른 교회로 옮기는 것에 자유 하라. 구원 받은 성도는 그 자신이 교회이며 성전이다. 교회라는 의미는 신자들의 모임이다. 두 사람이 모여도 교회이다. 자기 혼자인 경우도 성전이다. 성령이 거하는 성전이다. 교회라는 건물에 집착하지 않아도 된다. 모임에 집착하지 않아도 된다. 자기 부부가 가장 좋은 교회이다. 가족이 가장 좋은 최상의 교회이다. 가정은 하나님이 허락하신 지상의 천국이다. 모두 발가벗어도 부끄럽지 않은 곳이다. 허물이 많아도 부끄럽고 창피하지 않으면 모든 허물을 용서하고 안아주고 보듬어주는 곳이 가정이다. 할 수만 있다면 가정에서 가족끼리 예배드리고 2~3 가정이 함께 드리는 것은 더욱 좋다. 예배가 예배 되게 하는 것은 중심을 가지고 드리면 된다. 형식에 억매이지 않아도 된다. 그냥 찬송하고 기도하고 성경말씀 읽고 신앙고백하고 십계명 낭독하고 주기도문 암송 기도하면 된다. 설교는 없어도 좋다. 구약시대에나 신약시대에도 성경말씀 읽는 것이 설교이었다. 예배가 인간 중심적인 예배로 바뀐 것이 목사의 설교가 인간적인 말로 변화되어 타락한 예배가 된 것이다. 설교에 온갖 쓸데없는 말만 늘어놓는 것이 예배의 대부분을 차지한다.

목사, 전도사들은 다른 교회에 자유롭게 옮기는데 장로, 권사 집사 일반신자는 다른 교회로 옮기면 뭐가 어떻게 되나? 자유롭게 옮겨라. 좀 마음에 안 들면 마음에 맞는 다른 교회로 옮겨라. 이단이라고 알려진 교회, 헌금을 부담스럽게 하는 교회, 목사가 교만하고 권위적인 교회, 또는 기도할 때 이상한 알아들을 수 없는 소리로 기도하는 교회는 일단 옮겨라. 설교할 때, 정치 이야기나, 성경에 근거하지 아니한 설교하는 교회는 빨리 옮겨라. 기복적인 교회나 은사주의적이며 설교가 비성경적이면 빨리 옮겨라. 하나님이 교회를 많게 하신 것은 교회를 자기에게 알맞은 교회를 자유롭게 선택하라는 뜻이다. 목사에게 잘하지 말라, 목사가 성도에게 잘 해야 한다. 목사가 성도들을 섬기고 자기 사재를 들여서 성도들을 나누어주고 섬겨야 한다. 한국 교회는 거꾸로 한다. 전도에도 목사가 가장 적극적으로 전도해야 한다. 전도 나가지 않고 교회 안에만 있는 교회는 그만 두라. 목사는 평생에 전도 한 사람 하지 못하고 성도들에게만 전도하라고 하는 교회는 성도를 영업사원으로 간주하는 거나 마찬가지이다. 성도들이 자유롭게 옮겨야 교회가 개혁하고 겸손하고 섬기며 헌금도 투명하고 공개적이며 사적 유용이나 횡령 등을 하지 못 하게 된다. 민주화되지 않은 교회는 다니지 말라. 교회에 10년 이상 다닌 중직 신자들은 가정에서 예배 드리는 것도 좋은 방법이다. 자녀들과 함께 가정예배를 드리는 것이 좋은 교회이다. 가정교회, 가족교회, 이웃 2~3 가정이 함께 예배하는 소규모 가정교회가 더 좋다. 꼭 큰 교회에 다녀야 일류 교인은 아니다. 적은 헌금이라도 이웃에게 나누는 작은 목회를 하는 것이 좋다.

교회에 충성하기보다는 가정과 먼저 남편을 잘 섬겨야 한다. 이는 성경적이다. 물론 이 세상에서 서로 잘 섬겨야 할 사람의 최우선은 부부 서로에게 잘해야 한다. 아들이나 자녀에게 잘하기 전에 부부가 서로에게 잘해야 한다. 자식들에게 잘 하기보다 부모에게 잘 해야 그 자녀들이 성장 하여 부모에게 잘 한다. 남편에게 잘 하는 아내의 자녀들이 결혼해서도 남편에게 잘하는 평안한 가정이 된다. 그래서 자식들도 성장해서 부부간에 서로에게 잘 섬기고 부모에게도 효도한다. 부부에게 서로 잘 섬기저 못하면 자신들도 성장해서 서로에게 잘하지 못하고 부모에게 효도도 하지 못한다.

이것이 성경의 기본 원리이며 가장 첫째 되는 원칙이다. 십계

명이 이것을 가장 중요한 율법이요 계명이요 명령이다. 이것이
사랑의 첫째 기본이요 근본이다.

교회에 옮기는 것에 주저하지 말아야 한다. 자유 해야 한다.
믿음은 자유 함이 첫째이다. 자유 함이 없다면 믿음이 없는 것
이다. 목사라는 사람을 믿지 말아야 한다. 교회는 구원 받은
믿음의 자기 자신의 영혼이며 심령이며 자기 구원 받은 자기
육신이 성전이다. 차라리 교회 나가기 싫으면 가족 끼리, 부부
둘이서 집에서 가정에서 가정예배를 드리는 것이 좋다. 신앙의
습관이 좀 없어도 중심과 예수 믿는 믿음과 구원의 확신이 있
으면 그 이상 좋은 믿음이 없다. 교회는 부부가 가정에서 드리
는 가정교회가 가장 이상적 교회이다. 온 가족이 가정에서 교
회 삼아 예배드리는 것이 좋다. 더욱이는 이웃에 함께 하실 분
이 있다면 같이 함께 예배드리고 교회 삼아 예배드리고 신앙생
활 함께 한다면 더욱 좋은 교회가 될 수 있다.

너무 헌금에 집착하지 말라. 헌금 없어도 가정과 이웃이 함께
가정에서 집에서 예배한다면 헌금이 필요 없다. 너무 교회 특
히 큰 교회에 선호하지 말고 작은 교회 중에서 잘 선택하면 좋
은 교회들이 많다. 작은 교회일수록 좋다. 그러나 이단에 특히
조심해야 한다. 한국에는 이단이 너무 많다. 교리의 이단성도
문제이지만 교회의 세습이나 기복적이거나 은사주의 돈 신비주
의를 이용한 치료와 치유사역으로 오직 헌금과 교인수만을 늘
리려고 하는 유혹에 빠져 교회가 사적 교주적 교회와 목회에
빠져있는 교회가 대부분이다. 교회 어렵고 힘든 신자들의 헌금
을 자기 돈인 것처럼 사적 용도로 유용하는 것은 이단이나 마
찬가지이다. 대형교회들이 헌금을 퇴직금을 몇억 몇십억씩 사
례하는 것은 지나치다. 교회를 자기 개인의 기업으로 여기는
것이다. 헌금은 온전히 믿음으로 하는 것이다. 이 헌금은 다른

이웃을 위하는 데 사용되는 것이 가장 이상적인 하나님이 기뻐하시는 헌금에 대한 사용이다. 예배의 형식에 너무 구애되지 말라.

이미 예배의 모든 것이 다 성경에 있다. 순서에 너무 신경쓰지 않아도 된다. 신앙고백은 사도신경, 십계명은 꼭 빼지 말고 해야 한다. 가장 중요한 부분이 십계명이다. 성경은 모두 십계명에 대한 설명이다. 그리고 기도는 주님이 본을 보여주신 주기도문으로 것이 좋다. 찬양하고 신앙고백하고 십계명하고 주기도하고 성경말씀 함께 낭독으로 설교로 대신하여도 된다. 본래 구약시대와 신약시대 초대교회 때에도 설교보다는 성경말씀을 낭독하는 것이었다. 설교보다 성경말씀 낭독하는 것이 교회에서 목사님 설교보다 훨씬 더 좋은 은혜가 있다. 그리고 연보 헌금은 믿음으로 성령께서 인도하시는 대로 하시면 된다. 좀 살다가 어려움이 있으면 꼭 교회에서 새벽기도를 나가지 않아서 그렇다는 등, 또는 봉사를 안 해서 그렇다는 등, 전도를 안 해서 그렇다는 등, 목사님께 순종하지 않아서 그렇다는 등, 모든 문제가 있으면 교회와 목사님께 잘하지 못해서 그렇다고 생각하는 것이 믿음이 없는 것이며, 믿음의 자유 함과 평강과 화평이 없기 때문에 그렇다. 모든 사람은 살다가 고난도 있고 병도 있고, 때가 되면 모두 죽는다. 누구는 믿음이 좋으니까 건강하게 오래 오래 잘 산다고 하는 것은 착각이다. 재벌들은 신앙 없어도 잘 산다. 중동 지역에 가면 그렇게 열심히 일하지 않아도 너무 너무 잘 사는 사람들이 대대로 왕족 가문들은 너무 잘 산다. 물론 세상적인 것들로 신앙의 기준으로 하는 것 자체가 잘못된 것이다. 세상적인 기준으로 신앙의 깊이와 넓이와 높이 등 신앙의 질을 판단하는 것은 있어서는 안 되는 것인데 교회에서의 성도들의 신앙을 세상적인 복을 기준으로 하는 것을 증거로 삼는 것은 이제 없어야 한다. 이 세상을 교회 안에서만 보고 목사만 바라보고 신앙생활 하지 말고, 오직 성경을 깊이 전체를 관통하여 종합적으로 보고 신앙생활을 하라. 오직 성경에 따라서 신앙생활하기를 간절히 바란다. 헌금에 자유 하라. 교회에서 여러 가지로 헌금과 봉사 및 교회 출석에 대한 스트레스를 받거든 그냥 집에서 성경을 열심히 듣고 읽고 쓰고 암송하며 가정 중심에서 신앙생활을 하는 것이 좋을 것이다. 다른 교회에도 여러 군데 가서 예배도 드리고 좀 열린 마음으로 신앙생활을 하는 것을 고려한 다음에 천천히 기도하면서 신학적인 공부도 열심히 하는 것이 먼저로 여겨진다. 교회에 붙잡히지 말고 얽매이지 않는 것이 좋은 점이 많다. 어느 정도 교회에 대한 판단이 설 때까지는 결정을 하지 않는 것이 좋으며, 다른 교회와 비교하면서 이 교회 저 교회 다녀 보고. 인터넷, 유튜브 등에서 많은 다양한 신학적인 신앙적인 점을 참고 하되 잘못된 신학이나 설교, 옳지 못한 것들도 너무 범람하므로 조심해야 한다. 목사들은 설교를 비교하지 말고 비평하지 말라고 한다. 물론 비판하는 것은 그렇다고 할 수 있지만 그래도 어느 인간이 비교가 안 된다고 할 수 있나. 의식이 있고 생각과 분별력과 판단력과 지혜와 명철을 천부적으로 일반 은혜와 일반계시로 주셨는데 안 한다고 안 되나? 비교하라, 비교해야 한다. 잘못하면 비판도 해야 한다. 그래서 한국교회와 목사가 변한다. 잘못 하고, 설교 못하고, 헌금이 투명하지 못하면 모든 성도들이 모두 다 옮겨야 한다. 그래야 한국 교회가 목사들이 변하고 교회가 변하고 달라진다. 바보같이 그래도 저래도 계속 교회 잘 나가고 헌금 잘 내니까 교회가 썩을 대로 썩는 거다.

성도들의 피땀 어린 헌금으로 먹고 살면서 목이 부러져라 교만하고 권위는 다 갖다 붙이고 겸손하고 순종하라고 성도들에게 입만 열면 말하면서 정작 목사 자신은 교만과 오만과 편견과 설교도 못하고 전도도 못하면서 무슨 능력이나 있는 것처럼 대단한 것처럼 모든 것을 갖다 붙이기는 제일 잘 한다. 위선의 모양은 혼자 다 한다. 속지 말라. 성경을 잘 보아야 눈이 열리고 영혼이 열리고 생각이 열리고 분별력이 생긴다. 제발 성경공부를 열심히 해야 한다.

아브라함도 혼자서 제단을 쌓고 제사를 드리고 예배를 드렸고 야곱도 홀로 돌베게를 세워서 제단을 쌓고 하나님께 예배를 드렸고, 다니엘도 유배지에서 홀로 예루살렘을 향하여 예배하고 기도하였다. 이러한 외로운 상황에서, 핍박 중에서도, 감옥에서도, 나그네가 되어서, 요나처럼 큰 물고기 뱃속에서도, 장소와 환경과 여건과 경우에 상관없이 예배하고 기도하고 찬양하는 것이 큰 믿음이다. 오늘날 우리는 너무 편안하고 안락한 여건과 환경에서만 예배드리는 것이 예배라고 하는 고정관념이 어느 사이에 생겼다. 아니다. 진정 신실한 성전은 자기의 영혼에 있다. 자기의 신실한 심령이 성령이 충만한 심령이 아름다운 은혜의 보좌인 성전인 것이다.

서구의 법은 자유와 평등의 인권을 의미

서구의 법을 보면 자유와 평등의 기초위에 인간의 권리가 강조된다. 서구의 교회법도 양심의 자유와 교회의 자유의 토대위에 교인의 권리가 강조된다. 자유 없이는 권리가 없고 통제와 구속만 있을 따름이다. 그러므로 서구의 법은 자유와 권리를 중시하고, 동양의 법은 통치와 구속을 중시한다.

한국사회나 아시아 국가를 보면 여전히 여성이나 아이들의 인권에 대해서 무시한다. 특히 이슬람이나 인도, 불교국가는 남성의 권리 위주이다. 한국 장로교단의 헌법을 보더라도 남성 중심의 인권으로 되어 있다. 보수적이고 소위 성경적인 교단일수록 아이러니컬하게도 여성과 약자들의 인권은 차별을 당하고 있다.

인권은 법의 중심을 이루는 것으로서 서구에서는 법은 곧 인권(권리)을 말하는 것이었다. 동양에서의 법 개념은 주로 다스리는 자의 지배통치 수단으로의 의미를 갖는다. 특히 한국은 외국에 의해 오랫동안 지배당한 경험 때문에, 법은 개인을 보호하거나 개인의 이익을 증진시키기 위한 것이 아니라 지배를 유지하기 위한 수단으로 생각하게 되었다.

중국에서의 법 전통도 개인 및 권리에 근거한 서구의 법치보다 질서를 유지하고 사회전체를 위한 최선의 선을 달성하기 위하여 법을 이용하는 현명한 지도자의 필요성이 강조된 것이다. 그러므로 위대한 현자가 국가를 지배하고 있는 반면 법이 불완전해도 모든 것이 순조로울 것이라는 주장이다. 군주라는 일개인의 윤리와 덕에 맞추어져 있는 것이다. 그러나 덕목을 지도자에게 맞추다 보면 지도자 아닌 사람들은 절대적으로 차별의 위치에 있게 되는 것이다.

누구든지 차별당해서는 안 된다

누구든지 사람들은 법적으로 차별당할 위치나 권리가 침해당할 위치에 놓여있지 않다. 근대 입헌주의 헌법은 자유와 함께 평등, 권리를 헌법이 실현해야 할 가장 중요한 목적으로 정하였다. 자유와 평등을 헌법의 기초로 하는 곳에 인간의 권리는 존중되는 것이다. 그러므로 미국장로교 헌법이나 한국장로교

헌법에는 교회법 원칙에 있어서 1조는 개인 양심의 자유, 2조는 교회의 자유, 16조 교인의 권리를 선포하고 있는 것이다. 법이라는 것은 자유에 기초하고 권리로 끝을 맺는다. 국가의 권리도 중요하지만 근원적으로 국민 개개인의 권리가 중요한 것이다. 교단에서는 교단의 권리도 중요하지만 근본적으로 교인 개인의 권리가 중요하다.

자유와 평등은 하나님의 속성

자유와 평등은 하나님이 갖고 있는 속성이다. 한자로 자유(自由)는 '스스로 말미암은 것'을 의미한다. 누구에 의해서도 속박되지 않고 스스로가 주인이 되어 마음대로 할 수 있는 것을 말한다.

출애굽기에서 모세가 하나님의 정체성을 물었을 때, 하나님은 "나는 스스로 있는 자"(I am that I am)라고 말씀하셨다. 하나님은 처음부터 인과관계에 의해 존재하시는 것이 아니라 하나님이 주인 되시어 스스로 존재하시는 분이다. 하나님의 자유의 속성이 인간에게 스며져 있는 것이 신적인 권리(Divine right)라고 볼 수 있다. 인간은 하나님이외에 누구의 강요나 차별, 속박에 의하지 않고 스스로 모든 것을 할 수 있는 자유의 속성이 담겨있다.

평등 역시 하나님의 속성 이다. 하나님은 삼위일체로서 성부, 성자, 성령 하나님이 모두 평등성을 갖고 있다. 질서에 있어서 성부, 성자, 성령이지만 하나님은 차별성을 갖는 것이 아니라 근본적으로 평등성을 갖고 계신 것이다. 따라서 인간은 누구나 차별성을 갖고 태어나는 것이 아니라 평등성을 갖고 태어나는 것이다.

인종차별이나 성차별, 나이차별 등은 하나님의 속성이 아니라 사단의 속성이다. 하나님의 속성은 평등이기 때문이다. 하나님의 속성인 자유와 평등이 토대를 이루고 있을 때 인간의 권리가 강조되는 것이다. 권리는 자유와 평등을 담보로 하는 것이기 때문이다. 자유와 평등사상이 약한 국가나 교회에 차별성이 존재한다.

서구의 교회법, 교인의 권리 강조, 한국의 교회법 성도의 의무 강조

이것은 서구와 한국의 교회법도 비슷한 양상을 띠고 있다. 서구의 교회법에는 자유와 평등의 기조위에 교인들의 권리가 강조된 반면 한국에서의 교회법은 수직적인 토대 하에 당회나 목회자의 권리, 치리회의 권리가 많이 강조된 것을 볼 수 있다. 교인의 권리보다 목사나 교단의 권리가 우선된다. 교인의 권리는 천부인권으로서 성례전에 참여하고 공동의회에 참여할 권리, 재판을 청구할 권리가 있다.

이처럼 인간의 권리라는 것은 창조주로부터 온 것으로 인간에게 드러난 하나님의 형상의 다른 표현이다. 따라서 힘이 있는 지배자라고 해서 모든 사람들에게 숨겨져 있는 하나님의 형상을 함부로 하거나 무시할 수 없는 것이다. 인간의 권리는 자유의 주체이신 하나님으로부 온 천부인권이다.

아무리 죄인이라 할지라도 모든 인간의 권리는 하나님으로부터 오고 모든 사람들은 하나님의 형상을 갖고 있으며 모든 죄인들은 그리스도의 피로 구원받을 수 있는 권리가 있는 것이다. 구원받은 자로서의 인권은 어떤 인권보다도 고귀하게 여겨져야 하는 것이다.

교인들은 하나님의 자녀로서 그리스도의 피로 사신 인권을 갖

고 있다.

그러므로 교인들은 교회에서 하나님의 자녀로서 그리스도의 피로 사신 인권이기 때문에 차별되거나 구속당하지 않고, 자유와 평등에 기초하여 만인제사장으로서 귀중하게 대우받아야 할 권리가 있는 것이다. 단지 성만찬이나 공동의회에만 참여할 권리가 아니라 하나님의 왕 같은 제사장으로서, 택한 족속으로서 서로 존중하고 대우받아야 할 권리가 있다.

불행하게도 한국사회에서의 권리는 서구의 자유, 평등이 토대를 이루어진 것이 아니라 오랜 유교전통의 수직적 구조가 그대로 법에 반영되었기 때문에 성차별 및 약자들의 인권이 손상된 채 남아있다. 하나님의 나라의 표징인 교회안에서도 마찬가지이다. 한국교회 헌법에서 교인들의 권리가 너무나도 미약하게 나타나 있다.

그러다 보니 교회현실에서 성차별이나 약자들의 차별이 비일비재하게 나타나는 것이다. 아직도 한국교회는 한국기독교 장로교단을 제외하고 여성들의 안수 집사를 허용하지 않는다. 교회법은 목회자와 남성에게 초점이 맞추어져 있다. 성도의 권리는 목회자나 당회, 남성에게만 있는 것이 아니라 여자를 비롯한 모든 교인에게 있다.

인간의 첫 번 째 권리는 그리스도에게 속한다는 특권
하나님 앞에서의 인간의 첫 번째 권리는 바로 그리스도에게 속한다는 특권이다. 그리스도로 인해 사망의 인권이 생명의 인권으로 확립되었고 영원한 인권으로 승화된 것이다. 교인들의 인권이 무엇보다 중요한 것은 그리스도께서 자신의 몸을 버림으로서 인간을 죄로부터 해방시켜주었기 때문이다.

교인 개체의 인권은 그리스도의 희생을 담보하며 얻은 인권으

로 영원성을 잉태하고 있는 것이기 때문에 온 천하보다 더 귀중한 보배 중의 보배인 것이다. 그것은 로크의 말대로 모든 인권은 창조주로부터 부여받은 천부인권이기도하지만, 한편으로는 그리스도의 피를 통해서 얻은 땅으로부터 온 그리스도의 인권이기도 하다. 이러한 교인의 인권이라는 것은 그들의 절대적인 확고한 기반을 부여받는 것이기도 하다. 하나님의 자녀로서의 인권은 신자들의 확고한 자리매김과 기반을 위해서 절대적으로 필요한 것이다.

예수는 약자의 인권을 회복시켜

이러한 인권의 소중함을 안 예수는 자신의 권리를 포기함으로써 여성과 이방인, 세리, 약자들의 인권을 회복시키셨다. 그는 격렬하게 인간적 정의를 철폐하고, 인간적 차별을 부수고, 자유와 평등의 세계로 사람들을 인도하여 사람들의 인권을 회복시키신 것이다. 세상법이 지향하는 것은 서구사회에서 인간의 권리이듯이, 교회법이 지향하는 것도 하나님의 형상을 담은 그리스도인들의 권리이다.

교회법은 왕 같은 제사장의 권리를 갖게 하는 것

고린도후서6:16. 하나님의 성전과 우상이 어찌 일치가 되리요 우리는 살아 계신 하나님의 성전이라 이와 같이 하나님께서 이르시되 내가 그들 가운데 거하며 두루 행하여 나는 그들의 하나님이 되고 그들은 나의 백성이 되리라

교회법은 양자의 영을 부여 받은 하나님의 자녀로서, 만세 전에 예정함을 입은 택한 족속으로서, 하나님께 직접 예배드리고 성서를 통해서 하나님의 계시에 접근할 수 있는 왕 같은 제사장으로서의 권리를 갖게 하는 것이다.

법이란 것은 시민개개인이 민주시민으로서 자기의 정체성을 확인하고 권리를 추구할 수 있게 해주듯이, 교회법도 신자 개개인이 예수 그리스도의 피로 사신 바 된 귀한 존재로서의 정체성을 깨닫게 해주어 그리스도인으로서의 권리를 추구할 수 있도록 하는 것이다. 성직자의 권리만 강조되는 것은 종교개혁 이전의 중세로 가는 것이다. 한국은 불행하게도 교인의 권리보다 교단의 권리를 중시한다. 법은 단체의 권리가 아니라 개체의 권리를 중시해야 하는데 한국교회는 교단이라는 단체의 권리를 중시한다. 그러나 보면 교인은 권리보다 의무를 중시하게 된다. 교회의 자유가 아니라 교단의 자유이다. 교단의 자유가 중시되는 교단은 교인의 권리보다 교인의 의무가 강조된다.

18. 신앙의 질과 품격, 질적 부흥

이제 한국 교회는 양적 부흥이 아니라 질적 부흥이 이루어져야 한다. 신앙의 질과 품격이 변해야 한다. 목사와 성도들의 신앙의 질과 품격이 변화되어야 한다. 저질 목사 밑에 저질 신앙 있다. 목사의 질이 성도의 신앙의 질을 나타낸다. 유치한 믿음을 믿음이라고 고집만 부린다. 이단은 믿음의 행태가 이단이다. 무식 하니까 이단 한다. 무지 하니까 이단 된다.

다른 사람들이 이단이라고 하면 그런 줄 알아라. 이단 안 해도 아무런 저주나 피해 보질 않는다. 왜 나쁜 말 들어가면서 기를 쓰고 이단 하려고 하나? 이단 안 하면 밥 못 먹나? 이단 안 해도 밥 먹고 산다. 교회 안 다녀도 잘 사는 사람은 잘 살고, 교회 다녀도 못 사는 사람은 못 산다. 교회 안 다녀도 재벌도 된다. 교회 다닌다고 잘 살고 이단 한다고 잘 사는 것도 아니다. 많은 교회가 있는데 왜 하필이면 잘 못된 교회에 악착같이 나가나? 그 교회 아니어도 다른 좋은 교회 얼마든지 있다. 어서 오시라고 좋은 교회에서 환영하는데 왜 잘못 되고 나쁜 교회에 기를 쓰고 다니나? 제발 잘 못된 교회, 설교 못하는 교회, 교만한 교회를 다른 교회로 옮겨라. 품위 있고, 품격 있고 겸손하고 헌금에 편안하고 투명하고 자유와 평강이 넘치는 교회를 택하라. 아니면 교회 다니지 말고 집에서 가족끼리 예배 드리고 가정교회에서 신앙생활 하라.

그리스에 가서 철학이 되고, 로마에 가서 제도가 되었으며, 다시 유럽에 가 문화가 되었던 기독교가 미국에 가서 기업이 되었고, 한국에 와서는 대기업이 되었다는 얘기를 자조가 아니라 자랑으로 여기는 사람들에 대해 뭘 더 궁금해 하겠는가

마르틴 루터가 치른 거사로 알려진 종교개혁의 실질적 주체가 시민들이었음을 역설한다. 마침 발달하기 시작한 인쇄술이 성경의 번역과 공급을 확산시켰고, 성경을 마주한 대중은 그것을 읽고 "스스로" 생각하기 시작했으며, 더 이상 성직자에게 복종하지 않는 존재로 여기게 되었다는 것이다. 신자들이 복종을 거두자, 성직자의 권리는 힘을 잃었고, 그것이 종교 혁명을 가능케 했다.

19. 이단 문제

아래 말씀들만 정확하게 이해하고 알고 있어도 이단이나 교주나 또는 교회사유화나 세습이나 비민주적인 목회 등 이런 여러 교회의 여러 문제에 휘둘리지 않을 것이다.

말씀이 하나님이시다. 성경이 하나님이시다. 성경이 교회, 성전이다. 성도가 성전이다. 성경에는 '교회에서만 구원을 받는다'고 하는 말씀은 어디에도 없다. 교회 밖에도 구원 있다. 구원은 하나님으로부터 직접적으로 역사하는 은혜이다. 그렇다고

'교회가 필요 없다' 고하는 것은 매우 위험하다. 로마서 10장 9~10절에 구원이 정확하게 명시되어 있다.

9. 네가 만일 네 입으로 예수를 주로 시인하며 또 하나님께서 그를 죽은 자 가운데서 살리신 것을 네 마음에 믿으면 구원을 받으리라

10. 사람이 마음으로 믿어 의에 이르고 입으로 시인하여 구원에 이르느니라

요1:1~3 1. 태초에 말씀이 계시니라 이 말씀이 하나님과 함께 계셨으니 이 말씀은 곧 하나님이시니라

2. 그가 태초에 하나님과 함께 계셨고

3. 만물이 그로 말미암아 지은 바 되었으니 지은 것이 하나도 그가 없이는 된 것이 없느니라

요2:21. 그러나 예수는 성전된 자기 육체를 가리켜 말씀하신 것이라

고후6:16. 하나님의 성전과 우상이 어찌 일치가 되리요 우리는 살아 계신 하나님의 성전이라 이와 같이 하나님께서 이르시되 내가 그들 가운데 거하며 두루 행하여 나는 그들의 하나님이 되고 그들은 나의 백성이 되리라

벧전2:9. 그러나 너희는 택하신 족속이요 왕 같은 제사장들이요 거룩한 나라요 그의 소유가 된 백성이니 이는 너희를 어두운 데서 불러 내어 그의 기이한 빛에 들어가게 하신 이의 아름다운 덕을 선포하게 하려 하심이라

고전3:9. 우리는 하나님의 동역자들이요 너희는 하나님의 밭이요 하나님의 집이니라

고전4:8 너희가 이미 배 부르며 이미 풍성하며 우리 없이도 왕이 되었도다 우리가 너희와 함께 왕 노릇 하기 위하여 참으로 너희가 왕이 되기를 원하노라

딤후3:15~17 15.성경은 능히 너로 하여금 그리스도 예수 안에 있는 믿음으로 말미암아 구원에 이르는 지혜가 있게 하느니라

16. 모든 성경은 하나님의 감동으로 된 것으로 교훈과 책망과 바르게 함과 의로 교육하기에 유익하니

17. 이는 하나님의 사람으로 온전하게 하며 모든 선한 일을 행할 능

력을 갖추게 하려 함이라

 원인은 어디에 있는가? 왜 이단이라고 하는데도 그 이단에서 나오지 못하는가? 조직력이다. 조직력으로 세뇌시키는데 돈이 힘을 발휘한다. 거의 폭력조직과 같은 맹종하는 경호부대와 최전방에서 조직관리 전위부대가 있다. 종교적 쇠뇌에 충성하는 자에게는 금전적 보상제와 진급이 제도화 되어 있기 때문에 충성경쟁으로 기업집단화 되어 있다. 그리하여 핵심조직에는 직업화가 되어 있기 때문에 그 기업적 조직화에서 나오지 못하고 악역까지도 서슴지 않으며, 정치, 행정조직까지도 포섭하여 자기들에게 유리한 협조체계를 형성해 놓았다. 그리고 배신자에게는 징벌이 있다는 것을 세뇌시키면서 한편으로는 하나님으로부터 구원 받지 못하고 지옥에 간다는 협박성 교리를 가르친다. 집단 자체적으로도 신체적 고문이나 공동체 이름으로 신체적 위협이 있기 때문에 협조함으로써 도움도 받게 되어 더욱 충성하게 되는 회유와 협박과 상을 주는 등 온갖 조직에서 벗어날 수 없는 조건과 환경으로 더욱 벗어날 수 없는 쇠사슬에 묶이게 된다. 그 조직은 어떻게 조직되었는가? 조직은 돈이다. 돈이 없으면 조직을 운영할 수 없다. 그 조직을 관리할 수 있는 돈을 형성하는 데까지가 문제이다. 그들은 왜 이단이라고 하는데 그 이단교회에서 나오지 못하는가? 왜 계속해서 이단에 나가는가? 왜 그 교주를 신봉하고 따르는가? 철저한 교리 개발이다. 성경을 철저하게 개인 교주를 신봉하도록 하는 교리를 개발하여 세뇌 시킨다. 왜 가정도 재산도 모두 버리는가? 처음에는 많은 돈을 들여서 포섭하고 세뇌한 다음에는 모든 것을 빼앗아 그 자금으로 또 관리자금으로 사용하므로 결국은 돈의 힘으로, 결국은 신도들의 헌금으로 거대 자금 조직으로 성장하게 된다. 먼저는 부동산에 투자하고 그리고 교육사업에 투자하여 명분도 명예도 쌓아간다. 특히 이단은 해외에 더욱 적극적이다. 국내는 이단이라는 낙인이 찍혀 있어 비밀리에 포교하지만 해외는 그런 낙인이 찍혀 있지 않기 때문에 더욱 유리한 조건이 된다. 특히 동남아에 극성이다. 물론 중국도 상당하다. 성도들의 헌금으로 신도들을 관리하는데 신도들을 돈으로 마음대로 움직인다. 실적에 따라 보상 즉 월급이 다르며 영업사원이다. 직업화로 직장이 되기 때문에 충성하여 진급하는 것이다. 결국은 교인들의 헌금이 교인들을 노예로 만들고 있다. 헌금오로 교회 신도들의 조직관리 자금으로 운용되고 헌금을 더욱 모으는데 쓰인다. 헌금으로 운용되고 있다. 헌금은 갈수록 쌓이고 그 쌓인 자금으로 더욱 조직을 확대시키고 있다. 문제는 은사(신비)주의와 기복주의에 있다. 그러나 은사주의는 은사 사기이며, 기복주의는 기복 사기이다. 즉 복에 대한 것과 헌금에 문제가 있다. 은사주의는 다른 말로 신비주의이다. 물론 신비가 없다는 것은 아니다. 은사가 없다는 것도 아니다. 복이 나쁘다는 것도 아니다. 있으며 필요한 것이다. 이는 정도와 사용과 운용 및 목적과 방법에 문제가 있다. 헌금 많이 내게 하기위해 기복주의와 은사주의와 신비주의, 치료 치유적 은사주의에 집착한다. 그래야 교인이 모이고 헌금이 많이 나오게 되기때문에 이 교리와 설교에 목을 맨다. 돈이 있어야 이단이 된다. 이단 되고 싶어도 돈이 없으면 이단이 되지 못 한다. 돈 없는 곳에 이단 없다. 이단은 사기다. 이단은 형법으로 처벌하여야 한다. 이단이 이단을 낳는다. 이단 밑에서 이단 배운다. 대부분의 이단은 이단 밑에 있다가 이단을 전전하다가 이단이 떨어져 나와서 또 다른 이단이 된다. 이제는 이단이 해외에 더많이 나가고 해외에서 더 번성하고 있다. 교회가 잘못 되면 결국은 백성과 나라가 고난과 피해를 받는다. 종교의 자유라고 너무 방치하는 것은 결국은 국가의 여러 가지 문제로 다른 부분에까지 심각한 파급효과를 가져와서 국가의 큰 혼란과 재앙을 야기할 수 있다. 이제는 종교도 국가가 관리할 단계에 이르렀다. 종교의 자유가 죄를 낳고 있다. 종교 스스로가 통제와 절제와 자제력을 잃었다. 자본주의는 한계가 있다. 종교도 한계가 있다. 인간이 하는 것은 모두 한계가 있다. 모든 인간은 부패하며 철저하게 완전히 타락되어 있고 물질에 죄를 짓지 않는 인간은 없다. 물질을 탐하지 않는 인간은 일도 없다. 신앙이 인간의 영혼과 심령, 마음, 정신 등 내면적인 세계를 다스리고 평강과 화평, 평안, 안위, 안락, 안식 등 영적 건강을 위해 얼마나 우리에게 평안을 주는 것인가! 인간이 파멸할 수 있는 탐욕과 교만과 타락과 유혹과 거짓과 음란과 인간에게 어쩔 수 없이 수많은 죄악들을 담당해서 그 억제와 자제와 인내와 겸손과 온유와 사랑과 자유와 평화를 가져오게 하는가! 참으로 이루 말할 수 없는 소중한 신앙을 이단들이 악용하고 자기의 탐욕의 대상으로 삼아 철저히 자기의 이익을 위해서만 우상화하여 오직 이용하는 이단의 무리들을 속히 사라지게 해야 한다.

종교세를 속히 신설하여 회계 재정의 투명성을 확립해야 하며, 종교인에 대한 소득세를 채택해야 한다. 교회의 사유화가 되지 못하도록 철저히 투명하고 사유화되거나 유용된 헌금이 없도록 해야 한다. 종교의 자유라는 법에 방치하는 것은 국가의 직무유기이다. 종교의 자유도 국가가 있어야 보장되고 보호받는 것이다. 국가 없이 종교 없다. 종교가 국민과 국가의 위에 있을 수 없다. 종교도 국민과 국가를 위해 존재한다. 국가는 국민이 거주하는 안식의 집이다. 국가는 국민을 안전하고 건강하고 편안하게 평강을 누리는 백성 공동체의 집이다. 국가는 그렇게 해야 하고 그렇게 되어야 한다. 종교가 국가를 전적으로 위기로 몰아넣을 수 있다. 어떤 것도 국가의 통제 또는 관리 밖에 벗어난 보이지 않는 존재나 실체가 없는 존재가 되어서는 안 되며 그 어떤 존재도 그런 조직이나 단체가 있어서는 안 된다. 한국의 교회는 그 한계점에 도달했다. 자기 스스로 자정과 개혁의 힘을 잃은지 오래다. 국가도 정치도 법원도 법도 도덕도 윤리도 통제를 벗어나 무아지경에 이르렀다. 이제 정치도 법도 집어삼키는 괴물로 변했다. 더 이상 기다리고 기대할 수 있는 것은 일도 없다. 오히려 정치까지도 집어삼킬 태세다. 이제 '카놋사의 굴욕' 같은 현상이 한국교회에서 일어나고 있다. '하나님 까불면 나한테 죽어'라고 하는 목사가 지배하는 한국교회가 되었다. 브레이크 없는 미친 마귀사탄의 모습을 보는 것 같다. 이제 정치도 국가권력도 교회의 노예이고 교회의 종이다. 교회는 모두 돈의 노예가 되었고 모두 돈으로 이단이 되었다. 모든 교회는 돈의 이단이 되었다. 돈이라는 우상숭배교회와 신자가 되었다. 딜레마와 혼돈과 착각의 교회가 되었다.

교회 건물 위주의 신앙생활을 개혁해야 한다. 가정중심, 가족중심의 성경중심 신앙생활을 하도록 해야 한다. 교회 밖에도 구원이 있다. 성경 어디에도 교회 밖에는 구원이 없다 라는 의미와 문구는 없다. 오히려 예수님은 교회를 철폐시키셨다. 교회에 다니지 않아도 얼마든지 신앙생활을 더 신실하고 올바른 신앙생활을 할 수 있다. 헌금 위주 교회 신앙생활에서 완전 자유 헌금 신앙생활이 되어야 한다. "진리가 너희를 자유롭게 하리라("요8:32)고 말씀하셨다. 교회의 신자들의 헌금이 대부분 목사의 사유 재산화 되기 때문에 헌금을 자제해야 한다. 교회가 목회자 및 교직자의 사례비와 관리비가 충분히 되면 더 이상 헌금을 받지 않아야 한다. 우리내 부모님도 자녀들이 살기 어려우면 오히려 부모에게 가져오는 것을 못하게 한다. 너나 잘 써라 하신다. 그리고 부족하면 도와 주신다. 오히려 부모가 자녀들을 돌보는데 교회는 돈이 아무리 많아도 더욱 더 헌금을 유도한다. 강요까지는 아니지만 거의 기술적 분위기적으로 강요에 가깝고 어떤 경우에는 어쩔 수 없이 하도록 분위기와 심리적 압박 등 여러 상황을 연출하고 기획하여 헌금을 내지 않을 수 없도록 한다. 그러면서도 믿음의 분량대로 충성하고, 헌금을 많이 내야 복 받고, 갈6:6절 "가르침을 받는 자는 말씀을 가르치는 자와 모든 좋은 것을 함께 하라"는 말씀에 근거하여 목사에게 잘 해야 복 받는다고 부추기고 성경에도 없는 말로 설교하고, 부흥회 또는 특별 예배와 초청강연회 등 온갖 이벤트와 연예인 초정 행사 등과 선교사 초청, 등 수 없이 많은 행사 등으로 헌금을 쌓는 데에 적극적으로 일 년 내내 헌금이 많이 나오도록 기획하고 계획을 실천한다. 아무리 신자가 헌금 많이 내고 충성해도 성이 차지 않는 데가 목사와 교회이다. 헌금 문제 때문에 세습이 되고 이단이 된다. 세습이나 사유화는 모두 이단이다. 교리의 문제가 아니라 헌금이 이단을 만든다. 헌금이 투명하고 사유화가 되지 않는다면 이단은 없다. 목사의 사례금이 과도하지 않는다면 이단은 없다. 목사가 전횡을 하지 않는다면 이단은 없다. 헌금에 대한 불투명과 사유화가 이단을 낳는다. 세습 교회는 모두 이단이다. 이단이라고 알려진 교회는 가지 말아야 한다. 세습하는 교회는 가지 말아야 한다. 목사가 전횡을 하거나 헌금이 투명하지 않으면 교회를 나가지 말고 다른 교회로 옮겨야 한다. 교회가 올바르지 못하거나 목사가 교만하거나 헌금을 강요하거나 성경대로 설교하지 않으면 속히 옮겨야 한다. 교회에 집착하지 말아야 한다. 그래야 교회가 개혁이 되며 목사가 교만하지 아니하며 개혁적 겸손하고 섬기고 나누는 목회를 하게 될 것이다. 이래도 저래도 교회를 옮기지 않으니까 교만하여 더욱 탐욕이 생기게 되는 것이다. 옮기지 못하는 것은 인간적인 관계가 얽히고 설켜서 여러 가지 경조사 등 친목 친척 관계 및 인간적인 관계 때문에 어쩔 수 없이 얽매여 다니게 된다. 그래서 한 번 발을 들여 놓으면 뺄 수가 없다. 그리고 더욱이는 교회와 목사를 떠나면 벌을 받는다는 노골적이며 암시적인 설교와 간증들이 너무 많다. 전혀 비성경적이며 너무도 한국에 뿌리박힌 전통적인 무당신학이 자리 잡은 원인과 이유가 된 것이다. 목사에게 잘 해야 복 받는다는 등 그리고 성경에 모든 좋은 것과 슬픈 것, 괴로운 것들을 함께 나누어야 한다는 말씀에 근거하여 자신이 교회이고 성전이다. 교회가 올바르지 못 하면 가정에서 예배드리는 것이 오히려 더 신앙적이다. 중심이 중요하다. 중심을 보시는 하나님이시다.

 결론적으로 교회개혁과 이단문제해결의 핵심은 첫째 쩐의 전쟁이다. 돈 즉 헌금의 투명성과 공개주의이다. 이는 종교인의 납세의무와 세무기장보고와 교회재산공개이다. 거의 모든 대형 교회에서는 횡령이 없을 수 없다.

 둘째는 교회의 민주화이다. 교회민주화가 되면 이단도 없다. 교주나 목사의 일인 독재와 종신권력이 부패와 이단을 만들고 있다. 교회에 세습이나 이단문제도 헌금의 투명성과 공개주의 그리고 민주화가 이루어진다면 교회개혁과 이단문제가 거의 해결될 수 있다. 교리로 이단이 되는 것보다 돈의 문제가 이단과 세습을 만드는 것이다. 이단은 교주만 있을 뿐이다. 교회의 사유화는 이단이다. 전통 보수 교단에도 교주가 너무 많아서 그

교주의 사유화가 세습을 낳고 있는 것이다. 사유화 없이 세습 없다. 사유(화)는 교주(화)이며 이단(화)이다.

교리도 중요하고 술, 담배 금하는 것도 중요하다. 그러나 더욱 중요한 것은 정직, 공정, 정의, 겸손, 사랑, 등의 인격과 품위 등이 먼저 예수 그리스도를 본받는 그리스도인과 백성이 되는 것이 가장 중요하다.

작금의 여러 이단도 마찬가지이지만 특히 급속한 성장을 이룬 '신천지' 이단은 정치권력과의 야합으로 그 보호와 비호 하에 자본주의와 종교자유가 종교적 상업주의 다단계 이단교리판매조직이다. 선투자, 후 헌금착취 방식이다. 박태선 신앙촌, 문선명 통일교, 유병언 구원파도 같은 다단계 종교 신앙판매조직이다. 계단식 계급적 이익 분배의 다단계 판매조직과 같은 조직이다. 조직원 포섭은 기업의 영업실적별 소득화 작업을 통해 분배와 진급 등의 극단적 열심을 촉진시킨 종교를 빙자한 다단계 조직이다. 돈 없이, 조직 없다.

교회민주화 하면, 이단 없다.

교회와 정치가 헤어질 때

2장. 한국정치개혁의 과제

국회의원, 판사, 검사 등 여러 특권층을 없애고, 급여를 줄이고 그 수를 대폭 늘려, 일반화 대중화하여 일자리 나누기, 일감 나누기, 전문가 별 세분화, 전문화 되어야 한다. 평범한 공무원과 일반 회사원과 같은 조직이 되어야 한다. 그들에게 특별한 권한과 대우가 주어져야 할 이유가 없다. 특권층일수록 청렴과 도덕성, 성실과 정직이 가장 필요한 능력이다. 특권층에서부터 일자리 나누기, 일감 나누기를 해야지 하위직이나 낮은 직급에서 일자리 나누기를 더욱 힘든 사람들만 더욱 힘들게 만드는 것이 된다.

총설

작금의 한국정치의 가장 큰 문제는 무엇인가?

그것은 극단적 이념대립이다. 그것도 두 파로 양립된 두 개의 이념으로 인하여 두 개의 정파가 두 개의 의견만을 서로 대립케 하여 두 개의 정당만을 존립하게 만들어 두 개의 정파가 서로 두 개만 존재하게 만들어 자기들 두 개만이 정권을 주거니 받거니 하려고 하는 기본 생각에서 국민을 오직 두 개로만 편으로 가르게 만들어 오직 싸움만 하게 하는 극단적 대립만을 유도하는 정치를 하고 있는 것이다. 이는 정치인들에게서 유도되고 정치인들이 조장한 편 가르기의 극단적 이념대립, 또는 극단적 지역주의로 양분되게 하여 일반대중들, 국민들의 대부분은 아무런 개념도 없이 정치인들에 의해서 인도되고 기획되고 설정된 정치패턴을 따라서 움직이는 허수아비 군중들이 놀이 감이나 먹이 감이 된 어릿광대의 모습이 아닐 수 없다. 일반대중 국민들이 무슨 이념이나 사상의 개념을 알고 정치에 관심을 나타내고 참여하고 있는 국민 백성들이 얼마나 되는가? 자유의 개념이 무엇이며, 민주의 개념이 무엇이며, 보수의 개념이 무엇이며, 진보의 양념이 무엇인지 제대로 알고 정치에 참여하고 있는가? 게다가 좌파, 우파, 쪽파, 대파가 무엇인지 아무런 자기의 주체도 없이 부화뇌동하여 끌려 다니고 몰려다니고 있는 것이다. 어떤 이념이나 정책에 대한 선호나 그 정책이 무엇인지도 모르고 무조건적으로 편에 서서 무조건적으로 반대하고 찬성하고 하는 것은 분별력과 판단력이 없이 개별적 정책의 판단을 하지 아니하고, 그냥 내 편 , 네 편 이런 행태는 합리적이지도 못하고 이성적이지도 못하며, 오직 투쟁만을 일삼는 정치투쟁과 싸움 이외는 아무것도 아니다. 오직 상대 정파를 정치를 잘못하게만 만들어서 집권의 기회를 만들기 위하여 상대를 구렁텅이로 몰아넣고 죽이려는 생사결단을 위한 싸움만 하고 있는 것이 현실이며 사실인 것이다.

그러므로 근본 문제해결은 무엇이 대안인지 고민하여 해결하려는 정치세력은 아무도 없다. 이제 그 해결의 대안을 구해 보기를 소망한다.

이러한 대안의 방법은 개혁과 변화이다.

특히 정치개혁과 변화와 대안은 구조적 개혁과 변화이다. 권력구조의 개혁과 변화를 가지지 않고는 대안이 없다. 지금 현재의 정치 시스템을 가지고 어떤 개혁과 변화의 대안으로 할 수 있는 것은 아무것도 없다. 모두가 상대는 악이요 원수와 근본을 인정할 수 없는 멸절의 상대일 뿐이다. 인정할 수 있는 부분을 일도 없다. 그러므로 그 근본적이고 구조적인 프레임과 시스템과 콘텐츠를 바꾸고 혁신하지 아니하면 소망과 희망이 없다.

이는 자유와 민주, 그리고 공정과 평화와 질서와 화평을 가질 수 있는 소망과 희망의 나라로 갈 수 없다. 구체적인 면에서는 분배의 정치와 경제 원리가 적용되어야 한다. 정치는 경제로 결론되어 진다. 정치도 경제도 분배의 공정과 조화가 이루어져야 한다.

이제 정치와 사회, 교육 등 국가 전반적인 대변혁과 혁신을 해야 한다. 이제 세계는 얼마나 빨리 변화되고 있는가? 한 달, 일 년이 급속히 변화되고 있는데 정치는 아직도 후진국의 형태로 뒷걸음질치고 있다. 이제 정치도 모바일정치, 인공지능, 사이버정치로 나가야 한다.

아직도 무노동 초고임금과 초 특권을 누리고 있는데도 그들을 지지하고 그들을 따르는 집단이 우리의 백성들이며 국민들이 있다는 것은 슬픈 일이다. 세계사에 없는 시민 대 명예혁명을 이룬 위대한 백성들이 아직도 속고 있다는 느낌이다. 아니면 참고 기다리고 인내하고 있는 것인가? 그러나 상당수는 정치에 놀아나고 있다. 정치 집단이 자기들만 초고임금에, 초 특권층으로 무노동으로 초고임금으로 일관하고 있다는 것은 존재 가치가 전무하며, 사회악이며, 국가적 재앙이다. 지금 이 나라의 모든 근본 질서가 깨지고 있는데 그것을 앞장서서 파괴하고 있는 집단이 정치 국회집단이다. 어리석은 일부 추종세력이 함께 아무런 개념도 없이 광신적인 추종을 하고 있는 것은 정치인들의 노리게 감이 되고 있는 것이다. 여기에 일부 언론도 가세하여 자기들의 기득권을 보수하고 있는 것이다.

국회를 중심으로 한 정치개혁보다 더 중요한 것이 권력구조의 혁신이다. 대통령제를 개혁해야 한다. 이는 대통령제는 51%가 49%를 다 먹는 권력 구조로는 어떤 정치가 되어도 마찬가지이다. 그리고 두 번째는 국회의 구조개혁이다. 정치도 서비스 산업이다. 국민들에게 많은 종류와 다양한 품질의 서비스 상품이

제공 공급되어야 한다. 다당제와 여러 다양한 집단을 대변하는 소수당들이 많아야 한다. 그리고 표에 등가 하는 정치참여 권력에 배분되어야 한다. 모든 생각과 이념과 정책을 한 사람의 통치자가 모두 독식하고 모두를 빼앗아가서 사용하고 다수결의 원칙으로 따라오라 하는 구시대적 정치는 이제 아니다. 그리고 국회의원들은 각 분야별 전문가들이 모두 되어야 한다. 각 분야에서 전문가들이 국회의원이 되어야 한다. 그냥 직능별로 한 사람을 직능단체에서 세워다가 보여주기 명분으로 전시용으로만 사용되어서는 안 되며 실제적으로 그의 주장과 정책을 입안하고 반영하고 하는 실질적 역할을 하는 국회의원이 되어야 한다. 국회의원 선거를 직능별 전문가를 정하여 뽑는 방법도 연구하여 채택할 필요가 있다. 능력 없는 국회의원을 뽑아서 전문가가 안 되는 상임위원회에 있는 사람들이 대부분이다. 국회가 전문가들이 없는 것이다. 현재의 국회의원은 국가 운영에 전혀 도움이 되지 않는 비전문가들로 구성되어 있다. 대부분 법조인이 차지하고 있다. 법조인들은 창의력이 가장 뒤떨어진 집단이다. 차라리 인터넷 사이버국회를 구성하여도 된다. 무임으로 자원하는 전문가들의 인터넷 사이버국회를 구성하여도 충분하다. 국회의원들이 조직의 보스에 무조건 따르는 보스정치, 폭력조직이나 다름 아니다.

두 번째 문제는 재판의 형편과 내용문제와 판사들의 범죄에 대한 무죄재판도 마찬가지이다. 법원의 판사는 왜 두는가? 엉터리 판결이 얼마나 많나? 일반 서민 생각보다 못한 판결이 얼마나 많나? 요즘은 법학교수와 변호사 그리고 일반시민들 중에서도 법학 전공자들이 무수하게 많다. 로스쿨 출신들이 얼마나 많나? 실력 있는 일반인들이 더 많다. 한 두 사람에게 판결을 맡겨서는 안 된다. 국민참여배심원제를 전 재판, 전 분야에 적용되어야 한다. 배심원 규모도 수백 명에서 수천 명까지 확대해야 한다. 여론재판 같이 보일지 모르지만 그렇지 않다. 법에 대한 적용을 죄형 법정주의 원칙에 판례와 조례도 많은 사람들이 더 잘 알고 있다. 오히려 시대정신을 더 잘 반영하고 적용할 수도 있다.

정치는 지지 받는 국민들의 수만큼만 권력을 행사하고 권력은 지지 받는 분야만 권력을 행사해야 한다. 자기 정파가 전문적이며 전문적인 지지 분야와 지지 받은 수만큼만 책무와 권한을 갖고 이행하며 그리고 선거를 통해 심판 받은 것이 옳다. 지역분권도 마찬가지 이다. 지역에서 지지 받는 만큼만 정치적 권한과 이행을 하면 된다.

1. 사법 법원개혁

하나님은 통치자이시면서 심판자이시다. 최후의 심판은 하나님께서 하신다. 재판은 최후의 심판으로 통치기능을 하고 있다. 이를 통하여 백성을 통치하고 교육하고 심판하신다. 그러므로 재판 즉 법원의 기능이 얼마나 중요한지를 잘 나타내고 있다. 즉 법원은 하나님의 기능을 가장 잘 담당하고 있는 국가기관이다. 그러므로 재판은 범죄 예방적 기능과 선도 학습 기능을 강화해야 한다. 그리고 기본권 보호 기능 강화되어야 할 것이다, 가장 기본적인 판결을 공평과 공정성이다. 공평과 공정이 이루어지지 않는다면 국민들의 불만과 불평이 심할 것이다. 아직도 모든 재판에서는 유전무죄 무전유죄, 유권무죄 무권유죄가 일반화 되어 있다는 것은 누구도 부정하지 못할 것이다. 이는 심각한 국민적 문제인데도 해결할 방법도 없으며 해결할 심각한 문제의식도 없는 것 같다. 이에 대한 해결 방안이 전 국민적 저항운동으로 이루어져야 할 것이다. 이에 대한 해결과 대안으로 국민 참여배심원재판제도를 전 영역에 확대하여야 하며, 모든 재판의 3심제의무제를 도입하여야 하며, 이에 대한 방안 중에 하나로 모든 변호사비용을 국가기금을 조성하든지 또는 국민변호기금에 본인부담율을 20~30퍼센트를 부담하는 제도를 마련하는 것도 방법이 될 수 있을 것이다. 모든 국민이 돈이 없어 판결의 기회를 잃고 있는 법의 공평과 공정을 잃고 있는 것이다. 사회적으로 큰 문제가 되었던 문제들이 상당한 기간을 지내며 3심 대법원에서는 무죄가 나오는 경우가 너무 많다. 그리고 그런 결과에 대해서 그 이전의 하급심에서는 어떤 책임도 받지 않고 무죄를 받는 당사자에 대한 인권과 명예 등에 대한 피해와 그에 대한 명예회복과 보상에 대한 문제는 어떻게 되는 것인가? 이애 대한 책임은 또한 검찰에게도 있다. 무죄가 되는 사건을 수사에서부터 3심 재판까지의 인권과 피해 등에 대한 문제 제기가 있어야 할 것이다. 물론 이 문제는 쉽지 않다. 그러면 어떤 사건에 대해서 할 수 있는 사건이 없을 것이기 때문이다. 그럼에도 불구하고 이 문제는 분명한 문제 해결의 대안과 해결책이 전 국민적 합의와 공감으로 입법화 되어야 할 것이다.

 모든 재판은 판사 1~3명 등 소수에게 맡겨서는 안 된다. '법과 양심에 따라'라든지, '법과 원칙에 따라'라든지, '법 앞에 만인은 평등하다'라든지 하는 추상적인 기준은 이제 없어야 한다. 차라리 AI가 재판하는 것이 훨씬 공정하다. 그렇게까지는 해서는 안 되지만 공정하고 공평한 재판이 이루어질 수 있는 더 정확하고 공정한 재판에 대한 제도를 확립해야 한다. 판사, 검사, 변호사도 인간들이다. 특히 변호사는 거짓말을 어떻게 합리적이면서도 불법이 되지 않게 하게 하느냐 하는 기술이다. 그보다는 판사와 검사에게 로비하는 것이 변호사의 일이다. 이들도 인간이다. 사적 관계성과 선입관이나 편견이 있는 것은 당연하다. 로비에 매우 취약하다. 특히 우리나라에서는 더욱 그렇다. 인간적인 관계가 통할 수밖에 없는 사회적 구조이다. 죄의 본성은 모든 인간 누구에게나 뿌리 깊게 막혀있다.

세 번째는 법관의 범죄에 수사와 재판이다. 물론 이제 공수처가 그 업무를 담당하겠지만 검사와 판사와 변호사는 서로 친밀하고 여러 면에서 인간관계를 가지고 있으며 또한 서로의 같은 영역에서의 다양한 관계성을 공유하고 있기 때문에 무시할 수 있는 관계가 아니다. 판사와 검사와 변호사들에 대한 공수처 외에 다른 판,검,변 특별재판 기구 설립이 절실한 문제이며 방관하기에는 너무 늦었을 뿐만 아니라 뿌리 깊은 해결하기 어려운 고질적 중병이다. 이를 해결하기 위해서는 제3의 수사와 재판할 특별기구가 필요하다. 이는 수사기관이나 기존 법원에 전혀 관여하거나 연관이나 개입할 수 없는 근본적인 접근과 관계가 있을 수 없는 별도의 국민재판소가 설립되어야 한다.

국민 참여배심원재판의 역사적 고증은 BC4~3세기 아테네 도시국가 폴리스의 재판은 모두 국민 참여재판이었다. 미국의 국민 참여재판, 배심원제도 미국의 독립 초기에 마피아 등의 판사에 대한 여러 가지 위협과 협박, 테러, 매수 등의 문제가 심각하여 배심원제도를 채택하였다. 우리도 일부에서는 국민 참여재판제도를 도입하여 실시하고 있지만 전 재판에 배심원의 확대에 대한 자질과 기능 등은 더욱 심도 있게 선발하고 참여 수를 확대하여 재판의 질을 높여야 한다. 영장심사제도에도 배심제를 적용한다. 정치적 판결을 막고 유전무죄, 무전유죄의 판결을 원천적으로 나오지 못하게 한다. 돈 많은 사람은 더 큰 벌금이나 형벌을 받게 하고, 사회적 책임과 의무를 높이고, 더 높은 공직자는 더 큰 형벌이나 벌금을 내게 하는 제도를 확립하여 권한이 많고 재산이 많은 사람일수록 형벌과 벌금이 많고 무겁게 해야 한다. 가진 자에게 그 만큼 비례해서 사회적 책임을 더 지도록 해야 한다. 그러므로 인하여 가진 자와 부자에 대한 사회적 명예도 더 높일 수 있고 가진 자와 고위직일수록 사회와 국민 국가로부터 명예와 권위와 존경을 받는 사회가 될 수 있게 될 것이다. 권력 있는 자는 강도요, 재산을 가진 자는 도둑이라는 개념이 완전 바뀔 것이다. 이는 법의 질서 확립뿐만 아니라 도덕성과 윤리성도 확립되는 가장 빠른 길이다. 윤리와 도덕성의 확립은 법질서의 확립이 만들어 내는 것이다. 제도가 정신을 만들어 내는 것이지 교육이나 윤리가 만들어 내지 못한다. 이는 민주적, 시대적 평등과 공정이며 공평이다. 인간은 모두 타락하여 탐욕과 거짓과 위선 덩어리이기 때문이다. 이는 기독교 하나님의 섭리이며 경륜이다. 그러므로 기독교도 하나님의 율법에 의하지 아니하고는 어떤 것도 의로울 수 없으며, 올바르게 살아 갈 수 없는 것이 하나님의 의요, 믿음이 의요, 의는 율법으로 나오는 것이다. 하나님의 철저한 완전한 율법주의자이시다. 모든 믿음과 신앙은 오직 율법을 지키고 순종하는 데에서 확립되고 완전하게 된다. 율법의 순종만이 믿음을 낳는다. 하나님은 완전하신 율법을 원하시고 완전한 율법에 대한 순종을 원하신다. 완전한 율법주의자이시다. 완전한 100% 순종이 아니면 불법이며, 불순종이며, 불신앙이며, 간음이며, 음란이며 타락이다. 그러므로 1%라도 지키지 못하면 불의한 자요, 거짓말하는 자요, 불신자요, 위선자인 것이며, 사기꾼이요, 도둑놈이다. 모든 인간이 부패하였으므로 이 율법을 100% 지킬 수 있는 사람은 한 사람도 창세 이후로부터 지금까지 앞으로도 영원히 율법을 지킬 수 있는 자는 없다. 그러므로 나라의 법을 지킬 수도 있는 사람은 없다. 그러므로 서로 2중 3중으로 권력을 견제하고 감시하고 검사하고 검증하는 시스템을 만들어 제도 안에서, 제도가 도덕성을, 윤리성을 기르고 양육하여 가는 것이다. 어떠한 권력도 힘도, 부도 돈도 이 법을 어기고 도전할 수 없도록 법의 적용, 판결, 시행, 실행을 할 수 있도록 하는 제도 시스템을 이룩하는 것이 중요하다. 이에 필요한 비용이 많이 든다고 반대하거나 부정하는 사람들이 많을 것이다. 그러나 이정도의 비용은 오히려 더욱 많은 낭비를 줄이는 첩경이 된다. 오히려 부정과 부패, 무능, 탐욕으로 낭비된 비용이 훨씬 많다. 초기에 좀 들어가지만 이에 투자된 비용은 곧 절약과 효능, 능력으로 더 많은 유익을 이루게 될 것이다. 잘못된 제도와 잘못된 사람을 기용하고 선택한 결과는 얼마나 많은 피해와 손해를 가져오는가? 우리 역사에서 잘못 된 지도자를 선택하여 얼마나 역사의 후퇴와 재앙을 가져왔는가? 이제 선거제도에서도 잘못된 지도자를 선택한 투표자는 그 투표권을 제한하거나 책임을 묻는다면 선택에 신중할 수 있을 것이다. 선거제도에서의 맹점을 보완하려고 한다면 현대과학으로 얼마든지 할 수 있을 것이다. 그렇게 한다면, 선거에서 매우 신중하게 합리적으로 책임투표제가 확립될 것이다. 책임과 의무와 권리를 다하는 투표와 선거제가 확립될 수 있을 것이다. 허무맹랑한 제도가 아니다. 보완하고 심사숙고하여 좋은 선거제와 투표제를 창출할 수 있다. 국회에서의 국회의원들도 책임투표를 하고 있는 것이 하나의 예이다. 이제는 앱, 웹으로 커뮤니티 엡이나 여러 기능적으로, 전 국민의 카톡이나 유튜브 등으로 실명 투표할 수 있다. 플랫폼은 얼마든지 가능하며, 또는 단위지역별로 나누어서, 또는 전국을 한 단위로 등, 지역에서 지역 국회의원은 카톡웹으로 실명 투표할 수 있다. 국회의원 없이 직접 국회에서 법안도 직접 국민들이 투표로 법안을 통과 시킬 수도 있다. 정당의 싸움을 볼 필요도 없다. 정당이 자기 당의 마음대로 연기하거나 늦추거나 할 수 없다. 직접 국민들이 법안도 국회에 상정하고 직접 투표하여 법안을 통과하게 하는 제도가 어렵지 않을 것이다. 이미 서버와 웹이 할 수 있는 것이다. 국회의원들의 세비나 운영비가 들지 않아도 된다. 국민들 세금을 훨씬 아끼고 절약하여, 효과와 효능과 정확성과 신속성도 좋아질 것이다. 이미 AI는 이런 상상 이상의 인터넷, 사이버, 눈, AI기능으로 100% 직접민주주의를 실현할 수 있다. 별로 일도 하지 않고, 게다가 잘하지도 못하고 볼상스러운 꼴값의 모습들은 다하는데 한 국회의원이 수억씩을 쓰는데 왜 이런 국회의원을 두고 필요 없이 국세만 낭비하는지 모르겠다. 이런 제도 아니고 더욱 좋은 제도가 많이 있는데 발상만 전환하여 의지만 있다면 참 좋은 제도, 많은 비용 들지 않고 효과와 효능이 좋은 제도가 얼마든지 있을 수 있을 것이다. 문제는 하지 않으려고 하는 데 있다. 특히 정치인들이 자기의 기득권과 자기집단이기주의에 매몰되어 있기 때문이다. 기업에게 프로젝트를 맡기면 아주 잘 해 낼 것이다. 기업이 돈 생기는 데는 못할 것이 없다.

모든 국가의 공평과 공정, 그리고 정의 그리고 법과 제도와 도덕성과 윤리성까지도 재판에 달려 있으며, 최종 판단과 결정과 결과는 법원의 재판 판결에서 나온다. 어떤 좋은 법과 제도의 결실을 재판의 판결이 만들어 낸다. 성경도 창세기에서 요한계시록까지 하나님의 통치는 재판으로 하신다. 주제는 하나님의 재판 판결 심판이다. 단 하나님의 대리인을 통하여 해 오셨다. 국가도 하나님의 대리인이다.

이제는 한 사람의 재판관 또는 단 몇 사람의 판사들에게 모든 재판을 맡길 수 없다. 미국에서도 배심원제도가 실시된 것도 법관의 법과 양심에 따라서 재판한 결과가 아니라 그 양심이 오염되고 외부의 영향을 받고, 때로는 자기와 관련된 사건도 있으며, 잘못된 판단으로 잘못 판결을 할 수도 있다. 더욱이 마파아 같은 불량조직들이 무력으로 판결을 왜곡시킨 사례가 너무 많았던 역사의 산물인 것이다. 이는 기원전 4~3세기 아테네 도시국가들 폴리스에서 시작되어 좋은 판결의 예를 남기고 있다. 그러나 제국들이 나오면서 제국주의적인 판결로 바뀌었을 뿐이다. 이는 급변하는 시대정신과 국민이 주인인 시민주권에 합당한 판결이 된 것이다. 요즘은 국민들 중에서도 법을 전공한 분들이 많고, 법에 대한 상식과 이해가 좋은 분들이 많다. 또한 요즘의 사건들이 전문가들도 이해하기 어려운 사건들이 많다. 의료분야는 의료전문가들이 있어야 하고, 컴퓨터전자공학, 전자산업, AI분야, 생명과학분야, 프로그램분야, 등 너무 첨단산업과 기술에 대한 분야까지 하루가 빠르게 급변하는 시대에 아직도 구시대적 판결이 신속하게 대처하기는 여러 가지로 많은 어려움이 있을 수 있다. 수사도 재판도 임의적으로 몇 년씩 아예 묻어두는 경우도 많다는 것이다. 신속하고 정확한 재판이 이 시대에 꼭 필요하다. 판결에 앞서 필수적으로 법제화하여 심판 전에 전문가집단의 공청회와 여론조사에 대한 근거를 하여 재판하는 제도를 도입해야 할 필요가 있다. 전문화된 판결이 필요하다.

대법원의 무죄확률이 높은 이유와 그 하급심에서의 문제판결 사법재판 법원개혁, 판사의 가치관과 분별력, 도덕성. 대법원에서의 무죄판결에 대한 하급법원의 유죄에 대한 책임 추궁. 고위직 공직자 등 대기업의 불법 등에 대한 처벌 강화와 함께 재판의 결과에 대한 책임을 끝까지 묻는 제도 확립되는 것도 고려해 볼만 하다. 대부분 대법원에서 무죄 판결이 나는 사건에 대한 하급 판결에 대한 하급 판결과 검찰의 잘못된 수사에 대한 책임을 끝까지 실명제로 책임을 묻는 제도가 확립될 필요성도 있다. 물론 법과 양심에 따라 수사하고 기소하고 재판하는 것이 기본적으로 올바르다고 할 수 있지만 이제는 '법과 양심'에 맡겨 둘만한 시대가 지났다. 이제 이 부분도 개혁이 되어야 한다. 개혁 없는 원칙은 없다. 개혁이 되어서는 안 되는 것은 없어야 한다. 법을 제 마음대로, 양심을 썩은 양심으로 적용하고 판단하는 것은 이제 없어야 한다. 누가 법과 양심에 따르지 않는 사람이 있겠는가? 법과 양심도 법 적용 나름 다르고, 양심도 양심 나름 다르다. 법관도 인간이다. 절대적 존재가 아니다. 견제 되고, 절제 되고 ,평가 되고, 판단 받아야 되고 확증 되어야 한다.

온통 사회에 지탄을 받고 엄중한 처벌을 받았는데 나중에는 대법원에서 무죄가 되는 경우에 그냥 양심에 따라 판단했다는 것은 너무 양심을 쉽게 판단한 것이다. 양심이 너무 무책임하고 비양심이다. 양심이 법 위에 군림하는 것인가? 법은 원인과 결과로 적용 되고 판단 받고 하는 것이지 양심으로 적용되는 법은 아니다. 이제 판사의 양심은 없어야 한다. 국가의 통치자도 법도 국민이 만드는 것이다. 국민의 판단을 받는 것이다. 누구 양심은 잘못되고 누구 양심은 옳다는 것인가? 검사양심과 판사양심은 물론이고 그 법은 그 사건의 주역들은 어떤 양심이었던 것인가?

고위직 인사들은 국가에 기여한 공로가 크고 많아서 무죄로 인정하거나 감형되거나 경감되는 것은 옳지 않다. 그들은 나라의 많은 혜택을 너무 많이 받았다. 오히려 더 큰 책임과 징계를 받아야 한다. 그들은 나라와 국가의 수혜와 혜택을 국민들 누구보다 더 많이 받았다. 그러므로 나라와 국민에 대한 책임과 의무를 더 해야 할 뿐만 아니라 더욱 높은 도덕성과 청렴성을 가지고 일해야 한다. 재판이 선례를 남겨야 하는데 잘못된 선례를 남겨서 계속 잘못이 반복되는 것이다. 판례가 관습법화 되어서는 안 된다.

이제는 바뀌어야 한다. '오직 법관은 법과 양심에 따라'라는 기준은 없애야 한다. 이제는 대부분의 국민과 시대정신이 납득하고 이해할 수 있는 제도를 속히 확립해야 한다. 우리는 과거 독재자들의 시대에 법원이 권력의 시녀가 되었던 시대와 사건들이 얼마나 많았으며 아직도 참으로 일제 법관이 많다는 것은 지금도 우리가 일제 강점기의 법원에 살고 있다는 것이다. 법원은 역사의 시계를 거꾸로 돌리고 있는 것이다.

2.지역정서주의 개혁, 헌법과 법률로 제정, 강력한 형법으로 법제화

지역주의는 한 마디로 모든 가치관과 철학과 정책의 블랙홀이다. 문제해결의 어떤 방법도 전무한 상태이다. 개인의 자율과 인격에 맡겨서 내버려 둔 상태이다. 그래서 기회를 얻는 대로 남용하고 악용하고 있다. 특히 인터넷에 너무도 범람하고 있다. 특히 정치인들이 선거 때만 되면 불리한 국면에 역전의 묘수 아닌 비열한 지역정서를 악용한다. 이는 형법으로 강력하게 입법화하여 당선무효와 엄한 실형으로 중범으로 규제하고 다스려서 근절하여야 한다. 이는 국가를 분열과 분리로 이끄는 길이다.

입법화를 속히 추진하여야 한다. 말로는 그럴 듯하게 지역주의가 아닌듯하면서 지역주의를 은근하고 교묘하게 악용하는 사례가 있다. 이는 공정과 공의에 대한 도전이며 차별금지법을 적용하는 특별법을 입법하여 매우 엄중하게 다루어야 한다.

특히 선거철이 되면 그냥 넘어갈 수 없는 것이 지역감정이다. 이는 이 지역감정으로 이익을 보기 쉬운 편에서 어떤 수단과 방법으로든지 조장하지 않으면 선거에 어려움이 있기 때문에 승리가 목적인 선거에서는 꼭 이용하게 되어 있다. 속히 강력한 입법화를 추진하여 중한 형사 범죄로 다루어야 한다. 이 지역감정은 정치적 목적으로 이 지역감정을 정치권력을 사용하고 이용하기 위해 오랫동안 은밀하고 기획적이며 의도적으로 만들고 조장해 왔던 것이다. 이는 확실한 입법화를 이루지 아니하면 언제든지 악용하기에 가능한 범죄가 된다.

그리고 정치제도의 개편도 필요하다. 정치구조의 개편이나 선거제도의 개편 등 여러 가지가 있을 수 있다. 제도화와 법제화가 되지 않으면 해소될 수가 없다. 자율적으로, 윤리적으로 도덕적으로 양심적으로 해소될 수 있는 문제가 전혀 아니며 될 수도 없다. 지역할거의 최대 원인은 정치인의 선동과 유권자의 부화뇌동이다. 지역갈등해소방안으로 제도는 정치인에게 각성하자는 식으로 하는 호소는 이제까지 경험한 것처럼 효과적이지 못할 것이다. 또 인적 교류와 인사정책이 결코 지역주의를 해소하는 만병통치약도 아니다. '지역주의 망령'은 국민적 일체감과 국가공동운명체를 파괴하고 있다. 국가발전의 가장 극심한 저해 요인이며 국민통합의 장애물이다.

3.국회개혁

국회의 비효율성은 지나치다. 일 하지 않고 임금을 받는 것은 자본주의, 자유 시장경제 국가에서 있을 수 없는 일이다. 어떻게 아무것도 일하지 않고 엄청난 임금을 받는다는 것인가. 게다가 온갖 막말과 추태, 위법적이며 탈선과 탈법 등을 하고 있는데 어떻게 막대한 급여와 각종 특활비가 지급되는지 모르겠다. 왜 이런 특권을 부여해야 하는지 모르겠다. 근무하지 않고도 많은 월급을 지급하는 것은 있어서는 안 된다. 국회도 철저히 무노동 무임금의 원칙을 적용해야 한다. 세비의 금액을 줄이는 것이 중요하다. 둘째는 특권 축소와 보좌관 축소 등이다. 국회의원도 하는 일 없이 놀고 먹는 이유가 보좌관이 있기 때문이다. 국회의원이 직접 모든 일을 해야 한다. 보좌관들에게 지시만 하고 본인은 아무 것도 하지 않는다. 국회의원은 무능력하여 보좌관 정치만 하고 있는 것이 대한민국 국회의원이다. 다음은 전자국회의원제를 신설하여 양원제를 도입해야 할 필요가 있다. 1만 명 정도의 국민의원으로 지원자 중에서 추첨제로 선출하고 모든 안건에 대한 찬반은 원격 전자투표제로 모든 투표를 하는 자원봉사형 국민의원 전자국회를 구성하는 것이다. 1차 심의의 하원의 역할을 하는 것으로 모든 안건은 전자국회 '국민의원회'에서 통과한 다음 상원격인 지역대표인 국회에서 전문적으로 심의하는 형태를 갖는 것이 좋다고 생각 된다.

광화문에 가면 항상 둘로만 나누어 싸운다. 우리나라에는 두 집단, 두 국민만 있다. 국회의원을 자원봉사로 할 경우에도 훌륭한 사람들 많다. 300명만 될까? 아예 국회의원을 제비뽑기하는 것이 차라리 더 낫다고 생각 된다.

왜 막대한 세금 정치자금 들여서 지역구에서 돈 뿌리고 온갖 부정과 매표, 등을 하는지, 차라리 일정 자격과 요건에 들면 제비뽑기 좋지 않을까 싶다. 아예 전 국민 상대로 제비뽑기로 선발하는 것이 어떨까 싶다. 몇 년 전에 기독교 개신교 교단에서 가장 역사 있고 수도 많은 목사들이 총회장 뽑는데 돈도 많이 들고 총도 가지고 나와서 싸움도 하고 하니까 제비뽑기를 한 적도 있다. 제비뽑기 하니까 너무 재미없어서 그 뒤로 그만 두었다. 국회의원들보다 일반 국민들이 훨씬 낫다. 성경에도 여러 번 나오지만 하나님도 제비뽑기 좋아 하신다. 요즘 젊은 신선한 인재들이 얼마나 많은지 모른다. 정치, 국회가 이런 성실하고 진취적이며 전문적인 공부 많이 하고 착한 분들이 마음껏 일할 수 있도록 장을 열어 주어야 하는데 전혀 그렇지 못하다. 새로운 신사업을 할려고 해도 법과 규정이 없는데 나중에라도 법과 규정을 만들려고 해도 기존의 이익집단이 국회에 로비하여 막아서 새로운 산업이나 사업을 할 수가 없으며 외국인의 투자도 할 수 없게 되었다. 물론 정치가 사람을 버리기도 하지만, 정치가 더럽고 추잡해서 좀 그렇다. 정치가 가장 경직되어 있고 어떤 한 리더의 생각이 모든 집단의 단일 한 가지 생각이 되고, 공직 공무원들도 영혼이 없고 소신이 없어, 그냥 시키는 것 만하고 시간만 보낸다. 책임도 없고 사명도 없고 소명도 없다. 실력이 있어도 그 실력과 아이디어도 소신껏 하기를 싫어하고 폐쇄적이어서 어느 누가 창조적인 업무를 하겠는가? 공무원들에 대한 질을 최고로 높여야 나라가 발전한다. 공무원들에게 강도 높은 교육의 질을 제공하여야 하며, 각계에서 최고 권위자들을 선발하여 공무원에 발탁하여야 그들이 국가 산업과 행정을 리드하고 강한 추진력을 발휘하여 세계적인 선진 업무를 이끌고 나갈 것이다. 공무원과 정치 집단이 나라를 강한 추진력으로 이끌고 가야 한다. 지난 해 동안 국회의원들이 무엇을 했나 보아야 한다. 얼마나 국가의 세금을 사용했나 보아야 한다. 못 사는 서민들이 어떻게 사는 지 보아라. 국가의 돈은 얼마나 각 곳에서 낭비되고 있는지 누구는 알고 있을 것이다. 그 국가에 돈을 누구는 얼마나 챙기는지 알고 있는 사람이 있을 것이다. 국회의원들 전철 타고 다녀야 한다. 건강에도 좋고 시간도 절약되고 마음도 편하고 백성들의 형편도 알 수 있고, 인기도 있고 얼마나 좋은데... 무엇이 그들을 그렇게 하게 할까? 국회의원을 일반직 공무직화 되어야 하고 서민화 되어야 한다. 그렇다고 그 기능과 효능이 약화될 이유가 없다. 오히려 일자리 나누기, 일감 나누기에 매우 좋은 예가 될 것이다. 왜 어려운 직업에서만 일자리 나누기, 일감 나누기를 해서 취약계층만 더욱 어렵게 하는가? 왜 일감 없는 데서, 일자리 없는 데서만 더욱 어렵게 하려고 하는가? 그들은 권력이 없고 돈이 없는데 더 빼앗기기만 해야 하는가? 법관, 검사들도 마찬가지 이다. 국회의원, 법관, 검사들의 일은 너무 많아서 처리도 못할 형편에 과중한 업무가 산더미처럼 쌓여 있다. 그냥 붙잡고만 있다. 그래도 아무 말도 못 한다. 권력이 있으니까? 그리고 업무는 개판이다.

국회의원의 특권을 없애야 국민들의 정치 신뢰가 회복될 수 있다. 국회의원 특권이 그동안 많은 비판 속에서 과거에 비해서는 약화되었지만 여전히 일반국민들의 눈에는 기득권으로 인식된다. 국회의원의 특권과 지위가 낮아져야 정치에 진입하는 장벽이 낮아지고 국민들이 좀 더 친밀감을 느낄 수 있으며 본질적으로는 국회와 정치에 대한 국민들의 불신이 회복될 수 있다. 특권 내려놓기, 반값 세비, 국민소환제 등을 선제적으로 주도하는 정당은 국민들의 지지를 얻을 것이다.

왜 국회의 개혁에 대한 여론은 높은데 국민들의 뜻을 반영하지 못하는지 모르겠다. 국회는 완전한 철벽 자기이익집단이다. 국민의 뜻도 무시하고 왜곡하는 국회에 대한 개혁의 국민저항운동이 있어야 할 것 같다. 가장 비효율과 낭비와 온갖 추태와 비도덕성과 탈법의 비필요적 집단이며, 비생산적 국민혐오집단이다. 가장 저질집단이다.

4. 교육 대혁신

첫째는 **사교육 철폐**가 우선 되어야 한다. 온 나라의 국민들의 삶의 질이 이 사교육비로 인한 지출이 너무 많아 삶의 형편이 너무 어렵다. 2019년 기준 사육비지출이 초중고생 1인당 월 31만원을 지출하고 있으며 1년에 21조가 사교육비로 지출되고 있다는 통계이다. 그러나 사교육비 지출이 나타나고 있지 않은 것은 훨씬 많다. 그 단적인 예로 한 드라마 'SKY캐슬' 그 내막을 잘 증명하여 충격을 준 적이 있다. 거의 모든 가정이 사교육에 매몰되어 있다. 공평과 공정 사회적 문제를 넘어 빈부의 사회적 갈등을 야기하였으며, 대통령의 탄핵과 관련된 사교육 문제와 또한 한 법무장관의 자녀의 표창장문제 등은 교육의 불공평과 불평등 등 사회적 악을 나타내고 있다. 이를 자본주의의 본질로 치부하기는 좀 어렵다. 매우 은밀하고 교묘하고 신비롭고 치밀하게 이루어지는 교육의 불공정은 우리 사회의 큰 문제를 나타내고 있다. 그런데 이를 위한 본질적 해결책을 내놓는 정치지도자나 국회의원 등은 없고 모두가 그것도 또한 지나가리라하는 마음으로 당연하게 여기고 개혁할 생각은 아예 갖지 않고 있는 현실이 참으로 안타깝다. 과감한 학원 사교육 철폐를 대안할 수 있는 제도로 혁신해야 한다. 얼마든지 가능하다. 모든 교육은 학교를 중심으로 학교 교육을 정상화 하는 것이 핵심이다. 한국교육은 학교와 교사는 없고 학원만 있다. 교육도 학교교육은 없고 학원실력만 있다. 부모도 가정교육도 없고 학원만 있다. 이제 아예 학교를 **'학원형 학교'**로 재편해야 한다. 모든 학생들이 학교 끝나고 학원으로 간다. 왜 학교라는 좋은 시설을 놓고 학원으로 옮겨 가는지 모르겠다. 학교시설에서 선생님만 있으면 학생은 그대로 있고 공부하고 싶은 공부를 좋은 선생님 골라서 학원비 많이 내지 않고 학교에서 계속 공부하는 제도를 만들면 된다. 이를 위해서는 교사에 대한 증원을 대폭 확대해야 한다.

또한 추가하여 **학교의 설립을 자유화**하거나 '학원형 학교'를 늘리는 것이다. 소규모 학교를 더욱 많이 증가 설립하거나 사립유치원 같은 형태의 마을에 소규모 학교를 인가, 허가하는 제도를 만드는 것도 검토해야 한다. 저자는 외국어교육학, 사범대학 영어교육을 전공했다. 교육학에서는 무엇보다 중요한 교육의 질은 교사의 질이다. 가르치는 **교사의 질이 교육의 질**에 대한 영향을 가장 많이 받는다. 물론 그보다 더 교육의 질을 높이는 것은 부모의 교육의 질이다. 그러므로 **평생교육제**와 함께 교사의 질을 높이는 제도가 함께 개혁되어야 한다. 전쟁 중에서도 아무 것도 없는 척박한 환경과 여건 가운데에서도 교사가 훌륭하면 학생도 훌륭한 교육을 받을 수 있다. 훌륭한 인물이 꼭 영웅이나 유명한 지도자가 나와야 하는 것이 아니다. 이 사회와 국가에 일상생활의 직업과 가정과 사회에서 정직과 성실과 근면을 바탕으로 한 좋은 지(智의 知) 덕(德) 체(體)의 인품과 인격의 시민이 되고 육성되는 것이다. 이는 국가가 국민에 대한 사명이며 소명이다. 이 또한 교회의 사명이며 특히 교회학교의 사명이기도 하다.

교사의 질을 높이는 방안은 대학에서 높이는 것이 기본이지만 교사가 된 후에도 계속해서 해외유학의 기회를 배정하여 그 분야에서 세계적 연구기관 등에서 일정기간 공부하게 한 후에 옵션에 따라 의무연한을 설정하여 교수하게 하는 것이 중요하다. 외국어교사의 경우에는 3~4년 정도 원어국가에 유학하여 해당 원어를 원어민과 같은 수준으로 습득한 후에 교수하는 것이 좋다.

그리고 위의 모든 교육개혁을 추진하는 데는 재원이 없어서는 할 수 없다. 이 재원을 마련하는 제도는 '**국민평생교육보험제**

도'로 가능할 수 있을 것이다. 지금의 국민건강보험공단과 같은 유사한 제도이다. 즉 교육비의 10~30%의 자기부담으로 교육을 받는 것이다. 우리나라는 현재 정부의 전자데이터통합시스템의 infra가 잘 갖추어져 있어서 국가에서 할 추진력만 있다면 그렇게 많은 시간도 걸리지 않고 할 수 있을 것이다. 문제는 재원이다. 요람에서 무덤까지의 복지제도가 이제 교육에 적용되어야 진정한 선진국이다. 이미 북유럽국가들에서는 완성되어 가고 있다. 우리도 적용하는데 더 용이한 조건을 갖추고 있다.

그 다음으로는 학제개편과 교육평가제도개혁이다. 이는 공정성과 형평성이다.

학제개편, 교육평가제도개혁, 학력별 진급제의 개혁 등이 있다.

국민의료보험 같은 전 국민평생교육보험공단 설립하여 교육을 받고자 하는 모든 사람은 교육에 필요한 비용을 자기부담율 10~30%로 교육보험으로 해결하고, 평생배움에 제약이 있어서는 안 되는 제도를 확립하여 평생 원하는 공부를 하게하며, 직업을 위한 취업에 대한 학습과 기술과 기능도 공부할 수 있는 시스템을 만들어 평생 적은 비용으로 공부할 수 있는 기회를 보장하는 것이 좋다. 로스쿨도 돈 없이도 마칠 수 있어야 하며, 의학 공부도 돈 없이도 공부할 수 있어야 한다.

또 다른 개혁은 소규모학교설립의 자유화와 학교시설의 24시간 활용화, 교사의 증원, 모든 학교에 10~30% 자기부담 기숙사 설치. 모든 사교육을 공교육 학교로 전용해야 한다.

예를 들어 외국어 교사에 대한 현지 원어국에 3~4년 정도의 유학을 보내 원어를 능숙하게 할 수 있는 교사로 양성하여야 한다. 그 비용은 옵션을 정하여 10~30% 정도의 자비를 부담하고 상당기간 의무 교사기간을 정하되 의무교사기간을 이행하지 못 할 경우는 배상하는 제도와 취업제한을 하는 제도를 시행하는 것이 좋다. 이처럼 외국어 교사의 교육과 같은 방법으로 모든 교사의 질을 높이는 것이 곧 학생들의 교육의 질을 높이는 가장 좋은 길이다.

대통령 선거나 국회의원 선거에서 정당의 공약에는 교육혁신은 거의 없다. 항상 경제가 주류이다. 이제 경제가 중요한 것이 아니라 선진국으로 가는 길은 오직 교육의 질을 높이는 교육 대 혁신이 있어야 한다. 교육개혁 대통령이 나와야 한다. 사교육은 국민투표를 해서라도 잡아야 한다.

교사의 수가 더욱 많이 채용되어야 할 것 같다. 학교의 시설을 육아시설 보육시설 등으로 지정하여 태어나면부터 국가에서 보육에서부터 대학교졸업까지는 책임지고 양육하여야 한다. 따라서 육아교사, 보육교사 등을 대폭 확충 확대하며 반대로 학원 사교육을 점진적을 줄이는 정책과 함께 사교육을 공교육화하는 제도의 일환으로 소규모 학교를 증가 시키는 제도를 확립하는 것도 가능하다. 그러므로 인하여 국민들 삶의 질이 훨씬 높아질 것이다. 물론 세금도 더 많이 받아야 한다. 특히 대기업, 재벌 기업 등은 세금을 지금보다 훨씬 많이 부담해도 된다. 이 대기업, 재벌들은 국민과 나라가 정책적으로 육성된 기업들이다. 자본이 전혀 없는 상태에서 외국자본 들여다가 거의 이자 없는 외자로 그 자금으로 국가에서 지원한 여러 가지 지원정책자금으로 부동산, 금융, 보험, 주식 등으로 얻어진 것이며, 대통령에서부터 대기업의 영업사원 노릇을 하고 있는 것이 현실이다. 외국에는 출혈수출하고 국내 내수시장에서 이익을 보전해주는 방법으로 국민 서민들의 주머니에서 채워 주었으며, 저축운동 해서 모여진 자금을 저리로 융자 받아 부동산 등에 폭등한 재산으로 다시 은행에 담보 받아 회전하고 회전해서 얼마나 많은 각종 탈법과 위법으로 성장한 기업들인가? 이제 국민과 국가를 위해 봉사하고 보은하여야 할 때이다. 그래도 남는 장사다. 경영부실 되면 일반 소기업은 모든 것을 잃고 도산하는데 대기업은 모두 국민세금으로 충당하여 되살리기도 한다. 그리고 부실 대기업을 공적자금을 이용하여 인수 합병하여 성장해 왔고 지금도 같은 방법으로 성장하고 있다.

학교시설의 24시간 이용 및 학교교육의 정상화. 사교육의 철폐를 위한 공교육과 방송통신을 통한 교육의 혁신적 확대 및 학력시험에 적용으로 공교육의 교사를 대폭 채용함으로 학교에서 교육의 질을 높이는 정책. 학부모의 교육비 축소. 가계부담의 축소 등 삶의 질의 확대와 부동산 건물임대료 인하 효과를 가져오며 타 영역까지 파급 효과를 일으키면서 입시학원 등 사교육자들의 집단적 저항도 감수해야 할 정치적 결단이 필요하다.

5.정치개혁, 내각제로 개헌과 다당제

권력의 분산. 과도한 권력집중화로 인하여 통제불능의 권력으로 임기 후의 문제 노출과 다양한 수요에 공급의 독점화로 편향된 공급만 존재한다. 대통령제의 폐해와 단점을 속히 보완해야 한다. 그 대안으로 내각제로의 개헌이 이루어져야 한다. 내각제와 함께 다당제가 있어야 한다. 정치도 상품이며 서비스이다. 다양한 소요와 수요가 있는데 딱 두 가지 상품 이외는 선택할 상품과 제품이 없다. 대통령제를 견제할 제도가 마련되어야 한다.

모든 고위 권력자들을 대통령이 임명하는 것을 피해야 한다. 대통령이 형식은 아닌 것 같지만 국회의장도 임명하는 것이 실제적으로 이루어지고 있으며, 대법원장, 헌법재판관, 헌법재판소장, 대법관, 등 정치권과 사법권과 행정권 모든 권력뿐만 아니라 국영기업체, 국가기관장, 검찰총장, 국정원장, 경찰청장, 국세청장, 감사원장 등을 임명하는데 이렇게 많은 임면권을 가지고 있다는 것은 완전 권력의 독식이다. 선거에서 표에 비례한 권력만을 가지는 것이 민의에 따른 국민으로부터 권력이 나오는 원리에 어긋나는 것이다.

그러므로 권력의 분산을 가져오는 선거제도, 권력구조를 바꾸는 제도가 필요하다.

그 대안으로 가장 민주적인 정치체제인 내각제를 가지는 것이 좋다. 우리나라는 내각제가 좋지 않다는 이유 중의 하나가 분단된 국가에서 강력한 국가통제를 갖는 대통령제가 전쟁과 국가 소란과 분란 등 일사분란한 정치체제가 되어야 한다고 하면서 대통령도 강력한 지도자가 되어야 한다고 한다. 이는 매우 이율배반적이다. 대통령제는 스스로 자연스럽게 독재권력이 되는 제도이다. 그래서 퇴임 후에 모든 퇴임 대통령이 문제가 되는 것이다.

정치 정당은 국민으로부터 지지 받은 만큼의 표의 수만큼만 권력을 갖고 그 같은 표의 성질의 분야에 행정을 책임지는 각 장관책임 정치제도를 이루어야 한다. 다양한 소요와 수요의 필요에 따라 정당의 다양성을 위해 다당제가 필요하며 다원화된 국민의 필요에 따라 다양한 정당이 필요하다. 그런 정당들이 국회와 정부에 들어가야 한다. 정당의 전문화된 정당들이 필요하다.

다당제를 위한 선거법 등 법적 제도적 입법 제도화와 다양한 정치와 정책으로 서비스한다. 다양한 정치 서비스 상품을 전시하여 다양한 상품을 선택할 수 있는 제도를 형성하여 다양한 요구와 욕구를 선택할 수 있는 선택의 폭을 넓힌다.

극단적 양분된 정치투쟁을 다양한 스펙트럼의 정치 정책 등으로 다양한 국민들의 발전된 시대에 부응하는 정치 제도와 체제를 제시하여야 한다.

이념의 시대는 지났다. 아직도 50년대, 60년대 등의 낡은 시대착오적 논쟁에 빠져들어 싸우는 이념 투쟁의 나라가 되어서 진절머리 나게 짜증나게 된 나라, 정치이념 투쟁이 일상화된 나라가 아직도 계속되고 있다. 어느 때까지 하겠는가?

극단적 이념화로 이분법적 적대적 이념화로 전쟁터가 된 나라, 아직도 반공주의 이념으로 말끝마다 좌파니 좌빨이니 하는 이념도 아닌 상대편 적대적 표현으로 국가 분열적 정치와 세대 간의 이념전쟁, 아직도 남북전쟁, 아직 끝나지 않은 6.25전쟁. 아직도 빨찌산 전쟁. 끝나지 않은 반민족친일파의 재등장. 일본우익과의 공동전선. '좌파는 빨갱이'를 주홍글씨화 하려고 하는 끊임없는 시도와 보수 우파는 독재와 친일파딱지로 역사와 전통을 이어가고 있다.

6. 인권과 공정검찰로 개혁

검찰개혁의 기본은 이제 새로운 시작을 기다려 보아야 한다. 공수처가 설립되어 실천된다면 어떤 결과가 나올지 지켜보아야 한다. 이제는 검찰은 인권존중과 범죄예방의 기능, 검찰업무 감사제, 검찰 예산감사. 총리-장관-지휘감독권 강화 , 공수처와의 관계, 검경수사권조정 등이 남아 있지만 이에 대한 개혁도 정권이 바뀔 때, 어떻게 변할 것인가의 문제가 있다.

서민 인권 강화, 가난하고 연약하고 권력 없고, 힘없는 일반 서민 백성들의 인권과 권익보호에 더 많은 역할을 해야 한다. 구속은 최종심에서 해야 하고, 3심에서 무죄판결 시에 1심과 2

심에서의 구속으로 인하여 입은 피해는 보상하는가? 그리고 1심과 2심에서의 법 적용이나 하자는 없었는가? 이로 인하여 1심과 2심 재판에서의 판결한 재판관들에 대한 오심에 대한 책임은 어떻게 되는가? 고스란히 피해는 당사자만 당하고 마는 것인가? 물론 법관은 법과 양심에 따라 판결한다는 그 원칙에만 따른다는 것은 세상의 상식에는 전혀 맞지 않은 것인가? 법도 상식의 범위에서 벗어나서는 안 된다. 아무리 원칙이고 관례이며 세계 모든 나라에서 시행하고 있다고 해서 꼭 지켜야 한다는 것은 아니다. 새롭게 적용하는 것이 옳다고 한다면 우리나라에서 만이라도 적용 되어야 한다. 그래서 세계적 기준과 표준이 새롭게 우리나라가 만들어 낼 수도 있는 것이다. 그래서 법에 대한 판결을 억울한 사람이 최소화 되어야 하고 판결은 심사숙고하여야 한다. 너무 과도한 구속이나 구류 등 인신 신체에 대한 기본권을 너무도 남발하고 있는 우리나라 법과 경찰 검찰 등이다. 그래도 많이 독재 시대에 보다는 비정상적인 시대에 너무도 당연하게 실시 되었던 것들이 이제는 철저하게 최종 판결이 나올 때까지는 인신의 구속이나 신체의 자유를 제한하는 것은 없어야 한다. 물론 질서를 확립하고 피해자를 더욱 늘리고 피해자를 보호하여 법을 지키지 않는 자들이 날뛰게 될 것도 있을 것이다. 그렇다고 하드라도 법의 집행은 엄격하게 죄 있다고 최종판결이 있을 때까지는 허용되는 것은 삼가야 할 것이다. 특히 심각한 폭력이나 다른 타인의 신체와 인격의 극심한 상처를 주는 행위에 대한 엄격한 심판이 필요한 것은 최종심에서 아주 엄하게 다스린다면 그런 것은 자제할 수 있는 효과가 발행할 것이다.

최종심에서 엄격하게 적용되어야 한다. 미리서 적용되어서 유전무죄, 무전유죄의 법 비난이 발생하는 것이다.

물론 있다고는 하지만 보다 더 확실하게 수사 최초 단계에서부터 변호사를 조력을 보장하는 법이 철저하게 적용되어 변호사 없이는 어떤 조사나 수사를 받지 않도록 하는 법, 모든 조사 수사는 영상 녹화 녹음을 해야 하는 제도를 반드시 해야 하는 규정을 확립해야 한다. 이러한 것이 정착되어야 기본권이 보장되는 것이다. 모든 변호사 비용은 일정 소득 이하의 없는 사람은 국선으로 보험으로 처리하여야 한다. 의료보험과 같은 '국가변호보험공단'을 설치하여 3심까지 부담 없이 조력을 받아야 한다. 대부분 돈 많은 사람이나 권력 있는 사람은 3심에서 무죄가 되는 경우가 대부분이다.

이는 인권문제 해결과 비용문제 해결, 무전유죄, 유전무죄 해결의 길이다. 모든 경찰과 검찰에서 수사 시작 첫 단계에서부터 변호인의 조력과 입회에서만 수사나 조사, 검사를 받을 것을 기본권으로 보장하는 제도를 실시해야 한다.

모든 재판은 3심까지 받아야 하고 변호사가 조력을 하는 기본법으로 보장하는 법을 만들어야 한다.

7.언론개혁

언론은 개혁할 필요가 없다. 잘못된 언론도 언론이다. 그러나 가짜 뉴스, 사실과 다른 보도나 인권이나 사생활 침해는 형법의 처벌을 강화하여 사실과 진실을 어긋나게 보도하거나 허위사실 알림은 엄한 형법을 적용하고 처벌을 하고 언론의 자유에 대한 한계와 국회에서의 사실과 진실에 어긋난 면책특권도 형법의 엄격한 적용을 강화해야 한다. 언론이 잘못된 것도 상품이다. 불량상품이다. 소비자가 결정한다. 언론사도 기사가 상품이다. 언론사도 장사꾼이다. 기사와 광고로 기업의 영업을 한다. 언론의 자유는 보장되어야 한다. 언론은 사적 기업이다.

영리를 목적으로 하는 기업이다. 그러므로 언론에 공익성을 기대하는 것은 연목구어이며 고양이에게 쥐를 잡으라면 쥐를 잡겠느냐? 아니 오히려 쥐를 잡아 자기들만 맛있게 먹고 쥐가 없다고 할 것이다. 언론사들은 재벌의 사기업보다 못 하다. 개인 회사나 사 기업은 유형의 또는 무형의 제품이나 서비스를 국민들에게 판매하여 그 질과 가격으로 어필하지만 언론은 제품이 말 뿐이며 진실과 사실을 밝히고 증거 하기보다는 그 때 그 때 바로 관심을 어떻게 끌어서 광고주들과 언론 사주의 사업주에게 돈을 많이 벌어줄 것인가의 광고매출에 최대한으로 기여할 것인가가 목적이지 그 외에 국민들로부터 그 뉴스나 보도가 센세이션을 어떻게 일으킬 것인가가 주된 목적과 존재 이유이다. 그래서 보수 언론은 돈이 되는 영업판매 전략은 돈이 많은 보수 재벌기업과 돈 많은 보수정당의 편에 들어야 돈이 되는 것이기 때문에 자연 보수언론이 되지 않을 수 없다. 누가 바보인지는 돈이 말하다.

그러므로 언론에 공의와 공정 정의와 진실을 요구하고 바라는 것은 연목구어이다. 언론은 광고주와 사주에게 잘 보이는 기자의 집단이다. 기자는 사주의 영업사원에 불과하다. 기자가 특종을 잘 물어오고, 단독보도를 할 수 있는 기사거리를 가져오는 것이 유능한 기자이다. 그러므로 기자는 권력기관에 잘 보여서 권력기관으로부터 정보를 보다 빨리 정확하게 보도하는 기자가 유능한 기자요 권력은 그 기자를 잘 활용하는 목적으로 서로 상부상조하여 서로 유익을 취하는 방식일 것이다. 기자가 예술작품을 창작해서 사건을 만들어서 픽션 기사를 쓰는 것도 아니지 않는가? 물론 있을 수도 있지만.

우리 언론은 일체의 감사를 받지 않는 성역으로 자리 잡았다. 잘 된 것이다. 한편 스스로에게 정직하지 못한 면도 많다. 어떻게 하면 그럴듯하게 문제를 크게 재생산할 것인가를 능력으로 평가할 수 없을 것이다.

그러므로 언론이 공적 기능을 기대하기 보다는 적어도 사실만이라도 정확하게 보도하며 좀 더 숨겨진 진실을 밝히고 들어나게 하는데 노력하는 언론만이라도 되어주는 것이 감사할 뿐이다. 언론의 개혁문제는 간단하다. 할 필요도 없다. 시장에서의 도태는 소비자가 결정한다. 즉 국민들이 분별력만 있으면 잘못된 불량품은 그냥 사라질 뿐이다. 국민들의 의식의 수준과 분별력이 높이지면 자연 사라질 것이다. 언론개혁은 자유의 방임이 아니라 합리적인 규정과 규율을 만들어 철저하게 적용하는 처벌을 강화하는 것이다. 한편으로는 언론의 자유는 백성들의 분별력과 권력 기관의 인내가 필요 요소이다.

8. 토지, 부동산개혁

부동산정책 개혁은 토지의 공개념을 위한 헌법개정이 있어야 하며, 헌법에 주거기본권을 추가 하여, 주택정책 개혁으로 주택공영제로 주거기본권으로 국민주택제도를 확립하여야 한다. 무주택자에게는 평생 최저금리부담대출로 국가임대주택을 제공하는 제도 즉 국민주택제로 평생주택보급 후, 사망 후 국가귀속제도를 시행하며. 가능한 토지를 개인이나 민간에 매매하는 것은 금지하며 일반 개인이나 기업 등에서 매각하는 토지 또는 경매시장이나 국세 등으로 압류되는 토지는 국가에서 적극 매입하여 국유화하는 정책을 지속적으로 실시하여 국가보유토지를 증대시키며, 매립공사를 적극 시행하여 국가보유 가용토지를 계속적으로 증대함으로써 주택을 위한 국가주택공영제를 확대하는 정책을 실시하여 국민주거기본권을 확립하게 하는 것이 좋다. 이는 아파트 및 주택 가격상승 등 모든 부동산가격의 상승을 억제할 수 있다. 토지는 대량생산이 되지 않는다. 그러므로 시간이 지날수록 토지의 수요와 공급은 불균형이 심화되지 않을 수밖에 없다. 그 수요와 공급에 대한 조절기능을 국가가 통제할 수 있도록 하기 위해서는 국가가 토지를 많이 보유하여야 하며, 주택에 대한 수요와 공급을 조절하고 통제하고 억제하는 기능과 능력을 국가가 가지고 있어야 한다. 그렇지 않으면 부동산정책은 항상 시장에 패배할 수밖에 없다. 부동산정책은 시장을 이길 수 없다. 건설사, 부동산업자, 투기자본가, 주택시장 유통사, 부동산마케팅사, 주택 및 부동산금융기관, 건설사와 대기업의 광고를 먹고사는 언론사, 내통하는 그리고 기회주의적 고위공직자, 담당정책기획자의 정보유출 등의 합작에 이길 수가 없다. 토지를 국가가 점진적으로 매입하여 국유화하여 사용자에게 사용권만 평생 보장한 후에 사망 후에는 반환되는 토지의 공영화제 도입. 토지의 상속세를 강화하며 토지상속세는 토지로 지불하게 하며(지금도 시행되고 있지만), 가능한 국가는 모든 토지를 국가에서 매입하게 하는 제도를 채택하여 다시 수요자에게 임대하는 제도를 점진적으로 확대해야 한다. 남북한이 통일되면 모든 북의 토지는 국가소유로 보존 유지하여 사회주의식 토지공개념을 적용한다.

1가구 1주거권의 입법화, 사회주의 정책이라는 비난을 받아도 위헌이라면 국민투표를 해서라도 주거기본권을 꼭 확립해야 한다. 자본주의, 민주주의, 사회주의는 각각 다른 개념이며 그 나름대로 장단점이 각각 있다. 좋은 점만 취사 선택적으로 적용하는 실용주의적 정책이 중요하다. 주거기본권, 주거권 1가구 1주택권, 부동산정책 개혁 등의 헌법적 기본권을 확립되어야 한다. '완전 좌빨 이다'라고 할 수도 있다.

주택 없는 국민 없다.

국가주택보증보험기금공단설립

의료보험공단과 같은 국가가 서민 무주택자들을 위해 주택을 마련해 주고 국가가 부담하고 실수요자는 20~30% 정도만 부담하는 제도이다. 이 부담도 정부의 최저금리 정책자금에 대한 이자만 부담하는 제도로 보완하여 주는 것이 좋은 방법이다.

무주택자에게 최소한의 국가보증금으로 1가구당 최소 1억 원의 국가주택보증금을 보장하여 주거기본권을 보장하는 제도를 마련하여야 한다. 이 주택에 대해서는 매매 또는 전세 월세 보증대출, 등 모든 보증금에 대한 소유권을 국가가 보유 보존하고 수혜자가 필요 없을 시는 국가에 그대로 반환하는 제도로 운용하는 것이 좋다. 이로 인하여 주택의 소유를 필요로 하지 않아도 되는 주택수요를 줄이므로 인하여 주택가격 상승을 억제할 수 있을 것이다. 이에 대한 재원은 국채를 발행하면 어떨까 싶다.

9. 출산정책과 결혼정책

투자해야 한다. 강력한 지원 정책을 추진해야 한다. 출산 영아 1명당 2,000만원 씩 지급하는 강력한 지원제도를 확립해야 한다. 이는 나라를 보전하는 것이요, 미래의 국방력을 살리는 길이요, 어떤 정책보다 우선해야 하는 정책이다. 이는 노동정책이기도 하다. 일할 수 있는 국민이 있어야 나라가 유지되는 것이기에 가장 우선하는 정책이다. 예산도 다른 예산보다 그렇게 많이 소요되지 않는다. 1년에 출산이 30만 명이라면 40만 명 증가 될 경우에 40만 명에 2천만 원을 계산하며 8조 가량이 소요된다. 8조 원이라면 우리나라 1년 총예산이 500조이다. 500조원의 대한 8조는 1.6% 정도 된다. 이 8조 원은 각 부서 예산에서 조금만 나누어 보조해도 충분하다. 보건복지부, 여성

가족부, 교육부, 고용노동부, 국방부, 국회예산 등에서 줄이면, 충분하다. 특히 국회예산과 경비는 반 이상을 줄여서 보육비에 보태도 된다. 저성장 시대에 인구 증가는 필수적이다. 소비를 늘리고 시장을 활성화하는 촉진제 역할을 할 것이다. 각 지자체에서도 함께 시행할 경우에 더욱 효과가 있다. 없어질 지자체가 상당하다. 인구가 없어서 없어질 지자체가 앞으로 더욱 늘어날 추세이다. 이 돈은 곧 바로 거의 모두 시중에 유통될 것이 분명하다. 거의 젊은 층에서 소비되기 때문에 다시 기업으로, 소상공인들에게로 흘러서 경제의 활성화에 도움이 될 것이다. 경기를 회복하게 될 것이다. 매우 국가경제 활력에 긍정적 효과를 발휘될 것이다. 이 정책을 좌파 사회주의 정책이니 퍼주기 정책이니, 인기 영합주의 정책이니 비난할 수 없다. 서구 유럽은 출산에서부터, 모든 지원을 국가가 지원한다. 우리도 결혼에서부터 모든 출산에서 육아교육까지 국가에서 지원해야 한다. 젊은 청년들이 아무런 대가도 없이 2년 동안 국방 의무를 하고 있는 것에 비하면 그렇게 큰 지원도 아니다. 젊은 청년들이 국방의무를 계산하면 매월 200만원 급여들이 2년 동안 급여를 계산하면 2년 동안 1인당 4천8백만 원씩을 거의 무임으로 군복무를 하는 것이다. 물론 사병 1명 당 소요 지출되는 비용이 있기는 하지만 적어도 3천만 원은 넘게 무임 국방의무를 하고 있는 것이다. 그러므로 국방부, 복지부, 여성가족부(물론 남성가족부가 없으니까), 교육부, 등에서 조금씩만 줄여도 충분히 이 정책의 의지만 있으면 추진하여 좋은 효과를 낼 수 있다.

10.통일정책개혁

남북이 영세중립국을 선언하고 유엔과 미국, 중국, 러시아 ,

EU, 일본 등이 보장하는 안전보장체제를 이루는 것이 좋다.

통일 이후에도 비무장지대(DMZ) 는 영구 환경생태보존지역으로 보호되어야 한다.

통일을 정치화하지 말자. 통일을 말하지 말자. 우선 먼저 물류의 통일, 생활의 통일, 왕래와 교류의 통일, 문화의 통일, 비정치적 통일을 하는 것이 중요하다. 이런 인적 교류와 물류의 교류가 자연스럽게 이루어지면 통일이 되지 않아도 통일을 필요로 할 필요가 없다. 서로 평화롭게 자유롭게 왕래한다면 굳이 통일을 말할 필요 없다. 북도 자유민주적 국가가 된다면 그때는 연방제로 하다가 서로가 통일하는데 문제가 없다면 그때 통일을 논하는 것이 순서이다.

통일은 원하지도 말고 거부하지도 말자.

감상적인 통일은 피해야 한다. '우리의 소원은 통일' 이런 노래는 부르지 말아야 한다. 평화롭게 왕래와 물류가 이루어지면 된다. 문화, 체육, 관광, 학술, 예술, 등의 비정치적인 분야에서만 교류와 왕래를 자유롭게 이루어지면 그 이상은 원하지도 바라지도 말아야 한다. 북한도 마찬가지로 이런 정책으로 서로 약속하면 된다. 우리가 원한다고 해서 되는 일이 아니며, 거부한다고 해서 안 되는 것이 아니다. 단 우리가 가장 쉽고 할 수 있는 것을 해야 한다. 즉 통일이 중요하지만 먼저 해서는 안 된다. 통일에 이르는 과정이 있어야 한다. 그것은 먼저 서로 교통하고 왕래하며 자연스럽게 생활과 생각의 통일이 있어야 한다. 외국을 다니는 것처럼 서로 왕래하는 것이면 된다. 더 이상 바라는 것은 통일을 오히려 어렵게 만드는 것이다. 중국이나 일본 미국처럼 서로 비자나 통행증을 받아서 사람과 물건이 왕래하면 그 이상도 바라서은 안 된다. 사람과 물류가 서로 자유롭게 오고 가면 그 자체가 이미 통일은 이루어진 것이다.

그러나 더 높은 단계로 가는 것은 연방제나 연합체로의 왕래 교류이다. 서로의 집권 세력에 대한 보장을 해 주는 것이 중요하다. 서로의 체제를 안전하게 보장해 주는 것이 최우선으로 되어야 한다. 차라리 왕정으로 인정해 주어야 한다. 즉 사회주의 왕정으로 인정해 주는 것이 좋다. 그들의 집권 세력이 왕정으로 변하도록 하는 것이 차라리 좋다. 즉 정치권력으로부터 영구한 체제보장이 되는 집권세력으로 인정하고 보장하는 체제가 되게 해 주는 것이다.

그리고 나머지는 연방제 체제로 가는 것이다. 양체제 영세 중립국 연방제이면 더욱 좋다. 아니면 그냥 국가 대 국가로 상대하면서 모든 교류가 이루어지게 되면 통일은 이루어지지 않아도 된다. 평화체제가 서로 보장 되면 되는 것이다. 정치권은 통일에 대하여 논하지도 말아야 한다. 통일에 대한 모든 이슈는 민간 및 사회 제 단체에 일임하고 지원하는 정도에만 머물러야 한다. 통일을 위한 정치적인 담론은 없어야 한다. 북에서 통일에 대한 어떤 제안이나 협상도 가능한 거부하거나 별로 대응을 자제해야 한다. 경제적인 문제나 개발, 통상, 왕래, 기간산업, 인프라 등에 대한 부문에는 교류 협력은 하되 정치적인 군사적인 부문에서는 가능한 피하는 것이 좋다. 적극적이지도 말고 소극적이지도 않는 것이 좋다. 우리가 북보다 앞서거나 적극적일 필요가 없다. 저들이 필요로 할 때, 그리고 저들이 적극적일 때도 소극적이며 아쉬워 할 필요가 없다. 전략적인 선택과 대응이 필요하다. 우리는 중국과의 관계를 더욱 더 긴밀하게 할 필요가 있다. 미국, 중국, 러시아에 적극적일 필요가 더 있다. 이는 북에 대한 봉쇄적 정책이라고도 할 수 있을지 모르지만 이는 북을 봉쇄하는 것이 아니라 우리의 모든 정책은 이 방향이 국가 실익이 훨씬 더하다. 중국과 러시아와의 관계가 많고 깊을수록 중국과 러시아는 북한의 대한 접촉을 깊고 넓힐 수밖에 없게 하는 것이다. 중국과 러시아의 필요가 북한을 필요로 하게 하는 것이다. 가능하다면 대북 담당 교류 통상 개발 등 모든 소통 및 사업권을 기업에 주고 정부는 빠지는 것이 더 좋다. 대북관계를 비정치화 하는 것이 좋을 것 같다.

11. 감사원 개혁, 원장을 국민투표로 정당 소속 없는 자로 뽑는다.

감사원의 권한과 전 방위 상시적 무제한 감사직무범위 확대를 통한 종합적 감사로 사법적 책임과 능력에 대한 평가 책임을 물을 수 있고 조직 손해에 대한 배상 책임까지도 물을 수 있는 기능의 감사원의 개혁이 필요하다. 이제 '법과 규정과 양심에 따라'라고 하는 규정은 없어져야 한다. 그런 규정과 법은 정치인에게 해당 되어야 마땅하다. 국민청원과 대통령과 국회와 법원, 지자체, 공기업, 정부투자기업 등도 성역이 없이 경찰, 검찰, 법원에 대한 직무감찰과 재정, 회계감사 등 전 분야에 대한 감사기능을 확대하고 조직도 확대하여 국가의 모든 영역에 대한 감사, 조사, 검증 기능을 확대하여 견제와 효율성과 기능성을 확립하도록 한다. 감사원 또한 국가의 다른 조직으로부터 견제와 상시 감사를 받도록 하여야 한다. 국가의 권력이 크고 중요할수록 복수의 견제 장치가 마련되어야 부정과 부패, 도덕성이 확립된다. 조직적으로 체계적으로 확립되어야 한다. 도덕성이나 자율성으로는 확립되지 않는다. 특히 권력기관인 검찰, 법원, 청와대, 경찰 등에서 어떤 사건에 대한 진행을 자의적으로 진행하는 것은 완급에 대한 판단과 국가적인 면과, 사회적인 판단에 따라 효능과 결과가 다를 수 있기 때문이다. 과연 얼마나 업무적 능력에 대한 평가를 정확하고 시의 적절하게 효과적으로 진행하고 집행하고 있는지에 대한 업무 감사가 항상 있어야 한다. 어떤 사건은 몇 년을 진행하지 않고, 어떤 사건은 아예 다른 결정을 하여 임의로 기각하거나 아예 사건화 하지도 않는 등 불합리적이며 효과적인 업무 판단 기준이 무엇인지도 모르는 것들이 너무 많다고 하는 것이다. 이에 대한 책임과 능력 그리고 합당한 업무를 하고 있는지에 대한 감사원이 상시 감사하는 제도를 추진하여야 한다. 독립적이며 불간섭적인 업무와 권한을 부여해야 한다. 경찰이나 검찰에 고발을 의뢰하여 수사나 조사가 진행이 되지 않을 때는 자체적으로 곧바로 기소할 수도 있는 기소의 예외조항을 주는 것도 필요하다. 모든 기관과 조직에 있어서 자체 조직에 대한 감사 기능은 별 효과가 없다. 항상 외부감사의 독립적이며 강제적 감사가 모든 조직에 필요하다. 감사원장을 별도 기구로 국민의 선거로 뽑는 제도를 채택하는 것이 가장 바람직하다. 일정 기간 동안 정당 소속이 없었던 자 또는 정당 소속이 없는 자로 하는 것이 좋다.

참고문헌

개역개정 성경 한영해설성경 NIV 성서원
ESV스터디 바이블 부흥과개혁사
중세교회사 김광채 CLC
르네상스 오스 기니스 윤종석 역 복있는사람
마가복음 정치적으로 읽기 박원일 새물결출판사
종교개혁과 정치 이재근 SFC
루터와 정치 우베 시몬-네토/ 조미화역 CLC
다시보는 사사기 박영선 남포교회출판부
이것이 교회사다 1~3권 라은성 PTE
존녹스와 종교개혁 마틴로이드존스, 이안머리 조개광역 지평서원
자유주의의 역사 노명식 도서출판 책과함께
자본주의와 자유 밀턴 프리드먼, 심준보.변동열 역 청어람미디어
기독교와 자유주의 C.G. 메이첸 황영철옮김 복있는사람
칼뱅 밴자민 B. 워필드 이경직 김상엽 역 새물결플러스
기독교강요(최종판) 상,중,하 칼빈 원광연 역, 크리스천다이제스트
기복교인가, 기독교인가? 김현길 크리스천출판교육선교회
복지국가 스웨덴 신필균 후마니스타스
GOODTVbible
Matilda Joslyn Gage. 《Woman, Church and State; A Historical Account of the Status of Woman Through the Christian Ages》. General Books
실비아 페데리치 황성원·김민철 역
캘리번과 마녀 황성원 김민철 역 갈무리
마녀 프레임 이택광 자음과 모음
세계 역사의 백과사전 (6판, Peter Stearns, gen. ed.)

판권지

서명: 교회와 정치가 만났을 때
ISBN: 979-11-967434-7-5
가격: 20,000원
발행일: 2020년 3월 3일
저자: 김현길 목사
출판: (사)크리스천출판교육선교회
고유증: 129-82-91491
주소: 서울시 송파구 성내천로33다길 13-1 2층
전화: 070-7817-3217
　　　010-3876-1091
팩스: 02-403-3217
email: johnkim3217@gmail.com
후원계좌:신한 100-033-724880
　　　(사)크리스천출판교육선교회